高等学校高速铁路系列教材

动车组工程

主　编　◎石广田　曹兴潇

西南交通大学出版社
·成　都·

图书在版编目（ＣＩＰ）数据

动车组工程 / 石广田，曹兴潇主编. —成都：西南交通大学出版社，2021.11
高等学校高速铁路系列教材
ISBN 978-7-5643-8351-0

Ⅰ. ①动… Ⅱ. ①石… ②曹… Ⅲ. ①高速动车–高等学校–教材 Ⅳ. ①U266

中国版本图书馆 CIP 数据核字（2021）第 230082 号

高等学校高速铁路系列教材
Dongchezu Gongcheng
动车组工程

主　编 / 石广田　曹兴潇	责任编辑 / 何明飞
	封面设计 / 何东琳设计工作室

西南交通大学出版社出版发行
（四川省成都市金牛区二环路北一段 111 号西南交通大学创新大厦 21 楼　610031）
发行部电话：028-87600564　028-87600533
网址：http://www.xnjdcbs.com
印刷：四川森林印务有限责任公司

成品尺寸　185 mm × 260 mm
印张　16.5　　字数　409 千
版次　2021 年 11 月第 1 版　　印次　2021 年 11 月第 1 次

书号　ISBN 978-7-5643-8351-0
定价　60.00 元

课件咨询电话：028-81435775
图书如有印装质量问题　本社负责退换
版权所有　盗版必究　举报电话：028-87600562

高等学校高速铁路系列教材
【编审委员会】 >>>>

主　　任	杨子江　李引珍
副 主 任	刘振奎
委　　员	张友鹏　钱勇生　丁旺才　牛惠民
	石广田　陈小强　闫光辉　虞庐松
	李海军　王海涌　马元琳

【兰州交通大学高等学校高速铁路系列教材目录及主编人】

序号	教材名称	主编人
1	高速铁路客站工程	蔺鹏臻
2	高速铁路线路工程	李 斌
3	高速铁路桥梁工程	丁南宏
4	高速铁路隧道工程	梁庆国
5	高速铁路施工组织与计价	顾伟红
6	动车组运用与管理	朱喜锋
7	动车组牵引传动与控制	车 军
8	动车组车辆设计技术	商跃进
9	动车组制造与修理工艺	冉虎珍
10	机车车辆概论	金 花
11	动车组工程	石广田
12	高速铁路车站计算机联锁系统	谭 丽
13	高速铁路分散自律调度集中（FZ-CTC）	张雁鹏
14	铁路专用通信	樊子锐
15	高速铁路无线通信系统与应用	谢健骊
16	LTE-R铁路移动通信技术	周冬梅
17	高速铁路信息安全技术	李 强
18	高速铁路调度指挥	刘 斌
19	高速铁路列车运行图	田志强
20	高速铁路站场设计	张春民
21	高速铁路车站工作组织	杨信丰
22	高速铁路客运管理	张玉召

【序　言】 >>>>

高速铁路是中国名片和国之重器。中国国家铁路集团有限公司 2020 年 8 月出台《新时代交通强国铁路先行规划纲要》，明确提出要加快构建现代高效的高速铁路网，深化高铁关键核心技术自主创新，造就高水平科研人才和建设高技能产业大军，至 2035 年率先建成现代化铁路强国。把握高速铁路技术发展新特征，面向高校专业人才培养和铁路企业职工培训新需求，编写一套先进适用的高速铁路特色教材，显得重要而迫切。

兰州交通大学为中国国家铁路集团有限公司与甘肃省人民政府共建高校，素有"铁路工程师摇篮"之称。新时期学校致力于培养铁路高素质工程技术人才，高度重视教材编写工作，专门设立"兰州交通大学高速铁路特色系列教材"项目，成立编审委员会，组织协调学校轨道交通相关专业骨干教师和中国铁路兰州局集团有限公司工程技术人员，广泛收集技术资料，深入铁路设计、施工、制造、运输企业调研，依照高速铁路技术标准，历时 4 年，反复讨论与修改，终在高速铁路建设新征程开启之际，完成 22 部高等学校高速铁路系列教材的编写任务并出版。

本套教材具有系列化和专适性特点，涵盖高速铁路线桥隧工程、动车组、通信信号、站场设计、运输组织等专业领域，注重介绍高速铁路新理论、新技术、新装备、新材料和新工艺，理论联系实际，资料翔实，图表丰富，可作为高校轨道交通专业的教学教材，亦可作为轨道交通行业企业技术管理人员的培训教材。

本套教材是校企深度合作的成果，谨向大力支持教材编写工作的中国铁路兰州局集团有限公司致谢！

兰州交通大学高等学校高速铁路系列教材编审委员会
2020 年 9 月

【前　言】 >>>>

2021年3月，中共中央国务院印发了《国家综合立体交通网规划纲要》，规划到2035年，国家综合立体交通网实体线网总规模合计70万千米左右，其中铁路20万千米左右，高速铁路7万千米（含部分城际铁路），形成有"八纵八横"高速铁路主通道为骨架、区域性高速铁路衔接的高速铁路网。随着高铁运营里程的增加，动车组投入使用量也不断提升，2006年7月，国内首列国产化速度200 km/h动车组下线，2017年，"复兴号"正式开跑。截止到2019年，我国投入使用动车组达到2.93万辆。随着动车组配属的不断增加，不论是从事动车组运用维修的管理人员，还是从事动车组设计的研究人员，尤其是大中专院校的师生，都急需一本系统全面论述动车组结构和工作原理的教材或技术参考书。基于这样的背景，作者在广泛搜集高速动车组技术资料的基础上，通过整合优化、归纳整理，编写了《动车组工程》一书。

本书包含8个章节，以"和谐号"系列动车组为基础，结合最新的"复兴号"动车组技术，从动车组机械部分的构造原理、制动系统、信息传输和旅客信息系统、控制与诊断系统几方面进行了详细的论述。第1章介绍了高速铁路和动车组的发展历程，重点分析了动车组车辆的结构特点、组成、类型和技术参数。第2章介绍了动车组的转向架技术，论述了转向架的作用、组成、类型和零部件的结构和工作原理。第3章介绍了动车组的车体结构和车内设备，分析了动车组的车体典型结构、设备布置、司机室和车体相关技术。第4章介绍了动车组的车端连接技术，包括车端连接装置的组成及要求，密接式车钩缓冲装置和密接式风挡的结构与工作原理。第5章论述了动车组空气制动系统的组成和工作原理。第6章介绍了动车组的信息传输系统。第7章介绍了动车组旅客信息系统的组成和工作原理。第8章介绍了动车组控制与诊断系统的组成和工作原理。

本书由兰州交通大学石广田和曹兴潇担任主编，其中第1章和第6章由石广田编写，第2章、第4章由曹兴潇编写，第3章和第7章由黄志丹编写，第5章和第8章由张涛编写，全书由石广田和曹兴潇统稿。

本书的编写得到了兰州交通大学机电工程学院领导和老师的大力支持，特别感谢兰州交通大学商跃进教授、左丽娟副教授、张小安副教授和刘万选老师在本书编写过程给予的指导和帮助。

由于编写时间仓促，作者水平有限，书中难免有疏漏和不足之处，恳请广大读者批评指正。

编 者

2020年10月于兰州

【目 录】

1 高速动车组基础知识 ··· 001
1.1 高速铁路简介 ··· 001
1.2 动车组简介 ··· 005
1.3 动车组车辆概述 ··· 015
1.4 高速铁路限界及线路构造特点 ··· 019
复习思考题 ··· 026

2 转向架基本结构与原理 ··· 027
2.1 转向架的特点、组成及分类 ··· 027
2.2 轮对轴箱装置 ··· 031
2.3 弹性悬挂装置 ··· 036
2.4 构 架 ··· 048
2.5 基础制动装置 ··· 049
2.6 驱动装置 ··· 054
2.7 典型动车组转向架 ··· 059
复习思考题 ··· 066

3 动车组车体结构及设备布置 ··· 067
3.1 动车组车体结构 ··· 067
3.2 车体相关技术 ··· 068
3.3 典型动车组的车体承载结构 ··· 078
3.4 动车组总体布置 ··· 089
3.5 动车组司机室 ··· 098
复习思考题 ··· 108

4 动车组车端连接装置 ··· 109
4.1 概 述 ··· 109
4.2 车 钩 ··· 112
4.3 缓冲器 ··· 119
4.4 风挡和车端阻尼 ··· 123
4.5 典型动车组车端连接装置 ··· 125
复习思考题 ··· 144

5 电空制动系统 ... 145
- 5.1 概述 ... 145
- 5.2 供风系统设备及制动控制原理 ... 146
- 5.3 制动功能及参数 ... 158
- 5.4 制动距离计算 ... 168
- 5.5 空气消耗量计算 ... 168
- 复习思考题 ... 169

6 信息传输 ... 170
- 6.1 概述 ... 170
- 6.2 信息传输协议 ... 170
- 6.3 列车通信网络 ... 174
- 6.4 车厢通信网络 ... 177
- 6.5 设备通信网络 ... 191
- 6.6 人机交互接口 ... 192
- 6.7 诊断系统 ... 196
- 复习思考题 ... 198

7 旅客信息系统 ... 199
- 7.1 概述 ... 199
- 7.2 系统组成和系统设备 ... 199
- 复习思考题 ... 210

8 动车组控制和诊断系统 ... 211
- 8.1 概述 ... 211
- 8.2 列车控制技术基础知识 ... 216
- 8.3 动车组控制与诊断系统 ... 225
- 8.4 列车自动控制/防护（ATC/P） ... 234
- 8.5 列车运行监控记录装置 ... 240
- 复习思考题 ... 251

参考文献 ... 252

Part 1 高速动车组基础知识

自 1825 年,世界上第一条铁路在英国诞生以来,为了增加铁路运输的竞争力,适应社会、经济、文化、环境的发展,提高列车的运行速度一直是铁路行业的主旋律。从 20 世纪开始,发达国家,包括德国、法国、日本、瑞典等国都进行了大量有关高速列车的研究工作。目前,世界上已经有中国、日本、德国、法国、瑞典、英国、意大利、俄罗斯等 16 个国家和地区建成运营高速铁路。据国际铁路联盟统计,截至 2013 年 11 月 1 日,世界其他国家和地区高速铁路总营业里程 11 605 km,在建高铁规模 4 883 km,规划建设高铁 12 570 km。高速铁路技术已经成为一个国家交通技术发展水平的重要指标,也衡量着一个国家科技现代化的水平。

1.1 高速铁路简介

铁路列车按照国际上铁路线路允许运行的最高速度可划分为普通列车、快速列车和高速列车;其中普通列车的最高运行速度为 100~160 km/h,快速列车的最高运行速度为 160~200 km/h,高速列车的最高运行速度既有改造线路大于 200 km/h 或新建线路大于 250 km/h。因此高速铁路一般是指最高运行速度不低于 200 km/h 的铁路。

1.1.1 世界高速铁路的发展

世界上第一条高速铁路始建于 1964 年的日本,即东海道高速铁路新干线,简称日本新干线,最高运营速度达到了 210 km/h。这条高速铁路线的建成解决了当时日本很多的运输问题,极大地推动了日本的发展,带来了举世瞩目经济和社会效益。随后法、德、日等国也在高速技术上取得了新突破:1983 年,法国 TGV 投入使用,最高运营速度 270 km/h;1988 年德国 ICE 试验速度达到 406 km/h;1990 年法国 TGV 列车最高试验速度达到 515.3 km/h,创下了当时的世界最高纪录;2007 年 4 月 3 日,法国阿尔斯通公司制造的 V150 列车,创造了 574.7 km/h 的新纪录,这意味着列车在铁路轨道上可以以超过普通货物运输飞机的速度(500~550 km/h)运行。

随着列车速度的不断提高,各项技术的不断完善,高速铁路的发展给人类带来极大的便利,与此同时,高速列车与交通运输行业中的其他运输工具相比,对人类生存环境的影响较小。上述优势使得高速铁路在世界范围内得到了极大的发展。

纵观世界高速铁路建设和发展历程,大约可划分为 3 个阶段:

1. 20世纪60年代至80年代末期

这一时期,在世界上经济技术最发达的一些国家(如日本、法国、德国、意大利等)的共同推动下,世界高速铁路得到了快速的发展,因此带来了高速铁路建设在世界范围内的第一次高潮,多条高速铁路被建设并投入运营,主要代表线路见表1.1。

表1.1 第一阶段高速铁路代表线路

国家	高速铁路技术代表	总里程
意大利	罗马—佛罗伦萨线	3 198 km
德国	汉诺威—维尔茨堡高速新线	
法国	大西洋TGV线;东南TGV线	
日本	上越、东北、山阳和东海道新干线	

2. 20世纪80年代末至90年代中期

通过高速铁路建设的第一次高潮的推动,在20世纪80年代末期,高速铁路在世界各国得到了高度重视,也形成了高速铁路建设的第二次高潮,涉及更多的国家,同时也将欧洲的很多国家通过高速铁路连接在了一起。这一时期的代表线路见表1.2。

表1.2 第二阶段高速铁路代表线路

国家	时间	高速铁路技术代表	备注
瑞典	1991年	X2000型号的摆式列车运营	
西班牙	1992年	马德里—塞维利亚高速铁路线	德国、法国的技术
英国/法国	1994年	吉利海峡隧道	第一条高速铁路国际连接线
法国	1997年	"欧洲之星"运营	连接德国、荷兰、比利时和法国

3. 20世纪90年代中期形成至今

20世纪90年代中期,高速铁路的建设几乎涉及整个世界,包括大洋洲、北美洲、亚洲以及整个欧洲地区。除了上述高速铁路技术较强的发达国家外,世界范围内的很多国家也开始建设高速铁路新干线;在欧洲地区,欧洲中部和东部国家也同时配合欧洲高速铁路网的建设,铁路运输形成了一片繁荣的景象。

1.1.2 我国高速铁路的发展

高速铁路是20世纪交通运输行业发展过程中取得的重大成就,也是铁路发展的趋势。高速铁路具有速度快、安全性高,舒适度良好等特点,而我国的地域广阔、人口众多、资源相对匮乏,因此大力发展高速铁路能够很好地解决我国的一些实际困难。

与发达国家相比,我国的高速铁路建设起步较晚,但从21世纪开始,我国的高速铁路建设发展得十分迅速。1990年,铁道部在全国人大会议期间提交讨论了《京沪高速铁路线路方案构想报告》，首次正式提出了在我国建设高速铁路的构想，开始了我国高速铁路的研究工作。第八个五年计划期间对高速铁路进行了早期研究，但没有实质性的进展。1998年5月，广深铁路通过电气化完成了提速改造，将最高速度提高到了200 km/h；同年8月，我国从瑞典租赁的X2000摆式高速动车组在广深铁路上运行，我国由此开始研究摆式列车在既有线路上提速的可能性，在整个线路中，采用了国际先进水平的技术以及设备，广深铁路的提速改造完成，宣告我国也正式开始了由既有线路改造踏入高速铁路。1998年6月，我国第一款高速铁路机车韶山8型电力机车在京广线区段进行了试验运行，试验速度达到了240 km/h，这一车速也创下了当时的"中国铁路第一速"。

1997年开始，我国铁路运输进行了六次客货列车大提速，1999年我国建设了我国的第一条高速铁路（也是我国高速铁路的前期实验段）：秦沈客运专线，即秦皇岛至沈阳的秦沈客运专线，设计速度为250 km/h。2004年开始，我国提出了对国外高速铁路技术"引进、吸收、消化、改造、创新"的思路，通过铁路从业人员的努力奋斗，仅仅5年的时间，已完成国外30年的高速铁路发展历程。目前我国已掌握速度200~350 km/h的高速动车组、线路设备、自动控制系统等一系列技术，使我国的高速铁路技术已达到国际领先水平。2010年10月26日，在沪杭高速铁路运营线路上，高速列车的速度达到486.1 km/h的试验速度，刷新了世界铁路在运营线路上运行的最高速度记录。我国通过不断加大高速铁路相关基础设施建设的投入，我国在技术发展、开工建设、运营里程等各方面都处于国际领先地位，也确保了我国宏观经济的稳步增长。

中国高速铁路发展的特点是起步晚、发展快。京津城际高速铁路在2008年开通运营，使北京与天津两大直辖市之间的运行时间由原来的2小时缩短为30分钟左右。2011年6月30日，全长1 318 km的京沪高速铁路完成了通车，设计速度350 km/h，初期运营速度300 km/h，京沪高速铁路也是世界上一次建成的里程最长的高速铁路。2012年12月1日，世界上第一条新建高寒高速铁路——哈大高速铁路正式通车运营。2012年12月26日，世界上干线最长的高速铁路——京广高速铁路全线贯通运营，全长达到了2 298 km。

至2020年，中国高铁运营里程已达3.8万千米。"四纵四横"高铁网已提前建成运营，"八纵八横"高铁网建设全面展开。根据中国国家铁路集团有限公司对外公布的《新时代交通强国铁路先行规划纲要》，到2035年，我国将建成服务安全优质、保障坚强有力、实力国际领先的现代化铁路强国。中国铁路网将达到20万千米左右，其中高铁约7万千米。到2050年，全面建成更高水平的现代化铁路强国。

1.1.3 高速铁路的总体特征

高速铁路是世界上最庞大、最复杂、最先进的现代运输方式，有着其他运输方式无法比拟的优势。整个高速铁路的建设涉及多个领域的相关高新技术，是一项多学科、多专业、多门类的综合技术，包括计算机，电子技术，新型材料的应用等高新技术，同时吸收应用机械、化工、材料、工艺、电子、信息、控制、节能、卫星通信、空气动力学、环境保护等众多专业。通过对众多高新技术的综合集成，进而形成一种能与既有铁路路网兼容的新型快速交通运输系统。高速铁路解决了普通铁路的缺点，相对其他运输方式有一定的优势。

1. 安全好

安全性是所有交通运输行业首先考虑的因素。虽然交通运输不能达到 100%的安全，但高速铁路普遍采用线路全封闭和运行控制自动化，并且具有一系列完善的安全保障体系，在很大程度上提高了高速铁路的安全可靠性。同时，高速铁路上装有高新的诊断监测系统，能够预防自然灾害的自动报警装置，具有科学的养护维修制度等一系列的安全防御措施，极大地提高了运营时的安全性。因此，高速铁路是目前世界上最为安全的现代高速交通运输方式之一。

2. 运能大

据不完全统计，高速铁路年均单向输送将达到 1.17 亿人次。四车道高速公路年均单向输送能力为 8 700 万人次。航空运输采用大型客机的年单向输送能力只能达到 1 500 万～1 800 万人次。高速铁路的运能远大于其他交通运输工具。

3. 速度快

速度是交通运输过程中比较优越的主要指标之一，而高速是高速铁路的核心技术。如我国武广客运专线动车组的运行速度达到了 350 km/h，是高速公路小汽车运行速度的 3 倍，喷气客机的 1/3 和短途飞机的 1/2。

4. 能耗低

能耗的高低是评价交通运输方式优劣的重要经济技术指标之一。在能源紧缺的当今世界，能源不足是困扰各国经济发展的重大问题之一。我国的能源消费大，能源也相对短缺，节能降耗也是我国经济发展的国策之一。高速铁路使用的是二次能源——电力，使得高速铁路在节约能源方面具有明显的优势。

5. 污染轻

环境保护是人类生存和发展的全球性问题，交通运输与生态环境有着十分密切的关系。在交通运输过程中，对环境的污染主要体现在废气污染和噪声污染。高速铁路主要采用电气化和集便器等设施设备，基本上消除了粉尘、油烟和其他废气（物）对环境的污染。随着科技的发展，人们已逐渐认识到了噪声污染对环境的影响以及对人体的危害，各国在高速铁路的修建过程中，采取了一系列的降噪措施，如两侧修建隔音墙等。在各类快速交通工具中，高速铁路产生的噪声较小，因此各国已加大高速铁路和城市轨道交通发展。

6. 占地少

我国虽然国土面积广阔，但人口众多，因此人均耕地低于世界各国平均水平；保护耕地和节约使用土地是我国走可持续发展道路的重要国策之一。作为陆上交通运输工具，修建过程中需要占用大量的土地。一般情况下，双线高速铁路路基面宽 3.6～14 m，4 车道的高速公路路基面宽 26 m；在土地占用率方面，高速铁路也具有十分明显的优势，如一个大型飞机场包括跑道、滑行道、停机坪、候机大楼设施，占用土地面积大，并且大多是市郊良田。而在高速铁路线路中，桥架结构、隧道等铁路工程所占比例极高，能够很大程度地减少土地的占用率。

7. 造价低

在国家的基础工程建设中，能否得到快速的发展，工程造价的高低也是影响因素之一。与普通铁路的修建相比，高速铁路的工程造价比较高，但高速铁路的优势却十分明显。与其他交通运输方式相比，修建一条高速公路或民航机场的单位造价高于高速铁路。

8. 舒适度高

随着人们物质生活水平的提高，出行时的舒适情况现已被人们所重视。高速铁路线路具有高平顺性、高稳定性、曲线半径大等特点，列车在运行过程中相对平稳，速度快但振动很小。在车内设施的制造中，使用的新型材料使得动车组内部具有宽敞明亮，设施先进，装备齐全，乘坐舒适，活动半径大等特点，上述特点也是其他交通运输工具所欠缺的。

9. 效益好

高速铁路带来的直接经济效益十分明显。目前高速铁路的修建完全改变了传统铁路普遍存在的投资大，回收周期长，运营效益低的共性问题。例如，法国 TGV 东南线自 1983 年全线通车以来，在 1984 年就实现盈利，运营 10 年后即收回全部的投资。高速铁路的修建也改变了交通拥堵、事故频发、环境污染等问题，为后续的处理与改善节省了大量的费用，并且我国高速铁路的建设主要集中在目前运能十分紧张、人口密度大、经济发展快的大中城市间，因此可实现短期内回收投资。

1.2 动车组简介

动车组是一种由动车（有动力）和拖车（无动力）组成的自带动力、两端均可操作驾驶、整列一体化设计的一组列车。动车组集成了当今世界的许多高新技术，主要应用的技术包括轮轨技术、交流传动、制动控制、列车运行控制、信息工程、空气动力学工程、人体工程、环境工程、可靠性与安全性技术等多个专业领域的研究成果。高速动车组也是高速铁路的标志性装置之一。

1.2.1 动车组的分类

动车组常见的分类方式有动力配置方式、牵引动力类型、速度等级和转向架与车体的连接方式等。

1. 按动力配置方式分类

所谓动力配置方式是指在动车组编组中，根据动力车的数量和所处的位置进行分类。按照动车组动力配置方式可将动车组分为动力集中型和动力分散型动车组。

（1）动力集中型动车组。

动车组中两端为动力车（或一端为动力车，另一端为控制车）、中间为拖车的配置，称为动力集中型配置，如图 1.1（a）所示。其特点是两端的动力车均为一个完整的动力单元，与传统的机车相似，动力车只牵引，不载客。如法国大西洋线高速列车（TGV-A），在列车编组中两端是动力车，中间是 10 节拖车，即 2 动+10 拖（简称 2M10T）；德国 ICE-2 型高速动车组在编组中一端是动力车,另一端是控制车,中间是6节拖车,即1动+6拖+1控制车(简称 1M6T1Tc)。控制车的特征是带司机室操作室,外形设计成流线型,不带动力单元,可以容纳司乘人员和旅客,我国的CR200J复兴号动车组动力配置与此类似。

(2)动力分散型动车组。

动车组编组中全部为动力车,或一部分为动力车,另一部分为拖车的配置,称为动力分散型配置,如图1.1(b)所示。其特点是两节或两节以上的车辆组成一个动力单元,电动机驱动的动力轮对分散配置在所有车下或部分车下,将动力单元中的变压器或变流器等设备吊挂在不同车下,也可将动力装置吊挂在车辆下部,使动车组轴重比较均匀,整列车动车组可由若干个动力单元组成。例如,我国目前生产的CRH系列动车组全部采用动力分散型动车组。国外如日本也全部采用动力分散型动车组。法国的AGV和德国的ICE-3型高速列车也都是动力分散型动车组。

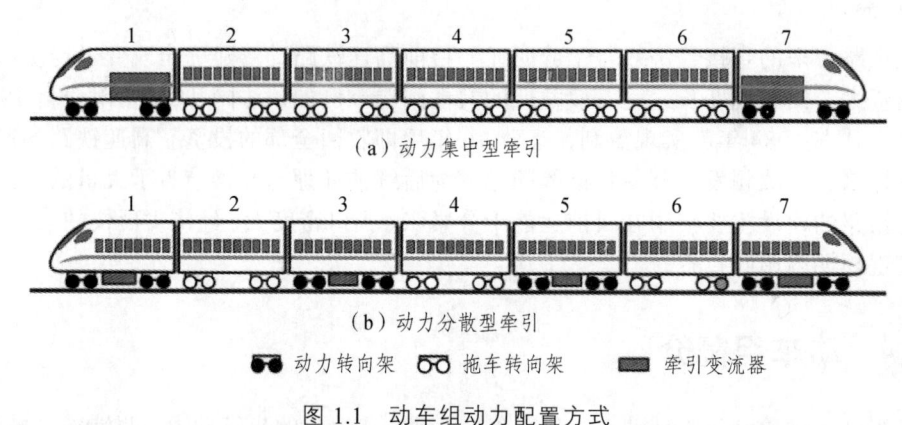

(a)动力集中型牵引

(b)动力分散型牵引

图1.1 动车组动力配置方式

动力分散电动车组的优点是能够实现较大的牵引力,由于采用动力制动的轮对多,制动效率高,且调速性能好,制动减速度大,动力分散型电动车组适用于限速区段较多的线路。同时由于将牵引传动系统的设备质量分散到各个车辆上,降低了动车组的最大轴重。动力分散的电动车组的缺点是牵引设备数量多,总质量大。车辆下部吊装的动力设备所产生的振动和噪声会影响车厢内的舒适度,增加隔振降噪的成本。

动力集中型电动车组的优点是故障率相对较高的机械和电气设备集中在2~3节车上,便于监测和维修保养。机械和电气设备与载客车厢相隔离,对车厢内噪声和振动影响小,与传统机车牵引的列车类似,可以灵活编组,便于运用和维修管理。动力集中布置的缺点是动车的轴重大,而高速动车组要求列车的轴重尽量轻。动车头车的制动能力受到黏着的限制,需要拖车分担部分制动功率,因此列车的制动性能欠佳。

2. 按牵引动力类型分类

按照牵引动力的类型可以将动车组分为电力动车组和内燃动车组。

(1)电动车组。

靠电气化铁路接触网供电,由牵引电动机驱动的动车组,叫电动车组(Electric Multiple Unit,EMU)。电动车组按电流制分为直流和交流两种,按照传动方式又可分为直-直传动、交-直传动和交-直-交传动3种。由于电力牵引具有牵引功率大、轴重轻、经济好、利于环保等优点。因此，从世界各国高速铁路的发展状况来看，80%以上的高速动车组都是采用电力牵引。

（2）内燃动车组。

用内燃机作动力，通过电力传动或液力传动装置驱动动轮的动车组，叫内燃动车组（Diesel Multiple Unit，DMU）。内燃动车组按传动方式又分为电力传动或液力传动两种。内燃动车组由于其投资少，见效快等优点，常常用于尚未电气化的高速铁路区段，或者作为发展铁路建设的一种过渡牵引形式。

3. 按速度等级分类

按照速度等级可以分为普速、快速、高速和超高速动车组。

（1）普速动车组：运行速度为 120~160 km/h。

（2）快速动车组：运行速度为 160~200 km/h。

（3）高速动车组：运行速度为 200~400 km/h。

（4）超高速动车组：运行速度大于 400 km/h。

4. 转向架与车体的连接方式分类

（1）独立式动车组：转向架和车体采用传统的连接方式，每节车的车体都由两台转向架支撑，车辆与车辆之间通过车端连接装置相连接，动车组解编后车辆可以独立行走。

（2）铰接式动车组：是将动车组车体与车体之间采用弹性铰相连接，在两个车体连接处共用一台转向架，因此每节车辆不能从动车组中解编下来独立行走。

（3）倾摆式动车组：是指动车组在曲线线路中通过时，车体可以向曲线内侧倾摆的动车组。倾摆式动车组可应用在既有线路的提速。

1.2.2 动车组发展概况

1. 国外高速动车组概况

（1）日本高速动车组。

1964年10月1日，世界上的第一条高速铁路——东海道新干线在日本成功运营，其运行速度达到了210 km/h。它采用专门用于客运的电气化双线铁路，标准轨距，代表了当时世界上最高水平的高速铁路技术。东海道新干线的运营标志着世界高速铁路由初期的试验阶段正式进入商业运营阶段。这条新干线的主要特点体现在安全、快速、准时、舒适、运输能力大、环境污染轻、节省能源和土地资源等方面，因此得到了政府和公众的支持。1971年，日本国会审议通过了《全国铁道新干线建设法》；1975年，山阳新干线通车营业，列车最高速度为270 km/h；1985年，东北新干线通车营业，列车最高速度240 km/h；1982年，上越新干线通车营业，列车最高速度为240 km/h；1997年，北陆新干线通车营业，列车最高速度为260 km/h。

日本在新干线上运营的高速列车全部采用电动车组的形式。从0系高速动车组开始，日本相继研制开发了第一代100系、100N系、200系、E1（Max）系、400系，第二代300系、500系、E2系和700系等高速列车动车组。日本高速列车主要采用动力分散型动车组，其轴重小，增强了列车运营的安全性。

（2）德国高速动车组。

德国高速铁路技术先进，其高速铁路简称为ICE（Inter City Express），并于1979年试制成功第一辆ICE机车。虽然1988年德国的高速列车在试验中达到了406.9 km/h的试验速度，创下了当时的新纪录，但德国并没有完全实施。虽然高速铁路的优越性在日本和法国已经被证明，但是德国客运量最密集的城市地区，其高速公路的修建已经相当完善，因此高速铁路的修建显然达不到吸引旅客的目的。在德国对发展高速铁路的争论持续了十几年，直到1982年德国才开始计划实施修建实用性高速铁路。1991年建成了曼海姆至斯图加特线；1992年，建成了汉诺威至维尔茨堡线。1992年，德国将购买的60列ICE列车中的41列运行于第六号高速铁路，分别连接汉堡、法兰克福、斯图加特，其运行速度为200 km/h。截止到2000年德国已修建完成11条高速铁路。1993年在德国首都柏林首次运营了ICE高速列车，德国首都也正式进入ICE高速运输系统。德国与瑞士也通过ICE连接起来，实现了苏黎世至法兰克福等线路的国际直通运输。ICE城际高速列车的发展经历了ICE1、ICE2、ICE3、ICT（高速摆式动车组），德国的高速铁路特点体现在客货混运、新旧线混用、技术优越等，也是世界高速铁路的开创者。

（3）法国高速列车。

法国高速铁路技术从TGV东南线实现全面通车后的发展十分迅速，截至1999年，法国的高速铁路新线里程达到了1 280 km；2001年，地中海高速线正式开通运营，法国高速铁路新线里程达到1 576 km，在5 900 km内的路网范围内均可通过高速列车TGV提供服务。TGV高速列车截止到1998年上半年已完成运送旅客达到了5亿人次，客运周转量为2 000亿人·千米。截止到1999年，法国已拥有超过500列的高速动车组，其中包括100列的双层动车组，38列欧洲之星，其他高速路网动车组147列。截至2002年，高速动车组增长到600列，每天可运载旅客2万名。法国的高速路网主要包括巴黎东南线（TGV-PSE）、大西洋线（TGV-A）、北方线（TGV-N）三大干线。1981年，法国高速列车正式运行，法国的第一代高速列车为最高速度可达270 km/h的TGV-PSE系列，此列车经过改造后速度达到了300 km/h，主要在巴黎—里昂运行；1989年，法国成功研制了第二代高速列车TGV-A，主要在巴黎—勒芒线路和巴黎—库尔塔兰—图尔线路上运行；此后法国又相继研制了运营于巴黎—布鲁塞尔—科隆—阿姆斯特丹的TGV-PBKA型高速列车，连接北方线、东南线和大西洋线的TGV-R型高速列车；TGV-2N属于双层列车，是法国研发的第三代高速列车，其最高运行速度达300 km/h。

法国高速列车采用动力集中式，牵引动力装置的布置与日本的不同，只在列车两端头车或相邻客车一端安装牵引动力装置；法国动车组主要采用铰链式车厢，供电系统采用多电流制供电与简单链型悬挂接触网，可使用一般线路的1 500 V/3 000 V直流供电，也能使用高速线25 kV交流供电；采用符合ETCS标准的TVM列车控制系统；整体上注重系统的安全性与可靠；线路要求高标准高质量。

2. 我国高速动车组的发展

2004年10月起，我国分别引进了法国阿尔斯通的SM3、日本的E2-1000、BSP和德国西门子的ICE3等动车组的相关技术，通过消化、吸收、再创新，研发了高速动车组。

（1）动车组引入——$CRH_{1、2、3、5}$型动车组。

2007年4月18日起在中国铁路第六次提速调图后,通过引进国外技术、联合设计生产 CRH$_1$、CRH$_2$、CRH$_3$、CRH$_5$ 等型号动车组(头型及编组方式分别见图1.2和图1.3),主要技术特征见表1.3。这些型号是分别从日本、德国、法国等国引进的先进技术,并消化吸收国产化,成为具有中国自主知识产权的动车组产品系列。

表1.3 CRH$_{1、2、3、5}$型动车组的主要技术特征

型 号	CRH$_1$	CRH$_2$	CRH$_3$	CRH$_5$
基本编组	5M+3T	4M+4T	4M+4T	5M+3T
编组定员/人	670	609	600	606
轴重/kN	160	140	170	170
最高运营速度/(km/h)	250	250	350	250
最高试验速度/(km/h)	275	275	385	275
牵引功率/kW	5 500	4 800	8 800	6 770
车体材质	不锈钢+耐候钢	大型挤压中空铝合金	大型挤压中空铝合金	大型挤压中空铝合金
转向架形式	空气弹簧 拉板式定位+轴箱圆弹簧	空气弹簧 转臂式定位+轴箱圆弹簧	空气弹簧 转臂式定位+轴箱弹簧	空气弹簧 拉杆式定位+轴箱圆弹簧
制动形式	再生制动+空气盘形制动			

① CRH$_1$型动车组。CRH$_1$型动车组是一种全面采用先进技术、现代化的动力分散型电动车组,由青岛四方-庞巴迪-鲍尔铁路运输设备有限公司(简称BSP公司)生产制造。该动车组为8辆编组,5辆为动车、3辆为拖车,最高运营速度为250 km/h,最高试验速度为275 km/h。其头型如图1.2(a)所示,编组方式如图1.3(a)所示。

② CRH$_2$型动车组。CRH$_2$型动车组是消化吸收日本E2-1000动车组技术经过再创新后制造的。该动车组为8辆编组,采用4动4拖的动力分散、交流传动方式以及先进的IGBT元件和VVVF控制牵引方式。最高运营速度为250 km/h,最高试验速度为275 km/h。通过调整动车和拖车的比例,可以灵活、方便地适应200～300 km/h各速度等级的运行。其头型如图1.2(b)所示,编组方式如图1.3(b)所示。

③ CRH$_3$型动车组。CRH$_3$型动车组是消化吸收德国为西班牙生产的Valero E动车组技术、经过再创新的动车组。该动车组的牵引功率达到8 800 kW,以保证最高运行速度达到350 km/h;牵引变流器元件为IGBT,并配备了最先进的欧洲ETCS2级信号系统。动车组为4动4拖,运营速度为350 km/h,最高试验速度为385 km/h。其头型如图1.2(c)所示,编组方式如图1.3(c)所示。

④ CRH$_5$型动车组。CRH$_5$型动车组是消化吸收阿尔斯通公司为芬兰国家铁路提供的SM3动车组技术、经过再创新后进行设计开发的。该动车组为8辆编组,采用5动3拖。最高运营速度250 km/h,最高试验速度275 km/h,CRH$_5$型动车组具备提速至300 km/h的条件。其头型如图1.2(d)所示,编组方式如图1.3(d)所示。

⑤ CRH$_6$型动车组。CRH$_6$型电力动车组是由中国南车四方股份公司研发设计,2012年在青岛下线。CRH$_6$型城际动车组是为满足我国区域经济快速发展和城市群崛起对城际轨道

交通的需求而研制的一种新型动车组。

（a）CRH₁型动车组

（b）CRH₂型动车组

（c）CRH₃型动车组

（d）CRH₅型动车组

图 1.2　CRH₁、₂、₃、₅型动车组头型

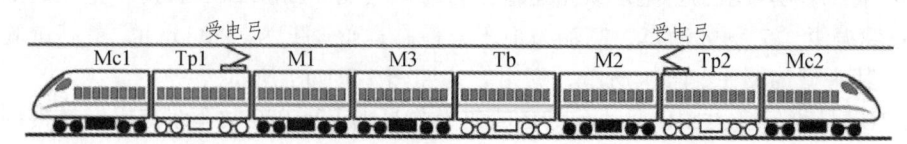

（a）CRH₁型动车组牵引动力布置

动力转向架　拖车转向架　主变压器　牵引变流器

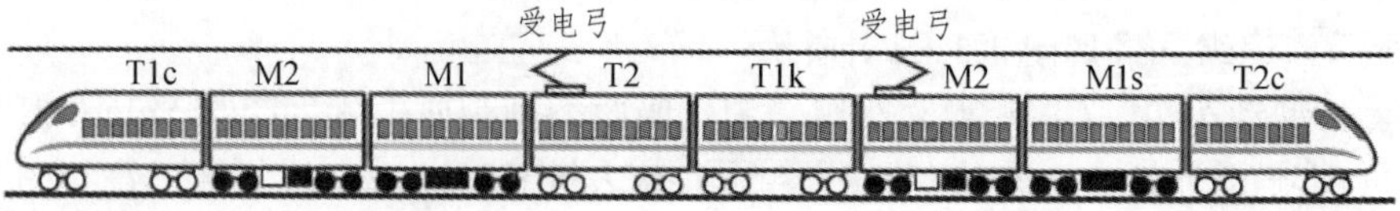

（b）CRH₂型动车组牵引动力布置

动力转向架　拖车转向架　牵引变流器　主变压器

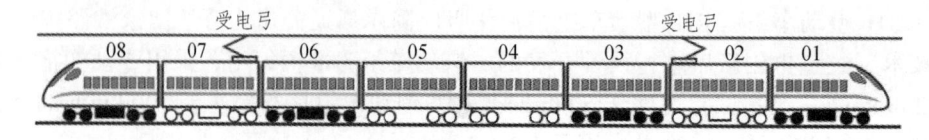

（c）CRH₃型动车组牵引动力布置

动力转向架　拖车转向架　主变压器　牵引变流器

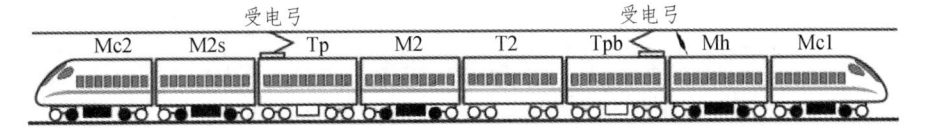

（d）CRH₄型动车组牵引动力布置

◙◙ 动力转向架　◠◠ 拖车转向架　▫ 主变压器　■ 牵引变流器

图1.3　CRH₁、₂、₃、₅型动车组编组方式

（2）动车组发展——CRH₃₈₀系列动车组。

CRH₃₈₀系列高速动车组是CRH₁、₂、₃、₅型动车组的再创新，包括CRH₃₈₀A（L）、CRH₃₈₀B（L）、CRH₃₈₀C（L）和CRH₃₈₀D（L）四种型号（头型见图1.4），主要技术特征见表1.4。

（a）CRH₃₈₀AL

（b）CRH₃₈₀BL

（c）CRH₃₈₀CL

（d）CRH₃₈₀DL

图1.4　CRH₃₈₀系列动车组头型

表1.4　CRH₃₈₀系列动车组的主要技术特征

车型	CRH₃₈₀A	CRH₃₈₀AL	CRH₃₈₀B	CRH₃₈₀BL	CRH₃₈₀CL	CRH₃₈₀D	CRH₃₈₀DL
编组辆数及动力配置	6M+2T	14M+2T	4M+4T	8M+8T	8M+8T	4M+4T	4M+4T
最高运营速度/(km/h)	380	380	380	380			
最高实验速度/(km/h)	416.6	486.1	487.3		420	420	
最大轴重/t	≤15		≤17				
列车总长/m	203	403	490	1 004	1 004	493	1 027
头车长/m	26.25+0.25		25.525+0.325		26.2+0.325	27.45+0.4	
中间车长/m	24.5+0.5		24.175+0.65			25.8+0.8	
车宽/mm	3 380		3 257			3 368	
车高/mm	3 700		3 890			4 160	
轴距/mm	2 500					2 700	
新轮直径/mm	860		920				
全磨耗车轮直径/mm	790		830（动车），860（拖车）			850	
传动方式	交-直-交						
牵引功率/kW	9 600	21 560	9 367	18 725	19 200	9 600	19 200

续表

车型	CRH$_{380A}$	CRH$_{380AL}$	CRH$_{380B}$	CRH$_{380BL}$	CRH$_{380CL}$	CRH$_{380D}$	CRH$_{380DL}$
转向架	SWMB-400/SWTB-400 型无摇枕转臂式定位空气弹簧转向架		CW-400/CW-400D 型无摇枕空气弹簧转向架			无摇枕空气弹簧转向架	
车体结构	铝合金空心型材						
通过最小曲线半径	联挂运行时 250 m；单车调车时 150 m						
制动方式	再生制动+直通式电空制动						
最大制动距离	≤6 500 m（制动初速度 350 km/h），≤8 500m（制动初速度 380 km/h）						

① CRH$_{380A}$ 型动车组。CRH$_{380A}$ 型动车组是由中车四方机车车辆股份有限公司研制的速度 380 km/h 级别高速动车组，持续运营速度为 380 km/h，最高运营速度为 468 km/h，最高试验速度 496 km/h 以上，编组方式如图 1.5 所示。

② CRH$_{380B}$ 型动车组。2010 年 9 月，铁道部下发《关于新一代高速动车组型号、车号及座席号的通知》，将 70 列由唐山轨道客车制造、110 列由长春轨道客车制造的 CRH$_{3-380}$ 型动车组定型为 CRH$_{380B}$ 系列，其中短编组动车为 CRH$_{380B}$，而长编组动车为 CRH$_{380BL}$。

③ CRH$_{380C}$ 型动车组。新一代 CRH$_{380C}$ 型动车组以 CRH$_{3C}$、CRH$_{380BL}$ 为基础，与 CRH$_{380BL}$ 相比，CRH$_{380C}$ 是拥有全新的长编组坐车的动车组，持续运营速度为 350 km/h，最高运营速度为 380 km/h，最高试验时速超过了 400 km/h。

④ CRH$_{380D}$ 型动车组。CRH$_{380D}$ 型电力动车组，是铁道部为营运新建的高速城际铁路及客运专线，由青岛四方庞巴迪铁路运输设备有限公司 [Bombardier Sifang（Qingdao）Transportation Ltd., BST]研发的 CRH 系列高速动车组。

图 1.5　CRH$_{380A}$ 型动车组牵引动力布置

（3）动车组标准化——复兴号动车组。

中国标准动车组，简称标动，英文代号为 CR（China Railway 的缩写，即中国铁路），中文型号为复兴号动车组列车，是指以中国标准为主导设计制造的高速动车组（在 254 项重要标准中，各种中国标准占 84%）。2013 年 12 月，中国标准动车组完成总体技术条件制定；2014 年 9 月，完成方案设计，2015 年 6 月下线。2017 年 6 月 25 日，中国标准动车组被正式命名为"复兴号"。主要特点是自主化，其核心技术完全由中国相关企业自主研制；标准化，其部件是按照中国自己的标准设计制造，而且是能够实现不同的两类动车组之间互换、互用以及互联互通。

复兴号动车组有 CR400AF 和 CR400BF 两个技术平台，CR400AF 由中车青岛四方机车车辆有限公司生产，昵称"蓝海豚"（头部玻璃平、侧面有一条凸尖线、最前部尖出如"海豚"），CR400BF 由中车长春轨道课程股份有限公司生产，昵称"金凤凰"（头部玻璃凸、侧面比较平缓、最前部如"凤凰"），如图 1.6 所示。2016 年 7 月 15 日，两列自主研制的中国标准动车组"金凤凰"和"蓝海豚"在郑（州）徐（州）线上，分别以 420 km/h 的速度交会而行，这是世界最高速的动车组交会试验。2017 年 9 月 21 日，复兴号动车组列车在京沪高铁率先以 350 km/h 运行，京沪两地的高铁行驶时间从 5 h 缩短至 4.5 h。2018 年 7 月，16 辆编组复兴号开始投入运营，定员 1 193 人。2019 年 1 月，17 辆超长版复兴号动车组在京沪线投入运营，可乘坐人数提升至 1 283 人，较 16 辆编组提高 7.5%。目前复兴号已有两个平台，产品速度等级覆盖 350 km/h 和 250 km/h，系列化产品体系正在形成。

（a）CR400AF/BF　　　（b）CR300AF　　　（c）CR300BF

图 1.6　复兴号标准动车组

1.2.3　动车组的基本组成

一般动车组有动车（M 车）、拖车（T 车）、带司机室和不带司机室等多种形式。通常动车组可以划分为 7 个部分，即车体、转向架、制动装置、车端连接装置、车辆内部设备及驾驶室设备、牵引传动与控制系统和列车控制网络信息系统，如图 1.7 所示。

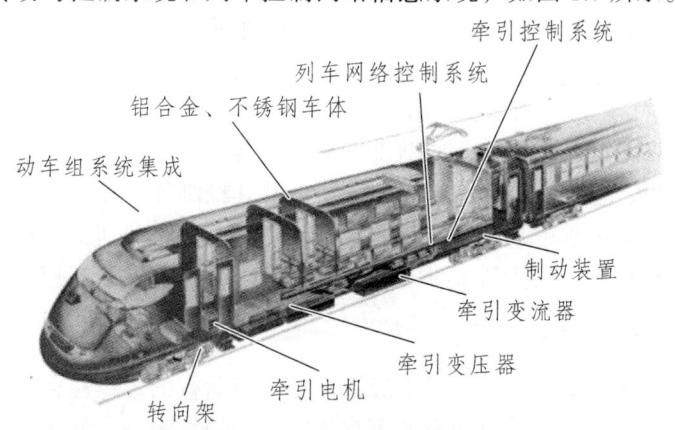

图 1.7　动车组基本组成

1. 车　体

动车组车体分为带司机室车体和不带司机室车体两种，其作用是安装基础+承载骨架。

车体是容纳乘客和司机驾驶（对于有司机室的车辆）的地方，又是安装与连接其他设备与部件的基础和骨架。通常，车体由底架、端墙、侧墙和车顶等组成。为使车体轻量化，高速动车组车体通常采用铝合金和不锈钢制造，而铝合金将是今后动车组车体的主导材料。

2. 转向架

转向架有动力转向架和非动力转向架之分，其作用是承载+转向+平稳（减振）+制动，而动力转向架还有驱动（牵引）功能。

转向架位于车辆的最下部，车体与轨道之间。它牵引和引导车辆沿着轨道行驶，并承受和

013

传递来自车体及线路的各种载荷，同时缓和其动作用力，它是保证车辆运行品质的关键部件。

转向架一般由轮对轴箱装置、构架、弹簧悬挂装置和基础制动装置等组成。而对于动力转向架还有驱动装置（包括牵引电机和传动齿轮）。

3. 车端连接装置

车辆编组成列运行必须借助车端连接装置，其中机械连接装置包括车钩缓冲装置和风挡等，同时还有车辆之间的电气和空气管路的连接，包括高压电器连接、辅助系统连接和列车供电连接以及控制系统连接等。

4. 制动装置

制动装置是保证列车减速或准确停车及安全运行所必需的装置。动车组通常采用动力制动和空气制动的复合制动模式。动车组制动装置包括基础制动装置和制动控制装置等。制动控制装置包括动力制动控制系统（如再生制动）、空气制动控制系统以及电子防滑器等。

5. 牵引传动与控制系统

牵引传动及控制系统的作用是实现电能有效传递和转化+控制列车正常运行。

动车组的牵引传动及控制系统主要是指动车（或）上的各种电气设备及其控制电路，按其作用和功能又可以分为主传动电路系统、辅助电路系统和电子与控制电路系统3部分。

主传动电路系统主要包括受电弓、主断路器、其他高压设备、牵引变压器、牵引变流器、牵引电机等。辅助电路系统主要由辅助变流器、蓄电池、充电机等组成。辅助供电系统供电的设备包括空气压缩机、冷却通风机、油泵/水泵电机、空气调节系统、采暖设备、照明设备、旅客服务设备及维修用电等。另外，辅助供电系统还具备应急供电功能。应急用电包括客室应急用电、应急照明、应急显示、维修用电、通信及其控制等。控制电路系统分为有接点的直流电路和无接点的电子电路，控制电路的作用是控制主电路和辅助电路各电器的工作，通过司机操纵主控制器和各按钮使列车正常运行或由列车自动控制系统控制运行。

6. 车辆内部设备及驾驶室设备

车辆内部设备的作用是保证乘客乘坐舒适性和车辆运行的平稳性。车辆内部设备包括服务于乘客的车体内的固定附属设施和服务于车辆运行的辅助设备。属于前者的有车内电气、通风冷却、采暖、空调、座椅、拉手及旅客信息系统等。属于后者的有蓄电池（箱）、继电器（箱）、主控制（箱）、空气压缩机、总风缸、电源变压器、各种电气开关和接触器等。

7. 列车控制网络信息系统

该系统是基于计算机技术和通信技术的分布式计算机控制系统，提供整列车的控制、检测和诊断等功能。列车网络控制系统就是应用于列车上的计算机通信网络，已成为动车组的必备技术之一。该系统可实现各动力车的重联控制、全列车所有由计算机控制的部件联网通信和资源共享，实现全列车的制动控制、自动门控制、轴温检测及空调控制等功能。完成全列车的自检和故障诊断决策。列车网络控制系统主要由列车信息中央装置、列车信息终端装置、列车信息显示器（IC卡架）、各种列车和车辆总线、网关及车内各种设备的监控、诊断和显示装置组成。

1.3 动车组车辆概述

1.3.1 车辆特点、组成及类型

1. 车辆的特点

轨道车辆与其他车辆的最大不同，在于这种车辆的轮子必须在专门为它铺设的钢轨上运行。这种特殊的轮轨关系成了轨道车辆结构上最大的特征，并由此产生出许多其他的特点。

（1）自导向。除轨道车辆之外的各种运输工具几乎全有操纵运行方向的机构，唯轨道车辆通过其特殊的轮轨结构，车轮才能沿轨道运行而无须专人掌握运行的方向。

（2）低阻力。除坡道、弯道及空气对车辆的阻力之外，运行阻力主要来自走行机构中的轴与轴承以及车轮与轨面的摩擦阻力。车辆的车轮及钢轨都是含碳量偏高的钢材，轮轨接触处的变形较小，而且线路的结构状态也尽量使其运行阻力减小，故车辆运行中的摩擦阻力较小。

（3）编成列。轨道车辆编组连挂组成列车运行。为了适应成列运行的特点，车与车之间需设连接、缓冲装置；且由于列车的惯性很大，每辆车均需设制动装置。

（4）限尺寸。轨道车辆只能在规定的线路上行驶，无法像其他车辆那样主动避让靠近它的物体，为此要制定限界，严格限制车辆的外形尺寸以确保运行安全。

2. 车辆组成

从结构组成来看，轨道车辆通常由车体、转向架、车辆连接装置、制动装置、车辆内部设备、车上电气系统等 6 部分组成，如图 1.8 所示。

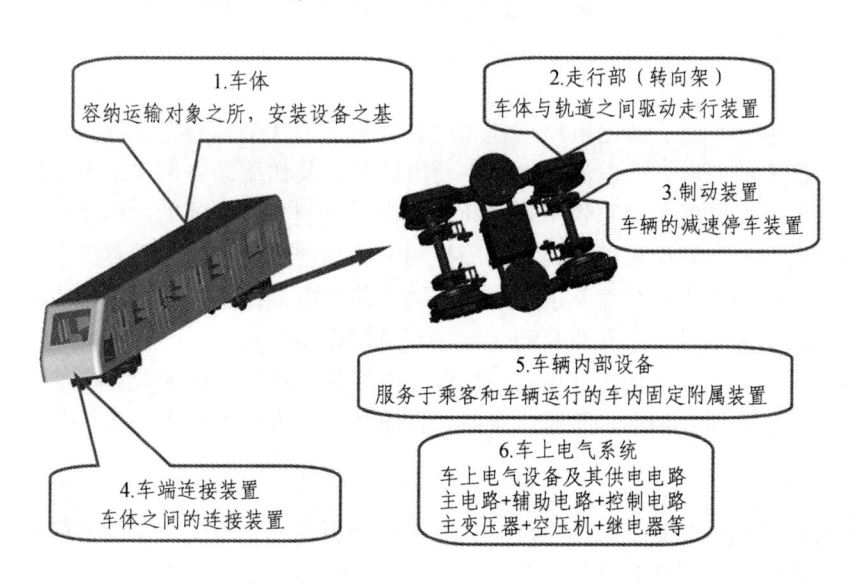

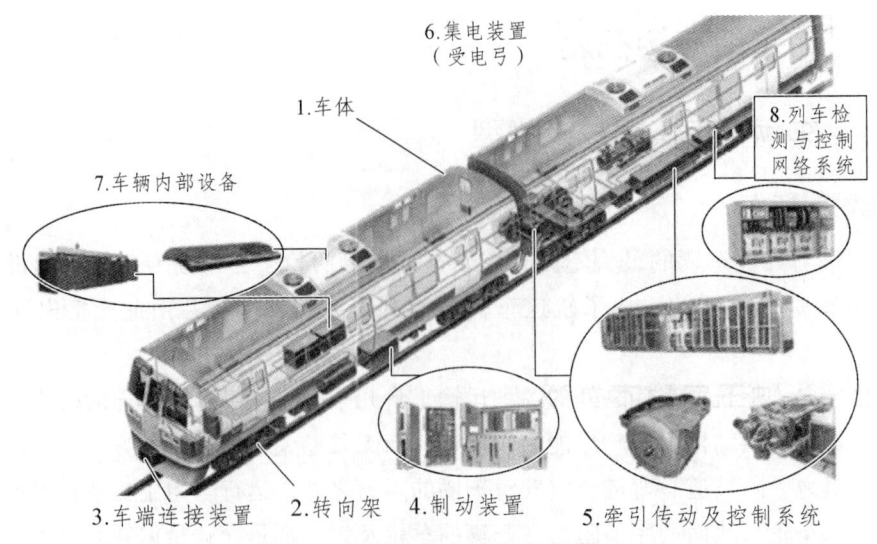

图1.8 动车组车辆基本组成

（1）车体。车体既是容纳乘客和司机的场所，同时又是安装与连接其他设备和部件的基础。

（2）转向架。转向架置于车体和轨道之间，用来牵引和引导车辆沿轨道行驶，承受和传递来自车体及线路的各种载荷并缓和其动作用力。转向架是保证列车运行品质和安全的关键部件。

（3）车端连接装置。车辆编组成列车运行必须借助连接装置，其中，机械连接包括车钩缓冲装置和风挡等，同时还有车辆之间的电气和空气管路的连接、高压电器连接、辅助系统和列车供电连接以及控制系统连接等。

（4）制动装置。制动装置是保证列车安全运行所必需的装置。动车组常采用动力制动与摩擦制动的复合制动模式，制动控制系统包括动力制动控制系统（再生制动）和空气制动控制系统。

（5）车辆电气系统。车辆电气系统包括车辆上的各种电气设备及其控制电路。按其作用和功能可分为主电路系统、辅助电路系统和控制电路系统3个部分。主电路系统又叫牵引传动系统，是车辆上的高压、大电流、大功率动力回路，其作用是将电网的电能转变为车辆运行所需的牵引力，在电气制动时将车辆的动能转换为电制动力。辅助电路系统是为保证车辆正常运行必须设置的辅助设备供电的系统。控制电路系统分为有接点的直流电路和无接点的电子电路，控制电路的作用是控制主电路和辅助电路各电器的工作，通过司机操纵主控制器和各按钮使列车正常运行或由列车自动运行控制系统控制运行。

（6）车辆内部设备。车辆内部设备是指服务乘客的车内固定附属装置，如车内电气、供水、通风、取暖、空调、座席、车窗、车门、行李架、旅客信息服务系统等。

3. 车辆分类

动车组中的车辆按有无牵引动力可分为有牵引动力的动车和无牵引动力的拖车；按照有无操纵控制装置可分为带驾驶室的头车和不带驾驶室的中间车，如图1.9所示。

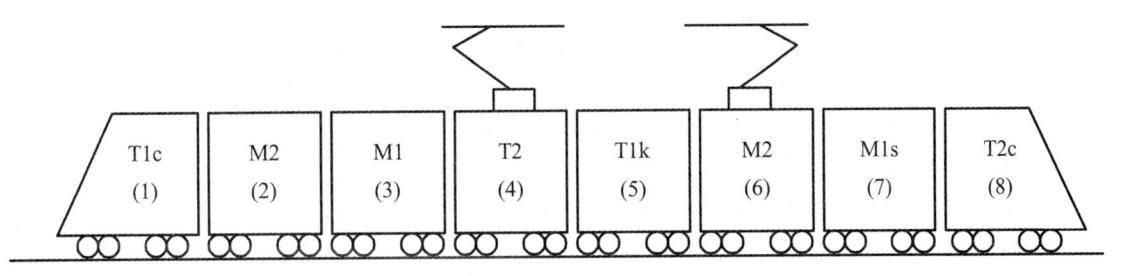

T1c，T2c—带驾驶室的动车；M1，M2，M1s—拖车；T1k，T2—动车。

图1.9 动车组车辆的类型

1.3.2 车辆主要技术参数

动车组主要技术参数是概括性地说明车辆技术规格的某些指标，从总体上表征车辆性能及结构的一些参数。一般分性能参数和尺寸参数两大类。

1. 车辆性能参数

（1）自重、载重、容积。

自重：车辆本身的全部质量，以吨（t）为单位，现代动车组每辆车的自重通常为45～55 t；载重：车辆允许的正常最大装载质量，以吨（t）为单位。容积表示车辆的装载空间，以立方米（m^3）为单位。

（2）设计速度（构造速度）。

设计速度指设计车辆时，按安全及结构强度等条件所运行的车辆最高行驶速度。车辆实际运行速度一般不允许超过构造速度。

（3）轴重。

轴重是指按车轴形式及在某个运行速度范围内该轴允许负担的最大总质量，包括轮对自重。轴重的选择与线路、桥梁和车辆走行部的设计标准有关。

欧洲铁路联盟规定，对于运行速度超过250 km/h的高速动车组，其轴重必须不大于417 t；而德国ICE动车轴轴重达19.5 t，日本E2-1000轴重仅为14 t。

（4）每延米轨道载重。

每延米轨道载重是车辆设计中与桥梁、线路强度密切相关的一个指标，同时又是能否充分利用站线长度、提高运输能力的一个指标，其数值是车辆总质量与车辆全长之比。

对于动车组而言，该参数按设计任务书规定执行。

（5）允许（能）通过的最小曲线半径。

指配有某种形式转向架的车辆，在站场、厂或段内调车作业（≤5 km/h）时能安全通过的最小曲线半径。当车辆在此曲线路段上行驶时，不得出现脱轨、倾覆等危及行车安全的事故，也不允许转向架与车体底架或与车下其他悬挂部件发生碰撞。

（6）轴配置（一般用轴列式）。

轴配置表示动轴和非动轴的排列情况，一般也叫轴列式。所谓轴列式就是用数字或英文字母表示车辆走行部结构特点的一种简单方法。通常，以英文字母表示动轴数（A——一根动轴，B——两根动轴，C——三根动轴等），数字表示从轴数（1——一根从轴，2——两根从轴，3——三根从轴等）。注脚 0 表示动轴为单独驱动，无注脚表示每台转向架的动轴为成组驱动，如 B_0-B_0，表示一辆动车，有 2 台转向架，每台转向架有 2 根单独驱动的动轴；2-2，表示一辆拖车，有 2 台转向架，每个转向架有 2 根非动轴。

（7）最大起动加速度和平均起动加速度。

最大起动加速度指列车在起动过程中（正常定员，直线和平道）中所能达到的最大加速度。一般要求不小于 0.4 m/s^2。

平均起动加速度：指列车从 0 增至某一特定速度（一般为 120～150 km/h）之间的平均加速度。

（8）最大制动减速度和平均制动减速度。

最大制动减速度在额定载荷下，在空气制动和再生制动共同作用下列车制动过程中减速度所能达到最大的值。一般情况下，最大制动减速度不小于 1.0 m/s^2。

平均制动减速度指列车在额定载荷下，从最大运行速度制动减速至停车过程中的平均减速度。

（9）紧急制动距离。

从司机实施紧急制动的瞬间起，到列车速度降为 0 的瞬间止，列车所驶过的距离，称为列车紧急制动距离。

2. 车辆尺寸参数

（1）车辆定距。

车体支承在前、后走行部之间的距离，若为带转向架的车辆，车辆定距即为相邻转向架中心距。

日本 E2-1000 动车组车辆定距为 17.5 m，德国 TCE1 动车组车辆定距为 19 m，法国 TGV-A 动车组车辆定距为 18.7 m。国产 CRH$_2$ 型动车组车辆定距为 17.5 m；CRH$_1$ 型动力组为 19 m；CRH$_3$ 型动车组为 17.375 m；CRH$_5$ 型动车组为 19 m。

（2）转向架固定轴距。

不论是二轴转向架或是多轴转向架，同一转向架前最前位轮轴中心线与最后位轮轴中心线之间的距离称为转向架固定轴距。

日本动车组转向架轴距均为 2 500 mm；德国 ICE1 和 ICE2 动车组转向架轴距均为 3 000 mm，而 ICE3 动车组转向架轴距为 2 500 mm；法国 TGV 动车组转向架轴距为 2 600～3 000 mm。国产 CRH$_2$ 和 CRH$_3$ 型动车组转向架固定轴距 2 500 mm，而国产 CRH$_1$ 和 CRH$_5$ 型动车组均为 2 700 mm。

（3）车辆外形尺寸。

车辆外形尺寸包括车辆全长、最大宽度和最大高度等。其中，车辆全长指车钩中心线连接长度；车辆最大宽度指车体最宽部分的尺寸；车辆最大高度指车辆顶部最高点距钢轨水平面的距离。车辆最大宽度和最大高度必须符合车辆限界的要求。

车体内部的长、宽、高必须满足大部分旅客的乘坐要求，通常车内净空高度为 2 200～2 300 mm。

（4）车钩中心线高度。

车钩高指车钩钩舌的水平中心线距轨面的高度。我国现行标准规定新造或修竣后的空车标准车钩高为 880 mm，而我国高速动车组和城市轨道交通车辆的车钩高无统一标准。

（5）地板面高度。

地板面高度指新造或修竣后空车地板面与钢轨顶面之间的距离。它受两个方面的制约：一方面，受车辆本身某些结构高度限制，如车钩和转向架；另一方面，又与站台高度的标准相关。

1.4 高速铁路限界及线路构造特点

1.4.1 高速铁路限界

1. 铁路限界基础知识

铁路限界由机车车辆限界（车限）和建筑限界（建限）两者共同组成，两者之间相互制约与依存。铁路限界是铁路安全行车的基本保证之一，为了使机车车辆能在一定范围的路网内通行无阻，不会因机车、车辆外形尺寸设计不当、货物装置位置不当或建筑物、地面设备的位置不当而引起不安全的行车事故，必须用限界分别对机车、车辆和建筑物等地面设备加以制约。因此，限界是铁路各业务部门必须遵循的基础技术规程。限界制定得是否合理、先进，也关系到铁路运输总的经济效果。

建筑限界和机车车辆限界均指在平直线路上两者中心重合时的一组尺寸约束所构成的极限纵断面轮廓，如图 1.10 所示。

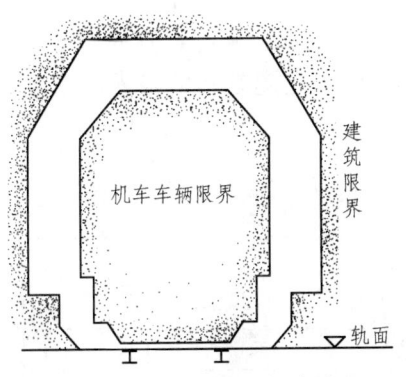

图 1.10 机车车辆限界与建筑限界

实际的机车车辆限界与靠近线路中心线的建筑限界之间必须留有一定的为保证行车安全所需要的空间。这部分空间应该包括：

（1）车辆制造公差引起的上下、左右方向的偏移和倾斜。

（2）车辆在标称载荷作用下弹簧受压缩引起的下沉，以及弹簧由于性能上的误差可能引起的超量偏移或倾斜。

（3）由于各部分磨耗或永久变形而造成的车辆下沉，特别是左右侧不均匀磨耗或变形而引起的车辆倾斜与偏移。

（4）由于轮轨间以及车辆自身各部分存在的横向间隙而造成车辆与线路间可能形成的偏移。

（5）车辆走行过程中因动力作用而造成车辆相对线路的偏移。

（6）线路在列车反复作用下可能产生的变形。

（7）运输某些特殊货物时可能会超限。

（8）为应付可能出现的特殊情况，还应该有足够的预留空间。

以上最后两点指的由铁路承载的某些不宜分解的大型、重型机器设备，以及某些特大型的机器设备，如大型发电设备及化工设备等。

理论上，根据机车车辆限界包括以上8种空间的多少可以分为3种不同的类型：

（1）无偏移限界（制造限界）：当机车车辆限界仅考虑上述第（1）点内容时的限界称为无偏移限界或制造限界。此时，车限与建限之间所留的空间应该很大。

（2）静偏移限界：当机车车辆限界仅考虑了第（1）~第（3）点内容时称静偏移限界或静态限界。此时，车限和建限之间的空间可以压缩一些。

（3）动偏移限界：当机车车辆限界考虑了第（1）~第（5）点内容时，则车限和建限之间的空间可以留得很少，这种限界称为动偏移限界和动态限界。

3种限界虽然都得考虑以上8点内容，但以无偏移限界空间利用率最低，这是因为各种不同的机车车辆可能发生的最大偏移量各不相同，要把除了制造误差以外的内容都包含在机车车辆限界的空间内，所以这个空间只能留得尽可能大些，以免发生意外。而以动偏移限界的空间利用率最高，因为可以在车限内考虑各种机车、车辆发生不同的偏移状况，而把车限和建限之间的不确定因素减到最低程度，因此车限和建限所留的空间可以最小。

我国《标准轨距铁路机车车辆限界》（GB146.1—83）在横向基本属于无偏移限界，如图1.11所示；而在垂向除需要考虑车钩高的变化外尚需要考虑弹簧的平均静挠度及垂向均匀磨耗，故基本属于静偏移限界。在欧洲的国际铁路联盟分别对动车、无动力车的客车及货车制订了 UIC 动态限界，而沿线固定建筑物的限界由各成员国根据情况自行确定必要的安全裕度。

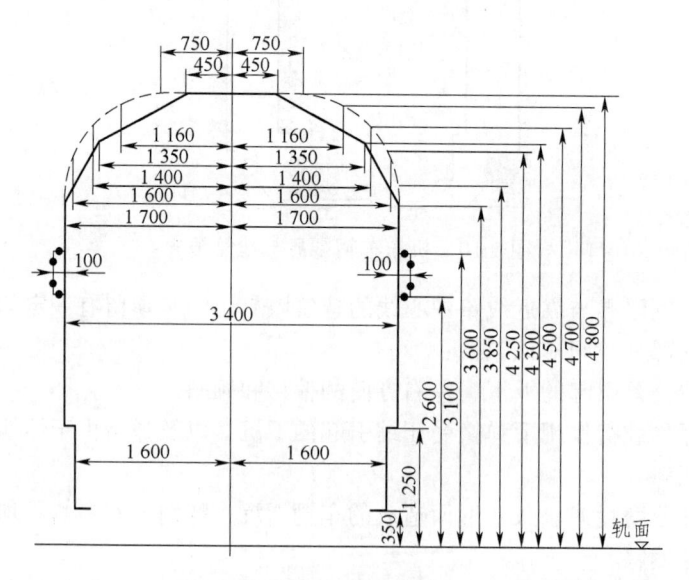

图 1.11　机车车辆上部限界（GB146.1—83）（车限-1A）

除上述 3 种限界外，根据制定限界的这些原则，在某些特殊的路网中还可以使用特殊的限界。例如，地铁所涉及的路网仅在一个城市范围内，而所使用的车辆形式又比较单一，故可以通过较准确的计算把第（1）~（6）点的内容均包括在车辆限界内，这样的限界可称为"动态包络线"限界。如此，便能大量节省开挖地下隧道的土方工程量，我国香港的地铁基本采用此类限界。又如，高速客运专线上在考虑行车安全时必须考虑空气动力学问题，因此复线的线间距及隧道界面等都比普通线路大。

我国《标准轨距铁路机车车辆限界》（GB146.1—83）使用方法如下：

机车车辆限界是一个和线路中心线垂直的极限横断面轮廓。机车车辆无论空车、还是重车；无论是具有最大标准公差的新车，还是具有最大公差和磨耗到限的旧车，当停放在水平直线上且无侧向倾斜及偏移时，除电力机车升起的受电弓外，其他任何部分均应容纳在线路轮廓之内，不得超越。

在使用中犹如把一个直角坐标系固定在极限图中，所有竖直高度均从轨面算起；所有横向宽度均从中垂线向两侧计算。若一辆车在某个横截面处的总宽不超限，但是只要某侧半宽超限即为超限。

利用给定的机车车辆限界可以具体校核车辆的尺寸如下：新造车需要在空载状态下按机车车辆上部限界，即按车限-1A（见图 1.11）校核其垂直面内的最大尺寸。且在考虑顶部尺寸时应以车钩距轨面高的上偏差为准，即以名义高度加 10 mm 不得超出顶部限界。在考虑下部限界时可分两种情况：对不通过自动化、机械化驼峰的一般车辆，按车限-1B（见图 1.12）。在校核车辆下部限界时应以车体或转向架处于最低可能位置来考虑，即车辆不仅在名义载荷作用下具有静挠度，而且应该按厂、段修规程检修限度表中运行的心盘、销套、轮辋等的最大磨耗即弹簧、车体各梁运行的最大永久变形等来校核。

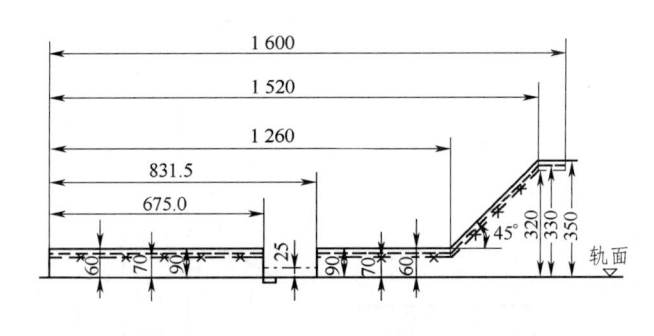

—— 车体的弹簧承载部分
---- 转向架上的弹簧承载部分
-×- 非弹簧承载部分
-·- 机车闸瓦、撒砂管、喷油嘴最低轮廓

图 1.12　机车车辆下部限界（车限-1B）

2. 高速铁路限界

我国客运专线机车车辆限界（暂行规定）中上部限界高车限-1A 如图 1.13 所示，下部限界高车限-1B 如图 1.14 所示。

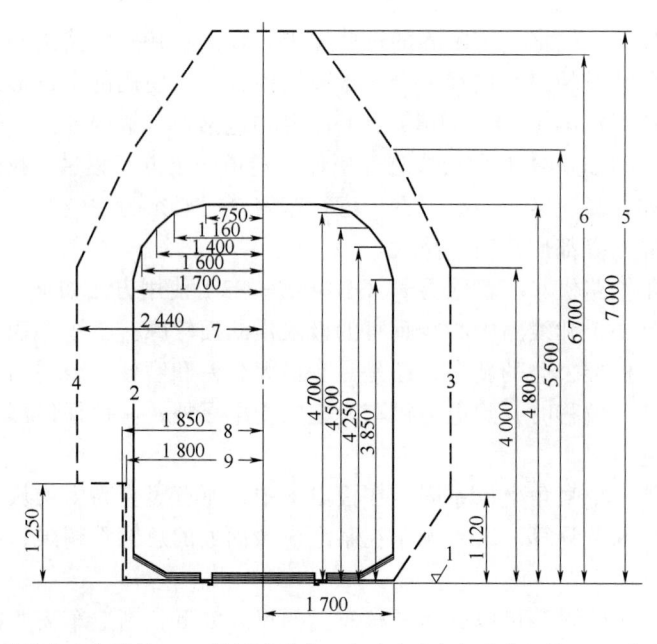

1—轨面；2—高速铁路机车车辆限界；3—区间及站内正线（无站台）建筑限界；4—有站台时车站建筑限界；
5—轨面以上最大高度；6—接触网立柱跨中利用承力索弛度时的轨面高度；7—轨道中心指
建筑限界的最大宽度；8—站内正线股道中心至站台边缘的高度；
9—站内侧线股道中心至站台边缘的宽度。

图 1.13　高车限-1A

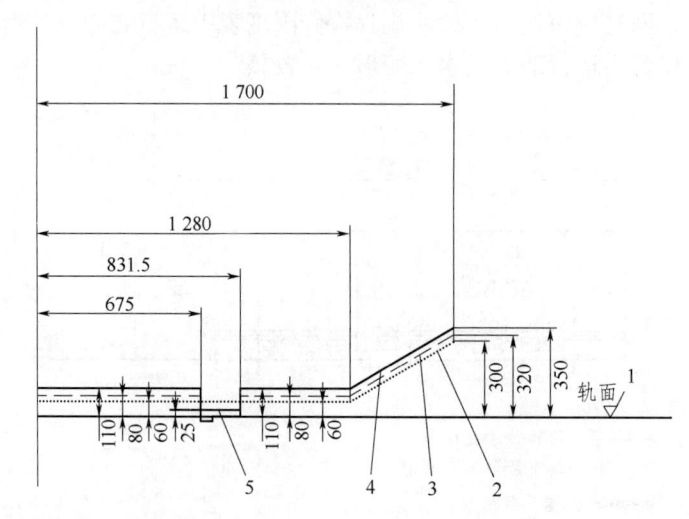

1—轨面；2—非弹簧承载部分；3—转向架上的弹簧承载部分；4—车体的弹簧承载部分；
5—转向架扫石器、机车闸瓦、撒砂管、喷油管最低轮廓。

图 1.14　高车限-1B

客运专线机车车辆限界与既有线路机车车辆限界（GB 146.1—83）相比，在以下 4 个方面有所变化。

（1）客运专线机车车辆上部限界（高车限-1A）的上部轮廓扩大到既有线机车车辆上部限界（GB 146.1—83）（车限-1A）顶部的虚线轮廓，即采用了电气化线路干线电力机车轮廓线,克服了既有线限界上部轮廓的两肩过窄的缺点。

(2)上部限界(高车限-1A)距轨面 1 250 mm 以下的宽度,由原来的 1 600×2 mm 扩大到 1 700×2 mm,使上下宽度一致,弥补了既有线限界下部宽度的不足。

(3)下部限界(高车限-1B)的转向架上的弹簧承载部分距轨面高度由原来的 70 mm 增加到 80 mm;车体的弹簧承载部分距轨面高度由原来的 90 mm 增加到 110 mm;其余高度不变。

(4)下部限界(高车限-1B)有 3 个宽度尺寸有变化:1 260 mm 的宽度尺寸增加到 1 280 mm,1 600 mm 的宽度尺寸增加到 1 700 mm,取消了在 1 520 mm 处的转折点,原来的转折线变成了一条直线。其余宽度尺寸不变。

1.4.2 高速铁路线路构造特点

高速铁路线路是保证高速列车按规定的最高速度安全、平稳和不间断运行的基础和前提。因此,对于高速铁路线路的整体或者就其各个组成部分来说,都应当具有一定的坚固性和稳定性。高速铁路的高标准要求,给传统铁路的设计、施工和养护提出了新的挑战,在许多方面升华和改变了传统的观念,必须用全新的观念来设计和施工轨道、路基、桥梁和隧道等结构物。

高速铁路要求轨道具有稳定性、可靠性、良好的弹性和便于维修等特征,传统的有砟轨道结构难以满足这些要求,因此我国高速铁路主要采用无砟轨道结构。

1. 线路构造

(1)线路平面构造。

如图 1.15(a)所示,线路平面构造包括直线、曲线、缓和曲线、道岔。

直线:直线沿平面向前延伸时分为有缝线路和无缝线路两种。

曲线:区间线路最小曲线半径对于客运专线(如秦沈客运专线)来说,区间线路的最小曲线半径为 2 800 m,不得低于 2 200 m。

缓和曲线:由于直线与圆曲线的线路构造不完全相同,为了保证行车的安全与平顺,在直线与圆曲线之间设置一段缓和曲线。缓和曲线有三次、四次、五次抛物线和三角函数 4 种线型。

道岔:是一种使机车车辆从一股道转入另一股道的线路连接设备。道岔是个大家族,最常见的是普通单开道岔,它由转辙器、连接部分、辙叉及护轨 3 个单元组成。转辙器包括基本轨、尖轨和转辙机械。

(2)线路纵断面构造。

如图 1.15(b)所示,线路的纵断面根据地形变化,包括平道、上下坡段和竖曲线。

坡段:坡段的特征用坡段长度和坡度值表示。坡段长度 L 为坡段两端变坡点之间的距离(m)。坡度值 i:为 i 坡段两端变坡点的高差 H_i 与坡段长度 L_i 的比值,以千分数表示,即 $i=H_i/L_i \times 1\,000‰$。

变坡点:相邻两坡段的坡度变化的点称为变坡点。

竖曲线:在变坡点处设置圆曲线型的竖曲线,一般Ⅰ、Ⅱ级线路竖曲线半径为 10 000 m,

Ⅲ级线路为 5 000 m。

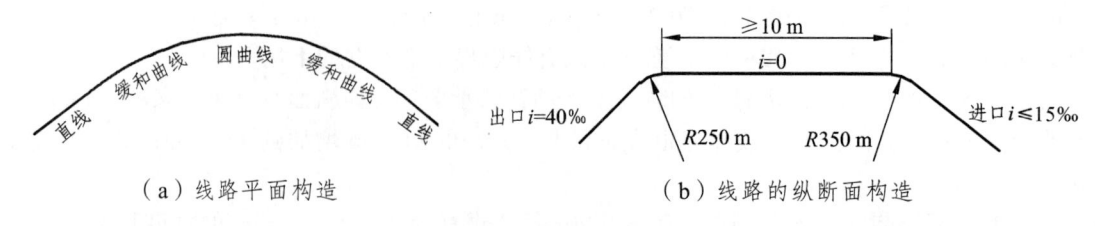

（a）线路平面构造　　　　　　　（b）线路的纵断面构造

图 1.15　线路构造

2. 线路主要技术参数

高速铁路与普通铁路的技术参数主要有曲线半径、缓和曲线、线路坡度和竖曲线。

（1）曲线半径。

线路平面曲线半径的确定，取决于铁路运输要求和所在地区自然条件等因素，曲线半径是限制行车速度的主要条件之一，应随速度增大而相应加大。我国京津城际铁路线路最小曲线半径为 4 000 m，京沪高铁为 7 000 m。

（2）缓和曲线线型。

缓和曲线线型有三次、四次、五次抛物线和三角函数 4 种线型。根据列车-线路动力学的研究和国外高铁的运行路径经验，缓和曲线不是影响行车的决定因素，因此，传统的三次抛物曲线仍可适应高速列车运行的要求，关键是缓和曲线长度。缓和曲线的长度应根据设计速度、曲线半径和地形条件合理选用。

（3）线路坡度和竖曲线半径。

高速列车质量较小，机车功率较大，可在较大线路坡度上高速运行。国外高速铁路最大线路坡度为 40‰。我国京津城际铁路线路最大坡度为 18.5‰，石太客专的线路坡度为 18‰。

高速铁路要求相邻坡度差大于 1‰时，设置竖曲线，以保证列车运行平稳和安全。竖曲线半径与行车速度有关，行车速度越高，竖曲线半径也应越大。我国拟建的高速铁路上，最小曲线半径应根据所处区段远期设计最高速度选用，具体为最高速度 300～350 km/h 时，选用 25 000 m；最高速度 250 km/h 时，选用 20 000 m；最高速度 200 km/h 时，选用 15 000 m。最大竖曲线半径不应大于 40 000 m。

3. 高速铁路轨道结构

高速铁路的轨道结构的主要类型分为有砟轨道和无砟轨道。有砟轨道是铁路的传统结构，具有弹性良好、价格低廉、更换和维修方便、吸噪特性好等优点。随着列车速度的提高，有砟轨道的缺点也突显出来。无砟轨道具有维修费用少、使用寿命长、线路状况良好、不易胀轨跑道、高速行车时不会有石砟飞溅等优点，无砟轨道在高速铁路上获得了广泛的应用，包括桥梁、隧道、土质路基、道岔区等路段，因此在高速铁路上铺设无砟轨道已成为发展趋势。无砟轨道的类型主要包括板式无砟轨道、双块式无砟轨道、长枕埋入式无砟轨道。CRTS Ⅰ型板式无砟轨道结构如图 1.16 所示。

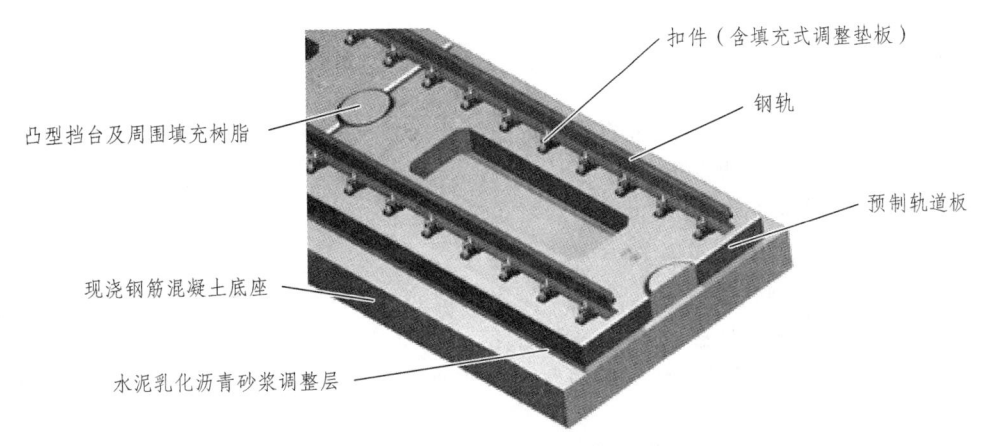

图 1.16　CRTS I 型板式无砟轨道结构

4. 高速铁路路基的特点

与传统铁路线路相比，高速铁路对线路的设计、施工和养护维修提出了新的挑战。就路基工程而言，主要表现出以下两个特点：

（1）高速铁路路基的多层结构系统，已突破传统的轨道-道床-土路基的结构形式。

（2）控制变形是轨下系统（路基）设计的关键。路基在整个线路中较为薄弱，也最不稳定，是轨道变形的主要来源。路基在轮轨荷载的反复作用下产生累积永久下沉（残余变形）将会造成轨道的不平顺及外轨超过限度等问题，刚性轨道面的变形对列车的高速运行条件有着重要的影响。列车在高速运行条件下对轨道变形有严格的要求，因此变形问题也成为高速铁路设计时要考虑的主要控制因素之一。

高速铁路对路基要求主要体现在以下几个方面：

（1）路基需达到高速铁路高平顺要求。

（2）路基必须满足高速铁路对工后沉降的要求。

（3）必须严格控制路基的不均匀沉降。

（4）必须控制路基的初始不平顺。

相应的处理措施主要有提高路基填筑标准且强化机床结构和严格控制路基沉降变形。另外，我国东部沿海地区的路基主要由软土组成，针对软土结构的路基采取了针对性的措施，如换填法、排水固结法、强夯法、振冲法、水泥搅拌法、水泥粉煤碎石桩等。

5. 高速铁路桥梁

桥梁结构主要由桥面、上部构造（桥跨结构）及下部构造（墩台及基础）所组成。高速铁路桥梁的特点主要体现以下几个方面：

（1）桥占比大，长桥多。

（2）以中小跨度为主。

（3）刚度大，整体性好。

（4）纵向刚度大。

（5）重视改善结构耐久性，便于检查维修。

（6）强调结构与环境的协调。

复习思考题

1. 什么是高速铁路？高速铁路的总体特征是什么？
2. 简述动车组的定义及类型。
3. 简述 CRH 系列动车组和 CRH$_{380}$ 系列动车组的编组方式及主要技术特征。
4. 简述动车组车辆的特点及其类型。
5. 简述动车组车辆的组成及其作用。
6. 解释动车组车辆主要技术指标的含义。
7. 写出图 1.17 中动车组类型、编制方式、轴列式、若轴重为 16 t，计算其最大质量。

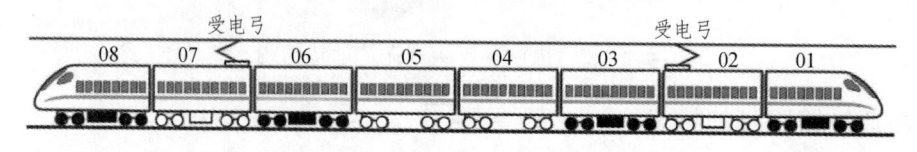

（a）CRH$_3$ 型动车组牵引动力布置

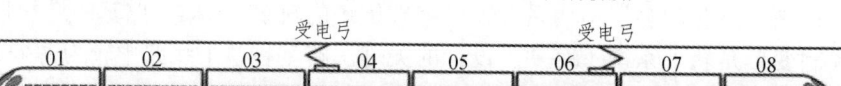

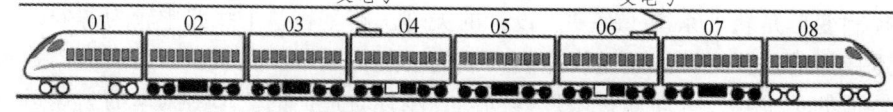

（b）CRH380A 型动车组牵引动力布置

图 1.17 动车组组成

8. 什么是限界？它包括哪几种类型？
9. 简述线路的平面构造和纵断面构造及其主要参数。
10. 无砟轨道是由哪几部分组成的？

Part 2 转向架基本结构与原理

动车组转向架是支撑车体并使之在轨道上运行、保证动车组安全平稳运行的关键部件。随着动车组速度的不断提高，对转向架性能的要求也越来越高。同传统转向架相比，保持高速运行的安全性、稳定性，充分利用轮轨之间的黏着力和减轻轮轨相互作用力是动车组转向架特有的任务和技术关键。

2.1 转向架的特点、组成及分类

2.1.1 动车组转向架的特点

1. 动车组转向架的性能特点

（1）高速运行的适应性。

动车组转向架适应高速运行的特点指必须保证高速运行时的稳定性、平稳性和良好的曲线通过性能。

动车组转向架在其结构形式的选取、各种参数的匹配上均以满足高速运行为前提，只采用成熟的技术、结构和部件构成，并对轴重、车轮踏面、形式等制订相应的限度，尽可能采用通用性强的零部件和结构，以便于维修、组装，保证动车组转向架适应高速运行这一特定工况。

随着世界铁路高速化的不断发展和完善，高速转向架的结构形式逐步趋向于类同，它们的主要特点是无摇枕、采用空气弹簧悬挂装置、有回转阻尼、加装弹性定位等。

（2）良好的舒适性。

舒适性的提高与转向架直接相关的系统是二系悬挂装置（包含连接牵引装置），动车和拖车转向架的二系悬挂装置（设在轮对和构架之间的轴箱弹簧装置为一系悬挂装置，设在构架与车体之间的中央弹簧悬挂装置为二系悬挂装置），既要确保列车的舒适性又要满足轮轨接触力和稳定性方面的性能要求。

随着列车运行速度的提高，即使高速铁路的轨道不平顺比一般铁路要小，仍可能会引起车体和车内旅客承受很大的振动。空气弹簧的应用，成功地解决了车体振动，特别是垂向振动及乘坐舒适性问题。

（3）结构简单与轻量化。

采用轻量化的无摇枕转向架、空心车轴、小直径车轮或薄辐板车轮以及轴箱、齿轮箱采用铝合金结构等，大大减轻了转向架的质量，特别是减轻了簧下质量，抑制了速度提高后线路基础振动的加剧，尤其是由此引起的线路疲劳损伤和环境噪声问题得到很好的解决。

（4）方便的维修性。

动车组转向架具有便于组装、拆开的结构；方便轮对更换的二分割式轴箱结构；无滑动摩擦部分，能够长期免维修，保证了动车组转向架良好的维修保养性。

（5）防止脱轨的安全性。

空气弹簧前后刚度的柔软化减少旋转力矩，轴重弹簧偏强系数的柔软化保证了出色的轮重变动特性，以及便利的轮重平衡调整，强化了动车组转向架在高速运行时防脱轨的安全性。

2. 动车组转向架的主要技术特点

（1）无摇枕转向架。
（2）高速稳定性和曲线通过性能。
（3）轻量化结构。
（4）全部车轮装备有机械制动盘。
（5）架悬式动车转向架安装小型感应电动机。
（6）拖车转向架在车轴安装机械式或者涡流式制动盘。
（7）全部车轮安装电子防滑装置，提高轮轨黏着利用率。

2.1.2 转向架的基本组成

1. 转向架的组成及各部分的功能

一般动车组转向架可分为动力转向架和非动力转向架，通常由轮对轴箱装置、一系悬挂装置、构架、二系悬挂装置、驱动装置（仅动力转向架上有）和基础制动装置组成，其主要结构如图 2.1 所示。

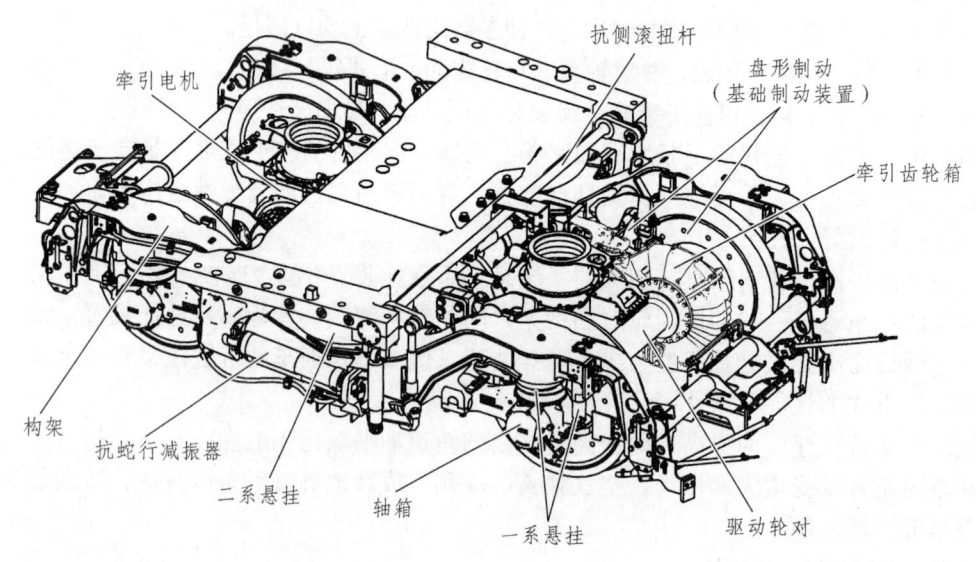

图 2.1 动力转向架结构

（1）轮对轴箱装置：轮对直接向钢轨传递车辆重力，通过轮轨之间的黏着产生牵引力或制动力，并通过轮对的转动实现车辆在钢轨上的走行和导向。轴箱装置是连接构架和轮对的活动关节，它除了保证轮对进行回转运动外，还能使轮对适应线路等条件，相对于构架上下、左右和前后活动。

（3）一系弹簧悬挂装置：用来保证轴重均匀分配，缓和线路不平顺对车辆的冲击，还能使轮对适应线路等条件，相对于构架上下、左右和前后活动。它包括轴向弹簧装置、轴向定位装置和轴箱减振装置。

（4）构架：转向架的骨架，它将转向架的各个零、部件组成一个整体，承受和传递各作用力及载荷。

（5）二系弹簧悬挂装置：也叫车体支撑装置，它是车体和转向架之间的连接装置，其作用是承受车体载荷，传递垂向和横向力，进一步缓和冲击振动，通过曲线时使转向架相对于车体回转，保证车辆的运行平稳性。它包括二系弹簧装置、二系减振装置、抗侧滚装置和牵引装置。

（6）驱动装置（动力转向架）：将动力装置的扭矩最后有效地传递给车轮，包括牵引电机、车轴齿轮箱、联轴节或万向轴和各种悬吊装置。

（7）基础制动装置：将制动缸传来的力增大若干倍后传给执行机构进行制动。

2．动车组转向架力的基本传递过程

（1）垂向力（车体重量）的传递过程：车体→二系悬挂装置（二系弹簧）→构架→一系悬挂装置（轴箱弹簧）→轮对→钢轨。

（2）纵向力（牵引力和制动力）的传递过程：钢轨→轮对→一系悬挂装置（轴箱定位装置）→构架→二系悬挂装置（牵引装置）→车体→车钩。

（3）横向力的传递过程：钢轨→轮对→一系悬挂装置（轴箱定位装置）→构架→二系悬挂装置（横向止挡）→车体。

2.1.3　转向架的分类

由于转向架的用途不同，运行条件差异，对转向架的性能、结构、参数和采用的材料及工艺等提出的了不同要求，从而出现了多种不同的转向架，各种转向架主要的区别在于，所用车轴的类型和数目、轴箱定位的方式、弹簧装置的形式、载荷传递的方式等。

1. 按轴箱定位方式分类

约束轮对与轴箱之间相对运动的机构称为轴箱定位装置，它对转向架的横向动力性能、抑制蛇行运动具有决定性作用。轴箱定位装置在纵向和横向要求具有适当的弹性定位刚度值，从而避免车辆在运行速度范围内蛇行运动失稳，保证在曲线运行时具有良好导向性能，减轻轮缘与钢轨的磨耗和噪声，确保行车安全和平稳性。

常见的轴箱定位方式如下：

（1）拉板式定位（如日本 0 系和 100 系转向架）。

（2）拉杆式定位（有双拉杆和单拉杆两种形式）。

（3）转臂式定位（如 CRH_1、CRH_2 和 CRH_3 型动车组转向架）。

（4）层叠式橡胶弹簧定位。

（5）干摩擦导柱定位。

（6）导框式定位（主要应用于客、货车）。

2. 按弹簧悬挂装置分类

（1）一系弹簧悬挂：在车体与轮对之间，只设有一系弹簧减振装置，它可以设在车体与构架间，也可以设在轮对与构架之间，如图2.2（a）所示。采用一系悬挂，转向架结构比较简单，便于维修、制造，成本较低，一般多用于货车转向架。

（2）二系弹簧悬挂：在车体与轮对之间设有二系弹簧减振装置，即在车体与构架之间设有弹簧减振装置，在构架与轮对之间设轴箱弹簧减振装置，两者互相串联使车体振动经历两次弹簧减振的衰减，如图2.2（b）所示。高速列车通常采用二系悬挂转向架。

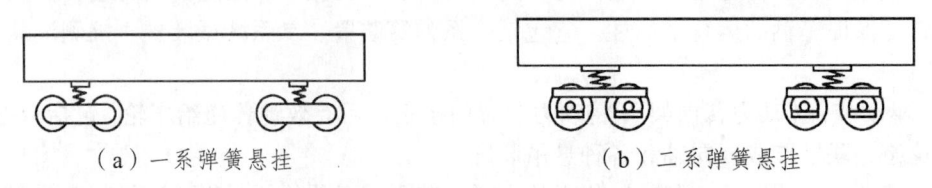

（a）一系弹簧悬挂　　　　（b）二系弹簧悬挂

图2.2　弹簧悬挂装置布置方式

3. 按车体与转向架之间的载荷的传递方式分类

（1）心盘集中承载。

车体上的全部重力通过前后两个上心盘分别传递给前后转向架的两个下心盘，如图2.3（a）所示。

（2）非心盘承载。

车体上的全部重力通过弹簧悬挂直接传递给转向架，或者通过弹簧悬挂装置与构架之间装设的旁承装置传递，如图2.3（b）所示。

（3）心盘部分承载。

车体上的重力按一定的比例分配，分别传递给心盘和旁承，使之共同承载如图2.3（c）所示。

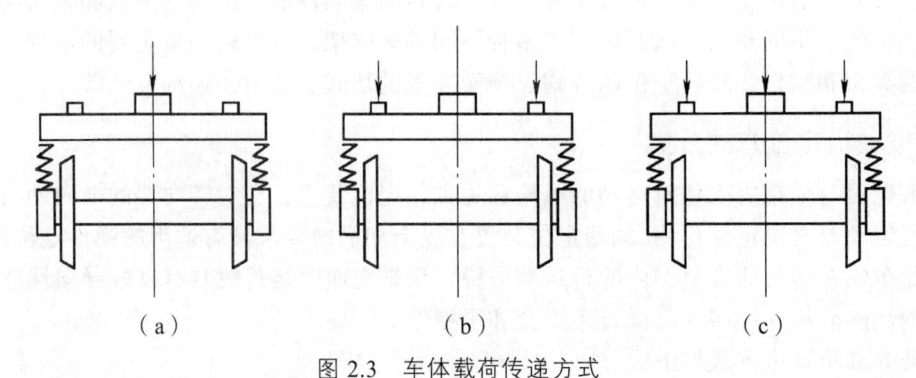

（a）　　　　（b）　　　　（c）

图2.3　车体载荷传递方式

4. 按有无动力分类

按有无牵引动力可以把转向架分为动车转向架和拖车转向架，一般在动力转向架上装有牵引电机和驱动机构，如图2.4和图2.5所示。

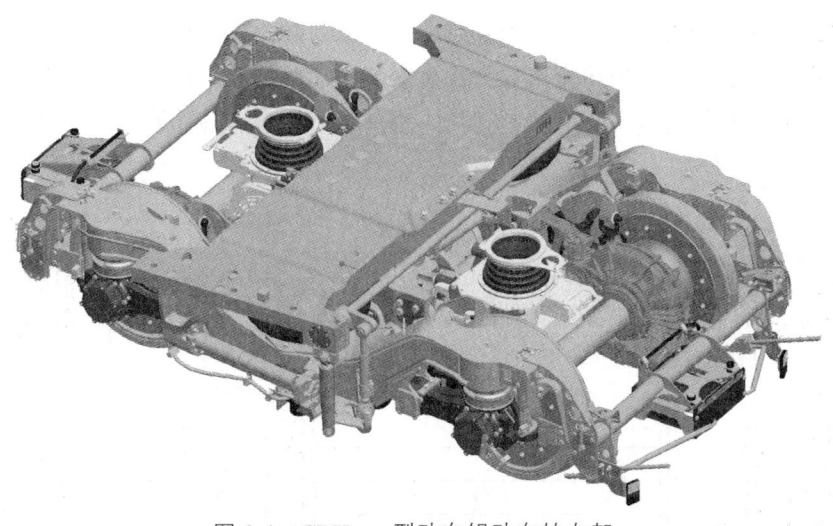

图 2.4　CRH$_{380B}$型动车组动车转向架

图 2.5　CRH$_{380B}$型动车组拖车转向架

2.2　轮对轴箱装置

2.2.1　轮　对

轮对由一根车轴和两个车轮组成,轮轴配合的部位采用过盈连接,使两者牢固地结合在一起。轮对承担车辆全部的重量,且在轨道上高速运行时承受来自车体、钢轨的各种作用力,受力情况极其复杂。轮对的质量直接影响列车运行的安全性,因此,对轮对的要求是有足够的强度,以保证在高速、最大载荷下安全运行;在保证足够的强度和寿命前提下,使其质量最小,并具有一定弹性,以减小轮轨间的相互作用力;具有阻力小,耐磨性好的优点,提高轮对的使用寿命,降低运行阻力;既能适应直线运行,又能顺利通过曲线,具有必要的抗脱轨安全性。

动车组轮对分为动力轮对和非动力轮对。动力轮对和非动力轮对的主要区别是动力轮对的车轴上有用于安装齿轮的齿轮座而通常没有安装制动盘的座，制动盘（轮盘）安装在车轮辐板上。非动力轮对车轴有用于安装制动盘（轴盘）的座而无齿轮安装座，如图2.6所示。

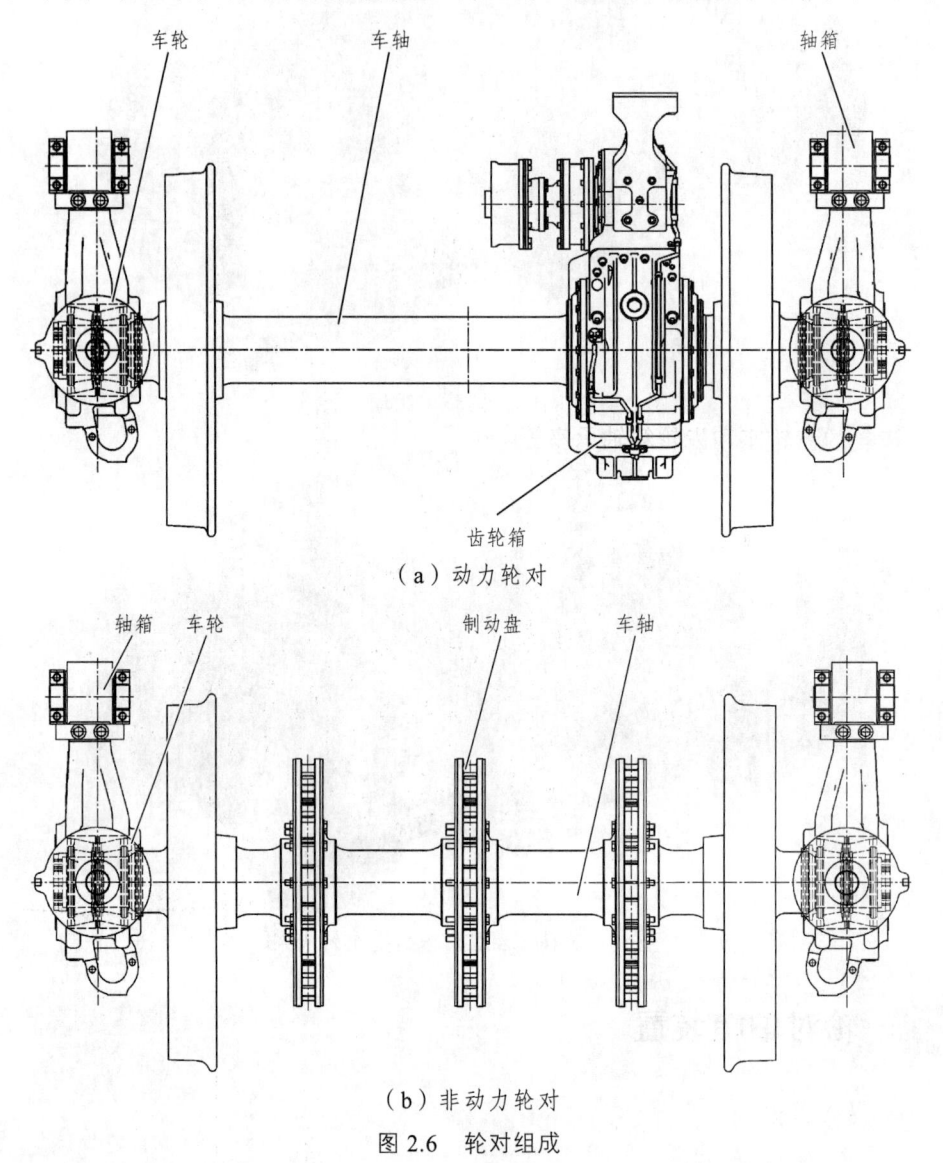

（a）动力轮对

（b）非动力轮对

图 2.6 轮对组成

2.2.2 车 轴

车轴是转向架轮对中重要的部件之一，直接影响列车运行的安全性，又是转向架簧下质量的主要组成部分，特别是高速列车，降低列车簧下部分的质量对改善列车运行平稳性和减小轮轨之间的动力作用有重要影响。因此，高速列车车轴通常采用空心车轴，与实心车轴相比，可以减轻20%~40%的质量，一般可减重60~100 kg，甚至更多。但是值得指出的是，不能为减轻簧下质量而一味地增大中空直径，因为空心车轴的壁厚太薄，会降低车轴的弯曲疲劳强度和摩擦腐蚀疲劳强度，同时为使车轴弯曲自振频率（壁厚减薄，其频率降低）远离车轴的高速旋转频率，以避免发生车轴弯曲共振，其壁厚不可太薄。国外实验研究表明，空心车轴内外径之比最大为 60%。

车轴分动力车轴和非动力车轴。动力车轴由轴颈、防尘板座、轮座、齿轮箱轴承座和轴身组成，如图 2.7（a）所示。非动力车轴轴身上布置了制动盘座，如图 2.7（b）所示。车轴由外向里各主要部分的名称如下：

（1）轴颈，用以安装滚动轴承，承担着车辆重力，并传递各方向的静、动载荷。

（2）防尘板座，是车轴与防尘板配合的部位，其直径比轴颈直径大，比轮座直径小，是轴颈与轮座的中间过渡部分，以减小应力集中。

（3）轮座，是车轴与车轮配合的部位。为了保证轮轴之间有足够的压紧力，轮座直径比轮毂孔直径大 0.10~035 mm，同时为了便于轮轴压装，减少应力集中，轮座外侧直径向外逐渐减小，成为锥形，其小端直径比大端直径小 1.0 mm，锥体长 12~16 mm。

（4）轴身，是车轴中央部分，该部分受力较小。其上通常设有安装制动盘的制动盘座、安装驱动齿轮的齿轮座和齿轮箱轴承座等。

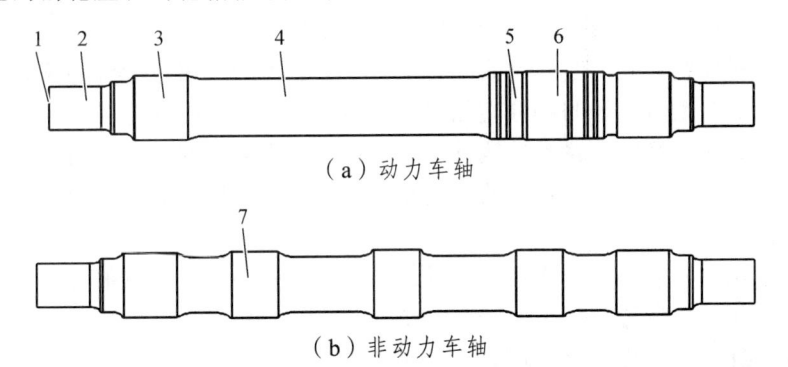

（a）动力车轴

（b）非动力车轴

1—轴颈；2—防尘板座；3—轮座；4—轴身；5—齿轮箱轴承座；6—齿轮座；7—制动盘座。

图 2.7 车轴

2.2.3 车 轮

车轮是车辆的最终受力零件。它把车辆的载荷传递给钢轨，并在钢轨上转动，完成车辆的运行，其性能的好坏，直接影响行车安全。

车轮的结构形状、尺寸和材质多种多样。按其用途可分为客车用车轮、货车用车轮、机车用车轮、动车/拖车用车轮；按其结构分有整体轮与轮箍轮。轮箍轮又可分为铸钢辐板轮心、辗钢辐板轮心及铸钢辐条轮心的车轮。整体轮按其材质又可分为辗钢轮、铸钢轮等。为降低噪声、减小簧下质量，国外还采用弹性车轮（轮箍与轮毂之间装橡胶元件）、消声车轮等新型车轮。

动车组车轮通常采用整体车轮，它包括轮缘、踏面、轮辋、轮毂、轮毂孔、辐板、辐板孔等部分，如图 2.8 所示。

（1）轮缘：车轮内侧面的径向圆周突起部分，称为轮缘。其作用是防止轮对脱轨，保证车辆在直线和曲线上安全运行。

（2）踏面：车轮与钢轨面相接触的外圆周面，具有一定的斜度。踏面与轨面在一定的摩擦力下完成滚动运行。

（3）轮辋：车轮具有完整踏面的径向厚度部分，以保证踏面内具有足够的强度，同时也便于检修踏面。

（4）轮辐板：连接轮辋与轮毂的部分，呈板状者称为辐板，辐板呈曲面状，使车轮具有弹性，则力在传递时较为缓和。

（5）辐板孔：为了便于加工和吊装轮对而设，每个车轮上有 2 个。现在由于用途不大且易在其周围产生裂纹，同时还影响车轮的平衡性能，故在 S 形辐板车轮上已取消。

（6）轮毂：车轮中心圆周部分，固定在车轴轮座上，为车轮整个结构的主干与支承。

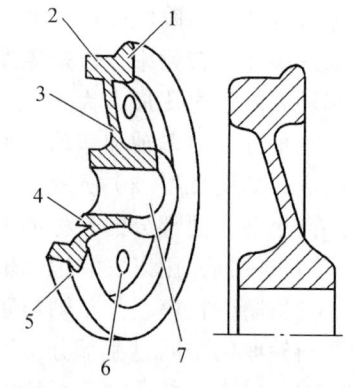

1—轮辋；2—踏面；3—辐板；4—轮毂；
5—轮缘；6—辐板孔；7—轮毂孔。

图 2.8　整体碾钢车轮

（7）轮毂孔：用于安装车轴，该孔与车轴轮座部分直接固结在一起。

如图 2.9 所示，车轮踏面一般做成一定的斜度，根据踏面的形状，可分为锥形踏面和磨耗型踏面。车轮踏面之所以做成一定的斜度，其作用如下：

（1）便于通过曲线。列车在通过曲线时，由于离心力的作用，轮对将偏向外轨，于是在外轨上滚动的车轮与钢轨接触的部分直径较大，而沿内轨滚动的车轮与钢轨接触部分直径较小，轮对滚动时，大直径的车轮沿外轨行走的路程长，小直径的车轮沿内轨行走的路程短，正好和曲线区间线路的外轨长内轨短的情况相适应，这样可使轮对较顺利地通过曲线，减少车轮在钢轨上的滑行。

（2）可自动调中。在直线线路上运行时，如果车辆中心线与轨道中心线发生偏离，滚动过程中能自动纠正偏离位置。

（3）踏面磨耗沿宽度方向比较均匀。

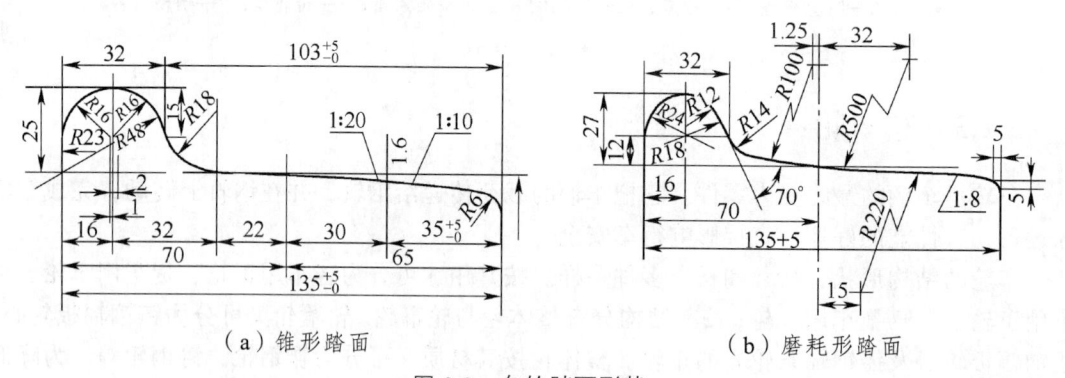

（a）锥形踏面　　　　　（b）磨耗形踏面

图 2.9　车轮踏面形状

锥形踏面有两个斜度，即 1∶20 和 1∶10，前者位于轮缘内侧 48～100 mm，是轮轨的主要接触部分。后者为离内侧 100 mm 以外部分。踏面的最外侧做成半径为 6 mm 的圆弧，以便通过小半径曲线和辙叉。

磨耗型踏面是在研究和改进锥形踏面的基础上发展起来的。各国列车运行的实践证明，锥形踏面车轮的初始状态在运行中将很快磨耗，但当磨耗成一定形状后，车轮与钢轨的磨耗都变得缓慢，其磨耗后的形状相对稳定。如果把车轮踏面从一开始就做成类似于磨耗后的稳定形状，即为磨耗型踏面。磨耗型踏面可明显减小轮与轨的磨耗，减小轮轨接触应力，既能保证列车直线运行的横向稳定，又有利于曲线通过。

2.2.4 轴箱

1. 轴箱的作用与形式

轴箱装在车轴两端轴颈上，其作用是将轮对和构架联系在一起，使轮对沿钢轨的滚动转化为车体沿线路的平动，传递各方向的作用力，保证良好的润滑性能和密封性能，防止尘土、雨水等物侵入及甩油，从而避免破坏油脂的润滑，甚至发生燃轴、切轴等事故。

轴箱按照轴承类型可以分为滑动轴承轴箱和滚动轴承轴箱。现代机车车辆均采用滚动轴承轴箱，因为滚动轴承轴箱具有以下显著优点：启动阻力小，游隙小；维护方便、节油和节省有色金属；降低运营成本，减少燃轴的惯性事故等。

滚动轴承类型有圆柱滚子轴承、圆锥滚子轴承和球面滚子轴承等。目前世界高速铁路所采用的轮对轴承主要是圆柱滚子轴承和圆锥滚子轴承两种结构。在速度 200~230 km/h 的情况下，两种结构的形式的轴承都取得了较成功的实际使用经验，性能上无明显差异。

随着运行速度的提高，大量研究表明，采用圆锥滚子轴承性能优于圆柱滚子轴承的性能。这是因为在高速、高负荷情况下，圆锥滚子轴承的轴向负荷主要是由滚道承受（约另有 20%~30% 是由内圈挡边承受），而滚子与滚道的接触面之间主要是滚动摩擦；但圆柱滚子轴承则主要是靠两个挡边承受轴向负荷，滚子端面与挡边之间是滑动摩擦。所以圆锥滚子轴承摩擦力矩小，小摩擦力矩导致温度低，从而提高了安全性，延长了润滑脂寿命。

2. 轴箱组成

轴箱装置包括轴箱体、轴箱压盖、轴箱前盖、轴箱后盖、轴承组、橡胶弹性定位节点、轴温检测器及橡胶盖等部件。轴箱上设有弹簧安装座和垂向减振器座，轴箱体设计为分体结构，其下部可分离以便更换轮对。其具体结构如图 2.10 所示。

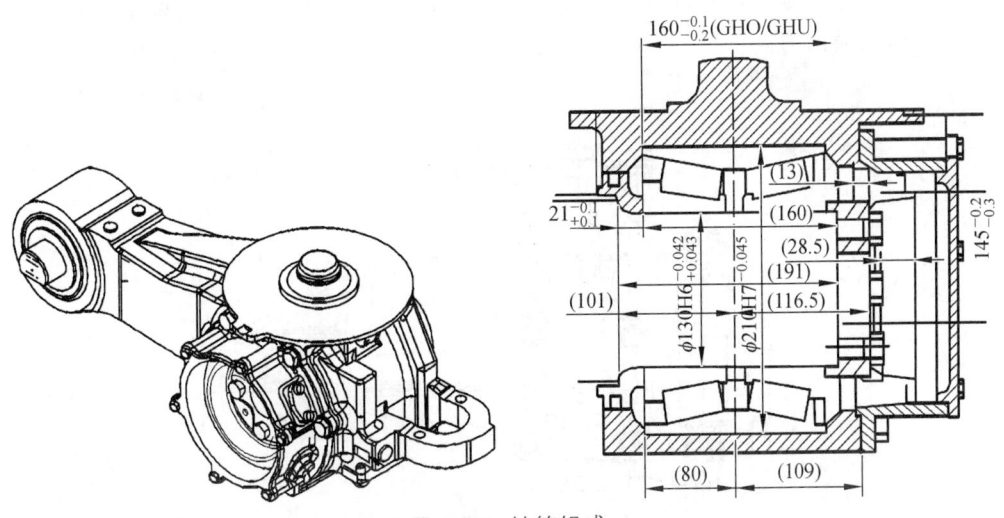

图 2.10 轴箱组成

2.3 弹性悬挂装置

2.3.1 弹性悬挂装置的作用与类型

列车在轨道上运行的时候，将伴随产生复杂的振动现象。为减少有害的冲击振动，车辆必须设有缓和冲击和衰减振动的装置，这些装置在车辆振动系统中被称为弹性悬挂装置。这些装置对车辆运行是否平稳，能否顺利通过曲线并保证车辆安全运行，都起着重要的作用。

1. 弹性悬挂装置的作用

弹性悬挂的作用主要体现在两个方面：一是使车辆的质量及载荷比较均匀地传递给各轴，并使车辆在静载状态下（包括空、重车），两端的车钩高应满足规定的要求，以保证车辆的正常连挂；二是缓和因线路不平顺、轨缝、道岔、钢轨磨耗和不均匀下沉，以及车轮擦伤、车轮不圆、轴颈偏心等原因引起的车辆的振动与冲击。

2. 弹性悬挂装置的类型

弹性悬挂装置按其作用的不同，大体可以分为三类：一类是主要起缓和冲击的弹簧装置（轴箱弹簧和中央弹簧）；二类是主要起衰减（消耗能量）振动的减振装置（垂向、横向和抗蛇行减振器）；三类是主要定位作用的定位装置（轴箱定位装置、横向止挡、抗侧滚装置和纵向牵引拉杆等）。

按安装位置分为一系悬挂和二系悬挂，安装在轮对与构架之间的为一系悬挂，也称为轴箱悬挂，安装在构架与车体之间二系悬挂装置，也称为中央悬挂装置。

2.3.2 一系悬挂装置

1. 组成与作用

如图 2.11 所示，一系悬挂装置安装在轮对与构架之间，也称为轴箱悬挂装置。主要包括轴箱弹簧、垂向油压减振器和轴箱定位装置。其作用是缓和垂向冲击，约束轮对和构架之间的位置，传递纵横向力。

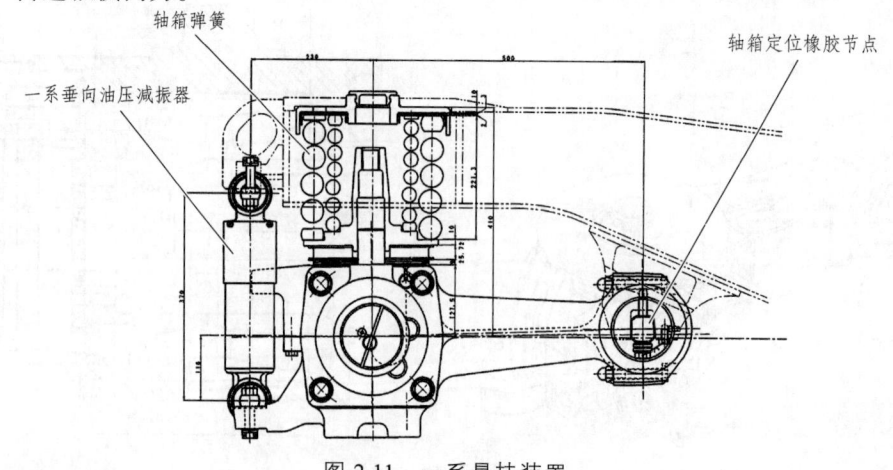

图 2.11 一系悬挂装置

2. 轴箱定位装置

约束轮对与轴箱之间相对运动的机构称为轴箱定位装置，它对转向架的横向动力性能、抑制蛇行运动具有决定性作用。轴箱定位装置在纵向和横向要求具有适当的弹性定位刚度值，从而避免车辆在运行速度范围内蛇行运动失稳，保证在曲线运行时具有良好导向性能，减轻轮缘与钢轨的磨耗和噪声，确保行车安全和平稳性。

轴箱定位装置的结构形式应该便于轴箱定位刚度的选择（可以在上下、前后、左右方向独立选择），能够在设定规格时兼顾高速运行的稳定性、乘坐舒适度，以及曲线通过性能，部件数量较少，无磨损或少磨损，制造检修方便，质量小，成本低。

轴箱的定位方式很多，动车组转向架常用的轴箱定位方式为拉板式、拉杆式和转臂式定位。典型的轴箱定位方式如下：

（1）导框式定位：轴箱上有导槽，构架（侧架）上有导框。构架（侧架）的导框插入轴箱的导槽内，这种结构可以容许轴箱与构架（侧架）之间在垂向有较大的相对位移，单在纵向和横向仅能在容许的间隙范围之内有相对小的移动。

（2）拉板式定位：这是日本新干线最早的 0 系动车组采用的轴箱定位方式。将特种弹簧钢材制成的薄片定位拉板的一端与轴箱连接，另一端通过橡胶节点与构架相连，利用拉板在纵、横向的不同刚度来约束构架与轴箱的相对运动，以实现弹性定位。拉板上下弯曲刚度小，对轴箱构架上下方向的相对位移约束很小。

（3）拉杆式定位：拉杆的两端分别与构架和轴箱销接，拉杆两端的橡胶垫、套分别限制轴箱和构架之间的横向与纵向的相对位移，实现弹性定位。拉杆允许轴箱与构架在上下方向有相对较大的位移。

（4）转臂式定位：转臂式定位又称弹性铰接定位，定位转臂的一端与圆筒形轴箱体固接，另一端以橡胶弹性节点与构架上安装座相连接。弹性节点允许轴箱与构架在上下方向有较大的位移，弹性节点内的橡胶件设计成使轴向在纵向和横向具有约束定位的刚度要求。

（5）层叠式橡胶弹簧定位：在构架与轴箱之间装设压剪型层叠式橡胶弹簧，其垂向刚度较小，使轴箱相对构架有较大的上、下方向位移，而它的纵、横向有适宜的刚度，以实现良好的定位。

上述轴箱定位方式的结构原理如图 2.12 所示。

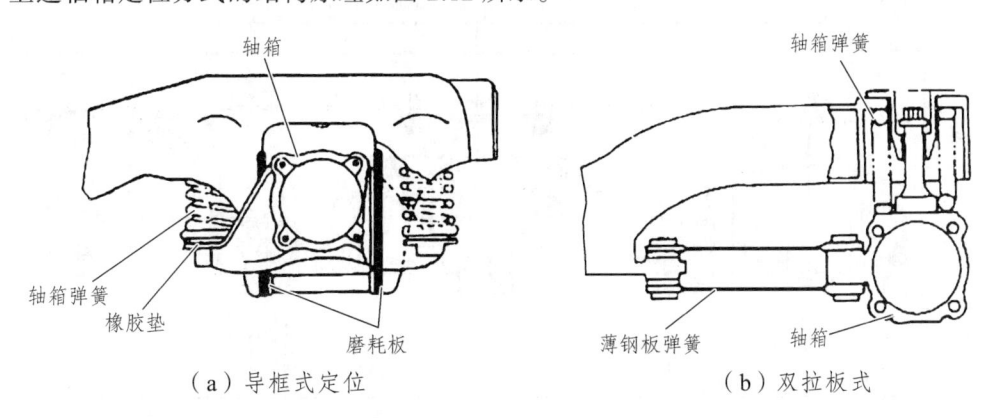

（a）导框式定位　　　　（b）双拉板式

（c）IS 式　　　　　　　　　（d）拉杆式

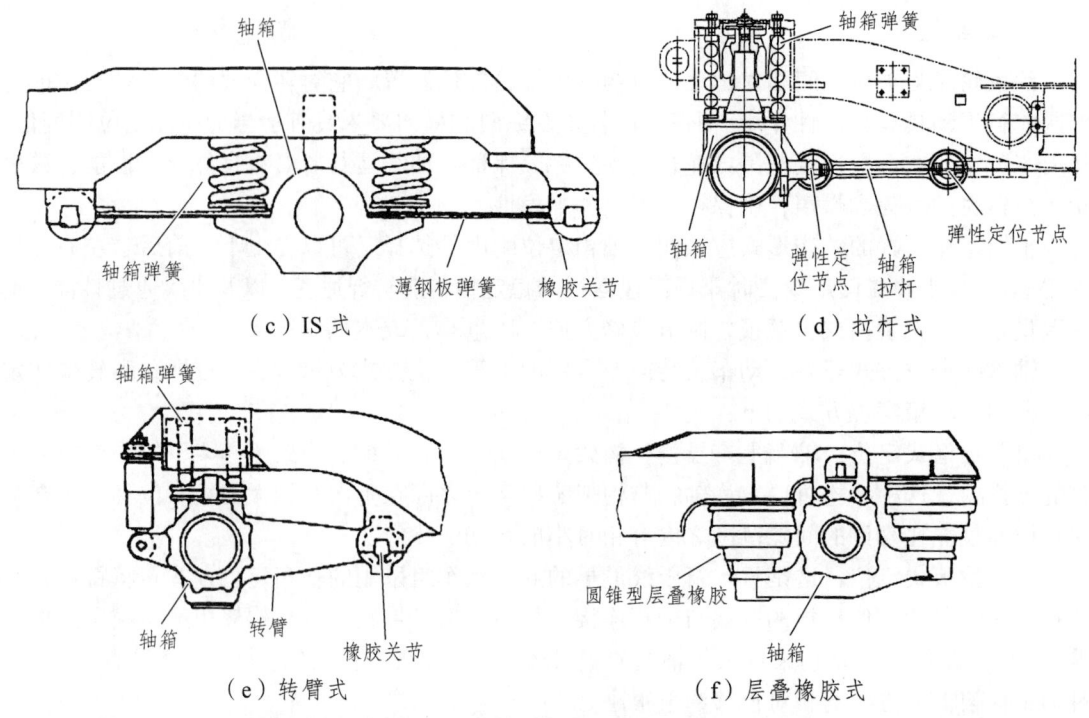

（e）转臂式　　　　　　　　（f）层叠橡胶式

图 2.12　典型的轴箱定位方式

2.3.3　二系悬挂装置

1. 作用与组成

二系悬挂装置是车体与转向架之间的连接装置，因此也叫车体支持装置，通常由空气弹簧系统、牵引装置、横向弹性止挡、抗侧滚扭杆、横向减振器和抗蛇行减振器组成，如图 2.13 所示。其主要作用是支持车体重力，保证纵向力（牵引力）和横向力的正常传递；保证轴重的均匀分配和车体在转向架的安定；运行转向架进出曲线时相对车体进行回转运动。

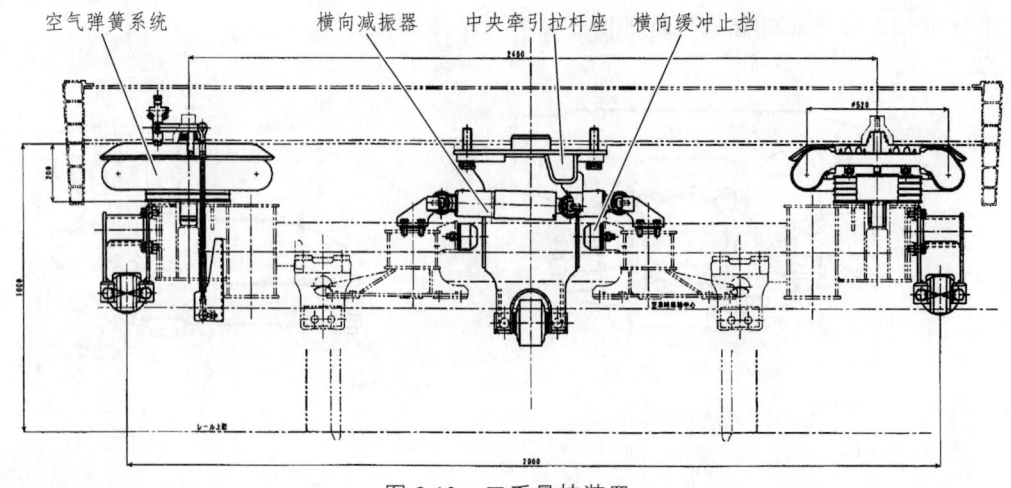

图 2.13　二系悬挂装置

2. 牵引装置

车体与转向架的连接装置有多种形式，可简单地概括为有牵引销（或心盘）+旁承和无牵引销（或心盘）+旁承两种形式。但根据不同的牵引装置结构，有牵引销（或心盘）形式又可以分为前后橡胶堆式和双 Z 形牵引拉杆形式，无牵引销（或心盘）形式又可以分为单牵引拉杆和四连杆机构式等多种不同形式。下面具体分析动车组转向架中应用的两种形式。

（1）牵引中心销+双牵引拉杆式。

车体与转向架间采用双牵引拉杆的牵引装置（见图 2.14），成 Z 形连接，由一个均衡梁、两个带有弹性节点的牵引拉杆组成。两个牵引拉杆将构架横梁和均衡梁在纵向连接起来（见图 2.15），同时均衡梁上的中心销套与车体枕梁上的中心销配合传递转向架与车体之间的纵向力。铸钢制成的中心销通过螺栓与枕梁固定，硫化到铸铁套筒的橡胶与中心销底部相装配（见图 2.16）。

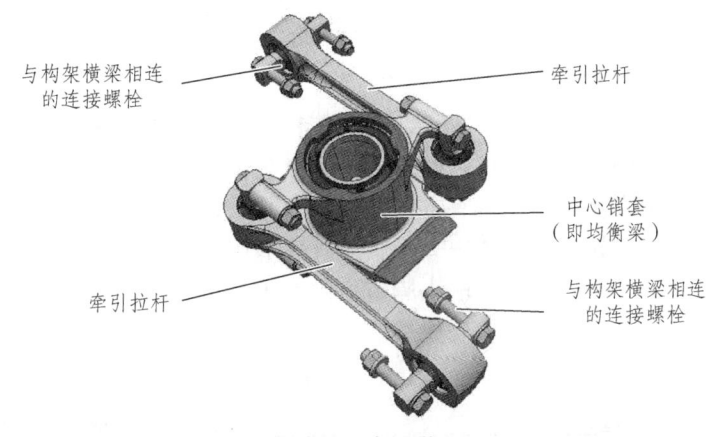

图 2.14 牵引装置

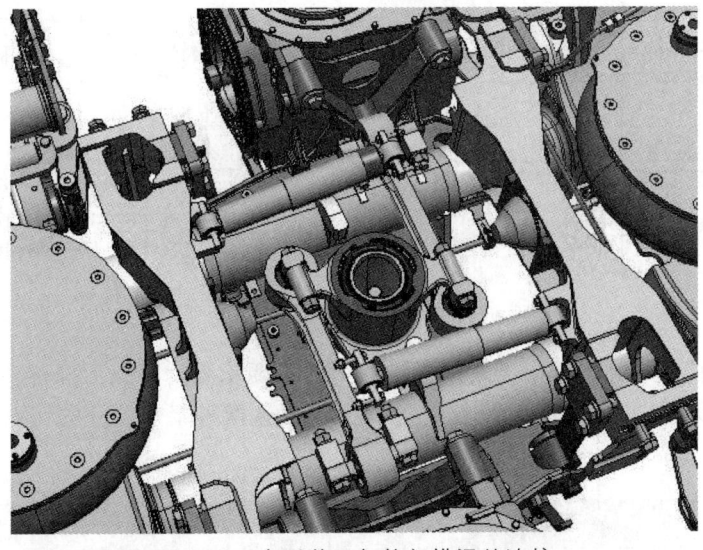

图 2.15 牵引装置与构架横梁的连接

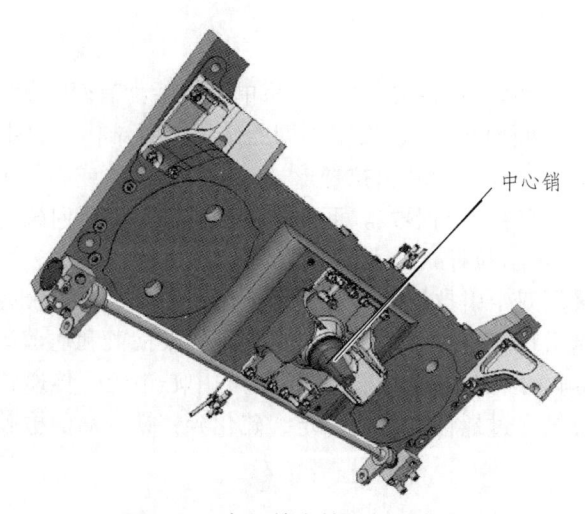

图 2.16 中心销在枕梁上的位置

（2）中央牵引座+单牵引拉杆。

为传递车体与转向架之间的纵向载荷，在车体枕梁中央安装了中央牵引拉杆座，通过单牵引拉杆与转向架构架横梁中心连接，牵引拉杆两端安装有橡胶关节，具体结构如图 2.17 所示。需要注意的是，牵引拉杆的安装有方向性要求，其设计原则要求与两侧的抗蛇行减振器的方向保持一致，即要求拉杆与车体中央牵引拉杆座的连接点及抗蛇行减振器的车体安装点处于车体中心同一侧。对牵引拉杆两端小脚节点的要求是，在满足纵向载荷的同时，不影响拉杆与中央牵引座连接点的垂向和横向位移。

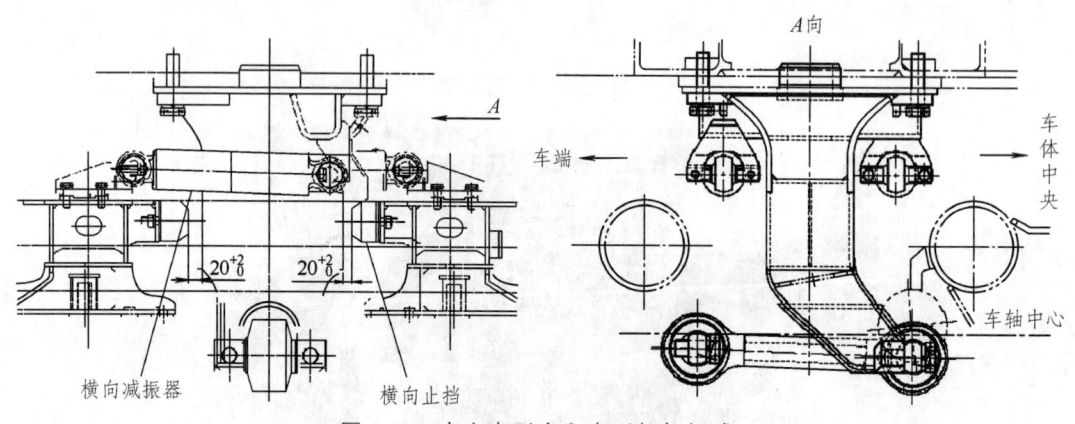

图 2.17 中央牵引座和牵引拉杆组成

牵引拉杆式传递车体与转向架之间纵向载荷的主要承载构件，无摇枕转向架的牵引拉杆形式主要有 Z 形双拉杆和单拉杆两大类型，表 2.1 对这两种牵引拉杆的特点进行了比较。

表 2.1 两种牵引拉杆方式的比较

牵引拉杆方式	优点	缺点
Z 形双拉杆	落车作业简单	结构复杂，占用空间大，质量大
单拉杆	结构简单，占用空间下，质量小	落车作业复杂

3. 二系横向悬挂装置

二系横向悬挂装置用于控制车体相对于转向架之间的横向运动,主要由二系横向减振器、横向止挡和横向限位挡组成,如图 2.18 至图 2.20 所示。

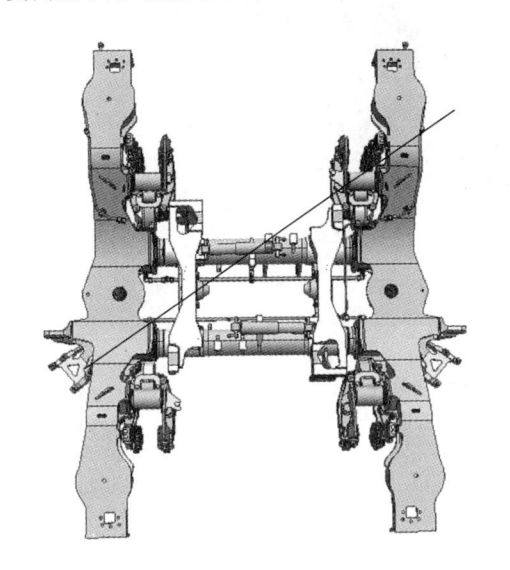

图 2.18 二系横向减振器及横向止挡组合 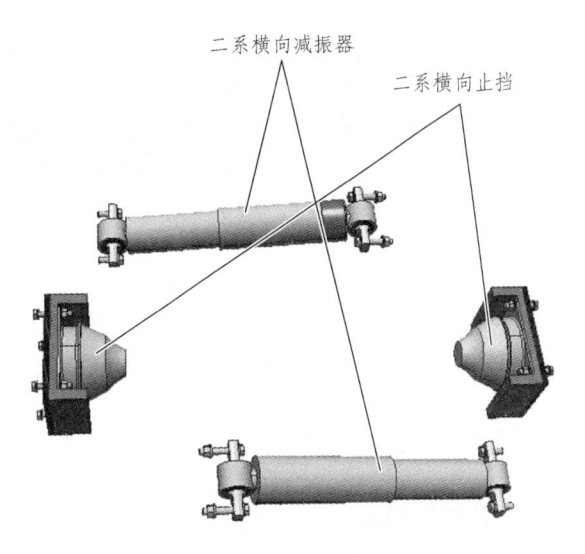 图 2.19 二系横向减振器及横向止挡

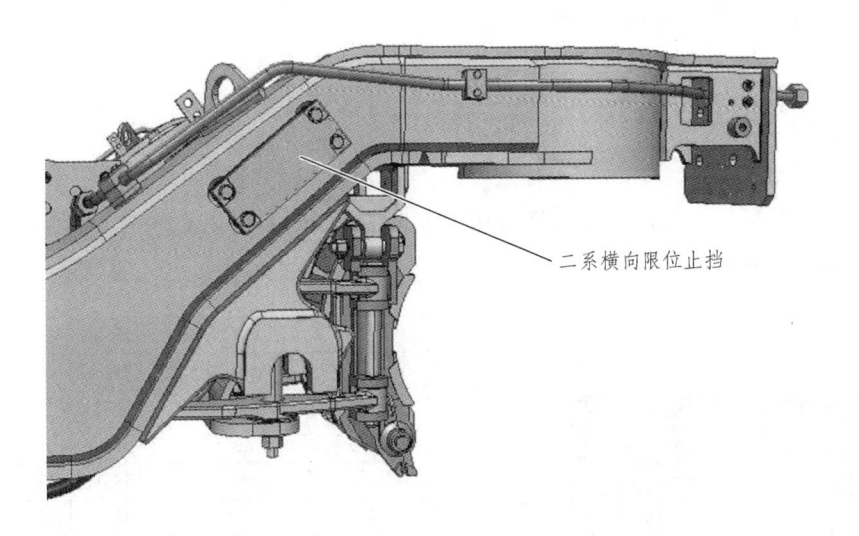

图 2.20 横向限位挡在转向架上的位置

4. 抗蛇行减振器

为抑制高速车辆的蛇行运动,在车体与转向架之间设有抗蛇行减振器。理论计算和运行实践均证明,这是非常有效的重要措施之一。它安装在转向架构架的外侧,呈纵向布置,有的动车组转向架每台设置 2 个（CRH_2 型）,有的每台转向架设置 4 个（CRH_3、CRH_{380A} 和 CRH_{380B} 型）,具体布置如图 2.21 所示。

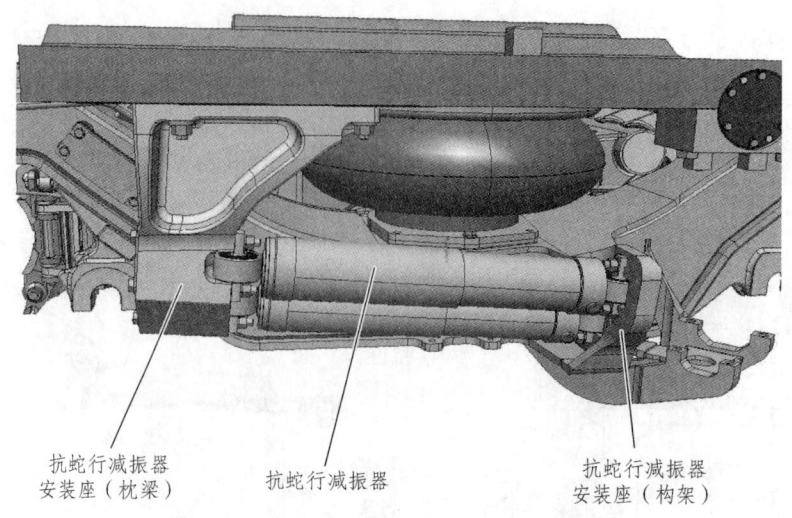

图 2.21 抗蛇行减振器在转向架上的位置

2.3.4 弹性元件

1. 螺旋圆弹簧

动车组车辆轴箱弹簧通常采用截面为圆形的圆柱压缩螺旋弹簧,螺旋圆弹簧采用冷轧钢制成并经过喷丸处理以增强韧性,其特点如下:

(1) 质量小。
(2) 运动灵活。
(3) 无阻尼。

螺旋圆弹簧的两端各有 3/4 的支撑圈,如图 2.22 所示,其主要参数有:簧条直径 d,弹簧中径 D,有效圈数 n,总圈数 N,弹簧全压缩高度 H_{min},弹簧自由高度 H_0,弹簧指数 $m=D/d$,垂向静挠度 f_v 和垂向刚度 K_v 等。

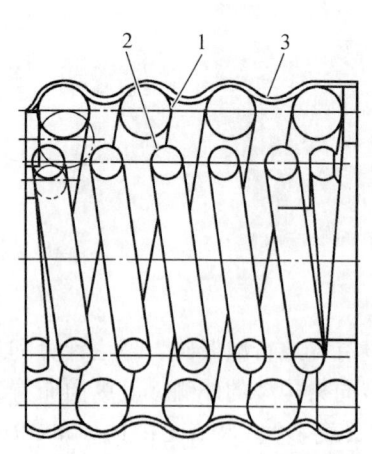

项 目		内圈簧	外圈簧
簧条直径/mm		26	41
簧圈直径/mm		143	220
自由高度/mm		240	256
压紧高度/mm		153.4	180.4
总圈数/有效圈数		6.4/4.4	4.9/2.9
旋向		左	右
弹性系数 /(kN/mm)	单	35.52	91.51
	总	1 244.89	
横向弹性系数 /(kN/mm²)		78 400	
应力修正系数		1.278	1.286

1—外圈弹簧;2—内圈弹簧;3—防雪罩。
图 2.22 圆柱螺旋钢弹簧

2. 空气弹簧

（1）空气弹簧系统的组成，如图 2.23 所示。空气弹簧系统由空气弹簧本体、高度控制阀、差压阀、附加气室、滤清器等组成。

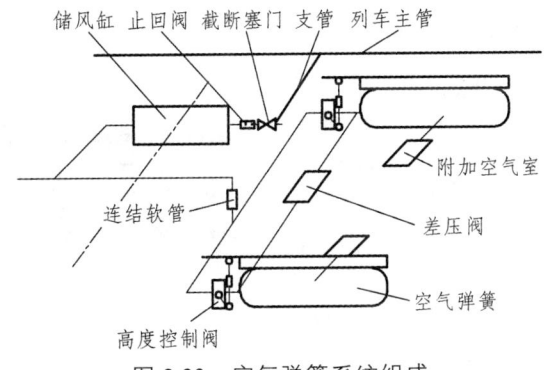

图 2.23 空气弹簧系统组成

（2）压缩空气传递过程：压缩空气由列车主风管—T 形支管—截断塞门—滤尘止回阀—空气弹簧储风缸—主管（在车底架上）—连接软管—高度控制阀—附加空气室和空气弹簧本体。

（3）空气弹簧的类型：空气弹簧本体有两种形式：囊式空气弹簧和膜式空气弹簧（约束膜式：内外筒+连接橡胶囊；自由膜式：上下盖板+连接橡胶囊，见图 2.24）。气囊的上下支口为自密封结构。上盖板上设有定位柱，与车体相连，下部通气口与构架相连，为圆柱面并用 O 形圈密封。为使空气弹簧无气状态时转向架能够运行，一般在下支座上设有特殊的滑板，以提高转向架的曲线通过能力。橡胶堆的作用是在车体与转向架产生大位移时补偿胶囊本身的变位不足，并在空气弹簧胶囊出现故障时仍具有一定的弹性。通常，空气弹簧在附加弹簧内设置有固定阻尼孔，以提供二系垂向减振阻尼。

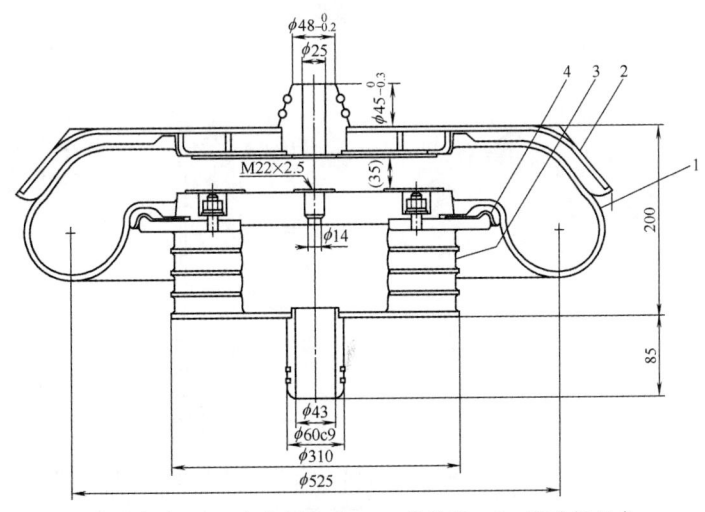

1—橡胶气囊；2—上盖板组成；3—橡胶座；4—下盖板组成。

图 2.24 自由模式空气弹簧结构

（4）工作原理：如图 2.25 所示，初次起动列车时，二系悬挂空气弹簧气囊不充气。高度调整阀将运行使压缩空气可从 AS 流动进入气囊并使气囊膨胀。一旦达到了合适的地板高度，高度调整阀使压缩空气停止流入气囊从而将地板高度保持在稳定值。如果列车上乘客减少或位置移动而气囊过分膨胀，高度调整阀将运行以降低气囊内空气压力直到达到正常的地板高度。每只转向架的两只气囊（即左右横梁）都通过差动阀相连。如果气囊突然破裂或毁坏，差动阀将运行使转向架的两只气囊压力保持平衡。这可防止车辆一只气囊充气但另一只气囊没有充气而向一边严重倾斜。

（5）自动高度调节装置。

高度阀组成主要包括高度阀座、高度阀、连杆和下座等部件组成，如图 2.26 所示。

高度阀的主要作用及要求是维持车体在不同静载荷作用下均与轨面保持一定的高度；在直线上运行时，车辆在正常振动情况下不发生进、排气作用；在车辆通过曲线时，如果车体倾斜程度超过规定的数值后，转向架上的高度控制阀动作，通过对左右空簧的进、排气的控制，从而减少车辆的倾斜。

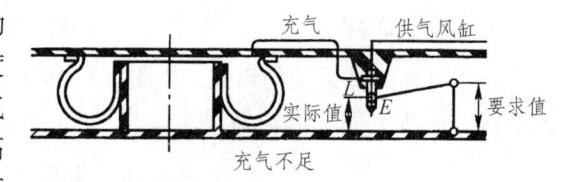

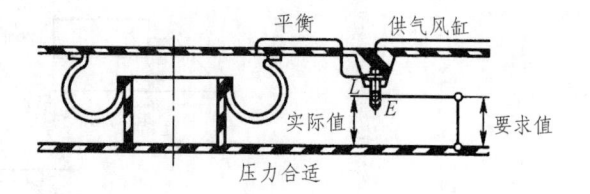

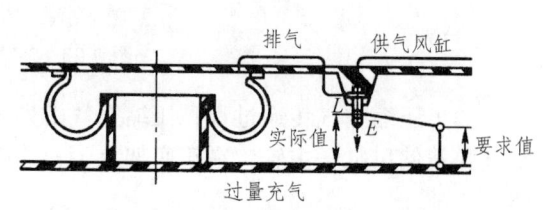

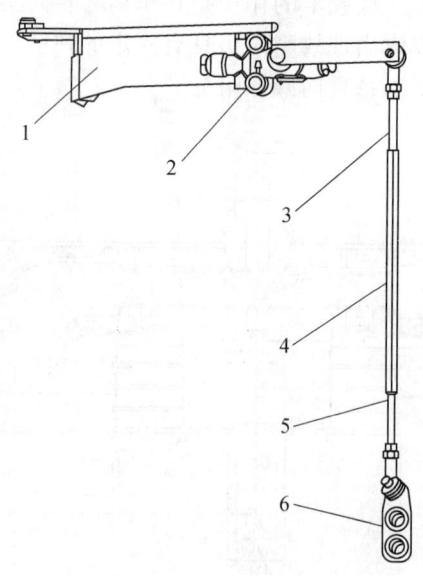

图 2.25 空气弹簧系统工作原理

1—高度阀座；2—高度阀；3—右杆端部；4—调节杆；5—左杆端部；6-下座组成。

图 2.26 高度阀组成

通过调整高度阀和转向架构架之间的螺纹杆的长度来调整由于车轮磨耗造成的车辆高度

变化。在每次镟轮之后应进行这样的调整。车辆高度阀调节车辆垂向位移的不敏感带约为±3 mm，此时空气流通停止，避免空气的过度消耗。在不敏感带之后，空气流通保证了悬挂系统的减振功能。空气悬挂设备的空气信号与旅客载荷成比例，并传送到制动控制单元，用来对制动载荷补偿。

3. 橡胶弹簧

在现代车辆上，橡胶弹簧得到了广泛的应用，其主要特点如下：

（1）结构简单，质量小。

（2）减振性能好，特别是能吸收高频振动，且频率越高，阻尼越大（原因：振动时，橡胶变形→内部分子参数摩擦→消耗能量）。通常认为其相对阻尼系数 $D=0.03 \sim 0.05$。

（3）维护简单，不必经常检查。

（4）橡胶性能不稳定（温度高→老化，温度低→脆化），且制造工艺复杂。

一般情况下，橡胶弹簧只作为压簧和扭转簧，不作为拉簧，因为拉伸时，橡胶弹簧对局部缺陷和表面拉伤非常敏感。动车组车辆上的橡胶元件，主要应用于弹簧装置与定位装置。此外车体与构架、轴箱与构架、弹簧支撑面等金属表面直接接触部位之间，经常采用橡胶衬垫、衬套、止挡等橡胶元件。

4. 抗侧滚扭杆

如图 2.27 所示，抗侧滚扭杆由扭杆、两个扭臂、两个可调连杆等组成，连接在构架和车体（枕梁）间，主要作用是减小车体的侧滚运动。

抗侧滚扭杆是一根弹性杆，它只阻止车体侧滚，不妨碍其垂向振动，如图 2.28 所示。其工作原理为两端装于构架上的轴套内，中间与簧上部分铰接。车体侧滚时，扭杆的转臂反向运动产生复原力矩，从而阻止车体侧滚；正常时，扭杆转臂同向运动，扭杆自由转动。转向架的两侧各有一根热装到扭杆上的扭臂，扭臂通过锥形接头和球形接头挠性连接到可调连杆上。可调连杆的另一端通过球形块连接到转向架构架上。通过这样的布置，车体的侧滚运动可转换为扭杆的扭转，因此，扭杆的扭转刚度可抑制车体的侧滚运动。

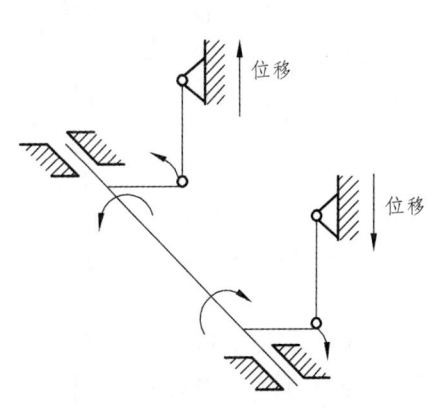

图 2.27 抗侧滚扭杆组成　　图 2.28 抗侧滚扭杆的工作原理

2.3.5 减振元件

1. 作用与类型

在现代轨道交通车辆上，广泛采用减振器与弹簧一起构成弹簧减振装置。弹簧主要起缓冲的作用，而减振器的作用是减小振动。减振器的作用力总是与运动方向相反，起着阻碍振动的作用。减振器能将机械能转化为热能，减振阻力的方式和数值不同，直接影响到振动性能。

减振器按阻力特性可分为常阻力和变阻力两种；按安装的部位可分为轴箱减振器和中央减振器；按减振方向可分为垂向、横向和纵向（抗蛇行）减振器；按结构特点又可以分为摩擦减振器和油压减振器。

2. 摩擦减振器

如图 2.29 所示，摩擦减振器是借助金属摩擦副的相对运动产生的摩擦力，将车辆振动动能转变为热能而逸散于大气中，从而减小车辆振动。

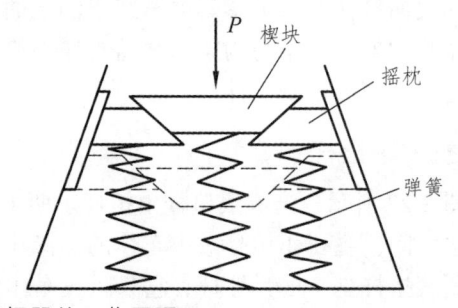

图 2.29 摩擦减振器的工作原理

摩擦减振器结构简单，成本低，制造维修比较方便，故广泛应用于货车转向架上。但它的缺点是摩擦力随摩擦面的状态的变化而变化，并且由于摩擦力与振动速度基本无关，有可能出现以下情况：当振幅减小时，摩擦阻力可能过大而形成对车体的硬性冲击；当振幅大时，摩擦阻力又显得不足而不能使振动迅速衰减。

3. 油压减振器

油压减振器一般主要由活塞、进油阀、缸端密封、上下联结、油缸、储油筒及防尘罩等部分组成，如图 2.30 所示。

液压减振器主要是利用液体黏滞阻力做负功来吸收振动能量，其工作过程如图 2.31 所示。

活塞将油缸分为上下两部分，当活塞向下运动时（也称为减振器压缩状态），下部油液被挤压，在压力的作用下，通过心阀的节流孔进入油缸上部。当活塞下的液压油加于套阀环形面积上的压力大于弹簧的初压缩力时，套阀被打开，活塞下油压不断升高。活塞下的油压越高，套阀开程越大，心阀上的节流孔开度越大，下腔内的油大量流入上腔（打开套阀的目的：限制减振器油压）。当活塞向上运动（也称为减振器拉伸状态），上腔油液经过心阀上的节流孔流入下腔，活塞上升到某一大的数值时，加于心阀环形面积上的压力大于弹簧的初压缩力时，心阀开始下降，使节流孔开度增大，上腔的油大量进入下腔。拉伸和压缩时均产生的阻力,该阻力的大小与油液的流速、节流孔的形状和孔径的大小有关。

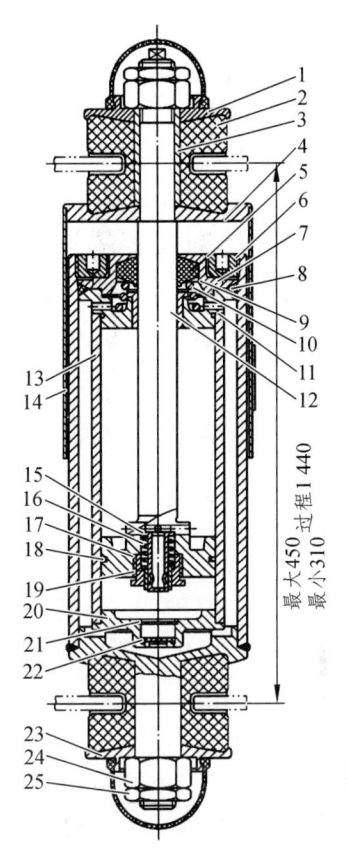

1—压板;2—橡胶垫;3—套;4—防尘罩;5,8—密封圈;6—螺盖;7—密封盖;9—密封托垫;10—密封弹簧;
11—缸端盖;12—活塞杆;13—缸体;14—储油筒;15—心阀;16—心阀弹簧;17—阀座;18—涨圈;
19—阀套;20—进油阀体;21—锁环;22—阀瓣;23—防锈帽;24,25—螺母。

图 2.30 液压减振器组成

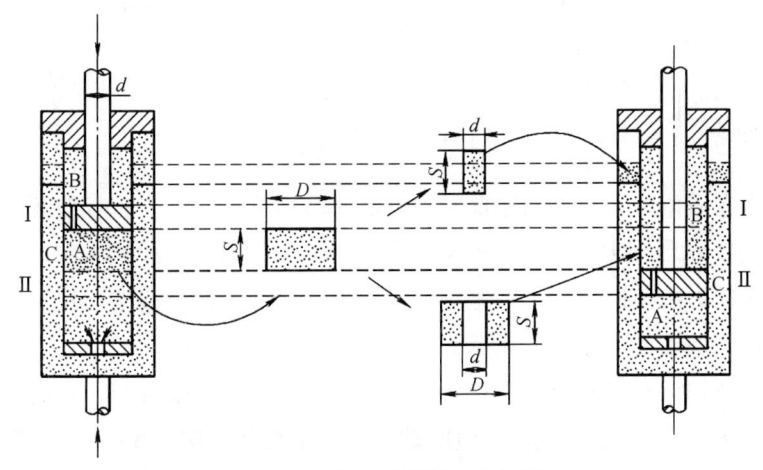

图 2.31 液压减振器工作原理

当活塞上下运动时，由于活塞杆有一定体积，上腔和下腔体积变化不相等。设油缸直径为 D，活塞杆直径为 d，若活塞杆从初始位置Ⅰ向下移动距离 S 后到达位置Ⅱ。这样，油缸下部体积缩小 $\frac{\pi S}{4}D^2$，而上部体积增大 $\frac{\pi S}{4}(D^2-d^2)$，上下两部分体积之差为 $\frac{\pi S}{4}d^2$，下部排出的油液多于上部所需补充的量。为保证减振器正常工作，在油缸外增加一个贮油筒，在油缸底部设有进油阀，当活塞缸由位置Ⅰ向位置Ⅱ运动时，油缸下部油液压力增大，迫使阀瓣紧紧扣在进油阀体上。同时，多余的油液通过阀瓣中间的节流孔流入贮油筒，实现油量调节。反之，活塞杆向上运动，上部因体积缩小而排出的油液量无法完全填充下部体积增大而需要的油量，所欠油量从贮油筒颈进油阀（阀瓣处于抬起状态）进入油缸下部，保证减振器正常工作。

油压减振器的优点在于它的阻力是振动速度的函数，因此它有较好的减振性能，得到广泛应用。一般液压减振器的阻尼特性为线性，即阻力与振动速度的一次方成比例。阻尼力主要取决于阻尼系数（节流孔的大小）和相对运动速度。

2.4 构　架

2.4.1 构架的作用与分类

构架用来联系转向架各组成部分，传递各方向的力，保持车轴在转向架内的位置。转向架构架就设计和制造工艺而言，分为铸钢构架和焊接构架。焊接构架又可分为钢板焊接构架和压型钢板焊接构架。铸钢构架由于质量大，铸造工艺复杂，动车组一般不采用。根据轴箱及其定位装置的结构，构架又分为有导框式和无导框式。构架采用无导框轴箱定位方式时不需要开切口，可避免强度削弱，同时避免了构架与轴箱间的摩擦副。近代干线电力机车，尤其是高速电力机车越来越广泛地采用无导框式钢板焊接结构的转向架构架。根据构架的结构形式，转向架构架有封闭式和开口式（或 H 式）构架之分。

2.4.2 构架的组成

构架主要由左右侧梁，一根或几根横梁以及前后端梁组焊而成。有的转向架构架没有端梁，称为开口式或 H 形构架；有端梁的构架称为封闭式构架。侧梁是构架的主要承载梁，是传递垂向力、纵向力和横向力，固定轮对位置的主要构件。横梁和端梁用来保证构架在水平面内的刚度，保持各轴的平行及承托牵引电动机。

动车组转向架构架一般分为动力转向架构架和非动力转向架构架，它们的主要区别在于各安装座布置的不同。图 2.32 为动车组的动力转向架构架，图 2.33 为动车组非动力转向架构架。

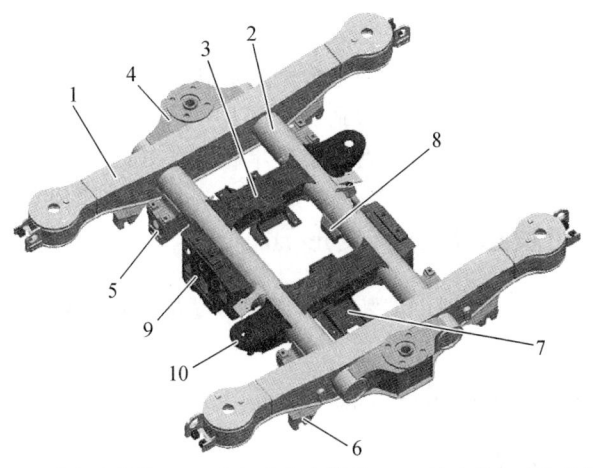

1—侧梁；2—横梁；3—纵向连接梁；4—空气弹簧支撑梁；5—制动吊座（轮盘）；6—转臂定位座；
7—增压缸安装座；8—垂向止挡；9—电机吊座；10—齿轮箱吊座。

图 2.32　动力转向架构架组成

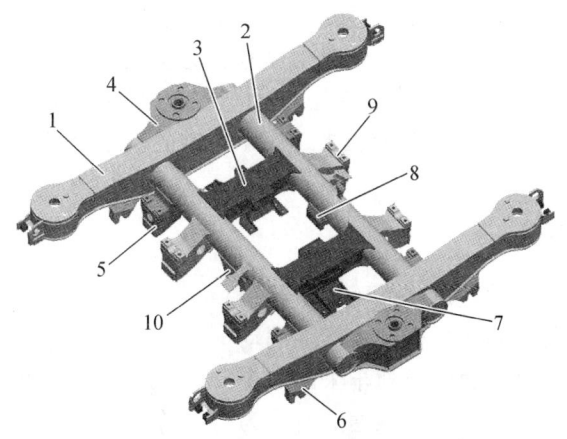

1—侧梁；2—横梁；3—纵向连接梁；4—空气弹簧支撑梁；5—制动吊座（轮盘）；6—转臂定位座；
7—增压缸安装座；8—垂向止挡；9—制动吊座（轴盘）；10—拉杆座。

图 2.33　动车组非动力转向架构架

2.5　基础制动装置

制动系统是保证高速动车组安全运行最重要的系统，也是一个非常复杂的系统。现代高速动车组通常采用动力制动和空气制动的复合制动形式。首先采用动力再生制动对列车进行调速，自动判断再生制动力不够时，再配合空气制动使列车进一步减速或停车。一个完整的制动系统包括两个部分：制动控制系统和制动执行系统。制动控制系统通常叫制动机，由信号发生与传输装置和制动控制装置组成，而制动执行系统通常叫基础制动装置。由于制动控制系统在第 5 章有详细说明，此处只讨论基础制动装置。

高速动车组必须能够迅速减速和停车，最大减速度达 0.8 ~ 1.0 m/s²。同时，高速动车组规定的紧急制动距离为制动初速为 160 km/h 时，紧急制动距离不大于 1 400 m；制动初速为 200 km/h 时，紧急制动距离不大于 2 000 m。要满足上述要求或规定，必须依靠工作灵活、安全可高的基础制动装置。

基础制动装置实际是整个动车组制动系统的最后执行机构，其主要作用如下：
（1）传递并放大制动缸所产生的压力到各个闸瓦（或闸片）。
（2）保证各个闸瓦（或闸片）的压力大小基本相等。

2.5.1 基础制动装置组成及其形式

基础制动装置由制动缸、制动传动装置、摩擦装置及其附属装置（间隙调整装置、防滑器等）组成。

基础制动装置按制动方式可分为：
（1）踏面闸瓦制动装置。
（2）盘形制动装置（有轴盘式和轮盘式之分）。
（3）磁轨制动装置。
（4）涡流制动装置。

当然，如果按制动缸的类型来分的话，又可分为空气制动和液压制动两种。CRH_1、CRH_3 和 CRH_5 型动车组采用前者，即以纯空气盘形制动作为基础制动装置。而 CRH_2 型动车组采用后者，即首先将压缩空气经空-油转换装置（即增压缸）转换成高压油，再由该高压油驱动液压制动缸对制动轮盘（或轴盘）施加压力，属于典型的液压盘形制动。

2.5.2 闸瓦制动

如图 2.34 所示，闸瓦制动是以闸瓦压紧车轮踏面，通过车轮踏面与闸瓦之间的机械摩擦产生制动作用的一种制动方式。它是目前普速列车采用的主要制动方式，简单可靠，在常速、中低速、速度为零时均有制动力，制动力的大小可以通过改变闸瓦压力来调节。这种制动方式在高速运行时不宜采用，因为高速情况下闸瓦与车轮踏面之间的摩擦系数小，制动力不够。若增大闸瓦压力以提高制动力，则会造成速度降至某一值时车轮被"抱死"，产生滑行，制动力反而下降，而且车轮踏面、钢轨都会被擦伤。所以在高速列车上闸瓦制动不是主要的制动方式，它只能配合其他制动起到低速制动和停车制动的作用。

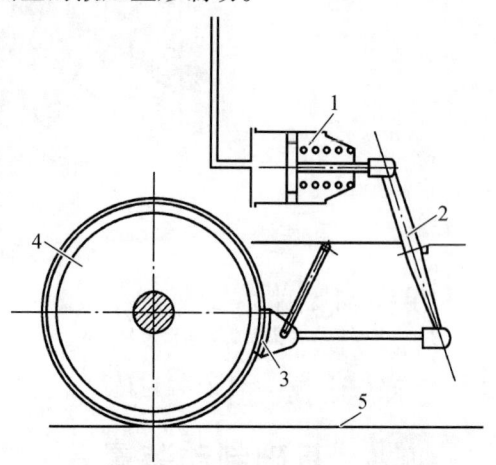

1—制动缸；2—基础制动装置；3—闸瓦；
4—车轮；5—钢轨。

图 2.34 闸瓦制动

2.5.3 盘形制动

盘形制动是动车组最普遍采用的一种制动方式。根据制动盘安装位置的不同，盘形制动有轴盘式和轮盘式之分。所谓轴盘式就是指将制动盘直接安装在车轴上，而所谓轮盘式实际上是将制动盘安装在车轮的两侧，如图 2.35 所示。

（a）轴盘式　　　　　　　　　　　（b）轮盘式

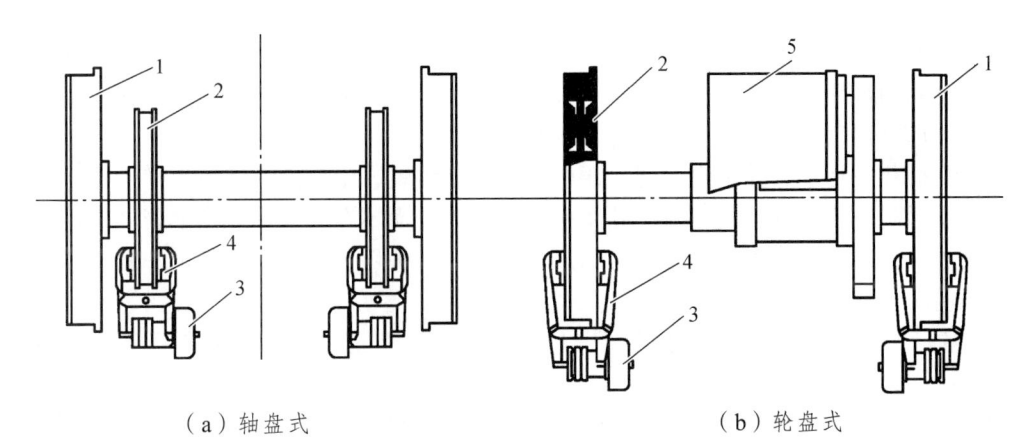

1—轮对；2—制动盘；3—单元制动缸；4—制动夹钳；5—牵引电机。

图 2.35　盘形制动类型

一般采用轴盘式盘形制动装置，当轮对中间由于有牵引电机等设备使制动盘安装困难时，可采用轮盘式盘形制动装置。

为了简化结构、减少杠杆数量、减小质量，进一步提高系统的灵敏度和效率，降低故障率和提高可靠性，通常盘形制动装置采用单元式结构，即将制动缸、杠杆、制动夹钳、自动间隙调整器和闸片托等集中在一个模块内，形成一个相对独立的制动单元，该制动单元与构架横梁或端梁的固定只需通过几个螺栓就能完成。

盘形制动的工作原理如图 2.36 所示，制动时，首先由制动控制装置根据制动指令通过制动管将压力空气送入单元制动缸 2，推动制动缸的活塞伸出，带动一系列内部杠杆动作，使制动夹钳闭合，进而带动闸片 4 夹紧制动盘 1，闸片和制动盘间发生摩擦，阻碍轮对旋转，最后通过车轮与钢轨间的黏着，产生一个与轮对（或车辆）运动方向相反的力，使轮对减速或停止。缓解时，制动控制装置将制动缸内的压力空气排出，制动缸活塞在制动缸缓解弹簧的作用下退回，通过各杆件带动闸片离开制动盘。

在制动过程中，动车组的动能大部分通过闸片和制动盘、车轮与钢轨间的摩擦变成热能，再经闸片、制动盘和车轮最终散发到大气中去。

盘形制动比较容易双向选择摩擦副，可以得到比闸瓦制动（踏面制动）大得多的制动功率。制动盘的材质有铸铁、铸钢和锻钢等多种，而闸片也有合成材料、粉末冶金等多种材料。城轨车辆由于车速较低，一般多采用铸铁盘配合成闸片。对合成闸片材料成分的选择，除满足制动摩擦性能的要求

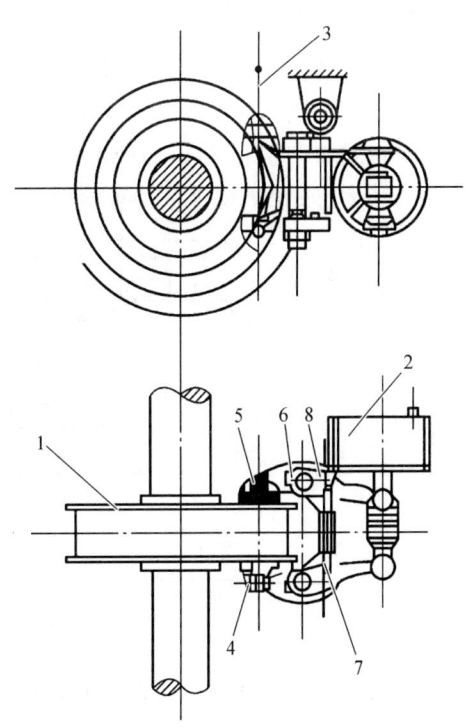

1—制动盘；2—单元制动缸；3—吊杆；4—闸片；
5—闸片托；6，7—杠杆；8—支点拉板。

图 2.36　盘形制动装置

外，必须考虑对环境污染的影响，应符合有关环保要求。对高速动车组，其设计车速较高，可通过增设制动盘数量来满足制动要求。如不能增加制动盘数，则可通过改变制动盘和闸片的材质（如选择钢盘和粉末冶金闸片配合）来达到制动要求。

盘形制动几乎是所有动车组普遍采用的基础制动装置，主要原因如下：

（1）盘形制动装置没有闸瓦对车轮踏面的摩擦，因而不存在对车轮的热影响，同时也减少了车轮的磨耗，延长了车轮的使用寿命。特别是对于采用橡胶弹性车轮的车辆来说，只能采用盘形制动装置。

（2）盘形制动的散热性能比较好，所以摩擦系数稳定，能得到比较恒定的制动力。同时，其热容量允许其具有较高的制动功率。

（3）可自由选择制动盘和闸片材料，使该摩擦副具有最佳的制动参数，可获得较高而稳定的摩擦系数。故可减小闸片压力，缩小制动缸及杠杆尺寸，减小制动装置的质量。

（4）盘形制动运用经济。一般来说，盘形制动的闸片面积比闸瓦制动的闸瓦面积大，承受的压应力较小，其磨耗率也较小。

（5）盘形制动代替踏面闸瓦制动后，将使簧下质量有所增加，同时使轮轨间的黏着系数有所降低（主要原因是盘形制动失去了对车轮踏面的清扫作用，从而使车轮踏面污染状况得不到改善，导致轮轨间黏着下降）。

2.5.4 磁轨制动

磁轨制动也称轨道电磁制动，它是靠安装在转向架下面的电磁铁与钢轨之间产生的吸附作用，使车辆减速或停车的一种非黏着制动。

磁轨制动装置的具体结构如图 2.37 所示。在转向架构架侧梁 4 下面通过升降风缸 2 安装有电磁铁 1，在电磁铁下面还设有磨耗板 5。

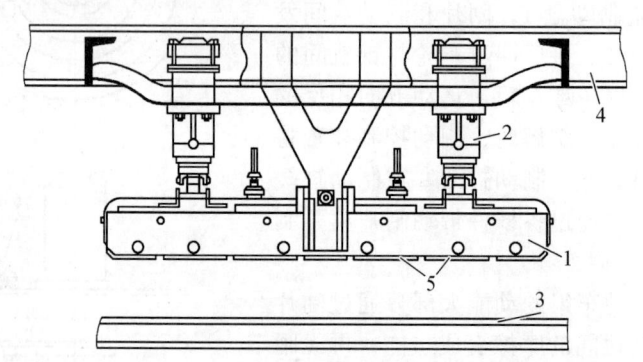

1—电磁铁；2—升降风缸；3—钢轨；4—转向架构架侧梁；5—磨耗板。

图 2.37 磁轨制动装置

磁轨制动的工作原理：制动时，使升降风缸下降，将电磁铁 1 放下，同时给电磁铁上的励磁线圈励磁，产生强大的磁场，使磨耗板 5 吸附在钢轨 3 上，它与钢轨之间产生吸力，该吸力使得磨耗板与钢轨间产生与车辆运动方向相反的摩擦力，最后通过升降风缸直接作用到转向架构架上，使转向架（或车辆）减速或停车。缓解时，切断励磁线圈中的电流以消除磁场，同时使升降风缸上升，将电磁铁收回离开钢轨即可。

磁轨制动装置有以下特点：
（1）磁轨制动属非黏着制动，它利用电磁铁吸引钢轨产生摩擦来消耗车辆运动能量。
（2）磁轨制动能得到较大的制动力，常被用作高速动车组和轻轨车辆紧急制动时的一种有效补充制动手段。

2.5.5 涡流制动

涡流制动（Eddy Current Brake，ECB）是一种新型的、非接触式电磁制动方式。它利用导体（ECB盘）在磁场内切割磁力线产生电涡流，使导体内部发热，消耗车辆运动能量，达到使车辆减速或停车的目的。

涡流制动的工作原理如图2.38所示。当需要制动时，给励磁线圈（电磁铁）通电，产生磁场，于是，安装在车轴上的ECB盘在该磁场内旋转切割磁力线，ECB盘与磁场的相互作用将阻碍轮对的旋转，最后通过车轮与钢轨间的黏着产生一个与轮对（或车辆）运动方向相反的力，使轮对减速或停止。这种ECB盘与磁场间的电-磁-热的相互作用就是制动力产生的根源。当需要缓解时，将励磁线圈（电磁铁）断电，磁场随之消失，ECB盘尽管仍然在该磁场内旋转，但已无磁场阻碍作用。涡流制动在日本的300系高速动车组上得到了成功应用。

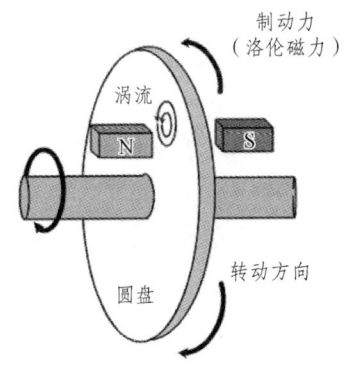

图 2.38 ECB 制动原理

涡流制动的特点：
（1）涡流制动是非接触式的，其制动线圈与ECB盘在任何时候都不发生接触，这样就不存在摩擦，当然也就避免了磨损。
（2）由于制动过程中ECB盘与制动线圈不发生接触，因此车轮和构架在此过程中始终不会出现刚性连接，即不会出现轴箱弹簧短时"失灵"的状况，这将大大降低轮轨间的瞬时动作用力，减少轮轨损伤。
（3）涡流制动仍然属于黏着制动范畴，ECB盘与制动线圈之间产生的电-磁-热相互作用只是属于整个车辆系统的内力，它必须最后通过外力才能阻碍车辆的运动，而这个外力只能通过轮轨间的黏着实现。
（4）在动车组发生故障导致整车失电（如受电弓不能受流）时，涡流制动将不能工作，或者只能依靠车载蓄电池提供励磁电流才能产生制动，这对蓄电池的容量有较高要求。

2.6 驱动装置

2.6.1 驱动装置的作用与组成

1. 作用与组成

驱动系统的作用是将传动装置输出的功率传给动轮对。对于液力传动的动车,其驱动装置包括牵引万向轴和减速齿轮箱;对于电传动的动车,其驱动装置包括牵引电动机、电机悬挂装置和减速齿轮箱。

(1)牵引电动机。牵引电动机通常采用直流串励电动机或三相交流异步电动机。前者的调速方式由原来的直流变阻调速发展到现在的直流斩波调速;而后者多采用交流变压变频(VVVF)调速。由于与直流电动机相比,交流电动机具有质量小、体积小等诸多优势而成为高速动车组牵引电动机的发展方向。

(2)电机悬挂装置。根据牵引电机在车辆上的安装方式的不同,电机悬挂方式大致可以分为轴悬式、架悬式、体悬式3类。轴悬式的牵引电机一端用抱轴轴承支在车轴上,另一端弹性地吊在转向架构架上,由于大约一半的牵引电动机质量由车轴承担,另一半由构架承担,故又称为半悬挂式,适用于中、低速车辆或动车;架悬式的牵引电动机全部悬挂在转向架构架上;体悬式的牵引电动机全部或大部分悬挂在车体上。由于架悬式及体悬式牵引电机的质量均处于一系弹簧装置之上,故又称为全悬挂式,适用于高速车辆或动车。

其中,挠性浮动齿式联轴节式架悬式驱动装置在动力分散型动车组上得到了普遍采用,而且现代轻轨车辆和地铁车辆转向架也大多采用这种结构;而在我国最高速度小于 120 km/h 的干线机车(如 DF 系列内燃机车和 SS 系列电力机车)上,刚性轴悬式驱动装置也得到了广泛使用;轮对空心轴架悬式驱动装置则成功运用于最高速度大于 160 km/h 的干线机车(如 D_{F11} 系列内燃机车和 SS_9 系列电力机车)上;德国 ICE1 高速动车采用半体悬式驱动装置;法国 TGV-A 高速动车采用全体悬式驱动装置。

我国引进并合作生产的 CRH_1、CRH_2 和 CRH_3 型高速动车组均采用联轴节式架悬式驱动装置,而 CRH_5 动车组则采用万向轴驱动的全体悬式驱动装置。

(3)减速齿轮箱。减速齿轮箱由大齿轮、小齿轮和齿轮箱等3部分组成。减速齿轮箱按其分箱方式不同可以分为整体箱和上下分体箱两类;按其转矩传递方式可分为单边(单侧)传动和双边(双侧)传动;按其齿轮形状可分为直齿和斜齿。减速齿轮箱究竟采用何种形式主要取决于动车的结构速度。

2. 对电机悬挂装置的要求

电传动车辆的驱动装置是一种减速装置,用来使高转速、小扭矩的牵引电动机驱动阻力矩较大的动轴。其悬挂装置应满足以下要求:

(1)应保证能使牵引电动机功率得到发挥。
(2)牵引电机在安装上有减振的能力。
(3)应不妨碍构架的振动和曲线通过。
(4)应该简单可靠,具有最少量的磨耗件。
(5)当牵引电动机或悬挂装置发生损坏时,易于拆卸。

2.6.2 轴悬式驱动装置

轴悬式驱动装置的刚性轴悬和弹性轴悬两种形式,由于弹性轴悬目前很少应用,本节仅介绍刚性轴悬式驱动装置。

1. 结构原理

刚性轴悬式驱动装置的结构原理如图 2.39 所示。牵引电机的一端通过两个抱轴瓦(或轴承)支承在车轴上,另一端通过一根弹性吊杆悬吊于构架的横梁或端梁上,形成所谓的三点支撑。齿轮箱除了同样通过两个抱轴承支承在车轴上外,其靠近电机一侧则用螺栓与电机壳体固定在一起,由电机壳体提供第三点支撑。这样,除了满足齿轮箱的三点稳定支撑要求外,还能保证大、小牵引齿轮啮合过程的良好随动性和平稳性。

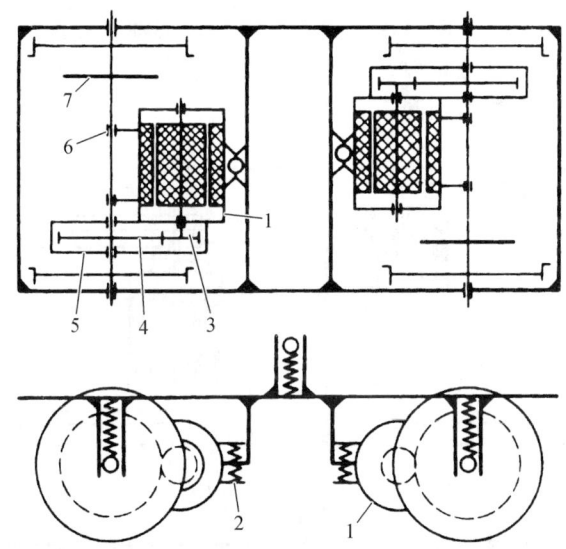

1—牵引电机;2—电机弹性悬挂;3—驱动小齿轮;4—大齿轮;5—减速齿轮箱;6—爪形轴承;7—制动盘。

图 2.39　刚性轴悬式驱动装置结构原理(牵引电动机横向布置)

2. 特　点

(1)簧下质量大。电机质量的一半属簧下质量,导致轮轨动作用力大,特别是随着运行速度的提高,轮轨动作用力显著增大。

(2)牵引电机、轴承和牵引齿轮等主要部件的工作条件恶劣。

(3)由于其驱动扭转弹性很差,往往造成直流牵引电机的集电器过载甚至损坏。

(4)该驱动装置结构简单,检修方便。

3. 适用性

刚性轴悬式驱动装置主要适用于运行速度较低的机车或动车,如 DF_4 和 SS_3 系列机车。

2.6.3 架悬式驱动装置

所谓架悬式,实际上是指将牵引电机整个悬挂在构架上,其全部质量由转向架构架承担,不再与车轴发生直接的联系。牵引电动机与轮对之间需用能适应各个方向相对运动的弹性联轴器作为中间联结装置并传递扭矩。联轴器在结构上可以采用弹性元件（弹簧或橡胶块），也可以采用具有橡胶金属衬套的连杆关节机构。

架悬式驱动装置的结构形式很多，可以分为电机空心轴驱动装置、轮对空心轴驱动装置和挠性浮动齿式联轴节式架悬式驱动装置等。本节只分析在高速动车组上广泛应用的联轴节式架悬式驱动装置。

1. 结构原理

挠性浮动齿式联轴节式架悬式驱动装置的原理和结构组成如图 2.40 所示。牵引电动机通过螺栓连接完全固定于构架横梁上，牵引电动机的输出扭矩经 WN 挠性浮动齿式联轴节传递给主动小齿轮，并通过齿轮的啮合将扭矩传递到从动大齿轮，进而驱动轮对旋转。其中从动大齿轮是直接压装在车轴上的，同时齿轮箱的一端通过抱轴承悬挂在车轴上，另一端通过弹性吊杆吊挂在构架横梁上。也就是说，该齿轮箱的悬挂方式与前面讲过的牵引电动机刚性轴悬式的牵引电机的悬挂方式基本相同。

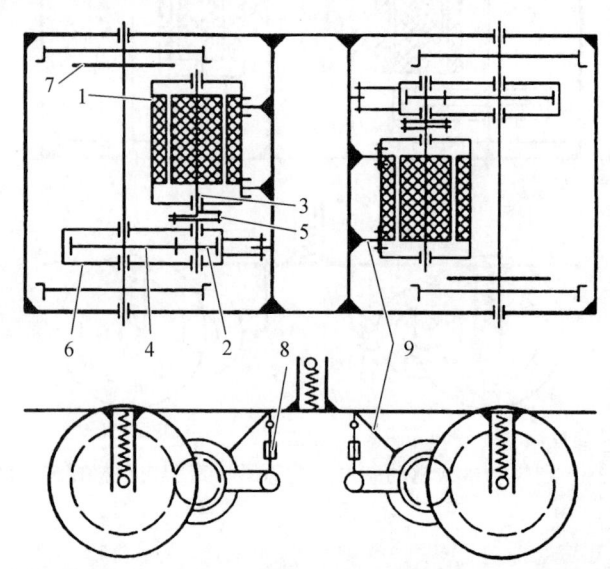

1—牵引电机；2—小齿轮；3—驱动轴；4—大齿轮；5—挠性联轴节；6—减速齿轮箱；7—制动盘；8—齿轮箱吊座；9—电机吊挂装置。

图 2.40 挠性浮时齿式（WN）联轴节架悬式驱动装置结构原理

2. WN 挠性浮动齿式联轴节结构及运动

WN 挠性浮动齿式联轴节由半联轴节（外齿轴套）、外筒（内齿套筒）、中间隔板和弹簧等组成，如图 2.41 所示。该联轴节属于鼓形齿式结构，结构形式为左右基本对称，两个半联轴节分别通过键或锥面压装在电机电枢轴和小齿轮输入轴的轴头上，半联轴节的齿顶沿长度方向呈圆弧状，从齿顶方向看，各齿齿面均呈鼓形，而与之相啮合的外筒的内齿则无论齿顶还是齿面均为直线。正是由于半联轴节的齿顶和齿面都是圆弧形的，因此，整个联轴节是双活节的，是"挠性"的。半联轴节的外齿与外筒的内齿啮合在理论上属于点接触，在良好润滑的情况下，该啮合点会随各向运动而发生灵活变化，这就能保证外筒相对于半联轴节的轴向运动和挠曲运动非常灵活,外筒好像总是"漂浮"在半联轴节上一样。

其运动原理如图 2.42 所示。当电机输出轴相对于(小)齿轮输入轴间出现轴向运动时[见图 2.42(a)],只是两个半联轴节的外齿在外筒的内齿中产生相互滑动,补偿其相对运动量,而半联轴节外齿和外筒内齿的啮合过程未受任何影响,因此,两轴间扭矩能够良好传递。

当电机输出轴相对于(小)齿轮输入轴间出现径向运动时[见图 2.42(b)],如电机输出轴向上跳动,与该轴连接的半联轴节的外齿将顶起左边的外筒,使整个外筒发生倾斜,这时右边的外筒与连接在(小)齿轮输入轴上的半联轴节外齿的啮合点产生相应变化,相互间也产生倾斜,这就使两轴的相对运动从空间上得到补偿。但在这个运动过程中,半联轴节外齿和内筒内齿始终相互啮合在一起,因此,两轴间扭矩的传递并未中断。

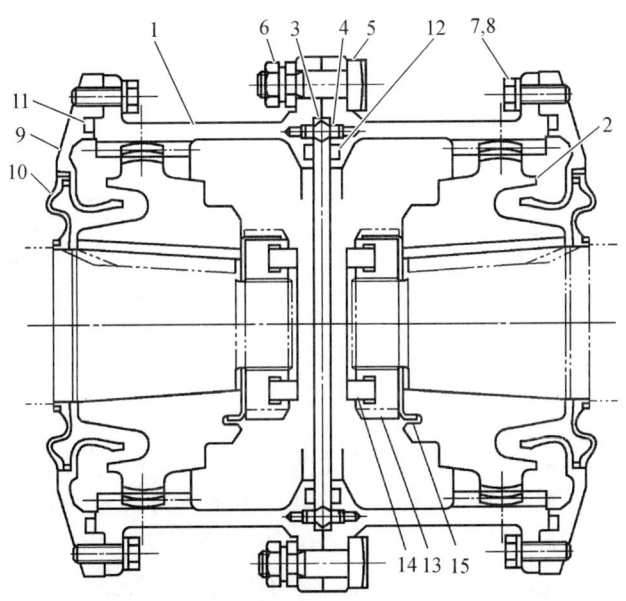

1—外筒(带内齿);2—半联轴节(带外齿);3—中间隔板;4—平头螺钉;5,7—螺栓;6—螺母;8—弹性垫片;9—挡油环;10—防尘罩;11,12—O 形圈;13—特殊螺母;14—缓冲橡胶;15—舌簧垫圈。

图 2.41 挠性浮动齿式联轴节(WN 联轴节)结构

同样,当电机输出轴相对于(小)齿轮输入轴间出现相对偏转运动时[见图 2.42(c)],电机侧半联轴节的外齿在左边外筒内齿中产生相互滑动(即两者的啮合点出现相对运动),使整个外筒发生一定的倾斜。这时右边的外筒与连接在(小)齿轮输入轴上的半联轴节外齿的啮合点也产生相应变化,相互间也产生一定的倾斜,这就使两轴的相对偏转运动从空间上能够得到一定的角度补偿。但在这个运动过程中,半联轴节外齿和外筒内齿仍然始终相互啮合在一起,因此,两轴间扭矩的传递依然非常顺利。由此可见,WN 挠性浮动齿式联轴节可实现电机输出轴相对于(小)齿轮输入轴间的相互跳动和偏转,且相对运动很灵活,运动阻力很小,同时能平稳传递牵引电机驱动扭矩。

WN 挠性浮动齿式联轴节不仅具有补偿各种位移的能力,而且结构紧凑、传递运动准确、可靠等。但必须指出的是,在左右两个外筒中间一定要放置一块隔板,而在该隔板的两边分别安装一个弹簧(可以是橡胶块),主要作用是保持整个联轴节在工作过程中具有自动对中功能。

（a）同轴状态

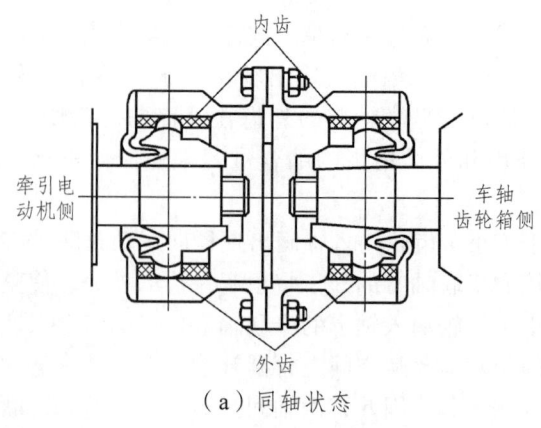

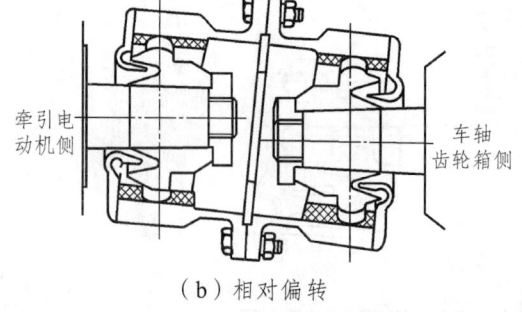

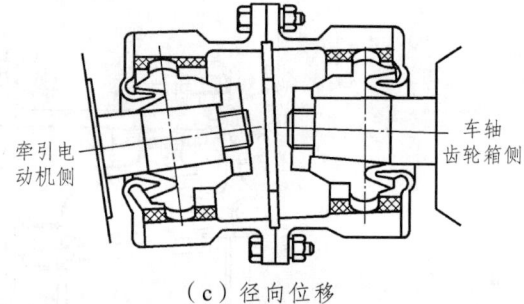

（b）相对偏转　　　　　　　　（c）径向位移

图 2.42　挠性浮动齿式联轴节运动原理

3. 特　点

挠性浮动齿式联轴节式驱动装置具有如下特点：

（1）簧下质量小（电机质量全部悬挂于构架横梁上成为簧上质量，但牵引齿轮的质量和齿轮箱之质量的一半仍然属于簧下质量），减小了轮轨间的动作用力。

（2）大大改善了牵引电动机的工作调节，牵引齿轮的工作条件并未得到改善。与刚性轴悬相比，牵引电机和牵引齿轮箱结构稍复杂。

（3）拆装简单，检修维护方便。

正是由于这种挠性浮动齿式联轴节式（WN）架悬式驱动装置结构相对简单，再加上动力分散式动车组采用了质量很小的交流异步牵引电机，因此，这种驱动装置在高速动车组上得到了广泛使用。例如，日本的新干线几乎所有高速动车组和我国的 CRH$_1$、CRH$_2$、CHR$_3$ 型动车组都采用这种挠性浮动齿式联轴节式（WN）架悬式驱动装置。

2.6.4　体悬式驱动装置

所谓体悬式，实际上是指将牵引电机完全安装在车体底架下面，其全部质量都由车底架承担，而驱动扭矩则由万向驱动机构（NNNXN 轴）来传递。在这里"体悬式"中的"体"字其实就是车体的"体"。

牵引电动机体悬式驱动装置有多种结构形式，这里仅介绍其中一种低地板转向架使用的万向轴驱动的牵引电机体悬式驱动装置（我国的 CRH$_5$ 型动车组转向架驱动装置结构与此类似，留待后面介绍）。

1. 结构原理

这里要介绍的牵引电动机体悬式驱动装置的具体结构如图 2.43 所示。牵引电动机完全放置于（悬挂于）车体底架下面，通过万向轴将牵引电动机扭矩传递给安装在车轴上的齿轮传动装置，并且采用一对圆锥齿轮（即伞齿轮）作为牵引齿轮以实现万向轴和车轴之间的直角传动。而齿轮箱一端通过吊杆弹性悬挂于构架的侧梁（或横梁），另一端则借助滚动轴承抱在轮对车轴上。

万向轴在传递驱动扭矩的同时，能较好地补偿牵引电机与车轴齿轮箱之间各个方向的相对运动。

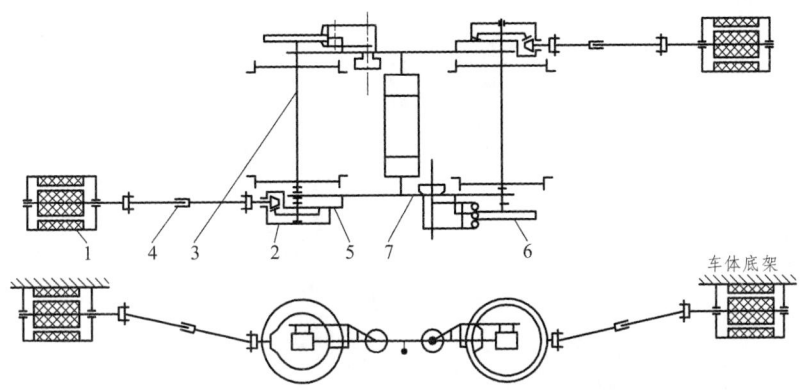

1—牵引电机；2—齿轮传动装置；3—轮轴；4—万向轴；5—传动支撑；6—制动盘；7—制动装置。

图 2.43 一种万向轴驱动的牵引电机体悬式驱动装置的结构原理

2. 特　点

万向轴驱动的体悬式驱动装置具有如下特点：

（1）牵引电动机完全放置于（悬挂于）车体之上，可进一步减小转向架质量（特别是转向架的回转转动惯量），提高转向架高速运行时的平稳性和稳定性，同时充分改善了牵引电动机的工作条件。

（2）车轴周围空间得到释放，有利于安装其他设备（如基础制动装置）。

（3）牵引齿轮的工作条件与轴悬式相同，并未有所改善。

（4）万向轴和圆锥齿轮传动系统的传动效率有所降低。

（5）万向轴的制造工艺要求很高。

（6）整个驱动装置结构复杂。

2.7　典型动车组转向架

2.7.1　CRH$_1$ 系列动车组转向架

CRH$_1$ 系列动车组转向架主要有 CRH$_1$ 型和 CRH$_{380D}$ 型两种技术平台类型。其中 CRH$_1$ 型动车组转向架适用于 CRH$_{1A}$/CRH$_{1B}$/CRH$_{1E}$ 型动车组，CRH$_{380D}$ 型动车组转向架适用于 CRH$_{380D}$ 型动车组。各类转向架如图 2.44 所示。

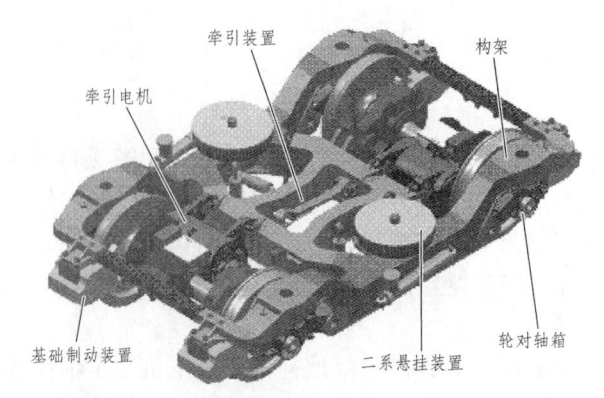

(a) CRH₁型动力转向架

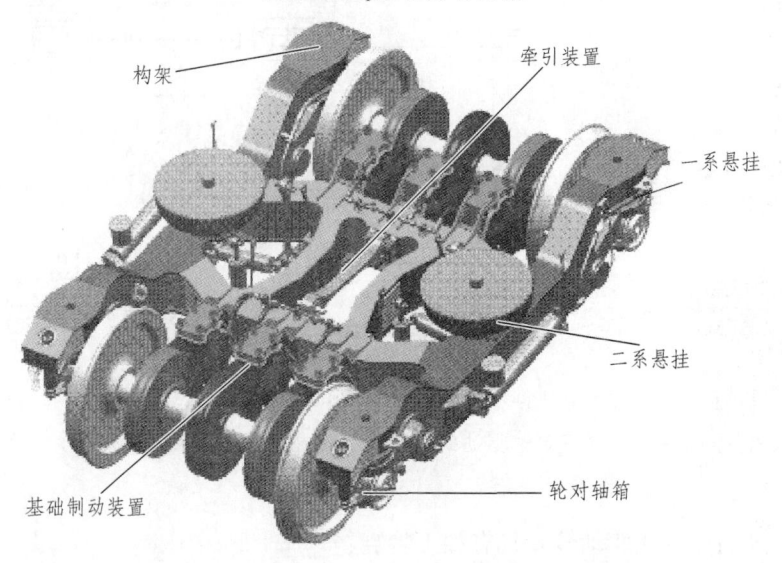

(b) CRH₁型非动力转向架

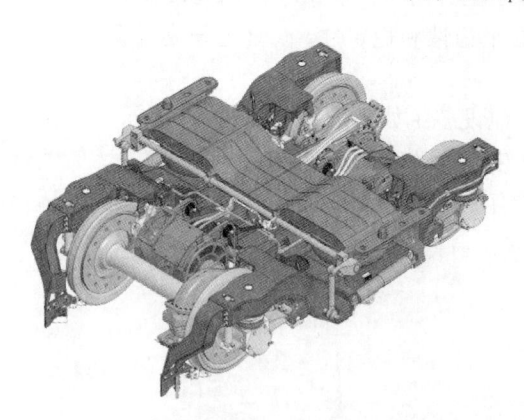

(c) CRH₃₈₀D型动力转向架　　　　　（d) CRH₃₈₀D型非动力转向架

图 2.44　CRH₁型系列动车组转向架

1. CRH₁型动车组转向架

CRH₁型动车组转向架是在 Regina 原型转向架的基础上加以改进的，固定轴距 2 700 mm，其构架、轮对、牵引装置、悬挂装置、制动装置等关键部件均在采用成熟技术的基础上，根据中国铁路线路及环境特点加以改进，能够满足高速列车的速度和承载各方面的要求。转向架结构特点如下：

（1）车轮为整体车轮，车轴为空心结构，满足车轴探伤和轻量化设计要求。

（2）轴箱为分体式结构，这种结构有利于轮对的更换。

（3）一系悬挂采用转臂式定位，轴箱弹簧为螺旋钢弹簧组；轴箱上方设有弹性止挡，速度 200 km/h 等级动车组转向架还同时设有剪切垫；轴箱与构架之间装有一系油压减振器。

（4）二系悬挂采用空气弹簧，附加气室为安装在车体底架设备舱内的风缸；构架和车体间设有横向止挡；减振器包括两个二系横向减振器、两个二系垂向减振器、两个抗蛇行减振器，用于削减转向架到车体间的振动传递、拟制蛇行运动；同时构架和车体间装有抗侧滚扭杆，提高车体抗侧滚能力，减小车体受到大风及通过曲线和道岔时车体侧滚，保证列车运行的动力学性能。中央牵引装置采用单牵引拉杆形式。

（5）采用"H"形焊接构架；转向架通过牵引拉杆、抗侧滚扭杆、减振器、安全吊绳等部件与车体连接。

（6）牵引电机采用架悬式结构；齿轮箱大齿轮压装在车轴上，小齿轮端通过联轴节与电机连接，同时齿轮箱通过吊杆与构架相连，箱体采用铸铁材料。

（7）动力转向架采用轮盘制动装置，非动力转向架采用轴盘制动装置。

（8）在头车和尾车的第一个转向架设有排障装置。

（9）车体和转向架间装有安全吊绳，用于车体整体吊装时转向架的提吊和防止空气弹簧的过充。

（10）转向架设有轴温报警器，用于实时监控轴箱轴承的温度。

2. CRH$_{380D}$ 型动车组转向架

CRH$_{380D}$ 型动车组转向架是在德国 ICE3 的基础上设计的，固定轴距 2 700 mm，转向架结构特点如下：

（1）轴箱为整体式结构，这种结构有利于保证加工及安装尺寸，避免由于安装误差对轴承产生额外的力，密封性能较好。

（2）一系悬挂采用转臂式定位，轴箱弹簧为螺旋钢弹簧组；轴箱上方设有弹性止挡和剪切垫。

（3）采用"H"形焊接构架；枕梁端部设有安装孔用于与车体的连接，枕梁内腔同时可以充当附加气室。

（4）二系悬挂中空气弹簧为气囊加橡胶堆的形式，附加气室为枕梁内腔；构架和枕梁间设有横向止挡；减振器包括一个二系横向减振器、减振器包括两个二系横向减振器、两个二系垂向减振器、两个抗蛇行减振器，用于削减转向架到车体间的振动传递、拟制蛇行运动。采用"Z"形牵引拉杆装置传递纵向力。

（5）在头车和尾车的第一个转向架设有撒砂排障装置和轮缘润滑装置，在中间车转向架上设有撒砂装置。

（6）每个转向架上都设有蛇行失稳监控装置，用于实时监控转向架的横向蛇行运动，保证列车运营安全。

（7）转向架设有轴承温度传感器，用于实时监控轴箱轴承和齿轮箱轴承的温度。

2.7.2 CRH$_2$系列动车组转向架

CRH$_2$系列动车组转向架主要有CRH$_2$型（包括CRH$_{2A}$、CRH$_{2B}$、CRH$_{2E}$型及CRH$_{2C}$一阶段动车组）和CRH$_{380A}$型（包括CRH$_{2C}$二阶段和CRH$_{380A/380AL}$型动车组）两种技术平台类型。其中CRH$_{2A}$、CRH$_{2B}$、CRH$_{2E}$型动车组转向架型号为SKMB-200、SKTB-200，CRH$_{2C}$一阶段动车组转向架型号为SKMB-300、SKTB-300，CRH$_{2C}$二阶段动车组转向架型号为SWMB-350、SWTB-350，CRH$_{380A}$及CRH$_{380AL}$型动车组转向架型号为SWMB-400、SWTB-400。部分型号转向架组成如图2.45所示。

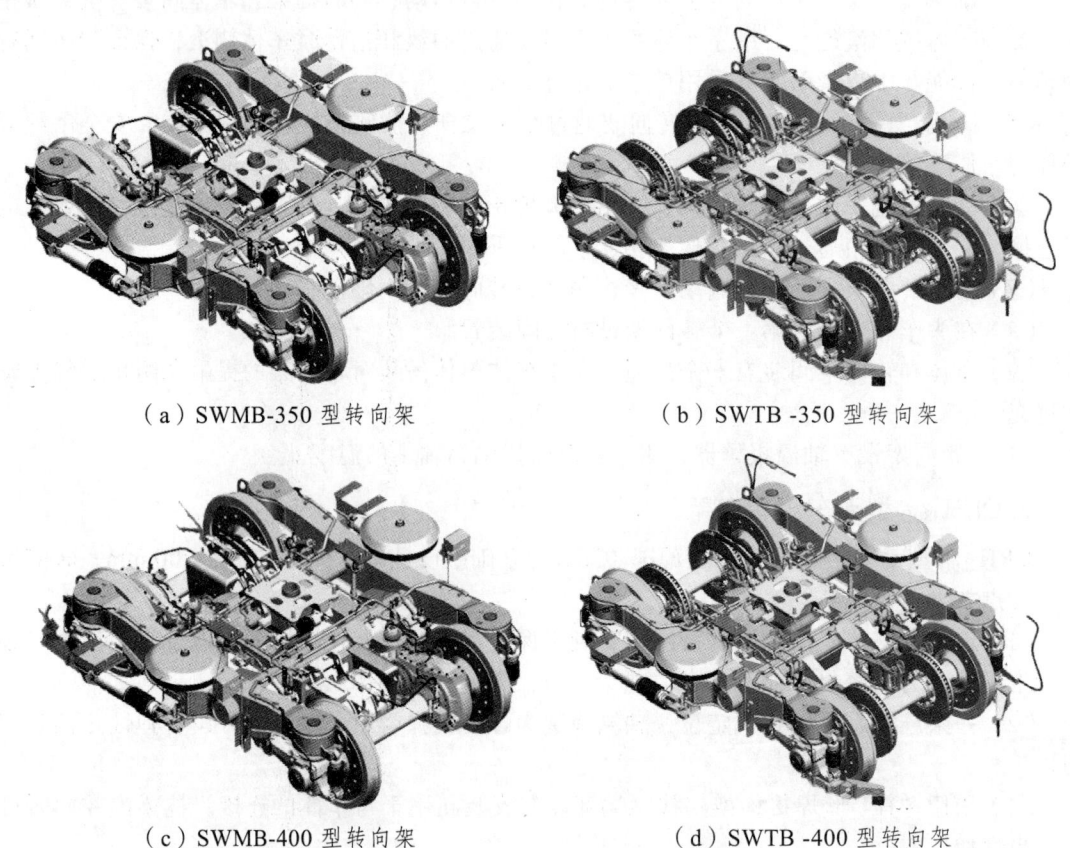

（a）SWMB-350型转向架　　　　（b）SWTB-350型转向架

（c）SWMB-400型转向架　　　　（d）SWTB-400型转向架

图2.45 CRH$_2$系列动车组转向架

1. CRH$_2$型动车组转向架

CRH$_2$型动车组转向架固定轴距2 500 mm，转向架结构特点如下：

（1）采用空心车轴，小轮径（ϕ860 mm）车轮，以减小簧下质量。

（2）一系悬挂采用转臂式轴箱定位方式，轴箱弹簧为双卷螺旋钢弹簧，轴箱与构架之间装有一系油压减振器。

（3）构架采用"H"形焊接构架。

（4）二系采用空气弹簧，构架设附加气室，减振器包括两个二系横向减振器、两个抗蛇行减振器，用于削减转向架到车体间的振动传递、拟制蛇行运动。采用单拉杆式牵引装置传递纵向力。

（5）电机采用架悬结构，小齿轮端通过挠性浮动齿式联轴节与电机连接。

（6）全部车轮装有轮盘制动盘；非动力转向架车轴上装有轴盘制动盘。

（7）利用踏面清扫装置改善轮轨间黏着状态。

2. CRH$_{380A}$型系列转向架

CRH$_{380A}$系列动车组转向架以CRH$_2$型系列动车组转向架为平台，根据速度的提升要求重点进行以下设计改进。

（1）非线性空气弹簧，增设抗侧滚扭杆装置。

（2）每侧设双抗蛇行减振器。

（3）头、尾车设半主动横向减振器。

（4）采用气动式制动夹钳和浮动式制动闸片，摩擦面安装铸钢制动盘，取消增压缸。

（5）设置转向架失稳监控装置。

（6）传动比2.379，带油量调节。

（7）采用欧系标准轮轴。

CRH$_2$/CRH$_{380A}$系列动车组转向架最大优点是中央悬挂装置结构简单，无联系枕梁。两种技术平台的动、拖转向架主结构基本一致，采用H形焊接构架，无摇枕支撑、空心车轴和铝合金齿轮箱结构，实现轻量化设计，提高动力学性能，降低对线路的冲击，适应国内既有线路条件。

2.7.3 CRH$_3$系列动车组转向架

CRH$_3$系列动车组转向架主要由CW300（D）型和CW400（D）型两种技术平台。其中CW300（D）型动车组转向架适用于CRH$_{3C}$型动车组，CW400（D）转向架适用于CRH$_{380B}$/CRH$_{380BL}$/CRH$_{380CL}$型动车组。CW300（D）型和CW400（D）型转向架如图2.46所示。

（a）CW300D动力转向架　　（b）CW300非动力转向架

（c）CW400D 动力转向架　　　　　　（d）CW400 非动力转向架

图 2.46　CRH$_3$ 系列动车组转向架

CW400（D）型转向架与 CW300（D）型转向架相比，增加了二系垂向油压减振器，优化了转向架悬挂参数，增大了转向架构架等结构强度；在轮对、轴箱、一系及二系悬挂装置、齿轮箱和牵引装置、制动装置等各部件的设计结构上均继承成熟的技术，确保了动车组的速度和承载要求，具有较高的运行品质。

CRH$_3$ 系列高速动车组转向架分动力转向架（简称 M）和非动力转向架（简称 T）两种基本类型。两种转向架不可互换，但其结构基本一致。各部件的主要结构形式和特点如下：

（1）采用 CW300（D）型和 CW400（D）型转向架的动车组为两点支撑，左右空簧由一个高度控制阀控制。

（2）车轴为空心结构，中空直径为 30 mm，车轴可以通过孔探针进行无损检测；车轮使用整体辗钢车轮，非动力车轮设计有降噪结构。

（3）轴箱单元采用自密封结构的圆锥滚子轴承，为了易于更换轮对，轴箱为分体式结构。

（4）一系悬挂采用转臂式轴箱定位方式，轴箱弹簧为双卷螺旋钢弹簧，装有垂向油压减振器，在螺旋钢弹簧下部设有适当厚度的橡胶垫。

（5）二系采用大曲囊式高柔性空气弹簧，附加气室在枕梁内；装有上置式抗侧滚扭杆、横向油压减振器和双抗蛇行减振器；采用 Z 形牵引拉杆装置传递纵向力。

（6）构架为 H 形焊接构架，由两根 U 形的侧梁和两根管状横梁组成，采用过渡元件实现侧梁与横梁的连接，以确保其连接强度和良好的工艺性。

（7）每台动力转向架斜对称布置两台牵引电机。两台牵引电机安装在钢板焊接的吊架上，电机吊架通过 4 个板弹簧与构架相连，从而实现了电机的柔性悬挂。齿轮箱采用铸铝箱体，有效降低簧下质量，齿轮箱通过 C 形支架与构架相连，C 形支架与小齿轮箱体之间上下都安装有层叠橡胶弹簧。牵引电机与齿轮箱之间通过齿形联轴器连接。

（8）动力转向架采用轮盘制动，制动夹钳安装在构架侧梁的制动吊座上。非动力转向架采用轴盘制动。

（9）头尾车转向架根据需要安装了排障器、轮缘润滑等相关设备。为了满足动车组头车流线型设计的要求以及动车组 ATP 天线相关设备的安装要求，头车转向架的构架和枕梁进行了适应性设计，转向架端部安装了天线梁组成用于安装 ATP 天线设备。

（10）轴端安装轴箱轴承温度传感器；齿轮箱处安装大小齿轮轴承温度传感器；构架安装蛇行失稳监控装置。

2.7.4 CRH₅型动车组转向架

CRH₅型动车组转向架主要技术平台为CW250（D）型，应用于CRH₅ₐ型动车组。转向架如图2.47所示。

CW250（D）型转向架，源于AISTOM公司的Pendolino摆式转向架，其中固定轴距为2 700 mm。转向架结构特点如下：

（1）采用空心车轴，轴孔直径为ϕ65，采用整体车轮，车轮踏面形式为XP55。

（2）一系悬挂采用成熟的双拉杆轴箱定位方式。轴箱弹簧为螺旋钢弹簧，装有垂向油压减振器。

（3）二系悬挂采用大柔度空气弹簧附加气室在连接枕梁内；采用两套抗侧滚扭杆装置，两套横向油压减振器和两套垂向油压减振器；采用Z形双拉杆牵引装置。

（4）构架为钢板焊接的H形箱型结构。

（5）驱动装置采用体悬式结构，由齿轮箱、万向轴、安全装置和牵引电机组成，牵引电机弹性悬挂在车体上。

（6）动、拖转向架均采用轴盘制动。

（7）每根动轴都有撒砂装置，头尾车转向架设轮缘润滑装置。

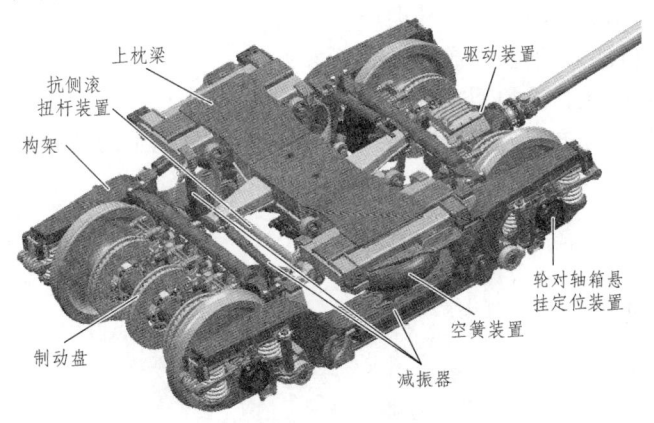

(a) CW250D 动力转向架

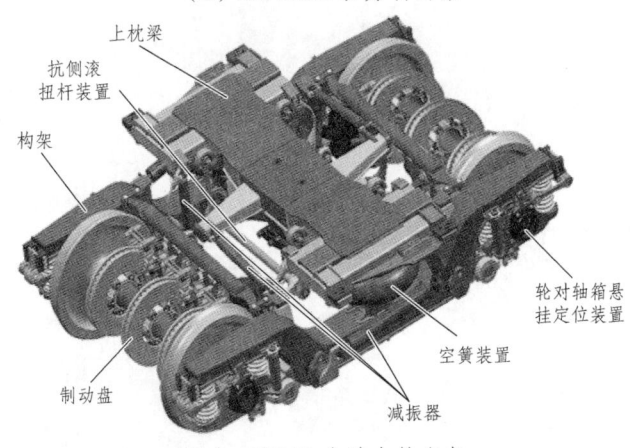

(b) CW250 非动力转向架

图2.47 CRH₅型动车组转向架

复习思考题

1. 简述转向架的组成及其作用。
2. 简述转向架三个方向力的传递路线。
3. 简述转向架的分类。
4. 简述车轴和车轮各部分的名称。
5. 车轮踏面有几种形式？它为什么具有一定斜度？
6. 简述轴箱的类型及组成。
7. 简述弹性悬挂装置的类型、作用及其组成，并举例说明。
8. 简述圆柱压缩螺旋弹簧的组成及其参数。
9. 简述空气弹簧系统的组成及其工作原理。
10. 简述扭杆弹簧的组成及其工作原理。
11. 简述车辆上常见的减振器的类型，油压减振器的作用、组成及其工作原理。
12. 简述构架的类型及其组成。
13. 简述制动系统的组成及其作用。
14. 简述基础制动装置的组成及其类型。
15. 简述驱动装置的原理及组成。
16. 简述电机悬挂装置的类型及特点。
17. 按照转向架3个方向力的传递路线，比较分析3种以上的转向架（$CRH_{1、2、3、5}$，CRH_{380}系列和标准动车组转向架）的结构特点。

Part 3 动车组车体结构及设备布置

3.1 动车组车体结构

3.1.1 概 述

车辆供旅客乘坐的部分称为车体，它既是整个动车组的支撑骨架，又是各种设备的安装基础，同时还必须为广大旅客提供安全、舒适的乘坐空间。

动车组车体分为带司机室车体和不带司机室车体两种。

为了满足高速列车的运行要求，动车组车体的设计不同于我国现行通常的客车设计。动车组车体的设计应该在满足铁路限界的条件下，具有良好的空气动力学性能，具有轻量化的车体结构，很好的密封性能以及安全可靠的使用寿命。

1. 车体的用途

车体的用途主要表现在以下方面：

（1）用来安装各种电气设备和机械设备，并保护车体内各种设备不受雨、雪、风沙的侵袭。

（2）是供旅客乘坐场所和乘务人员操纵、维修、保养机车的场所。

（3）承受垂向力：承受车体内各种设备的重力，并经支承装置传给转向架以至钢轨。

（4）传递纵向力：接受转向架传来的牵引力、制动力，并传给设在车体两端的牵引缓冲装置，以便牵引列车运行或实行制动。

（5）传递横向力：在运行时，车辆要承受各种横向力的作用，如离心力、风力等。

2. 动车组车体的构造要求

（1）车体轻量化：设计寿命20年以上，轻型材料，合理的结构，恰当的工艺。

（2）完好的空气动力学外形：头尾部细长流线型，裙板平滑过渡，受电弓具有良好的空气动力学性能。

（3）严格的气密性要求：连续焊缝，气密风挡。

（4）严格的防火要求：耐火材料，防火设备。

3. 车体类型

1) **按车体材质分**

车体按材料不同可分为耐候钢车体、不锈钢车体和铝合金车体3种。

普通碳素钢车体使用中腐蚀十分严重，为了提高车体的耐腐蚀性，延长车体的使用寿命，现在应用较多的是含铜或含镍铬等合金元素的耐腐蚀的低合金钢材料（或称耐候钢）。

2）按车体承载方式分

根据车体承载情况，可以分为 3 类不同的承载结构：

（1）底架承载式车体。这种车体，侧墙和车顶均不参与承载，所有载荷均由车体底架承担，因此底架必须保证足够的强度和刚度，因而底架较为笨重，其侧墙结构轻便，与底架进行简单的连接，甚至可以拆卸，不参与承载。

（2）侧墙和底架共同承载式车体。这种车体，侧墙用型钢或钢板压型件焊成骨架，外面包以较厚的钢板，与车体底架牢固地焊成一个整体，共同承担设备的重力及其他载荷。

（3）整体承载式车体。在板梁式侧墙和端墙上固接由金属板、梁组焊而成的车顶，使车体的底架、侧墙、端墙、车顶连接成一个整体，成为开口或闭口箱形结构，此时车体各部分结构均参与承受载荷，因而称这种结构为整体承载结构。

3.1.2 动车组车体组成

动车组车体钢结构一般由底架、侧墙、车顶、前端墙（或车头）、后端墙以及波纹地板或空心型材加强的地板构成一个带门窗切口的薄壁筒形整体承载结构，如图 3.1 和 3.2 所示。

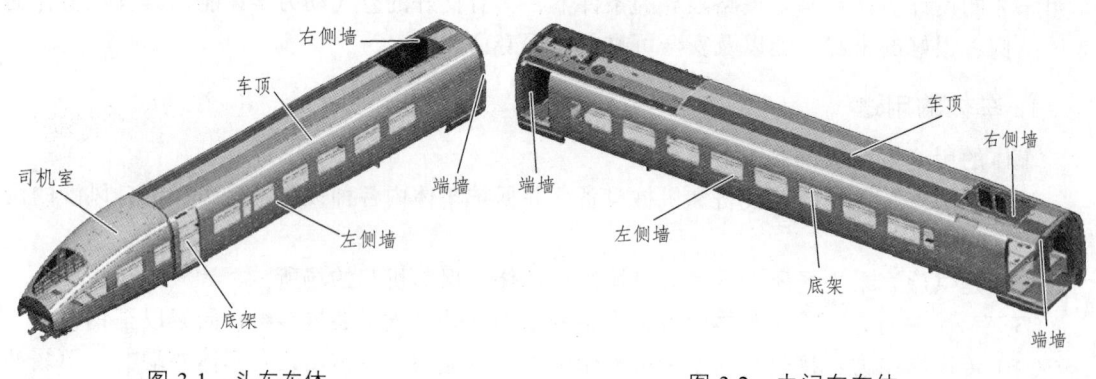

图 3.1 头车车体　　　　　　　　图 3.2 中间车车体

3.2 车体相关技术

3.2.1 车体的轻量化技术

概括来说，动车组车辆车体结构轻量化的意义主要包括以下 4 个方面：

（1）车辆自重减轻可以降低运行阻力，节省牵引和制动动力（能量）。

（2）可减小对轨道的压力，从而减少车轮和轨道的磨耗。

（3）降低车辆和线路的维护保养费用。

（4）直接减少车辆材料的消耗。

动车组车辆车体结构轻量化采取的措施主要有两个：采用不锈钢材料和采用铝合金材料。

1. 采用不锈钢材料

采用半不锈钢（包板为不锈钢，骨架为普通碳素钢）或全不锈钢车体，免除了车体内壁涂敷防腐涂料和表面油漆，在保证强度、刚度的前提下，板厚可减小，从而达到车体薄壁化和轻量化的目的。一般不锈钢车体自重比普通碳素钢车体可减轻 1~2 t（约 10%~20%）。

2. 采用铝合金材料

由于铝合金的密度仅为钢的 1/3，而弹性模量也为钢的 1/3，因此，为了充分发挥材料的承载能力，铝制和钢制车体在结构形式上有很大的差异。在铝制车体结构设计中，车体主要承载构件一般采用大型中空宽幅挤压型材，以提高构件的刚度，充分发挥材料的承载能力，达到最大限度地减轻车体自重。

如果全车的底架、侧墙和车顶均采用大型中空截面的挤压铝型材拼焊，则与钢制车体相比，其焊接工作量可减少 40%~60%，且制造工艺大为简化，质量也可减少 3~5 t。同时，可保证车体承载结构在使用期内（25~30 年）不必维修或少维修。

3. 碳素钢、不锈钢和铝合金材料车体的重量和费用等比较

据国外资料报道，车体承载结构分别采用含铜耐腐蚀碳素钢、不锈钢和挤压铝合金型材制造时，其质量、材料价格、制作费用及车体承载结构的总费用比较列于表 3.1 中，该表是法国国铁使用这 3 种材料制造车体的实际价格比较。

表 3.1　几种不同材料制造的车体之比较

车体材料	单位重量车体价格（P）	车体承载结构重量（m）	车体结构材料费用（$Q=P \times m$）	制造费用（C）	车体完成总费用（G）
AC52 含铜钢	1	1	0.09（1）	0.91（1）	1
18.8Cr 不锈钢 + AC52 含铜钢（两者之比为 6:4）	4.8	0.85	0.25（2.78）	0.80（0.88）	1.05
AGS 铝合金 6005A 大型挤压型材	8.2	0.65	0.48（5.33）	0.52（0.57）	1

三者对比，挤压铝合金型材车体质量最小，仅为钢制车体的 65%，制造费用也是三者中最低的。虽然所用材料的费用较贵，但车体结构的总费用与钢制车体持平，且略低于不锈钢车体所需的费用。

如果再考虑到车体自重减轻所带来的运营费用的降低以及维修费用的节约，则铝合金车体的经济效益就更为显著。

为了进一步对采用不同材料的车体质量有一个更直观的认识，将日本新干线动车组车体结构所采用的材料及其质量列于表 3.2。

表 3.2　日本新干线动车组车体结构所采用的材料及其质量

动车组型号	车体结构材质	车体结构质量/t
0 系	耐候钢（SPA）	10.5
100 系	耐候钢（SPA）	10.3
200 系	铝合金	7.5
300 系	铝合金（大型挤压型材——单壳结构）	6
E2-1000 系	铝合金（大型中空挤压型材——双壳结构）	7.2

3.2.2　车体的流线型技术

高速列车车体流线型主要包括两个方面的内容：车头头型和车身的外形。它们都与高速列车的空气动力学密不可分。本节就从最基本的列车空气动力学出发，来探讨车体流线型问题。

1. 列车空气动力学

随着列车运行速度的提高，周围空气的动力作用一方面对列车运行性能产生影响。同时，列车高速运行引起的气动现象对周围环境也产生影响，这就是高速列车的空气动力学问题。

1）动车组运行中列车的表面压力

从风洞试验结果来看，列车表面压力可以分为 3 个区域：

（1）头车鼻尖部位正对来流方向为正压区。

（2）车头部附近的高负压区：从鼻尖向上及向两侧，正压逐渐减小变为负压，到接近与车身连接处的顶部与侧面，负压达最大值。

（3）头车车身、拖车和尾车车身为低负压区。

因此，在动车（头车）上布置空调装置及冷却系统进风口时，应布置在靠近鼻尖的区域内，此处正压较大，进风容易；而排风口则应布置在负压较大的顶部与侧面。

在有侧向风作用下，列车表面压力分布会发生很大变化，尤其对车顶小圆弧部位表面压力的影响最大。当列车在曲线上运行又遇到强侧风时，还会影响到列车的倾覆安全性。

2）动车组会车时列车的表面压力

两列车交会时产生的最大压力脉动值的大小是评价列车气动外形优劣的一项指标。

在一列车与另一静止不动的列车会车时，以及两列等速或不等速相对运行的列车会车时，将在静止列车和两列相对运行列车一侧的侧墙上引起压力波（压力脉冲）。

这是由于相对运动的列车车头对空气的挤压作用产生空气压力波，该压力波在与之交会的另一列车侧壁上掠过，使列车间侧壁上的空气压力产生很大的波动。

试验研究和计算表明，动车组会车压力波幅值大小与下列因素有关：

（1）随着会车速度的大幅度提高，会车压力波的强度将急剧增大。

（2）会车压力波幅值随着头部长细比的增大而近似线性地显著减小。为了有效地减小动车组会车引起的压力波的强度，应将动车（车头）的头部设计成细长而且呈流线型。

（3）会车压力波幅值随会车动车组侧墙间距增大而显著减小。为了减少会车压力波及其影响，应适当增大铁路的线间距。

我国《铁路主要技术政策》中规定：最高运行速度为 160 km/h 时，线间距应不小于 4.2 m；最高运行速度为 200 km/h 时，线间距应不小于 4.4 m；最高运行速度为 250 km/h 时，线间距应不小于 4.6 m；最高运行速度为 300 km/h 时，线间距应不小于 4.8 m；最高运行速度为 350 km/h 时，线间距应不小于 5.0 m。

（4）会车压力波幅值随会车长度增大而近似呈线性地明显增大。

（5）会车压力波幅值随侧墙高度增大明显减小，但减小的幅度随侧墙高度增大而逐渐减小。

高、中速列车会车时，中速车的压力波幅值远大于高速车（一般高 1.8 倍以上），这是由于会车压力波的主要影响因素是通过列车的速度。在高、中速列车会车时，中速车压力波主要受通过的高速车速度的影响，高速车压力波主要受通过的中速车速度的影响，所以中速车上的压力波幅值远大于高速车。

3）动车组通过隧道时列车的表面压力

列车在隧道中运行时，将引起隧道内空气压力急剧波动，因此列车表面上各处的压力也快速大幅度变动，完全不同于在明线上的表面压力分布。

试验研究表明，压力幅值的变动与列车速度、列车长度、堵塞系数（列车横截面积与隧道横截面积的比值）、长细比，以及列车侧面和隧道侧面的摩擦系数等因素有关，其中堵塞系数和列车速度影响最大。

国外有的研究报告指出：

（1）单列车进入隧道的压力变化大约与列车速度的平方成正比，与堵塞系数的（1.3 ± 0.25）次方成正比。

（2）两列车在隧道内高速会车时车体所受到的压力变化更为严重，此时压力变化与堵塞系数的（2.16 ± 0.06）次方成正比。并且两列车进入隧道的时差对压力变化也有很大的影响，当形成波形叠加时将引起很高的压力幅值和变化率，此时车体表面的瞬时压力可在正负数千帕斯卡之间变化。

4）列车风

当列车高速行驶时，在线路附近产生空气运动，这就是列车风。当列车以 200 km/h 速度行驶时，根据测量，在轨面以上 0.814 m、距列车 1.75 m 处的空气运动速度将达到 17 m/s（61.2 km/h），这是人站立不动能够承受的风速。当列车以这样或更高的速度通过车站时，列车风将给铁路工作人员和旅客带来危害。

高速列车通过隧道时，在隧道中所引起的纵向气流速度约与列车速度成正比。在隧道中列车风将使得道旁的工人失去平衡，并有可能将固定不牢的设备等吹落在隧道中，这都是一些潜在的危险。

国外有些铁路规定，在列车速度高于 160 km/h 行驶时不允许铁路员工进入隧道。列车速度稍低时，也不让员工在隧道中行走和工作，必须要在避车洞内等待列车通过。

当然，列车风的大小也与列车的头部形状有很大关系。

5）列车空气动力学的力和力矩

如图 3.3 所示，作用于车辆上的空气动力学的力和力矩有空气阻力、上升力、横向力，以及纵向摆动力矩、扭摆力矩和侧滚力矩。

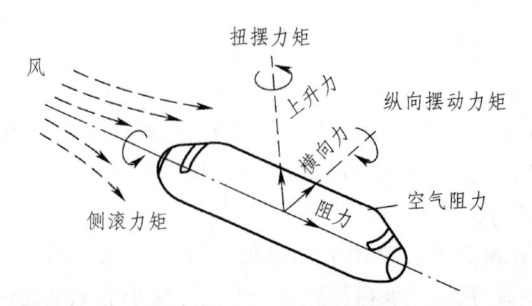

图3.3 作用于车辆上的空气动力学的力和力矩

（1）空气阻力。

减少动车组的空气阻力对于实现高速运行和节能都有重要意义，因此，需要对车体外形进行最优化设计，以便最大可能地降低空气阻力。

动车组的运行阻力主要由空气阻力和机械阻力（即轮轨摩擦阻力、轴承等滚动部件的摩擦阻力等）组成。

空气阻力可以简略地用式（3.1）表示。

$$R = \frac{1}{2}\rho C_x v^2 A \tag{3.1}$$

式中　C_x——空气阻力系数；

ρ——空气密度；

v——列车运行速度；

A——列车横截面面积。

空气阻力主要由以下3个部分组成：

① 压差阻力：头部及尾部压力差所引起的阻力。

② 摩擦阻力：由于空气的黏性而引起的、作用于车体表面的剪切应力造成的阻力。

③ 干扰阻力：车辆的突出物（如手柄、门窗、转向架、车体底架、悬挂设备、车顶设备，以及车辆之间的连接风挡等）所引起的阻力。

研究表明，空气阻力与速度的平方成正比，机械阻力则与速度成正比。当速度为100 km/h时，空气阻力和机械阻力各占一半；速度提高到200 km/h时，空气阻力占70%，机械阻力只占30%；以250 km/h速度平稳运行时，空气阻力约占列车总阻力的80%～90%以上。

法国对TGV动车的空气阻力（R）的测试结果：

v=100 km/h时，R=5.526 kN；v=200 km/h时，R=15.25kN。

这说明，当速度提高1倍时，空气阻力（R）提高约2倍。

（2）升力。

把动车组表面的局部压力高于周围空气压力的称为正，局部压力低于周围空气压力的称为负。作为一个整体，车辆是受正的（向上的）升力还是受负的（向下的）升力，取决于车辆所有截面的表面压力累加结果是正还是负。

升力也与列车速度的平方成正比。正升力将使轮轨的接触压力减小，因此将对列车的牵引和动力学性能产生重要影响。

（3）横向力。

动车组运行中遇到横向风时，车辆将受到横向力和力矩的作用，当风载荷达到一定程度时，横向力及其侧滚力矩、扭摆力矩将影响车辆的倾覆安全性。

侧向阻力可以简略地用式（3.2）表示。

$$D = \frac{1}{2}\rho C_D v^2 A \tag{3.2}$$

式中　C_D——侧面阻力系数；
　　　ρ——空气密度；
　　　v——列车速度；
　　　A——列车侧面投影面积。

就车辆形状而言，车顶越有棱角，其阻力越大。

风洞试验研究表明，最佳的车体横断面形状应当是车体侧面平坦，且上下渐内倾（可以降低升力），顶部稍圆，车顶与车体侧面拐角处完全修圆（可以降低力矩）。

2. 动车组头型设计

对于高速动车组来说，列车头型设计非常重要，好的头型设计可以有效地减少运行空气阻力和列车交会压力波，解决好运行稳定性等问题。

1）头型设计的基本要求

（1）阻力系数。

一些高速铁路发展比较早的国家，通过试验研究和理论计算，明确提出了各自的列车阻力系数指标。

在《德国联邦铁路城间特快列车 ICE 技术任务书》中规定：列车前端的驱动头车空气阻力系数 C=0.17；列车末端的驱动头车空气阻力系数 C=0.19。

（2）头型系数（长细比）。

长细比，即车头前端鼻形部位长度与车头后部车身断面半径之比。

头、尾车阻力系数与流线化头部长细比直接有关，高速列车头部的长细比一般要求达到 3 左右或者更大，见表 3.3。

表 3.3　列车阻力系数与流线化头部长细比的关系

类型	图例	头部长度/m
0 系	0系	4.4
100 系	100系	5.5
300 系	300系	6.0
700 系	700系	9.2

2）动车组头部流线化设计

头部纵向对称面上的外形轮廓线，要满足司机室净空高、前窗几何尺寸、玻璃形状，以及瞭望等条件。在此基础上，尽可能降低该轮廓线的垂向高度，使头部趋于扁平，这样可以减小压力冲击波，并改善尾部涡流影响。同时，将端部鼻锥部分设计成椭圆形状，可以减少列车运行时的空气阻力。

在设计俯视图最大轮廓线形时，首先要满足司机室的宽度要求，然后再将鼻锥部分设计为带锥度的椭圆形状。这样既有利于形成减小列车交会压力波和改善尾部涡流影响的梭形，又兼顾到有利于降低空气阻力的椭球面形状。

此外还应设计凹槽形的导流板，将气流引向车头两侧。

在主型线设计完成后，还要做到头部外形与车身外形严格相切。头部外形中，任意选取的两曲面之间也要严格相切，以保证头部外形的光滑性，这样既可减少空气阻力，又可以降低列车交会压力波幅值。

3. 动车组车身外形设计

动车组车身横断面形状设计有以下特点：

（1）整个车身断面呈鼓形，即车顶为圆弧形，侧墙下部向内倾斜（5°左右）并以圆弧过渡到底架，侧墙上部向内倾斜（3°左右）并以圆弧过渡到车顶。

（2）车辆底部形状对空气阻力的影响很大，为了避免地板下部设备的外露，采用与车身横断面形状相吻合的裙板遮住车下设备，以减少空气阻力，也可防止高速运行带来的沙石击打车下设备。

（3）车体表面光滑平整，尽量减少突出物，如侧门采用塞拉式，扶手为内置式，脚蹬做成翻板式，使侧门关闭时可以包住它。

（4）两车辆连接处采用橡胶大风挡，与车身保持平齐，避免形成空气涡流。

（5）在满足乘客乘坐舒适性对车内空间要求的情况下，尽可能地减小车身横断面尺寸。

3.2.3 车体的密封隔声技术

1. 车体的密封技术

1）压力波对旅客舒适性的影响

国外高速列车的运用实践表明，没有交会列车时，头、尾车外面的气流压力变化为头部受 2.5 kPa 左右的正压、尾部受 2.0 kPa 左右的负压。

有交会列车时，特别是在隧道内会车时，车外气流压力会大幅度变化，对进入隧道列车的气流测定结果：速度 200 km/h 时，头部正压为 3.2 kPa，尾部负压为 4.9 kPa；速度为 280 km/h 时，头部正压为 3.9 kPa，尾部负压为 5.5 kPa。

车外压力的波动会反映到车厢内，使旅客感到不舒服，轻者压迫耳膜，重则头晕恶心，甚至造成耳膜破裂。许多国家先后在压力波对旅客舒适性的影响方面进行了研究。

空气压力变化的绝对值对旅客舒适度的影响见表 3.4。人体（即人耳）可忍受的空气压力变化值大约为 2 kPa，超过 3 kPa 时，大多数乘客的耳朵将明显感受到不舒服，甚至有个别旅客将感到恶心。而以速度 200 km/h 通过隧道的高速列车的车外气压变化的绝对值刚好达到这一数值（约 3 kPa）。

表 3.4　压力变化对旅客舒适性的影响

压力变化/kPa	生理学现象
2	可忍受
3	开始不舒适的平均
4	非常不舒服
5	不舒服的上限，开始有耳痛
8	很痛
>9	强烈疼痛
>13	耳膜可能有破裂
>23	几乎肯定耳膜有破裂

当然，空气压力变化的绝对值并不是影响旅客舒适度的唯一因素。空气压力的变化率，即单位时间内的气压变化值，也是影响旅客舒适度的重要因素。

因此，高速列车（特别是运行速度超过 200 km/h 的高速列车）必须采用密封式车体结构，以防止乘客出现耳鸣现象。

2）车体的气密性要求

为了对高速列车的密封性能进行评价，各国都提出了具体的规定。日本高速列车密封试验，要求将车体所有开启部位堵塞，车内压力由 4 000 Pa 降至 1 000 Pa 的时间必须大于 50 s。

欧洲等国的高速列车曾采用压力从 4 000 Pa 降至 1 000 Pa 的时间大于 50 s（车辆通过台和空调设备关闭）的标准。

现在，德国、意大利等国家采用压力从 3 600 Pa 降至 1 350 Pa 的时间大于 18 s（车辆通过台和空调设备关闭）的标准。

我国在《200 km/h 及以上速度级列车密封设计及试验鉴定暂行规定》中要求：

整车落成后的密封性能试验，要求达到车内压力从 3 600 Pa 降至 1 350 Pa 的时间大于 18 s；

车体结构的密封性能要求压力从 3 600 Pa 降至 1 350 Pa 的时间须大于 36 s；

组成后的车窗、车门、风挡应能在±4 000 Pa 的气动载荷作用下保持良好的密封性。

3）气密处理的方法

高速车辆的车体结构中，应该采取密封处理的部位必须使用全面连续焊接，使其能够承受由压力变动而形成的、作用在列车车体表面上的交变应力。具体需要处理的部位包括固定部、可动部、排水部和换气部，各部位气密处理的方法见表 3.5。

表 3.5　高速列车各部位气密处理的方法

部位	气密处理方法
固定部	外墙板：连续焊接
	玻璃：密封材料、填充材料
可动部	拉门：固定形状的橡胶
	开门：膨胀性密封橡胶
	旋转轴：机械密封
排水部	盥洗室：防水装置
换气部	由高压鼓风机连续给排气

4）高速列车速度和气密耐压的关系

高速列车车体表面压力变动的大小，由列车的速度、车辆的截面积、通过的隧道截面积等决定。根据多年的运用实践，日本的高速列车采用表 3.6 所列的车体气密耐压值。

表 3.6　日本高速列车速度和气密耐压的关系

项　　目	100 系	E1 系（MAX）	300 系（希望号）
营业最高速度/（km/h）	230	240	270
气密耐压/kPa	550	550	750
隧道、车体断面积比	1.10	1	1.25

目前，做气密性试验主要是通过往车内加压，然后测试车体保压的时间来确定车体的气密性质量，如果车体的气密性不能够满足用户的需要，就要通过往车内填充气雾，然后观察车体的泄漏部位，最后对发生泄漏的部位进行修补，直至满足需求。

2. 车体隔声降噪技术

列车在高速运行时。将产生很大的噪声，随着列车速度的增加，其声压级别和响度逐渐增大。列车噪声可分为固有噪声和外在噪声。固有噪声是长期存在的，如轮轨噪声、受电弓与电网气流的摩擦声、气体与车体的摩擦噪声等。外在噪声主要由于列车进出隧道产生的压缩波及反射波产生的。

为实现隔声降噪，动车组主要采取如下措施：

（1）车体外形设计呈流线型；车顶上部增加导流罩，下部设有设备舱，使车体表面平整、光滑，降低空气动力噪声。

（2）车体承载结构采用车体全长的大型中空铝合金型材焊接而成的筒型整体承载结构，使得车体具有很好的防振、隔声效果。

（3）地板采用弹性连接，降低固体声传播；各种顶板、墙板等安装接口部位粘贴减振材料。

（4）车体内表面及车下喷涂阻尼浆进行隔音、减振。

（5）车辆间采用气密式折棚风挡或橡胶风挡。

（6）提高门窗的隔音性能。

（7）提高车体气密性，降低空气声音的传播。

3.2.4 防火技术

运行中的列车，特别是高速列车，一旦发生火灾其后果不堪设想。为此，国内外在设计、制造高速列车时，都严格遵循有关标准，研究高速列车的防火技术。

1. 防火系统设计原则

1）系统集成

防火措施按区域配套，通过列车网络构成防火系统的集成响应、信号传递和信号显示。

2）预防为主

所有材料和器件的选用以防止发生火燃或防止火种蔓延为主要要求，将火情发生因素压到最低程度，达到预防火灾的要求。

3）应急对策

一旦火灾发生，按照严格的分级应急对策，将火灾限制在区域内，限制在低等级火警之下。

4）以人为本

一切应急对策均"以人为本"，防止措施的最终手段要以实现旅客的安全转移为目的。

2. 防火结构设计

1）选用耐火材料

（1）车辆使用的耐火材料，主要指阻燃、低烟、低毒高分子材料和耐火涂料。如英国和法国规定，通过海峡隧道区间列车的内装饰和包覆材料，必须采用阻燃无毒的酚醛纤维增强塑料（FRP）。国内目前也在大力开发车辆上使用的酚醛玻璃钢材料，用来制造车内设备、装饰板、通风管道等。国外车辆为了提高窗帘隔热和耐火程度，采用聚酯纤维上喷镀不锈钢或采用玻璃纤维做基底的纺织窗帘布。

（2）根据车型和部位不同选择不同等级的防火、防烟毒材料。例如，法国 TGV 高速列车车体材料的防火、防烟毒等级远高于 200 km/h 的 VTU、VU 系列车；车顶部位的防火等级高于侧墙和地板。

（3）卧车包间的隔墙全部采用防火板包敷，隔墙添加阻燃材料；采用阻燃风挡。在两头端门关闭时保证 10 min 内不致火灾蔓延至邻车。

2）安全措施

车门有自动和手动开关功能，失火时能安全疏散旅客；车窗上设有应急手柄和备有应急手锤，平时手锤封在盒内，火警时操纵应急手柄打开车窗或用手锤把窗玻璃击碎。

3. 火灾预测和灭火装置设计

1）设置烟雾探测及失火报警装置

烟雾报警器在明火火灾发生前做出预警，并与地面防火系统联动。

2) 设置手动报警器

在每个拖车车务室内设一个具有明显标志的失火警报按钮。

3) 设置灭火装置

在每节拖车、动车的明显处各设一个6 L便携式喷雾灭火器和一个6 kg干粉灭火器。

4. 火灾发生时的对策

1) 火警等级

失火警报信号可以自由手动或手动发出,自动分预警、报警和紧急报警三级,通过网络传递;手动报警为一级,通过连线传递。

2) 失火对策

按照预警、报警和紧急报警三级分别采取相应的处置措施,目标是将火灾限制在区域内,限制在低等级火警之下,最终要实现旅客的安全转移。

3.3 典型动车组的车体承载结构

3.3.1 CRH₁系列动车组

CRH₁系列动车组(包括CRH₁ₐ/CRH₁ᵦ/CRH₁ₑ)车体结构有Mc、Tp、M和Tb四种类型的车体,主要分为中间车车体和头车车体两种。车体承载结构设计制造为一个在整个长度上的开放的不锈钢筒状壳体。车体主要材料为不锈钢。头车车体结构如图3.4所示。

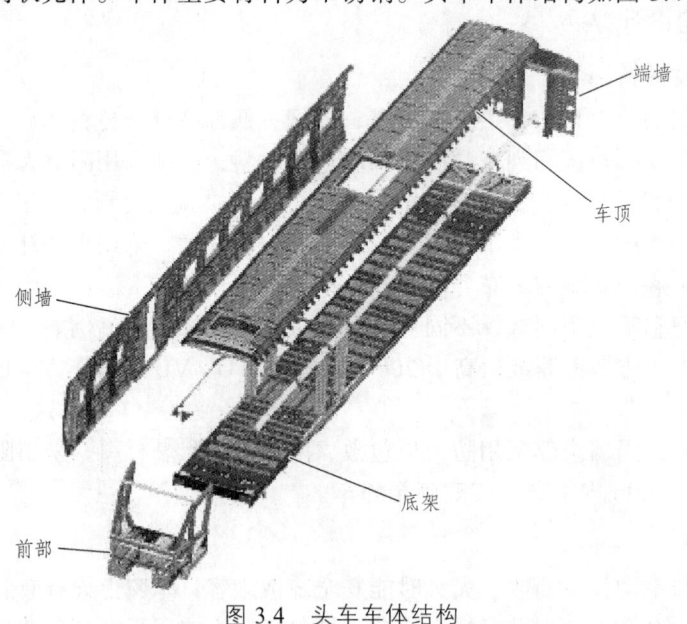

图 3.4 头车车体结构

1. 结构组成

1) 底 架

底架由牵引梁、枕梁、横梁、两个纵向的边梁和波纹地板组成,其下部适于安装底架设备，如图 3.5 所示。

枕梁和波纹地板通过 Z 形横梁相连，波纹底板通过点焊焊接在横梁的下缘上。枕梁主要由低合金高抗拉强度钢制成，再通过电弧焊焊接在底架边梁上。枕梁上装有不同的支座，以安装车体和转向架之间的连接和减振装置。牵引梁上焊接车钩安装板，将车钩承受的载荷传递到枕梁和边梁上。

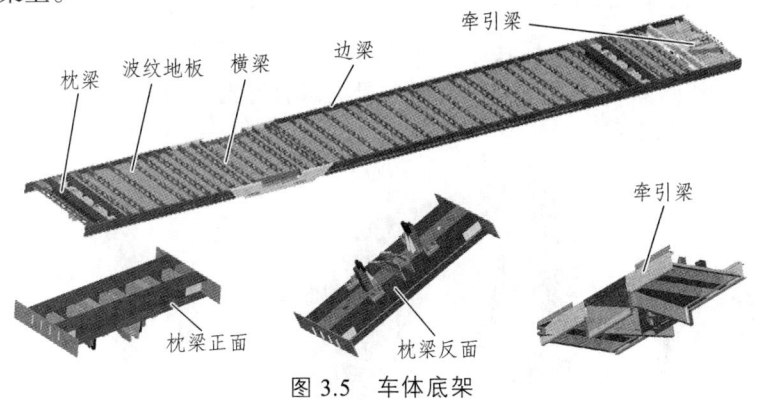

图 3.5 车体底架

2）侧 墙

如图 3.6 所示，侧墙主要由侧柱、纵向梁、墙板和门立柱组成。侧柱、纵向梁和门立柱通过点焊与侧墙板连接。侧墙上有开口，用于固定车窗、车门柱、车门安装托架。

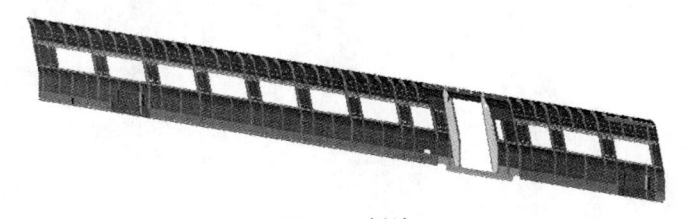

图 3.6 侧墙

3）车 顶

车顶由车顶弯梁和波纹板组成，二者之间采用点焊连接。受电弓车车顶设置有一个平顶，用来安装高压设备和受电弓。所有车辆的车顶都设有供客室采暖通风的空调设备。车顶结构如图 3.7 所示。钢结构车顶与车顶防寒、车顶风道、顶板、布线等组成一个模块，整体与侧墙和端墙焊接。

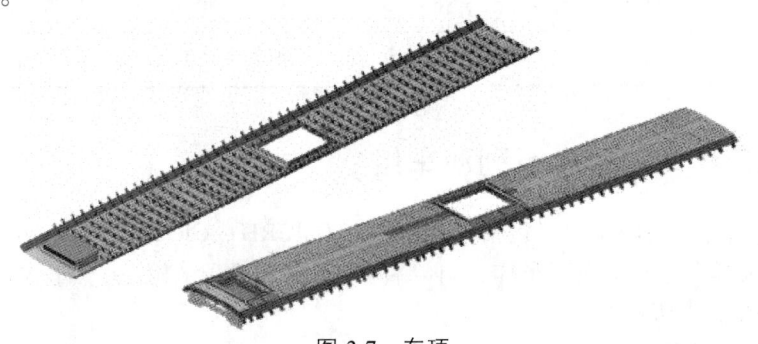

图 3.7 车顶

4）端　墙

端墙由不锈钢制成,由墙板、两个门立柱、两个端部立柱和横梁组成,如图 3.8 所示。墙板为带压筋结构,通过点焊与门立柱和端立柱焊接在一起。

5）司机室框架结构

司机室框架结构采用碳钢材料焊接而成,构成一个能量吸收结构,有足够的变形特性,司机室结构与车体之间采用铆钉连接。前部结构用来安装车钩和碰撞能量吸收器。底架前部含有排障器,用来清除障碍物。整个司机室框架结构通过支架与玻璃钢司机室外壳连接。司机室框架结构如图 3.9 所示。

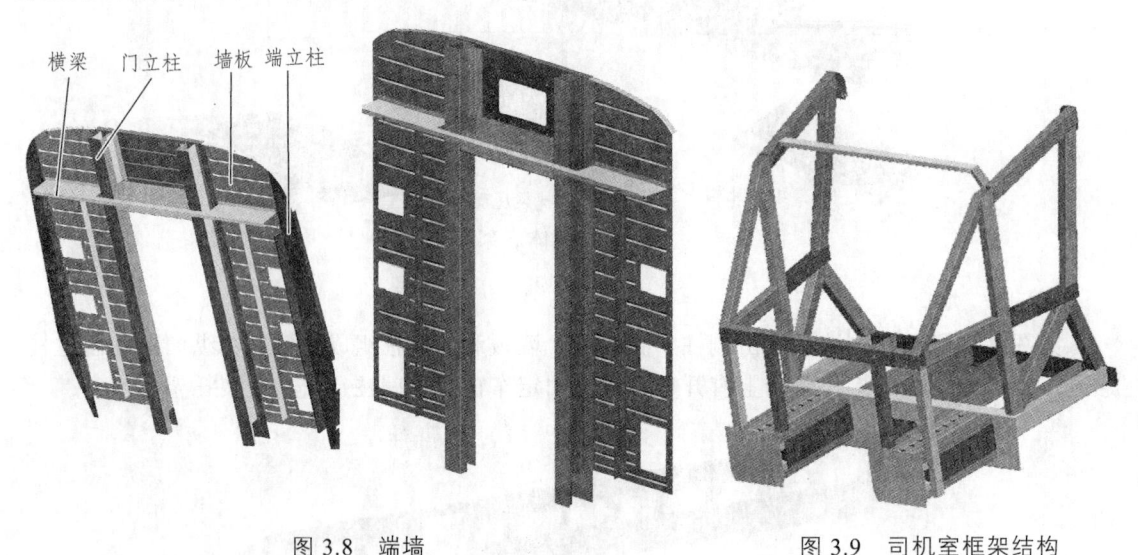

图 3.8　端墙

图 3.9　司机室框架结构

2. 主要技术参数

车体主要技术参数见表 3.7。

表 3.7　车体主要技术参数

中间车长度（车钩连接面间）/mm	26 600	车体宽度/mm	3 330
中间车车体长度/mm	25 800	车顶距轨面高度/mm	4 040
头车车体长度/mm	25 865	头车自动车钩中线距轨面高度/mm	880
转向架中心距/mm	18 800	半永久车钩中心线距轨面高度/mm	940

3.3.2　CRH$_2$/CRH$_{380A}$ 系列动车组

CRH$_2$/CRH$_{380A}$ 系列动车组（包括 CRH$_{2A}$/CRH$_{2B}$/CRH$_{2C}$/CRH$_{2E}$/CRH$_{380A}$/CRH$_{380AL}$）车体结构主要分为头车车体和中间车车体,车体结构为铝合金双壳结构。头车车体如图 3.10 所示,中间车车体如图 3.11 所示。

图 3.10　头车车体

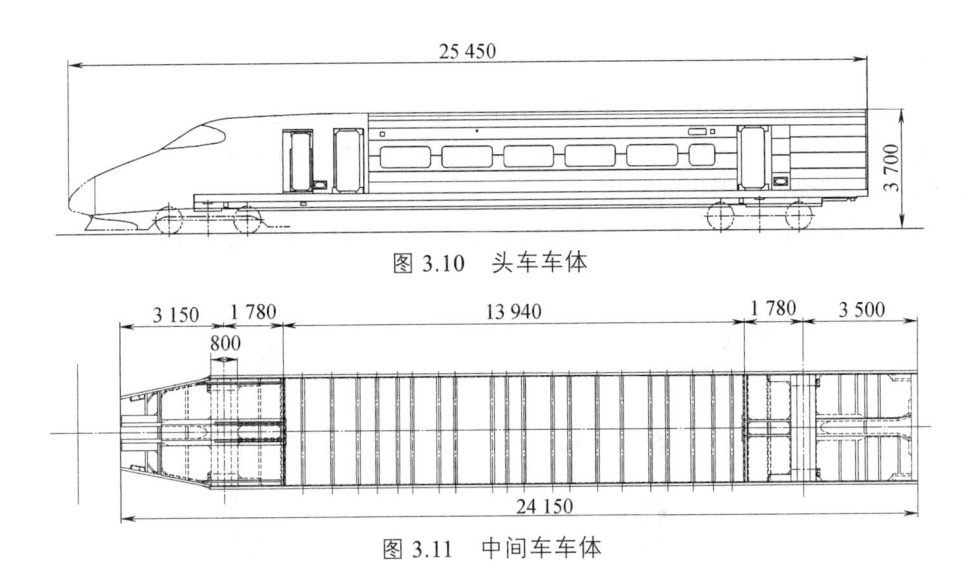

图 3.11　中间车车体

1. 结构组成

1）底　架

底架分为头车底架和中间车底架。头车底架由车身底架和头车底架两部分组成，头车底架如图 3.12 所示。中间车底架只有车身底架，如图 3.13 所示。

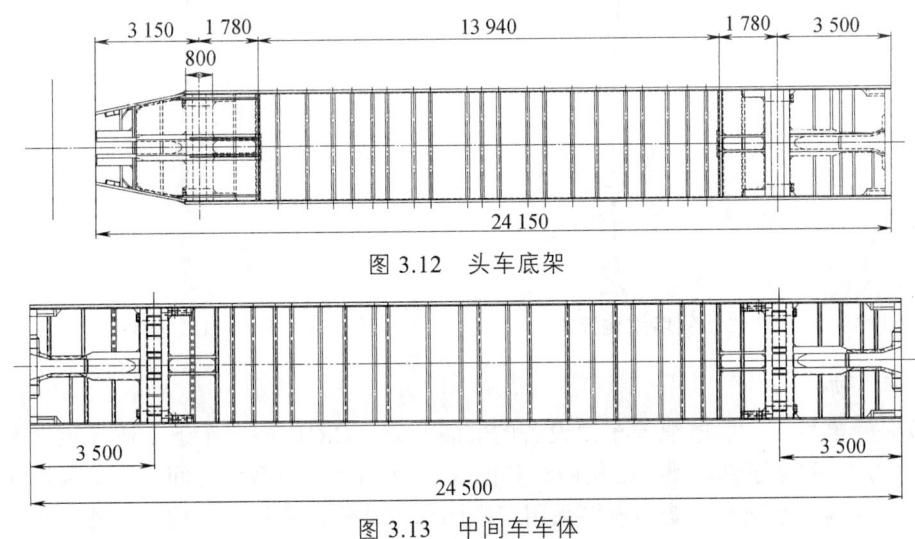

图 3.12　头车底架

图 3.13　中间车车体

车体底架包括牵引梁、枕梁、侧梁（边梁）、端梁、横梁和波纹地板等组成。侧梁采用通长铝合金挤压型材拼焊而成。

底架波纹地板是由通长的挤压铝合金型材自动焊接而成，为了增强地板的纵向强度，在纵向设置了加强筋结构。地板截面如图 3.14 所示。

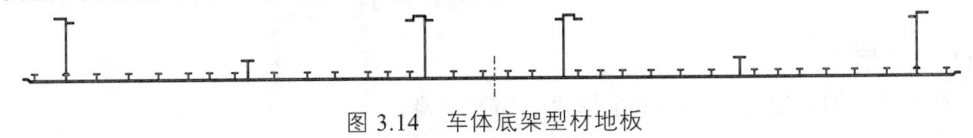

图 3.14　车体底架型材地板

2) 侧　　墙

侧墙采用大型中空挤压型材，结构断面如图 3.15 所示。型材在车体长度方向上采用连续焊接，侧墙和车顶的连接采用车内侧、车外侧连续焊接，侧墙和底架边梁之间的连接采用车内侧段焊，车外侧为连续焊接的结构。

为了保证侧拉门的拉开空间，侧墙门口处设计成一体化带加强筋的箱形结构，如图 3.16 所示。

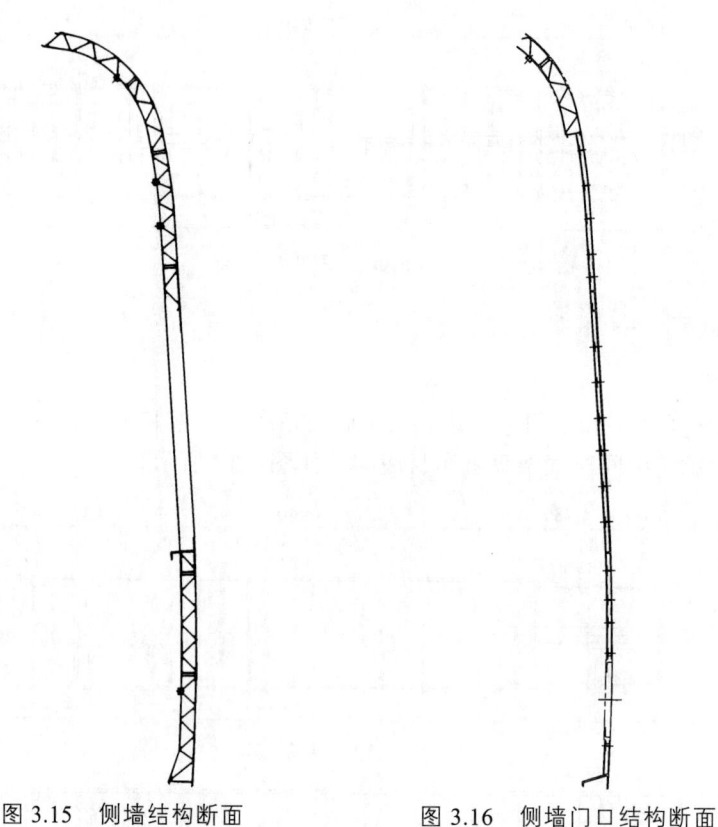

图 3.15　侧墙结构断面　　　图 3.16　侧墙门口结构断面

3) 车　　顶

车顶是受电弓、高压电缆等车顶设备的安装基础。CRH$_2$ 型动车组车体车顶由大型中空挤压型材构成，省略了纵向梁，结构断面如图 3.17 所示。车顶型材之间的焊接采用在车体长度方向连续焊接。车顶和侧墙的连接采用车内侧和车外侧连续焊接结构。另外，在车顶板内侧，铺设有隔音和隔热材料。

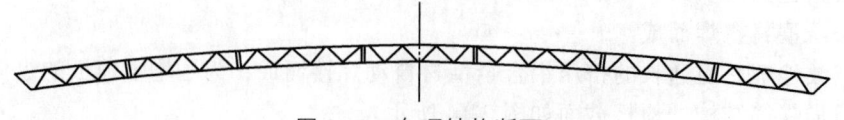

图 3.17　车顶结构断面

4) 端　　墙

头车车体一侧带端墙，中间车车体两端都带端墙。

端墙根据车辆卫生间和洗脸间的布置主要分为两种结构形式,即分体式和整体式两种,如图 3.18 和图 3.19 所示。

分体式和整体式外端墙都在尾段骨架上设置了适合风挡安装的结构,可以采用螺栓快速连接,使风挡的安装方便快捷,降低施工时间及劳动强度。另外,端墙上还设有等车扶手。

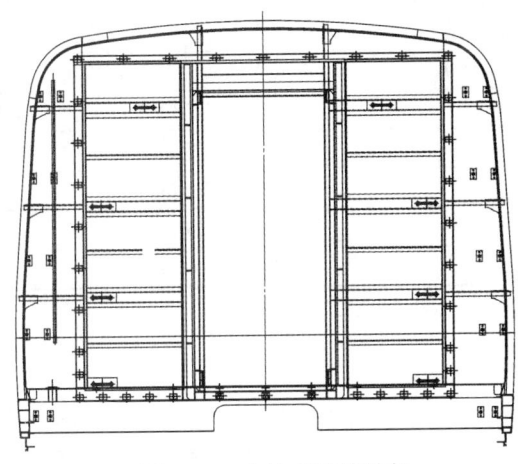

图 3.18 分体式端墙结构

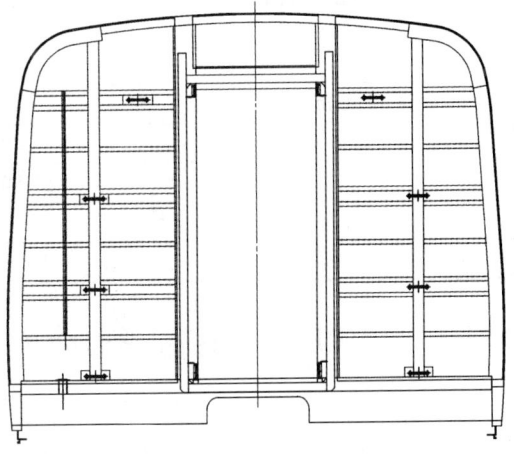

图 3.19 整体式端墙结构

5）司机室框架结构

头车车体前端为司机室框架结构,以骨架外壳结构为基础,如图 3.20 所示。头部结构按车头断面形状变化形成纵向骨架（T6 mm 铝板）的环状,与横向骨架叉接组焊相连,骨架外焊接铝板。对需要更高强度的部位,采取增加板厚、缩小骨架间距、增强型材等措施。整个框架结构焊接严格要求气密性,结构上适应配线、配管及内装需求。

相比 CRH$_{2A}$ 型动车组,CRH$_{380A}$ 型车司机室长度由 9 500 mm 增加到 12 000 mm,以减少空气阻力,提高稳定性。气密隔墙采用双层中空型材拼接而成,以提高车体的气密性,适应 350 km/h 及以上速度的运行。司机室头部骨架如图 3.21 所示。

图 3.20 司机室框架结构

图 3.21 司机室头部骨架

2. 主要技术参数

车体主要技术参数见表3.8。

表3.8　车体主要技术参数

车型	CRH$_{2A}$/CRH$_{2B}$/CRH$_{2C}$/CRH$_{2E}$		CRH$_{380A}$/CRH$_{380AL}$	
车体长度/mm	头车	25 450	头车	26 250
	中间车	24 500	中间车	24 500
车体宽度/mm	3 380		3 380	
车体高度（距轨面）/mm	3 700		3 700	
转向架中心距/mm	17 500		17 500	
地板面距轨面高度/mm	1 300		1 300	
车钩距轨面高度/mm	1 000		1 000	

3.3.3　CRH$_3$/CRH$_{380B}$系列动车组

CRH$_3$/CRH$_{380B}$系列动车组（包括CRH$_{3C}$/CRH$_{380B}$/CRH$_{380BL}$/CRH$_{380CL}$）车体承载结构采用车体全长的大型中空铝合金型材组焊而成，为筒形整体承载结构。头车车体和中间车车体的结构如图3.22和图3.23所示。

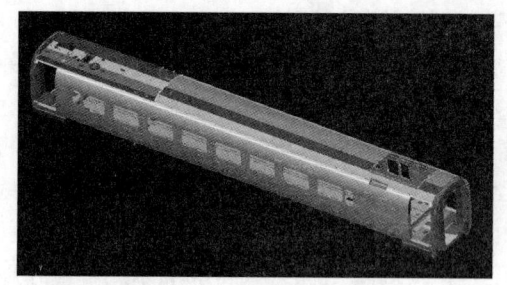

图3.22　头车车体　　　　图3.23　中间车车体

1. 结构组成

1）底　架

底架主要由两大部分组成，底架前端结构和底架中部结构，底架中部结构包括地板、边梁两部分，边梁纵向贯通，底架前端和地板均与边梁焊接。底架前端和地板通过连接梁、连接板相连，连接梁为型材，连接板可以调整宽度，保证车体长度，结构如图3.24所示。

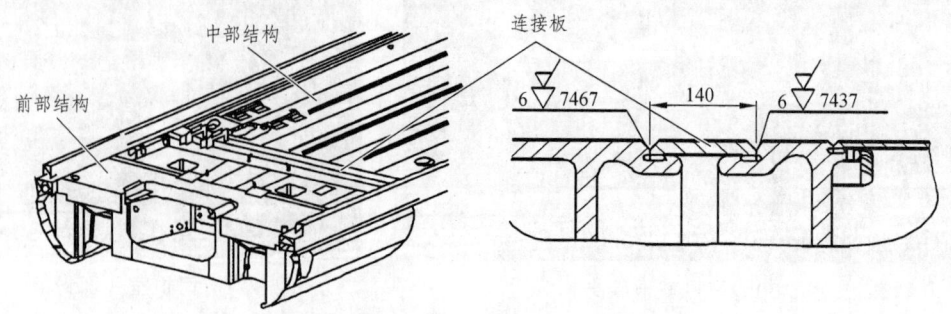

图3.24　底架前端、连接板及其焊接形式

地板由 6 块带有相同 C 形槽的挤压铝型材拼焊而成，地板采用机械手焊接，只是在端头处采用手工焊接，组焊好的地板整体进行机加工。地板结构如图 3.25 所示。地板通过地板型材的四条边与两个强大的边梁搭接角焊，保证连接强度，连接形式如图 3.26 所示。

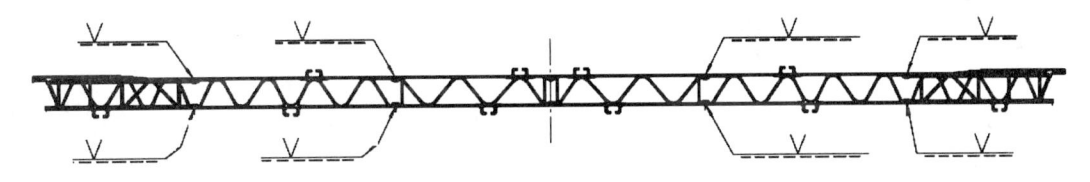

图 3.25　地板结构

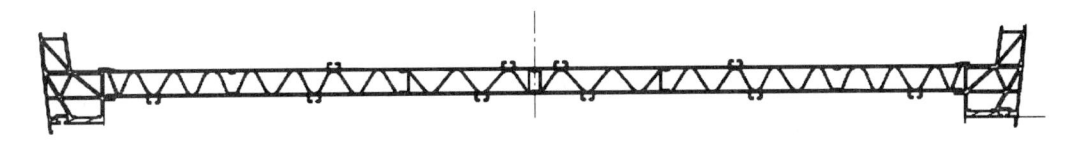

图 3.26　地板和边梁的连接形式

底架前端分为头车前端和中间车前端，除了与车钩和排障器的安装接口不同外，其余结构基本相同，如图 3.27 和图 3.28 所示。

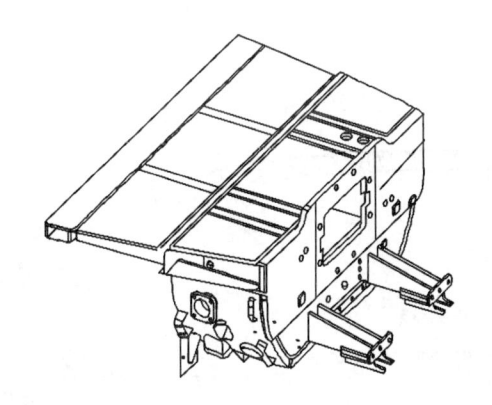

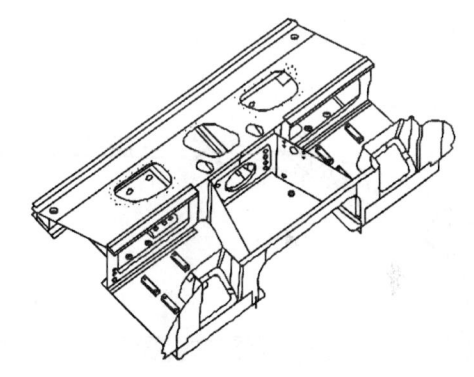

图 3.27　头车前端　　　　　　　　　图 3.28　中间车前端

2) 侧　墙

侧墙为铝合金轻型结构，各车侧墙的外部轮廓及型材断面组成均相同，都是由 5 块大型中空铝型材拼焊而成，如图 3.29 所示。

侧墙窗口下部型材 1、2 和上部型材 4、5 为连续通长的中空挤压型材，与单个的窗间型材 3 焊接而成。通过型材 1 和 2 的插接结构可以调节整个侧墙的公差和角度，如图 3.30 所示。

3) 车　顶

车顶结构主要由高顶和平顶（放置受电弓等车顶设备）构成。各车高顶的外部轮廓及型材断面结构相同，都是由 5 块大型中空铝型材拼焊而成。这 5 块型材又可以分为两部分，即构成中顶的三块和两侧边顶的两块。高顶和平顶断面结构如图 3.31 和图 3.32 所示。

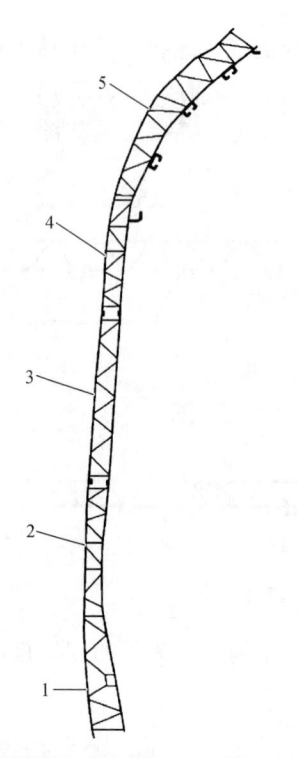

1,2—下部型材；3—窗间型材；4,5—上部型材。

图 3.29 侧墙结构图

1,2—型材。

图 3.30 窗口下部型材连接图

图 3.31 高顶结构

图 3.32 平顶结构

4）端墙

端墙主要由 4 个部件组成：门框、角柱、端墙板和端墙附件，如图 3.33 所示。

5）司机室框架结构

头车的司机室为板梁结构，司机室的梁、柱、墙顶板基本是采用开口型材和板材。司机室由 6 部分组成，即司机室前墙、司机室后框、司机室左侧墙、司机室右侧墙、司机室车顶和司机室前窗挡风玻璃安装框，如图 3.34 所示。

司机室的骨架由车顶骨架、侧墙骨架、前端骨架、后框和前窗玻璃安装框组成，骨架结构如图 3.35 所示。

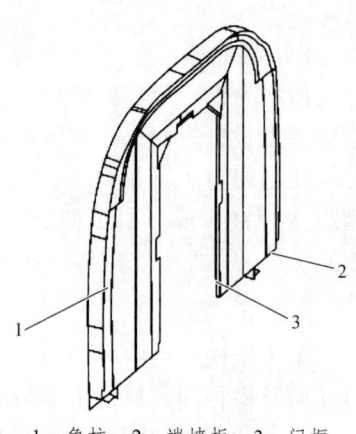

1—角柱；2—端墙板；3—门框

图 3.33 端墙结构

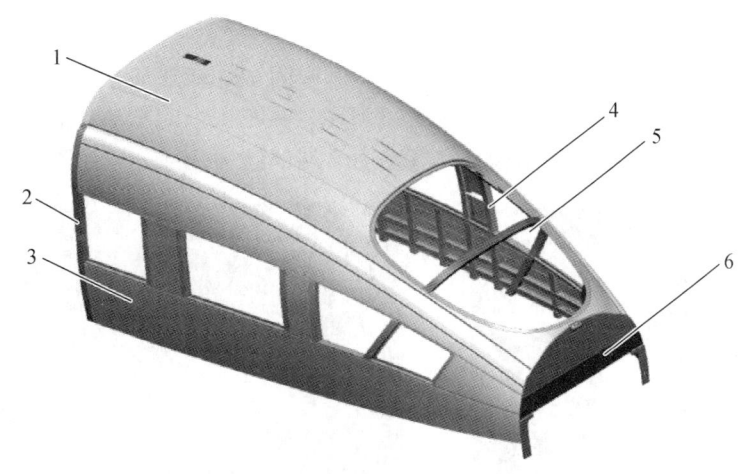

1—车顶；2—后框；3—左侧墙；4—右侧墙；5—挡风玻璃安装框；6—前端。

图 3.34　司机室框架

图 3.35　司机室骨架结构

2. 主要技术参数

车体主要技术参数见表 3.9。

表 3.9　车体主要技术参数

车体长度/mm	头　车	25 697.5
	中间车	24 175
车体宽度/mm		3 257
车体高度（距轨面）/mm		3 915
转向架中心距/mm		17 375
地板面距轨面高度/mm		1 180
车钩距轨面高度/mm	头　车	1 000
	中间车	895

3.3.4　CRH$_{5A}$ 型动车组

CRH$_{5A}$ 型动车组采用铝合金车体，由 12 种与车体等长的铝合金挤压型材纵向焊接而成的整体承载结构。

车体包括中间车和带司机室的头车两种车型。中间车是基础车，主要由底架、侧墙、车顶、外端墙、内端墙几大部件组成，如图 3.36 所示。头车由中间车演变而来，包括底架、侧墙、车顶、外端墙、内端墙、走廊墙和空气动力学端部结构几部分，如图 3.37 所示。

图 3.36　中间车铝合金车体结构

图 3.37　头车铝合金车体结构

1. 结构组成

1）底　架

底架由焊接构架、端部缓冲梁组成、枕梁刚性支座、脚蹬组成、底架焊接件等部件组成。底架下部的型材设有 T 形槽，用于吊装各种安装于底架下部的各种设备。焊接构架断面如图 3.38 所示。

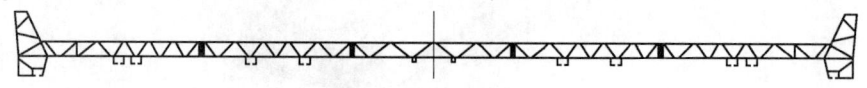

图 3.38　焊接构架

2）侧　墙

8 节车的侧墙共有 4 种，它们分别是头车侧墙、中间车侧墙、餐车侧墙和残疾人车侧墙。侧墙断面由纵向放置的 4 种挤压铝型材组成。型材由上到下开有 3 排 T 形槽，用来安装防寒及内饰件。型材断面如图 3.39 所示。

3）车　顶

车顶共分 6 种，除了头车车顶在车头端和中间车有明显区别外，中间车车顶的变化仅在于车顶焊接件的区别。

车顶型材由纵向放置的 4 种共 7 块挤压型材对称排列、组焊而成。车顶外部开了 4 排 T 形槽，内部开了 4 排滑槽，用于内装及设备的安装。车顶断面如图 3.40 所示。

4）内、外端墙

为满足车体的强度要求，在车体侧门附近车顶端部设加强结构，它由横梁、纵梁、盖板等构成。在横梁下焊接内端墙，以增加整车刚度。

图 3.39　侧墙断面

外端墙共有 2 种，有塞拉门端是一种外端墙，餐车没有塞拉门的一端是另一种外端墙。

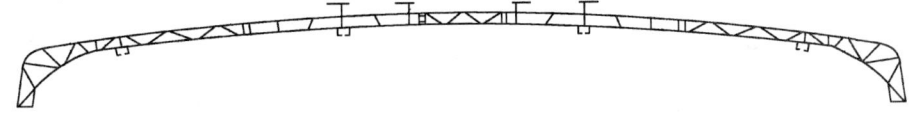

图 3.40　车顶断面

2. 技术参数

车体主要技术参数见表 3.10。

表 3.10　车体主要技术参数

车体长度/mm	头　车	27 600
	中间车	25 000
车体宽度/mm	3 200	
车体高度（距轨面）/mm	4 270	
转向架中心距/mm	19 000	
车钩距轨面高度/mm	头　车	1 025
	中间车	960

3.4　动车组总体布置

3.4.1　概　述

从广义讲，总体布置是将机车的多种设备（变压器、电抗器、整流装置、各种高压设备、辅助机组、各种电气设备、空气制动设备等）进行合理布局；从狭义讲，按车体的车顶、车内、车下三部分，怎样合理地将设备安装于车体上，并且要考虑它们间电气、管路的连接。总体布置的方案可以是多种多样的，而且每一方案在得到优点的同时，总伴随其相应的缺点。所以设计师总在权衡其利弊，以求取得一个合理的方案。

1. 总体布置的一般原则

（1）必须保证重力分配均匀，以利于牵引力的充分发挥。在设备布置时要进行质量分配计算，根据各种设备的位置、轻重、机车车体、转向架的支撑情况，按力距平衡原理进行计算，计算结果要保证各转向架载荷前后左右相等，各轴重在规定的偏差之内。

（2）要充分保证设备安装、拆卸、检查和检修的便利性。司机室设备布置要求作业范围合适、操纵方便、视线合理，易于观察各种仪器、仪表和信号灯指示。

（3）应注意节约导线、电缆和压缩空气、冷却空气管路。合理地布置电器线路的导线、电缆和空气管路，不仅可以节约大量材料、降低成本，还可使布置简捷、集中，便于查找故障，减少空间占用和减少风阻。

（4）安全和舒适。要有必要的隔热、隔音设施。各机器间的设备要便于检查、维修和保养,要注意设备布置的规律化,便于乘务员熟记各设备的位置,对危及人身安全的电气设备,要有严格的安全联锁防护装置等。要留有必要的乘务员的工作和生活空间。

2. 动车组车辆总体布局特点

动车组车辆总体布局按空间位置一般可分为车内布置、车顶布置和车下布置三部分。由于车上空间尽可能用于安装旅客服务设施,因此,动力设备分散在各节车的车下设备舱中,车上除司机室及其通道外,没有专门的设备间。以 CRH_5 型动车组为例,总体空间布局一般划分为车头(导流罩、自动车钩)、车上布置[司机室、客室、车辆连接(风挡)]、车顶布置(受电弓、空调机组等)、车下设备舱。

3.4.2　CRH_1 型动车组总体布置

1. 概　述

CRH_{1A} 型动车组采用 8 辆编组,5M3T 的动力配置方式,分为 3 个动力单元。全车由 4 种形式的车辆组成,包括车端带司机室的动车(Mc1、Mc2)、带受电弓的中间车(Tp1、Tp2)、不带受电弓的中间拖车(带吧台拖车)(Tb)和中间动车(M1、M2、M3),如图 3.41 所示。

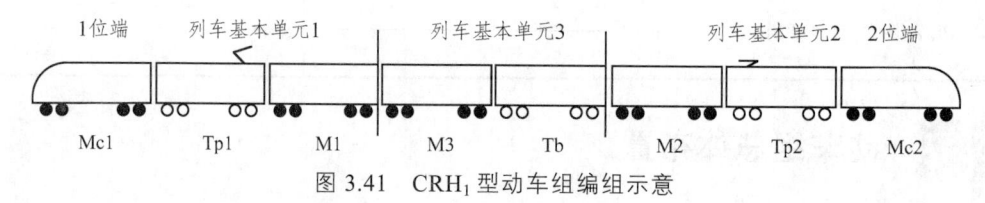

图 3.41　CRH_1 型动车组编组示意

2. 车内布置

CRH_{1A} 型动车组包括 2 节一等座车(Mc1、Mc2),5 节二等座车(Tp1、Tp2、M1、M2、M3)和一节二等座/餐座合造车(Tb)。一等车车内座椅为 2+2 布置,二等座车车内座椅按 2+3 布置,二等座/餐座合造车的 A 端为二等座车座席,按 2+3 布置,共 19 座。另外,还设有两个残疾人轮椅位置和一个残疾人厕所。B 端为餐车和酒吧,设有 24 个餐车座椅、3 个酒吧立桌、厨房制作间、酒吧储藏室和乘务员室等,如图 3.42 所示。全车定员为 668 人,每节车厢定员见表 3.11。

(a)一等座客室 　　(b)二等座客室

（c）餐车座椅　　　　　　　　　　　　（d）吧台

图 3.42　CRH$_{1A}$ 型动车组车内布置

表 3.11　CRH$_{1A}$ 型动车组各节车厢定员

车厢顺位	01/Mc1	02/Tp1	03/M1	04/M3	05/Tb	06/M2	07/Tp2	08/Mc2
席别	一等座车	二等座车	二等座车	二等座车	二等座车/餐车	二等座车	二等座车	一等座车
定员/人	72	101	101	101	19+24	101	101	72

3. 车下悬挂设备布置

CRH$_{1A}$ 型动车组每辆车车下有空调机组、制动控制装置、污物箱；5 号车下有清水箱；1、3、4、6、8 号车车下有牵引变流器、牵引电机冷却风机；2、5、7 号车车下有牵引变压器、主压缩机和供风单元；2、3、4、6、7 号车车下有蓄电池和充电机，如图 3.43 和图 3.44 所示。

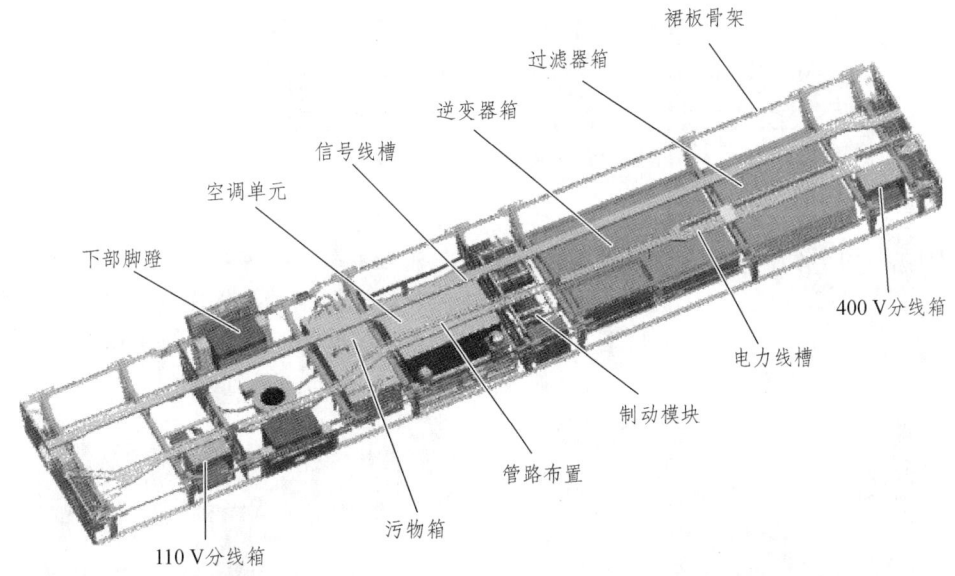

图 3.43　Mc 动车车下设备舱结构及其有关设备安装示意

4. 车顶设备布置

动车组车顶设备主要有受电弓及其附属装置，CRH$_{1A}$ 型动车组车顶设有空调装置。

091

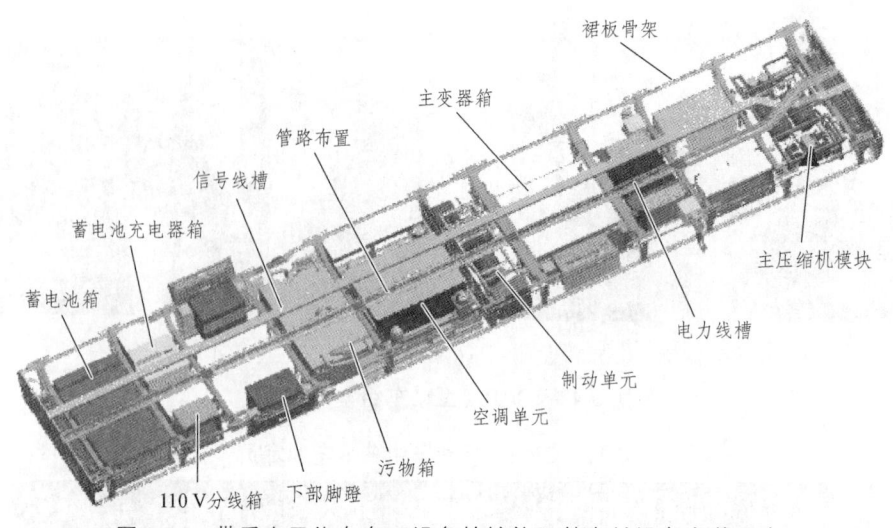

图 3.44 带受电弓拖车车下设备舱结构及其有关设备安装示意

3.4.3 CRH₂型动车组总体布置

1. 概述

CRH₂型动车组总体组成动车组采用8辆编组，4动4拖，由两个动力单元组成。每个动力单元由2个动车和2个拖车（T-M-M-T）组成。5号车为餐座合造车，7号车为一等车，首尾设有司机室，如图3.45所示。

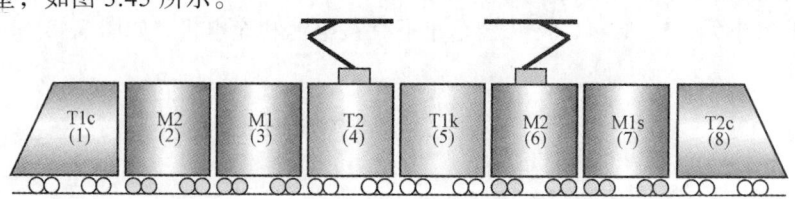

图 3.45　CRH₂型动车组编组示意

2. 车内布置

CRH₂ₐ型动车组有1辆一等车（7号车）和7辆二等车。一等车内座椅为2+2布置，二等座车座椅为2+3布置，7号、0号车设有残疾人设施，包括残疾人座椅、卫生间和多功能室；5号车是二等座车并设有酒吧/餐厅区（站席4人，餐席16个），如图3.46所示。全车定员610人，其中，一等座车51人，二等座车559人，各车厢定员见表3.12。

（a）一等座车客室 　　　　　　　　（b）二等座车客室

（c）吧台　　　　　　　　　　　（d）二等座车/餐车

图 3.46　CRH$_2$型动车组车内布置

表 3.12　CRH$_{2A}$动车组各节车厢定员

车厢顺位	01	02	03	04	05	06	07	00
席别	二等座车	二等座车	二等座车	二等座车	二等座车/餐车	二等座车	一等座车	二等座车
定员/人	55	100	85	100	55	100	51	64

CRH$_{2A}$统型动车组 1 号头车设一等座车，4 车设有带残疾人设施的二等座车，5 车设指二等座车/餐车，其余均为二等座车，全列车总定员 613 人，各车厢定员见表 3.13。

表 3.13　CRH$_{2A}$统型动车组各节车厢定员

车厢顺位	01	02	03	04	05	06	07	00
席别	一等座车	二等座车	二等座车	二等座车	二等座车/餐车	二等座车	一等座车	二等座车
定员/人	48	90	90	77	63	90	90	65

3. 车下悬挂设备布置

CRH$_2$型动车组每辆车下有空调机组、换气装置和制动控制装置，在 2、3、6 和 7 号车下有牵引变流器（CI），2 号和 6 号车下有牵引变压器（MTr）、高压设备箱，1 号、8 号车设置辅助电源装置（APU），2、4、6 号车上设有蓄电池箱。非统型车上在单号车下有污物箱及水箱，统型动车组每辆车（餐车除外）车下均设污物箱及水箱。

3.4.4　CRH$_3$型动车组总体布置

1. 概　述

CRH$_3$型动车组采用 8 辆编组方式，采用 4M4T 的动力配置方式，包括 5 种不同的车，即头车 Ec01/Ec08（头车和尾车）、变压器车 Tc02/Tc07、中间变流器车 Ic03/Ic06、餐座合造车（Bc04）和一等车（Fc05）。首尾车设有司机室，如图 3.47 所示。

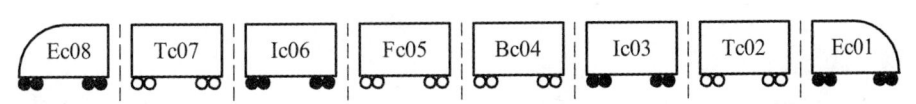

图 3.47　CRH$_3$型动车组编组示意

2. 车内布置

CRH$_3$型动车组有 1 辆一等座车（5 号车）和 7 辆二等座车。客室座椅可旋转，一等车为 2+2 布置，二等车为 2+3 布置，1 号车和 8 号车靠司机室区域设休闲区，休闲区为一等座（定员 8×2），如图 3.48 所示。全车定员 556 人，各车厢定员见表 3.14。

（a）一等座车客室 　　　　（b）二等座车客室

（c）头车观光区 　　　　（d）餐座合造车

图 3.48　CRH$_3$型动车组车内布置

表 3.14　CRH$_3$型动车组各节车厢定员

车厢顺位	01	02	03	04	05	06	07	00
席别	一等/二等座车	二等座车	二等座车	二等座车/餐车	一等座车	二等座车	二等座车	一等/二等座车
定员/人	8+60	80	80	50	50	80	80	8+60

3. 车下悬挂设备布置

CRH$_3$型动车组每辆车下有废排单元、制动装置，头车（Ec01/Ec08）车下有司机室冷凝单元，除了头车（Ec01/Ec08）和餐车（Bc04）以外，其他车辆车下有污物箱，餐车（Bc04）车下有净水箱及泵水装置、供排水管路，在头车（Ec01/Ec08）和 Ic03/Ic06 车下有牵引变流器，在 Tc02/Tc07 车下设有牵引变压器、单辅助变流器、辅助压缩机单元，在一等车（Fc05）和餐车（Bc04）车下设有双辅助变流器、充电机和蓄电池。

3.4.5　CRH$_5$型动车组总体布置

1. 概　述

CRH$_5$型动车组采用 8 辆编组，采用 5 动 3 拖的动力配置方式，由两个动力单元组成，其中一个动力单元由 3 动 1 拖组成，另一个动力单元由 2 动 2 拖组成。1、2、4、7、8 为动力车，3、5、6 为拖车。一等车（8 号车）1 辆，餐座合造车（6 号车）1 辆。首尾车辆设有司机室，如图 3.49 所示。

图 3.49 CRH₅ 型动车组编组示意

2. 车内布置

CRH₅ₐ 型动车组一等座车厢 1 节，二等座车厢 7 节。一等座车座椅按 2+2 布置，二等座车座椅按 2+3 布置。CRH₅ₐ 型动车组的座席有固定座椅和旋转座椅两种形式，采用固定座椅的 CRH₅ₐ 型动车组全列车定员 622 人。其中一等座车（8 号车）定员为 60 人，二等座车（1~7 号车）定员为 562 人。采用旋转座椅的 CRH₅ₐ 型动车组全列车定员 586 人，其各车厢定员分布见表 3.13。6 号车带酒吧（站席 9 个，餐席 16 个），7 号车带残疾人卫生间。除酒吧车外，每车均设两个卫生间。一等座车设一个座式卫生间和一个蹲式卫生间，二等座车设两个蹲式卫生间。CRH₅G 统型动车组 1 号头车设一等座车，4 车设带有残疾人设施的二等座车，5 车设置二等座车/餐车，其余均为二等座车，如图 3.50 所示。全列总定员 613 人，一等座车定员 48 人，二等座车定员 565 人，车厢定员见表 3.15。

（a）一等座车客室　　　　（b）二等座车客室

图 3.50 CRH₅ 型动车组车内布置

表 3.15 CRH₅ₐ（旋转座椅）型动车组各节车厢定员

	车厢顺位	01	02	03	04	05	06	07	08
CRH₅ₐ 旋转座椅	席别	一等座车	二等座车	二等座车	二等座车	二等座车	二等座车/餐车	二等座车	一等座车
	定员/人	56	90	90	90	90	40	74	56
CRH₅G	车厢顺位	01	02	03	04	05	06	07	08
	席别	一等座车	二等座车	二等座车	二等座车	二等座车/餐车	二等座车	二等座车	二等座车
	定员/人	48	90	90	77	63	90	90	65

3. 车下悬挂设备布置

每辆车车下有净水箱、污物箱、蓄电池、充电机、制动装置和空气弹簧辅助气室等。在1、2、4、7和8号动车车下有牵引、辅助变流器和牵引电机。在3号和6号拖车车下有牵引变压器，在6号车下还有酒吧车冷藏柜压缩机，拖车（3、5和6号）下有风源装置。

3.4.6 CRH$_{380}$系列动车组总体布置

1. CRH$_{380A}$型动车组

CRH$_{380A}$型动车组为8辆编组，采用6M2T结构，最高运营速度达350 km/h。CRH$_{380A}$型动车组设有二等座车/观光车、一等座车、带包间的一等座车、二等座车和二等座车的餐车的合造车。二等座车座席按2+3布置；一等座车座席按2+2布置；带包间的一等座车有一个6人包间，装有自动门，可以形成一个封闭的会议室，用于进行商务洽谈。CRH$_{380A}$型头车为二等座车/观光车，司机室后设有观光区，有6个座位，旅客可通过透明的玻璃幕墙看到司机室的操作，如果按下座椅上的玻璃颜色控制按钮，透明玻璃幕墙会立即变成磨砂玻璃。观光区的座椅有扬声器按钮，可通过这个按钮控制车内广播音量。除了带酒吧的二等座车外，其他车厢所在座椅均能旋转。全车定员480人。

CRH$_{380A}$统型动车组为8辆编组，采用6M2T结构，最高运营速度350 km/h，设有一等座/商务车、二等座车、二等座车/餐车的合造车、二等座车/商务座车，二等座车座席采用2+3布置；一等座车座席按2+2布置、商务座座席按1+2寄1+1布置。1车设一等座/商务座，8车设二等座/商务座，4车设带残疾人设施的二等座，5车设置二等座车/餐车，其余均为二等座车，全列车总定员为556人，商务座车定员10人，一等座车定员28人，二等座车定员518人。

CRH$_{380AL}$型动车组为16辆编组，采用14M2T结构，最高运营速度350 km/h。CRH$_{380AL}$型动车组设有一等座车/观光车、VIP车、一等座车、带包间的一等座车、二等座车、二等座车和餐车的合造车。二等座车座席按2+3布置；一等座车座席按2+2布置；带包间的一等座车有2个6人包间和1个4人包间；CRH$_{380AL}$型动车组两端头车为一等座车/观光车，带有一个包间，司机室后设有观光区；VIP车座席按1+2布置。全列车定员1 027人。

2. CRH$_{380B}$型动车组

CRH$_{380B}$型动车组为8辆编组，采用4M4T结构，最高运营速度350 km/h。CRH$_{380B}$型动车组设有二等座车/观光车、一等座车、带包厢的一等座车、二等座车、二等座车和餐车的合造车。二等座车座席采用2+3布置；一等座车座席采用2+2布置；带包间的一等座车设有一个4人包间，CRH$_{380B}$型动车组两端头车为二等座车/观光车，司机室后设有观光区，旅客可通过透明的玻璃幕墙看到司机室的操作。全列车定员490人。

CRH$_{380B}$统型动车组为8辆编组，采用4M4T结构，动车组有4种不同的车型，即商务座车/一等座车（1号车）、商务座车/二等座车（8号车）、二等座车/餐车（5号车）和二等座车（2、3、4、6和7号车），首尾车辆设有司机室。列车总定员为556人，其中商务座10人，一等座席28分，二等座席518人。客室座椅可旋转，一等车按2+2布置，二等车按2+3布置，其中1号、8号车靠司机室区域设观光区，观光区设VIP座席。

CRH3$_{80BL}$型动车组为16辆编组，采用8M+8T结构，最高运营速度350 km/h。CRH$_{380BL}$

型动车组设有一等座车/观光车、VIP车、一等座车、二等座车、二等座车和餐车合造车。二等座车座席采用2+3布置；一等座车座席按2+2布置；VIP座席按1+2布置。CRH_{380BL}型动车组一端头车为一等座车/观光车，司机室后设有观光区，客室座席按2+2布置；另一端头车为二等座车/观光车，司机室后设有观光区，座席按2+3布置。全列车定员1 043人。

3. CRH_{380CL}型动车组

CRH_{380CL}型动车组为16辆编组，采用8M+8T结构，最高运营速度350 km/h。CRH_{380CL}型动车组设有一等座车/观光车、商务车（VIP座车）、一等座车、带包间的一等座车、二等座车、二等座车和餐车的合造车。两端头车为一等座车/观光车，带有1个4人包间，司机室后方设观光区，旅客可以旅客可通过透明的玻璃幕墙看到司机室的操作；商务车座席采用1+2布置，设置类似民航客机头等舱的高级可躺座椅；一等座车座席按2+2布置，带包间的一等座车设有一个4人包间和两个6人包间；二等座车座席按2+3布置。全列车定员1053人。

4. CRH_{380D}型动车组

CRH_{380D}型动车组为8辆编组，采用4M+4T结构，最高运营速度350 km/h。CRH_{380D}型动车组设有商务车/一等座车、二等座车、二等座车和餐车的合造车。1号车为商务车/一等座车，8号车为商务车/二等座车，司机室后设有观光区，各设5个商务座椅，商务座椅为可调节座椅，可以展开供乘客夜间躺卧休息；一等座车座席按2+2布置，二等座车座席采用2+3布置。全列车定员556人。

3.4.7 标准动车组总体布置

复兴号标准动车组基本编组为8辆编组，4M+4T结构，设计运营速度350 km/h，载客量576人，适用环境温度-40~40 ℃，使用寿命30年。其中1号车（Tc01）为带观光区的一等座车，8号车（Tc08）为带观光区的二等座车，4号车为带残疾人使用设施的二等座车，5号车为带有厨房的二等座车，其余为普通二等座车。CR400AF和CR400BF复兴号动车组平面布置和各车厢定员如图3.51所示，车内布置如图3.52所示。

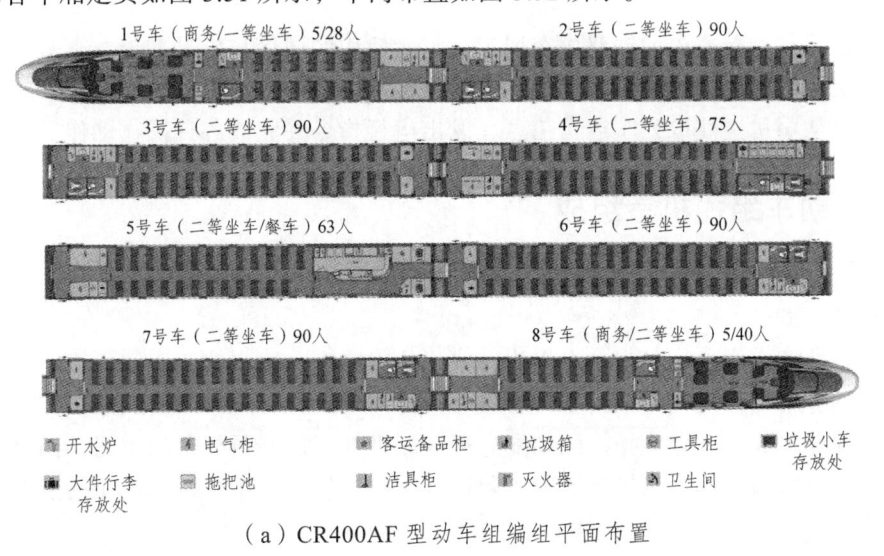

（a）CR400AF型动车组编组平面布置

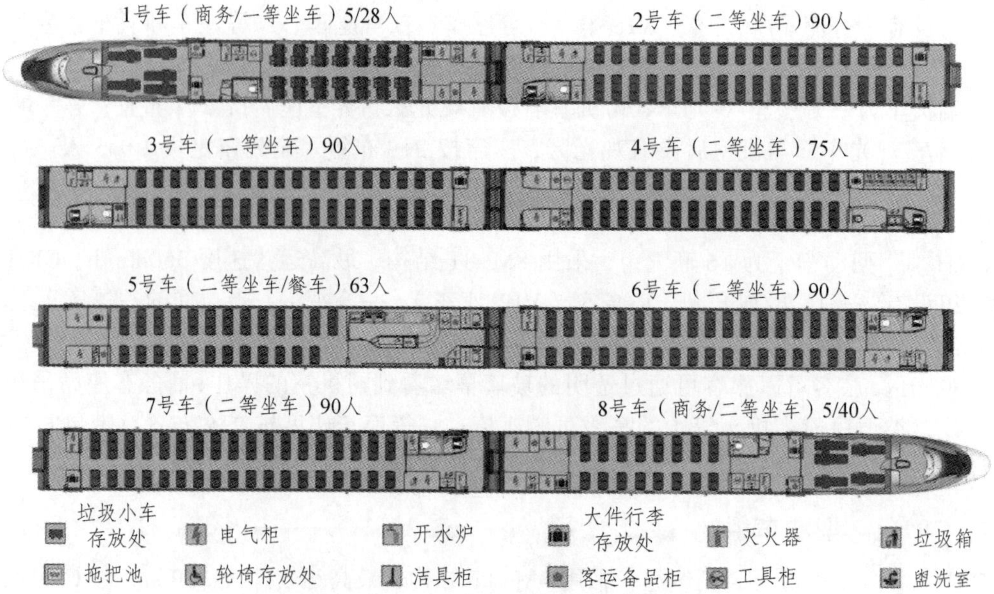

1号车（商务/一等坐车）5/28人　　　　2号车（二等坐车）90人

　　3号车（二等坐车）90人　　　　4号车（二等坐车）75人

　　5号车（二等坐车/餐车）63人　　　　6号车（二等坐车）90人

　　7号车（二等坐车）90人　　　　8号车（商务/二等坐车）5/40人

图例					
垃圾小车存放处	电气柜	开水炉	大件行李存放处	灭火器	垃圾箱
拖把池	轮椅存放处	洁具柜	客运备品柜	工具柜	盥洗室

（b）CR400BF型动车组编组平面布置

图3.51　复兴号标准动车组平面布置

（a）商务座席　　（b）餐厅吧台　　（c）一等座席　　（d）二等座席

图3.52　复兴号标准动车组车内布置

3.5　动车组司机室

　　动车组是一种全新概念的铁路旅客列车，它所使用的通信与信号系统、全数字化的网络控制、全球定位系统等计算机技术使得它的司机室从一个纯粹的操纵空间变成了一个集控中心。司机可以从司机室获取列车运营信息、发出运行指令并完成各种操作动作。

3.5.1　动车组司机室组成

　　现在运行的动车组司机室按照设备件布置的区域划分，一般分为司机室外部组成和司机室内部组成。

　　在司机室外部组成中，各型动车组均设置了外部照明、雨刷器、开闭机构、侧窗、挡风玻璃和司机室登车门等设备，如图3.53所示。

　　司机室内部组成可以分为操控区和配电柜区。操控区位于司机室的中间，挡风玻璃的下方，布置有司机室操纵台、司机座椅和遮阳帘等；配电柜区位于司机室横墙的左右两侧，如图3.54所示。

1—上挡风玻璃；2—下挡风玻璃；3—雨刷器；4—导流罩；5—外部照明；6—侧窗；7—开闭机构；8—排障器。

图 3.53　司机室外部组成

图 3.54　司机室内部组成

3.5.2　CRH$_1$型动车组司机室

1. 司机室特点

CRH$_1$型动车组司机室设计为单司机操纵模式，同时为其他工作人员提供辅助座椅，符合人体工程学的工作环境，便于操作和维护。司机室车体由玻璃钢罩和司机室骨架组成，其中玻璃钢罩和车体导流罩采用流线型玻璃钢罩结构，以降低风阻。司机操纵台和司机室座椅居中布置。在司机室通过台左右侧，分别设置电器柜，一个用于放置 ATP 设备，另一个用于安放乘务员设施和安全装备等。司机室不设侧门，司机经客室进入司机室。

2. 司机室操纵台

CRH$_1$系列动车组司机室操纵台由中控台和左、右电气柜组成。经由司机操纵台，司机可以获取牵引、ATP、车门、车内气候、照明、无线通信、广播等系统信息。列车运行的所有控制和监控装置都安装在操控台及左右侧的电气柜内，包括列车控制系统的显示单元（IDU）、ATP、PTS 系统、LKJ2000、列车无线通信（CIR）、后视系统以及带按钮、开关和指示灯的控制面板。

司机操纵台采用模块化面板结构，将开关、按钮等元器件集成在功能模块面板。司机室操控台面包括 6 块控制面板，面板按钮及指示灯按功能归类布置，有些按钮带有指示灯，有些具有自锁功能，如图 3.55 所示。

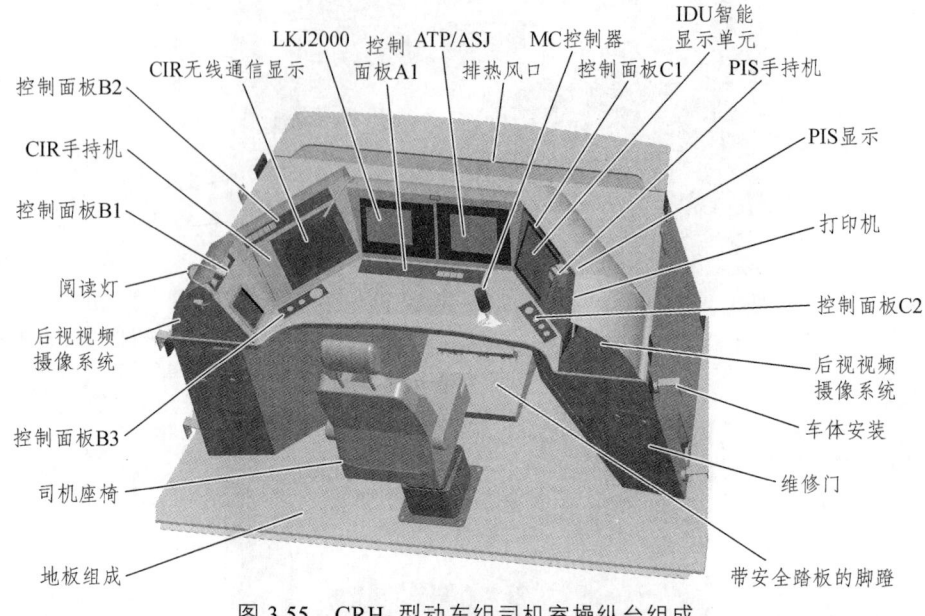

图 3.55　CRH₁型动车组司机室操纵台组成

3. 司机室座椅

司机室座椅安装在一个固定于地板台座上的可旋转和可调节高度的升降装置上，台座采用两个快速释放锁扣安装。司机室座椅的设计符合人机工程学，并能够对司机室座椅靠背、扶手等进行调节，如图 3.56 所示。

1—头枕；2—座椅靠背；3—座椅固定导轨；4—台座；5—转轴；6—座；7—扶手。

图 3.56　司机室座椅

3.5.3 CRH$_2$/CRH$_{380A}$系列动车组司机室

1. 司机室特点

CRH$_2$/CRH$_{380A}$系列动车组司机室设计为双司机室操纵模式，设有司机席和副司机席。司机室设独立的司机登车门和通向客室的司机室门，在驾驶室后部通过台区域设置了两组弹簧翻转式座椅，供乘务员乘车时使用。

CRH$_2$/CRH$_{380A}$系列动车组司机室内部空间及设备布置充分考虑了司机视野、操纵空间、舒适度等内容。为了便于瞭望，扩大视野，司机室采用高地板结构，以减小枕木高速闪动对司机产生的疲劳感。司机室安装设备较多，为了拓展空间，将导流罩内部空间设计为设备舱，不经常操纵的设备安装在设备舱内；同时采用非整体配电柜，使柜内安装尽量多的设备，以扩大司机操纵空间，如图3.57所示。

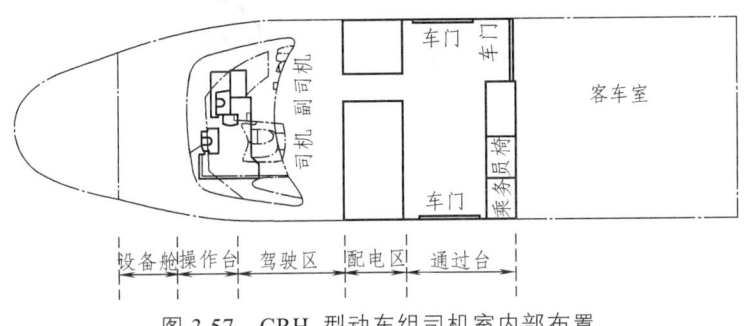

图3.57 CRH$_2$型动车组司机室内部布置

2. CRH$_2$系列动车组司机操纵台

CRH$_2$系列动车组司机室中央设置操纵台，操纵台自上而下可以划分为仪表盘、台面及台体3部分。正面有3台显示屏，分别有速度信息、运行信息和列车信息显示，其中列车信息反映的内容比较丰富，包括列车车门、车内电气和牵引系统等设备的工作状态、有关旅客信息和维修故障信息等。由于采用双司机操纵，在主司机左侧设有侧面板，如图3.58所示。

司机操纵台布置了动车组的主要操纵设备，可以进行自动和手动操纵。台体上安装司机控制器、司机制动控制器；操纵台前面的仪表盘上从左到右依次安装有故障显示灯、LKJ2000显示器、关门显示灯、ATP显示器、按钮开关盘、MON列车信息显示器1；司机室左前方安装的是压力表和保护接地按钮开关，副司机正前方只设置了副司机的暖气切换开关及空调的出风口。为了充分利用安装空间，在操纵台的高地板上安装了救援切换开关、外部插座等使用频率不高的设备。

在司机室左侧面板上也安装了设备，主要包括MON列车信息显示器2、CIR显示屏、CIR电话、LKP2000电话、PIS电话、电压表显示灯盘、打印机、冷气切换开关、司机暖气切换开关等，如图3.59至图3.61所示。

图3.58 CRH$_2$型动车组操纵台面

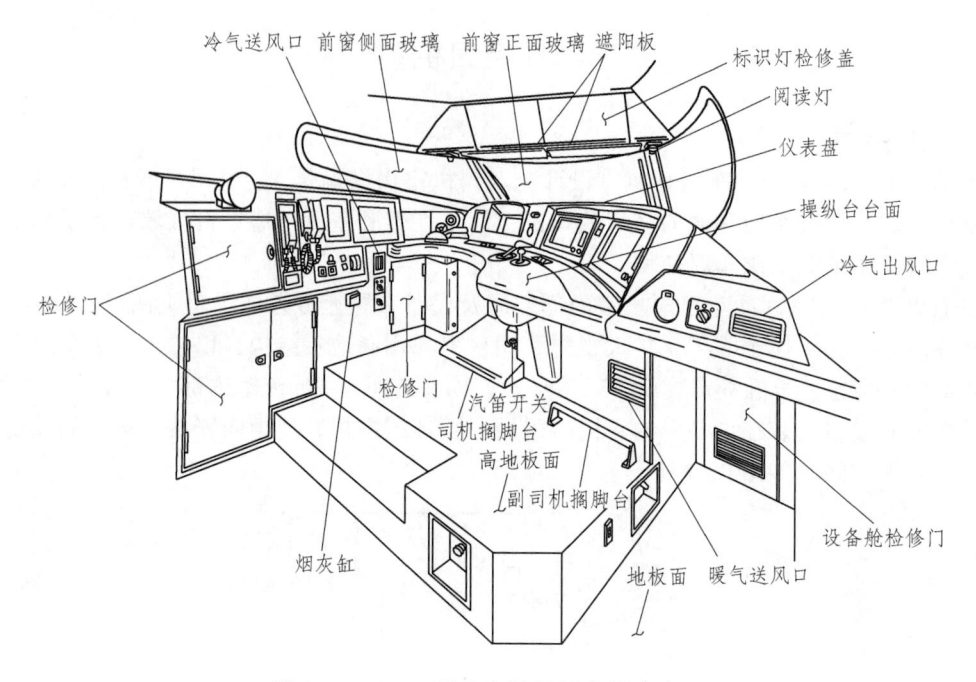

图 3.59　CRH$_2$型动车组司机室设备布局

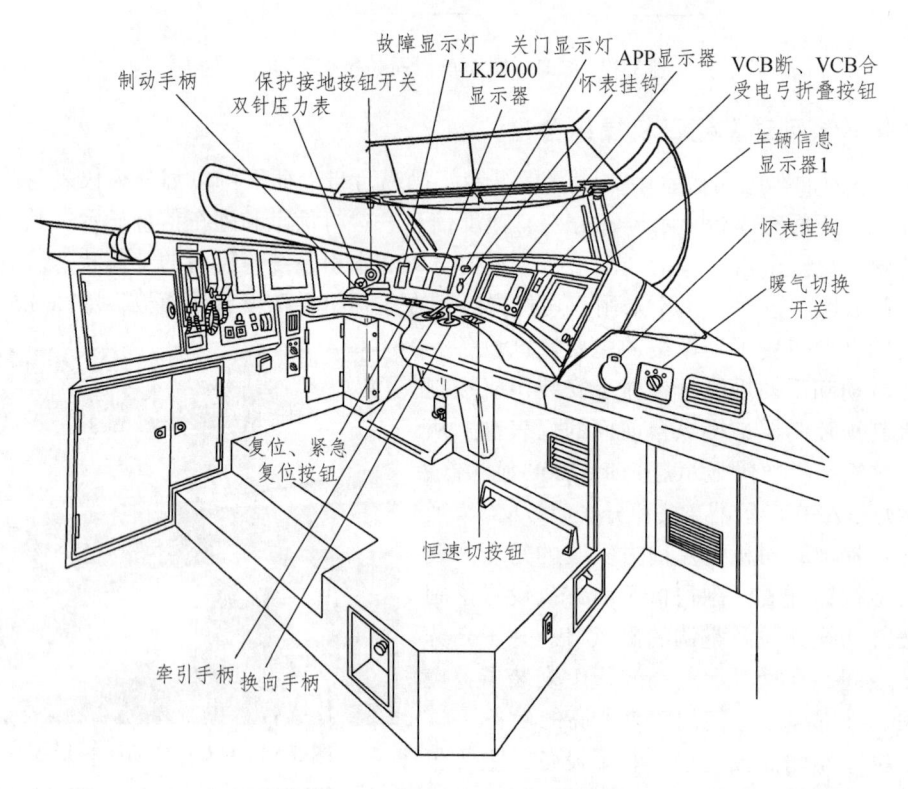

图 3.60　CRH$_2$型动车组司机操纵台仪表盘及台面设备布置

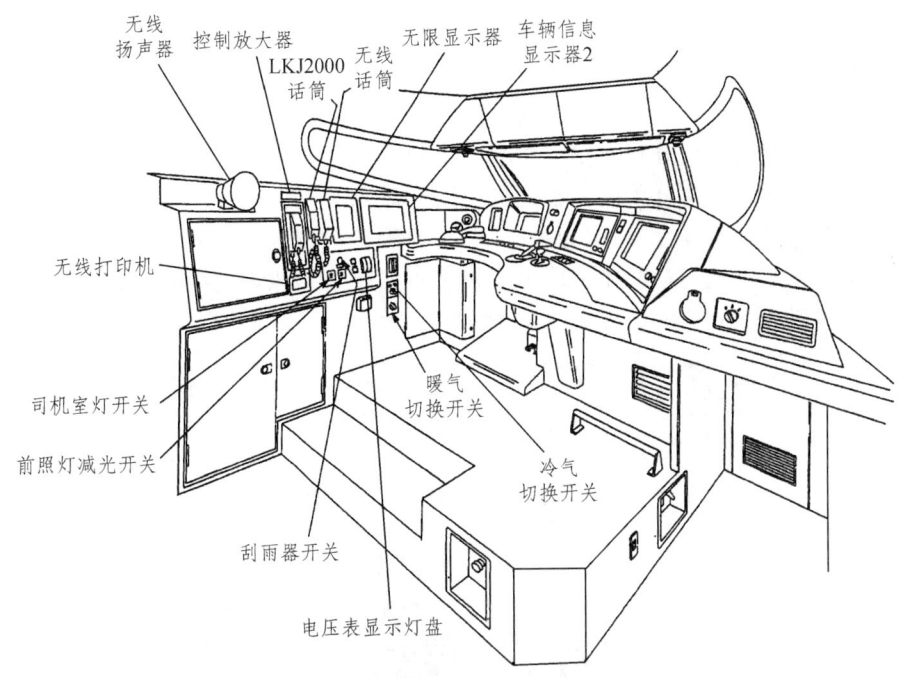

图 3.61 CRH₂型动车组司机操纵台侧面板设备布置

3. CRH₂系列动车组司机座椅

司机室内设司机室座椅、副司机座椅和乘务员座椅，分别设置在操纵区和通过台区域。

司机与副司机的座椅完全相同，具有以下调整功能：上下高度调整、前后移动调整、座椅转动调整、靠背倾斜度调整、扶手角度调整、靠背高度调整、体重调整。司机和副司机座椅如图 3.62 所示。

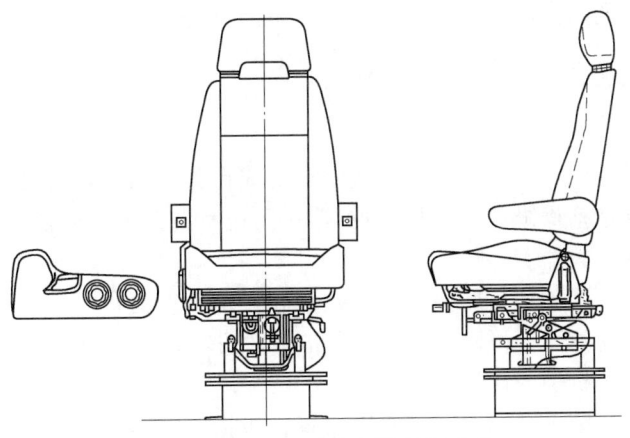

图 3.62 CRH₂型动车组司机座椅

3.5.4 CRH₃C/CRH₃₈₀B系列动车组司机室

1. 司机室特点

CRH₃C/CRH₃₈₀B系列动车组司机室设计为单人操纵模式，司机操纵台居中布置。司机室的布局遵循 UIC 615 标准。

司机室电气柜为司机操纵台的一部分，并与司机室间壁一体化设计。设置通透的司机室间壁，旅客在旅途中可以看到司机室。司机室不设单独的司机登车门，在特殊情况下，司机可以借助逃生梯和旋转窗离开司机室。

司机室车体横梁将前窗分为两个独立的空间，分别装有挡风玻璃，扩大司机视野和增加司机室采光。下挡风玻璃具有自动加热功能，在内侧，设置电动遮阳帘，避免自然光和人造光直射；在其前方，设置气动雨刷，确保司机视野。在上挡风玻璃内侧，设置遮阳窗，起到防护眩光以及内部装饰的功能，如图 3.63 所示。

图 3.63　CRH$_3$ 型动车组司机室

司机室设置独立的司机室空调单元，可调节司机室的温度、风量等。当司机室空调出现故障时，通过司机室空调蒸发单元上的转换开关，将客室空调调节功能引入司机室，确保司机室的工作环境。

司机室提供了诸如辅助座椅、衣帽钩和小废物箱等设备。

CRH$_{380B}$ 系列动车组司机室在 CRH$_{3C}$ 型动车组司机室的基础上进行了适应性优化设计，主要表现在操纵台上，增加了 ATP 冗余结构。

2. 司机室操纵台

司机控制台位于司机正前方，它包括通常需要或行驶期间需要使用的控制和指示元件。司机室的操纵台主要包括操纵台（包括主控区）；司机室右侧柜（包括第二和第三操纵区）；司机室左侧柜（包括灭火器）。

司机室操纵台用于驾驶列车所需的各种控制和显示部件的布置，驾驶列车所需的电子和电气、空气和机械的设备设于司机室柜中，设备组件按功能分组安装并有 FRP 遮盖元件，脚部空间单元为左右侧司机柜的连接元件。

司机操纵台（主控区）在司机前方居中布置，包括经常用到的元件或驾驶列车需要的元件。而仪表板位于主操纵台的上部，以便于司机观察，位置分布如图 3.64 所示。

司机室右控制柜布置在司机的右手侧，安装司机驾驶列车过程不常用的零部件；按照功能分，右控制柜操作区又可以分为第二操作区（或辅助操作区）和故障面板区域，如图 3.65 所示。

图 3.64　CRH$_3$/CRH$_{380B}$ 系列动车组司机室操控台布置

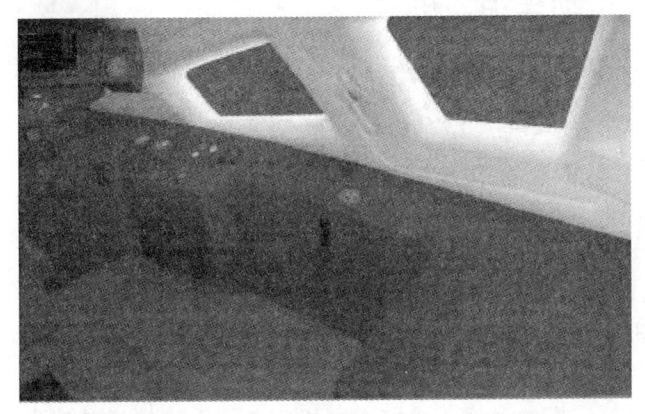

图 3.65　CRH$_3$/CRH$_{380B}$ 系列动车组司机室右侧柜布置

司机左控制柜操作区布置司机驾驶过程不常使用的元件或设备，如打印机、垃圾箱、灭火器、杯托等，如图 3.66 所示。

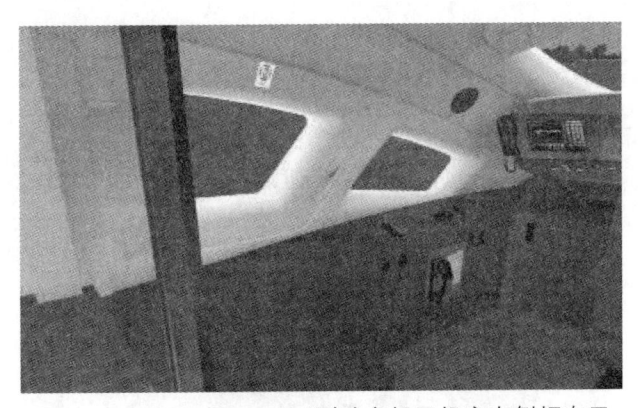

图 3.66　CRH$_3$/CRH$_{380B}$ 系列动车组司机室左侧柜布置

3. 司机室座椅

CRH$_3$/CRH$_{380B}$ 系列动车组每个头车里各设一个司机座椅。司机室座椅结构如图 3.67 所示。

CRH₃C型动车组司机座椅具有纵向190 mm和高度方向100 mm的调节余量，满足不同身高和体型司机的坐姿需求。司机座椅的工具箱中一个抽屉用来存储工具，另一个抽屉中存储应急梯，两个抽屉中均有用于锁闭的盖罩，座椅底座配有可牢固固定在不同位置的调节式气弹簧。

在CRH₃/CRH₃₈₀B系列动车组司机室中，左控制柜的面板上集成了一个辅助座椅，用于相关人员乘坐或休息。

3.5.5　CRH₅型动车组司机室

1. 司机室特点

司机操纵台居中布置。CRH₅型车司机室车体采用整体玻璃钢结构，并在玻璃钢车体上设置挡风玻璃、侧窗、前照灯以及车钩、前端模块和内部等部件的安装接口。在司机室后方设置电器柜，布置ATP、LKJ和CCU等设备件积极信息显示显示和操纵面板，在司机室间壁柜上集成司机室门。设置独立的司机室等车门，并在司机室通过台区域设置常闭的内端门，隔离乘客区。

挡风玻璃通过双层窗框的形式，栓接在司机室车体上。挡风玻璃内侧设置手动遮阳帘，避免直射光线引起司机室眩光；在其前方，设置电动雨刷器，确保司机良好的视野。

设独立的司机室空调单元，实现司机室通风和制冷功能。设置独立的加热器，对司机室温度进行调节。

CRH₅型动车组司机室室设有后视系统，影像采集设备布置在车体两侧，显示屏集成在内装墙板上。

2. CRH₅型动车组司机室操纵台

CRH₅型动车组司机室操纵台如图3.68所示。

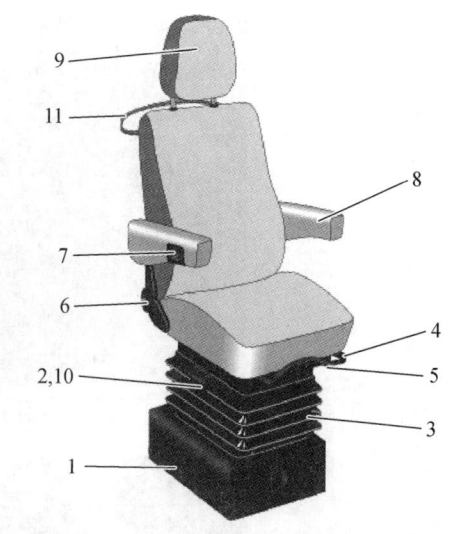

1—储藏箱；2—座椅；3—旋转装置；4—前后倾斜调整；5—座椅上部调整；6—椅背倾斜调整；7—座椅扶手倾斜度调整；8—座椅扶手；9—头枕；10—高度调节手柄；11—衣帽钩。

图3.67　CRH₃/CRH₃₈₀B系列动车组司机室座椅

图3.68　CRH₅型动车组司机操纵台

CRH₅型动车组司机室操纵台的各设备件按功能模块安装，具体如图3.69所示。

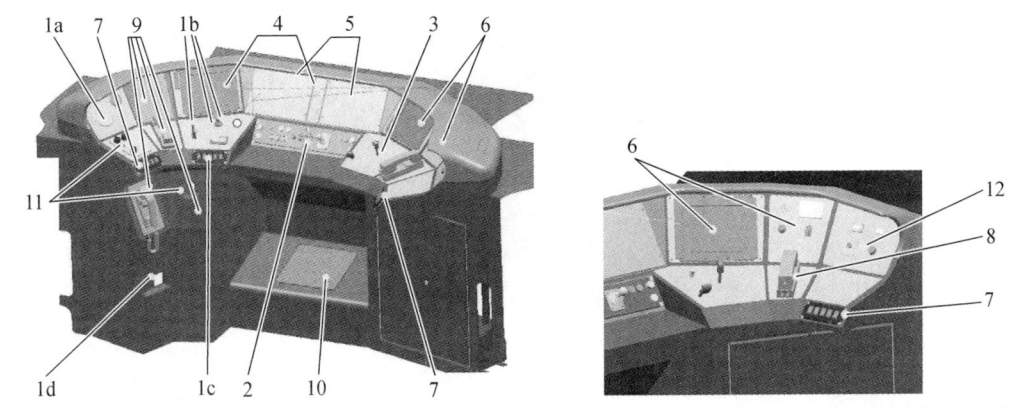

1a—制动仪表区；1b，1c，1d—制动系统指令区；2—主指令面板区；3—牵引面板区；4—主要动车组设备和警示灯区；5—ATP和信号监控区；6—诊断监控和安全警示板区；7—左右方辅助指令控制面板区；8—车载通信控制区；9—GSM-R装置区；10—司机脚踏；11—空调控制板区；12—解钩指令控制板区

图3.69 CRH₅型动车组司机操纵台功能分区

3. CRH₅型动车组司机室座椅

CRH₅型动车组司机室座椅如图3.70所示。

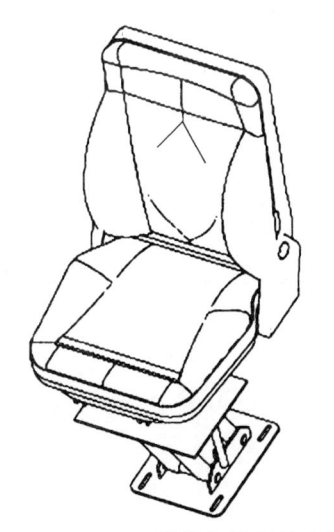

图3.70 CRH5型动车组司机座椅

3.5.6 标准动车组司机室

标准动车组司机室采用单人驾驶模式，司机操纵台在中央。司机室的设计遵行UIC 651标准，符合现代的人机工程学设计原则。机室布置了动车组的主要操控设备，对全车进行牵引、制动控制，同时控制全动车组的空调、车门和广播等设备，检测动车组运行信息并进行故障诊断，保证动车组高速、准时、安全运行。标准动车组司机室如图3.71所示。

3.71 标准动车组司机室

复习思考题

1. 简述车体的作用与基本组成。
2. 按车体承载特点分，车体结构形式有哪几类？
3. 动车组车体的轻量化设计是从哪些方面考虑的？
4. 车体的密封技术有哪些，提高车体隔声性能的主要措施有哪些？
5. 车体的流线型技术包含哪几方面？在动车组头形设计中一般要注意哪些问题？
6. 简述各型 CRH 型动车组车体的结构特点。
7. 简述动车组的设置组成和各型动车组的设备布置情况。
8. 简述动车组司机室的设备组成，分析典型动车组司机室的设备布置情况。

Part 4　动车组车端连接装置

4.1　概　述

4.1.1　车端连接装置的作用与组成

车端连接装置在动车组中具有重要的作用，它不仅要实现车辆间的机械连接，还要实现车辆与车辆之间的电气和气路连接等。机械连接的作用主要是使连接的各车辆彼此间保持一定的距离，并且传递与缓和动车组在运行过程中及在调车过程中产生的纵向冲击和振动。电气和气路连接为车辆间提供各种电压的电气与压缩空气的通路。另外，车端连接装置还应为车辆间的流动人员提供安全、舒适的通道等。

动车组车端连接装置通常包括车钩缓冲装置、电气与风管连接器、内外风挡等部件。车钩缓冲装置安装在车辆底架上，该装置传递列车运行过程中的牵引力及制动力，缓和列车纵向冲动力。电气与风管连接器通常与车钩组成一个复合部件，构成了整个动车组中低压电气系统的通路及全车空气系统的通路。风挡装置设置于车辆外端墙外侧，由柔性材料及渡板组成密闭通道供乘客及乘务人员通行，如图4.1所示。

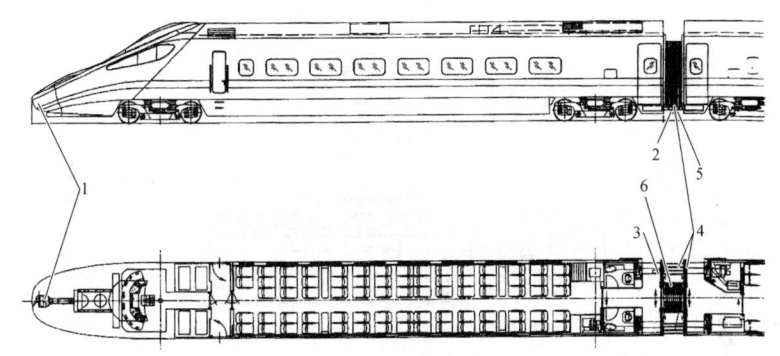

1—自动车钩缓冲装置；2—半永久车钩缓冲装置；3—过渡车钩（备用）；4—电气连接装置；
5—压缩空气连接；6—风挡装置。

图4.1　车端连接装置布置

4.1.2　车钩缓冲装置的组成与要求

1. 组　成

车钩缓冲装置由车钩、缓冲器和车钩复原装置3部分组成，如图4.2所示。车钩和缓冲器通常组装为一个整体安装于车体底架前端的牵引梁内。组装后的牵引缓冲装置，允许车钩可以在人力作用下上下、左右小幅摆动。列车曲线运行时，车钩中心线与车体中心线之间必将产生一个偏角，即车钩要左右摆动。为了使列车能顺利通过曲线，在冲击座上安装车钩复原装置，以增加车钩摆动的灵活性和复原能力。为了保证车辆连挂安全可靠和车钩缓冲装置安装的互换性，我国铁路机车车辆有关规程规定：车钩缓冲器装车后，其车钩钩舌的水平中心线距钢轨面在空车状态下的高度，客车为 (880^{+10}_{-5})，货车为（880±10）mm。两相邻车辆的车钩水平中心线最大高度差不得大于 75 mm。

2．车钩缓冲装置的传力过程

车钩缓冲器在车上的安装位置及车钩的受力状态如图 4.3 所示，其车钩缓冲装置传力过程如下：

（1）当车辆牵引时，作用力的传递过程。

车钩→钩尾销→钩尾框→后从板→缓冲器→前从板→从板座→牵引梁。

（2）当车辆受压（冲击）时，作用力的传递过程。

车钩→前从板→缓冲器→后从板→后从板座→牵引梁。

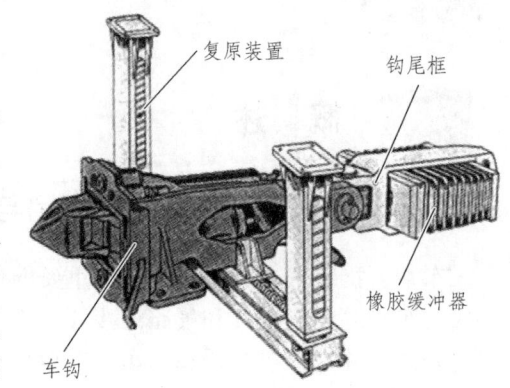

图 4.2 车钩缓冲装置结构

由此可见，钩缓装置无论是承受牵引力还是冲击力，都要经过缓冲器将力传递给牵引梁，这样就可能使车辆间的纵向冲击振动得到缓和和消减，从而改善运行条件，保护车辆及货物不受损坏。

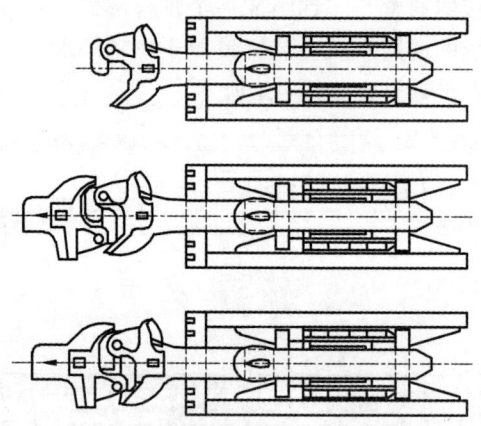

1—车钩缓冲装置；2—冲击座及车钩托梁；3—牵引梁；4—前从板座；5—钩尾框托板；6—后从板座。

图 4.3 车钩缓冲装置在车上的安装位置

3．动车组对车钩缓冲装置的性能要求

我国现用的客车牵引缓冲装置如图 4.4 所示，由 15 号车钩、G1 缓冲器、钩尾框、从板等零部件组成，其优点是制造简便、成本低。但两车钩连挂后连接面的纵向间隙大，在列车运行中将产生很高的加速度和冲击力，因而对高速客车的平稳性极为不利。而且它采用的缓冲器为摩擦式缓冲器，容量小，只有在受到较小冲击时才能起到缓冲作用，所以只能适用于普通客车。

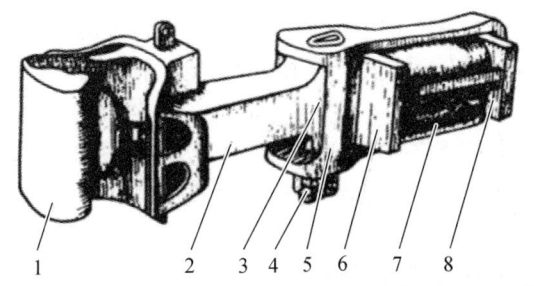

1—钩舌；2—钩身；3—钩尾；4—钩尾销；5—钩尾框；6—前从板；7—缓冲器；8—后从板。

图 4.4 传统的车钩缓冲装置的结构

高速列车的车钩缓冲装置通常采用机械、气路、电路均能同时实现自动连接的密接式车钩，如图 4.5 所示。这种车钩属于刚性车钩，它要求两车钩连挂后，其间没有上下和左右的移动，而且纵向间隙也限制在很小的范围内（1～2 mm）。这对高速列车运行平稳性、降低车钩零部件的磨损和噪声均有重要意义。

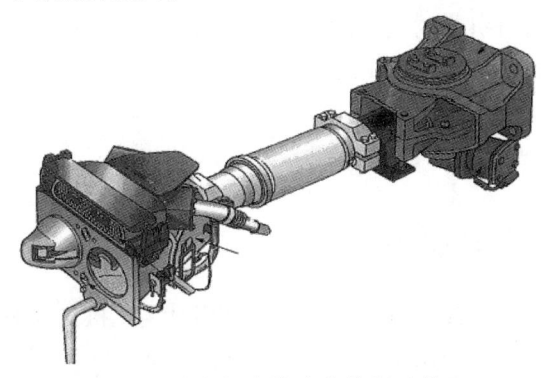

图 4.5 动车组密接式车钩缓冲装置

密接式车钩缓冲装置的特点：

（1）连挂要求：应具有连挂和解钩功能，并备有手动连挂、解钩功能。

（2）刚度和强度要求：应具有足够的刚度和强度，能顺利传递纵向力。动力分散与动力集中动车组对车钩强度的要求不同，动力集中式动车组要求车钩的压缩载荷不小于 1 500 kN，拉伸载荷不小于 1 000 kN。动力分散式动车组要求车钩的压缩载荷及拉伸载荷都不小于 1 000 kN。

（3）电气和风管连接要求：应具有电气和风管自动连接和手动整体连接功能。

（4）间隙要求：应具有小间隙（2 mm 以下），运行平稳性和能实现电气线路、风管路的自动对接。

（5）缓冲器要求：缓冲器在满足容量要求的前提下，应尽量减小初压力，要求有良好的动力特性（阻抗力-位移）曲线，以提高列车的纵向舒适性。

（6）体积要求：尽可能缩小体积和减小质量。

4.1.3 风挡的功能与要求

客车在高速下运行，客车厢体内外极易形成负压，大部分冷空气及灰尘通过车辆连接处进入车厢；造成客车热量损失和车内空气质量混浊，直接影响列车的运用质量。为了防止风沙、雨水侵入车内及运行时便于旅客安全地在列车内通行，车辆两端连接处装有风挡装置（也称折棚装置）。

风挡是旅客和乘务员来往于各车厢之间的必经之路，它具有良好的纵横向伸缩性和垂向、横向的柔性，以适应车辆运行过程中振动与安全通过曲线和道岔的需要。对于动车组的风挡还需要满足以下要求。

（1）空气阻力要小。车辆连接处平顺光滑，以减少列车运行的空气阻力。

（2）要有足够强度。为适应车外气压波的急剧变化，要满足气动载荷下的强度要求。德国规定气动载荷为 3.9~5.5 kPa，日本规定为 7.500 kPa。

（3）抗弯曲性能好。车辆运行时，数个自由度的运行使得风挡始终处于变形之中，因此，要求动车组风挡装置具有较高的抗弯曲性能。而且在紧急情况下风挡还应当能够自动分解开。

（4）隔声性能和密封性要好。为了保证车内舒适性的要求。德国规定风挡的隔声在 40 dB 以上。即使列车以 250 km/h 速度通过隧道，风挡处的噪声也不允许超过 75 dB；另外，为了避免列车会车和通过隧道时引起的气压波动造成车内乘客因耳内压力失衡而引起不适。一般规定车内压力变化最大值不大于 1.0 kPa，压力变化率不大于 0.2 kPa/s。

4.2 车　钩

4.2.1 车钩的作用与类型

车钩是牵引缓冲装置的主要部件之一，车钩是用来实现机车和车辆或车辆和车辆之间的连挂，传递牵引力和冲击力，并使车辆之间保持一定距离的车辆部件。

车钩按照连接方法，一般可分为非自动车钩和自动车钩。非自动车钩由人工来完成车辆的连接，而自动车钩则不需要人参与就能实现连接。我国动车组端部均采用自动车钩，而动车组内各车辆间的连接则为半永久车钩。自动车钩又可分为两种基本类型：非刚性车钩和刚性车钩。

1. 非刚性车钩

如图 4.6（a）所示，非刚性车钩连挂时允许两个相连接的车钩钩体在垂直方向上有相对位移。当两个车钩的纵轴线存在高度差时，两个钩呈阶梯形状，并且各自保持水平位置。由于钩体的尾端相当于销接，这就保证了车钩在水平面内的位移。

2. 刚性车钩

如图 4.6（b）所示，刚性车钩也称为密接式车钩，在连挂时不允许两连挂车钩存在相对位移，如果在车辆连挂之前两车钩的纵向轴线高度已有偏差，那么在连挂后，两车钩的轴线处于同一条直线上并呈倾斜状态。两钩体的尾端具有完全的销接，这就能保证两连挂车辆之间可以具有相对的平移和角位移，之所以要保证具有这些位移是因为线路的水平面及纵剖面是变化的，以及车体在弹簧上是振动的。

（a）非刚性车钩　　　　　　　（b）刚性车钩

图 4.6　非刚性车钩和刚性车钩连接示意

我国铁路一般客、货车均采用非刚性的自动车钩，对于高速列车和城市轨道交通车辆则应采用刚性车钩，一般端部采用密接式自动车钩，而中间车辆之间采用半自动车钩（或称棒式车钩）。

4.2.2　车钩的三态作用

车钩工作室各不同零部件处于不同位置，起着不同的作用，从而使车钩具有闭锁、开锁和全开 3 个工作状态，称为车钩的三态作用，如图 4.7 所示。

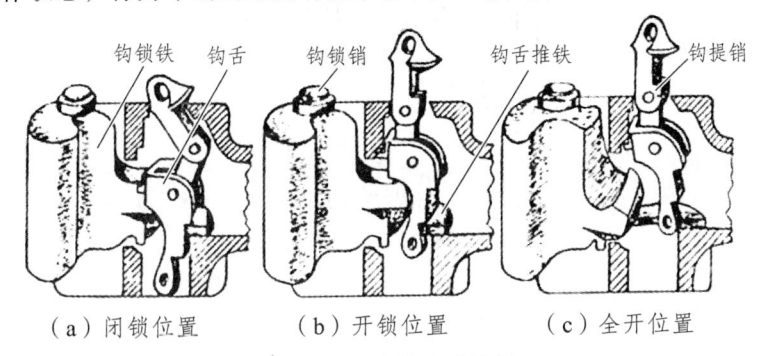

（a）闭锁位置　　　　　　（b）开锁位置　　　　　　（c）全开位置

图 4.7　车钩的三态作用

（1）闭锁位置（连挂状态）：车钩钩舌被挡住不能向外转开的位置，称为锁闭位置，两辆车连接在一起时车钩就处于这个位置，为牵引时所用。
（2）开锁位置（解钩状态）：闭锁机构打开，钩舌只要受到拉力就可以转开的位置。
（3）全开位：钩舌完全打开的位置。

摘钩时，只要其中一个车钩处于开锁位置，就可以把两辆车分开。挂钩时，只要其中一个车钩处于全开位置，就可以把两辆车连挂在一起。

4.2.3　典型车钩的结构与工作原理

目前，CRH 系列动车组采用自动车钩缓冲装置按连挂、解钩方式分为全自动车钩缓冲装置、半自动车钩缓冲装置。全自动车钩缓冲装置采用密接式车钩，按结构形式分为柱销式车钩（柴田式）、连杆式（Scharfenberg10 型）；半自动车钩缓冲装置采用密接式车钩或者自动车钩。其中，CRH_{1A}、CRH_3、CRH_{380B}、CRH_5、CRH_{380D} 型动车组为全自动连杆式车钩缓冲装置，CRH_{1B}、CRH_{1E} 型动车组为半自动车钩缓冲装置，采用 AAR 型车钩头；CRH_2 型动车组为全自动杆销式车钩缓冲装置；CRH_{380BL}（CL）型为半自动连杆式车钩缓冲装置。

1. 连杆式车钩（Scharfenberg10 型密接式车钩）

连杆式车钩在连挂过程中，内部连挂机构旋转，使得两钩连挂，此时连挂机构形成完整平行四边形结构。连杆式车钩钩头的机械连接部分结构如图 4.8 所示。

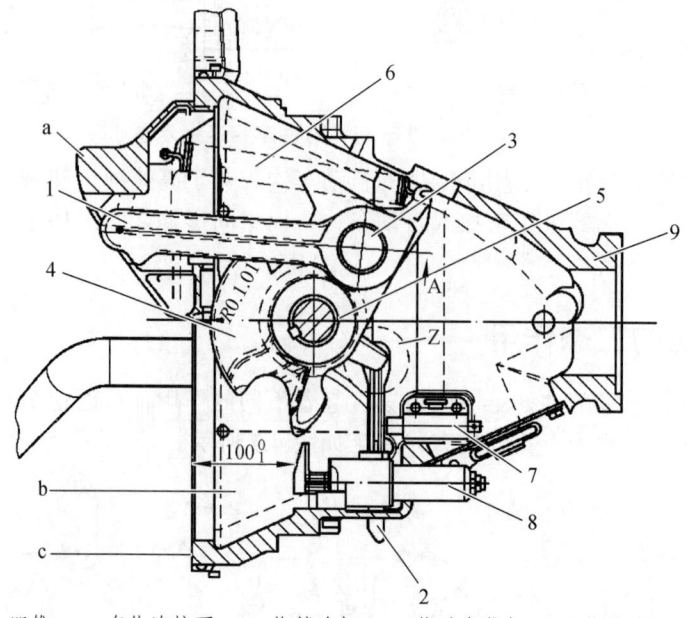

a—凸锥；b—凹锥；c—车钩连接面；1—钩锁连杆；2—钩舌定位杆；3—钩锁连杆销；4—钩舌；
5—主销；6—钩锁弹簧；7—定位杆弹簧；8—解钩导向杆；9—钩体。

图 4.8 连杆式车钩钩头结构

车钩钩头表面有凸锥和凹锥，允许两车钩间自动对齐和同心，在水平和垂直方向提供一个大的连挂范围。图 4.9 给出了车钩钩头的连挂范围，自动连挂可以在阴影所示的范围内完成，图 4.9 所示的连挂范围适用于直线连挂。在曲线上连挂时，连挂范围将减小。安装在车展连挂范围。钩头表面较宽平以吸收缓冲力。牵引力经由钩舌、中心销轴、拉簧、弹簧座、

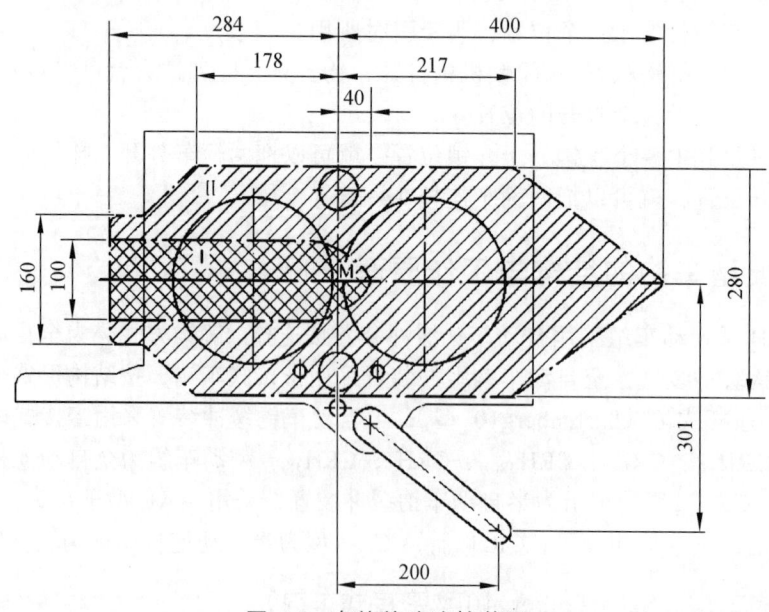

图 4.9 车钩钩头连挂范围

钩连接面上的导向杆增加了车钩的连挂范围。在车钩表面一侧，采用导向喇叭和延长线来扩导向杆等进行传递。牵引力和缓冲力经由车钩牵引杆从钩头传输到轴承座，超出车钩缓冲装置吸收能力的负载被传送至车体底架。

自动车钩有待挂（见图 4.10）、连挂（见图 4.11）、解钩（见图 4.12）3 种状态。

（1）待挂状态：如图 4.10 所示，为车钩连接前的准备状态，此时钩舌定位杆卡在导向杆上，钩锁连杆退缩至钩头锥体内，钩舌上的钩嘴对着钩头前方，钩锁弹簧处于拉伸状态。

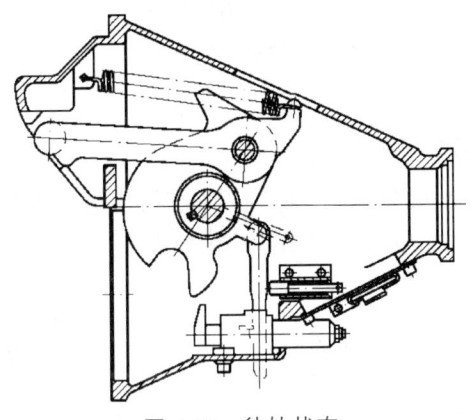

图 4.10 待挂状态

（2）连挂状态：如图 4.11 所示，相邻两钩的凸锥体伸入对方的凹锥孔并推动定位杆顶块，定位杆顶块迫使钩舌定位杆离开待挂位置。这时，钩锁弹簧的回复力使钩舌做逆时针转动，并带动钩锁连杆伸进相邻车钩钩舌的钩嘴，完成两钩的连接闭锁。此时，两钩的钩锁连杆和钩舌形成平行四边形连杆机构，当车钩受牵拉时，拉力由两钩的钩锁连杆均匀分担，当车钩受冲击时，压力通过两车钩壳体凸缘传递。

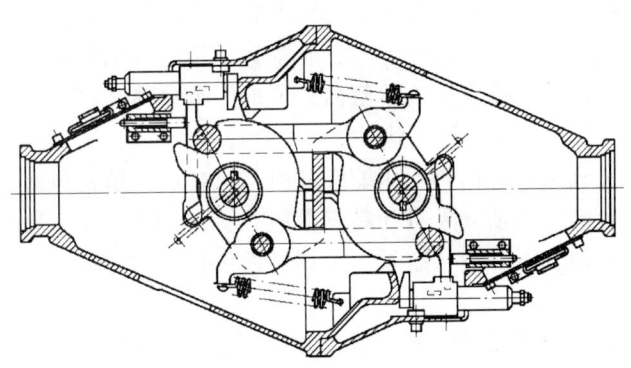

图 4.11 连挂状态

（3）解钩状态：如图 4.12 所示，解钩时，顺时针转动弹簧加载的钩锁，直至将钩舌从钩锁上释放。当棘爪与带心轴导杆啮合在一起时，保持钩锁的锁定位置。列车分离时，弹簧加载的带心轴导杆和导杆卡子同时向前移动并释放棘爪。车钩锁在拉簧的作用下沿逆时针方向转动，直至棘爪与导杆卡子相啮合。车钩缩回至待挂位，再次准备连挂。

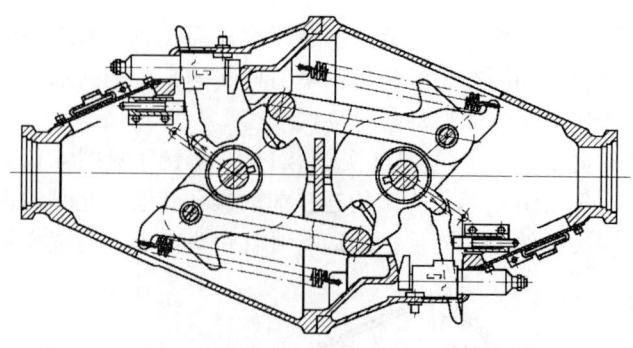

图 4.12　解钩状态

2．柱销式车钩（柴田式密接式车钩）

柱销式车钩钩舌和钩舌腔均为半圆柱结构，在连挂状态下两钩形成完整圆柱钩舌和圆柱钩舌腔以实现车钩的连挂。柱销式车钩的结构如图 4.13 所示。

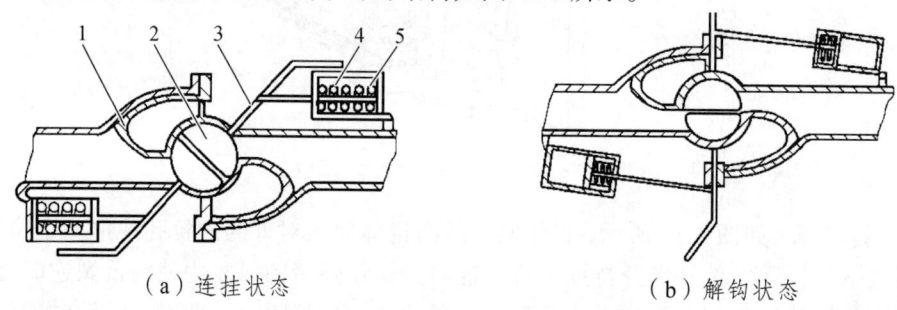

（a）连挂状态　　　（b）解钩状态

1—钩头；2—钩舌；3—解钩杆；4—弹簧；5—解钩风缸。

图 4.13　柱销式车钩组成

柱销式自动车钩的工作过程分为连挂和解钩两种。连挂时，钩头凸锥插入相邻车钩的凹锥孔内，钩头内侧面压迫相邻车钩钩舌逆时针转动，逐渐进入钩舌腔内，与此同时，解钩风缸弹簧受压变形；当两钩舌连接面完全接触后，形成一个球体，在解钩风缸弹簧复原力的作用下，在凹锥孔内顺时针转动后恢复原状，完成车辆连挂，车钩处于连挂状态，如图 4.13（a）所示。自动解钩时，司机操纵解钩阀，压缩空气由总风缸进入解钩风缸，使活塞向前推动解钩杆并带动钩舌逆时针转动而使车钩处于待解状态，如图 4.13（b）所示。手动解钩时，依靠人力推动解钩杆使车钩处于待解状态具体工作过程包括下面 3 方面：

（1）待挂状态。

自动车钩待挂状态如图 4.14 所示，此时，解钩杆、钩舌和弹簧均处于自然状态。

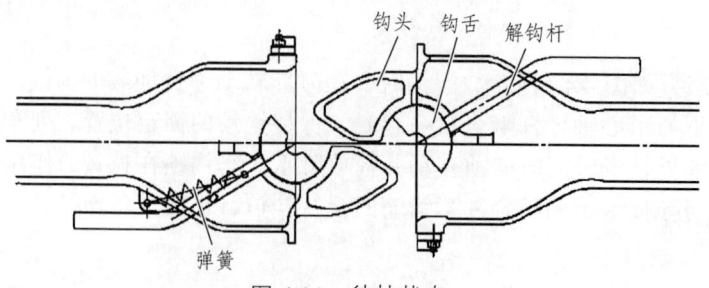

图 4.14　待挂状态

（2）连挂过程。

当需要连挂时，车辆以规定的速度接近，在车钩的凸锥斜端面与另一车钩的钩舌接触的同时，推压钩舌使其逆时针方向转动，此时车钩的状态如图4.15所示。

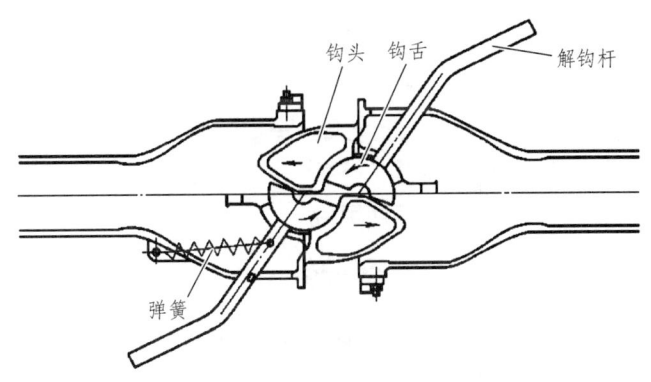

图4.15 连挂中状态

车辆进一步移动，相邻车钩的凸锥导入对方的凹锥，此时两车钩的相对运行停止，车钩状态如图4.16所示。

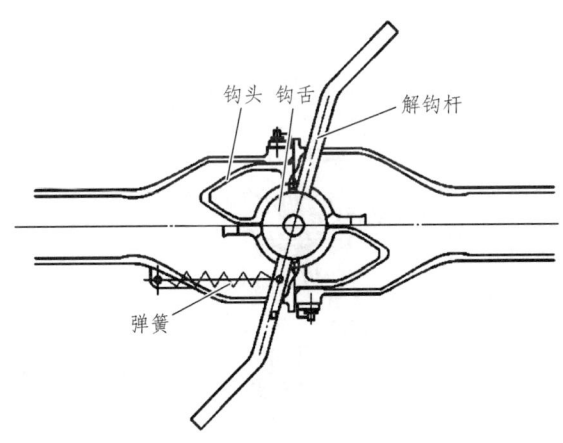

图4.16 连挂后状态

凸锥完全导入凹锥的同时，弹簧拉动解钩杆并带动钩舌顺时针转动，待转动停止后，圆形钩舌和钩舌腔相互嵌套，完成连挂，解钩杆在复原弹簧的拉力作用下自动回到连挂位置。此时两车钩的状态如图4.17所示。

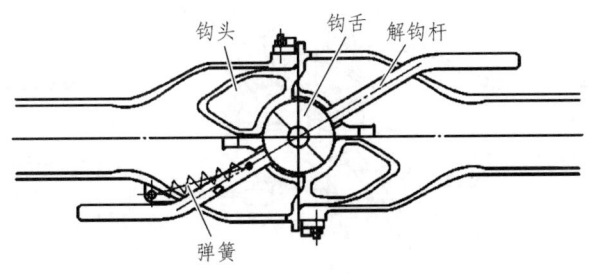

图4.17 闭锁后的状态

（3）解钩过程。

当需要解钩时，如图 4.18 所示箭头方向拉解钩杆（通过解钩风缸充风由风缸推动，也可以手动），使车钩处于解钩前的准备状态。

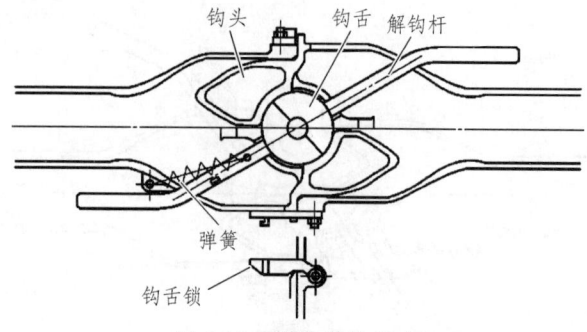

图 4.18　解钩前的状态

继续拉动解钩杆，直到极限位置，此时钩舌锁会自然地挂在对方解钩杆的凸台上，解钩杆被固定，呈解钩状态。此时两车钩的状态如图 4.19 所示。

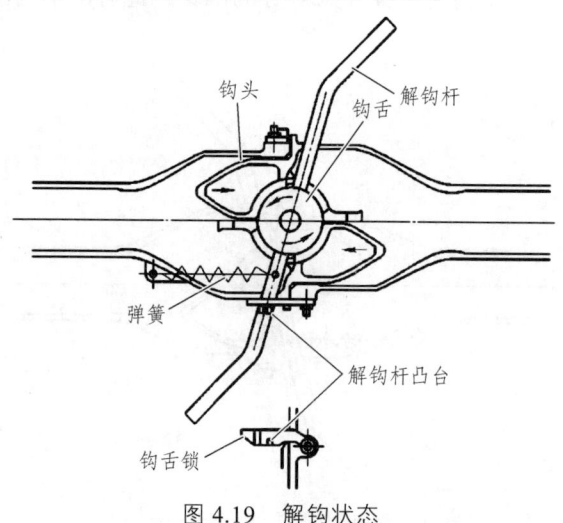

图 4.19　解钩状态

操作车辆后退，逐步释放车钩，钩舌锁从对方的解钩杆上自然分离。解钩过程中两车钩的状态如图 4.20 所示。

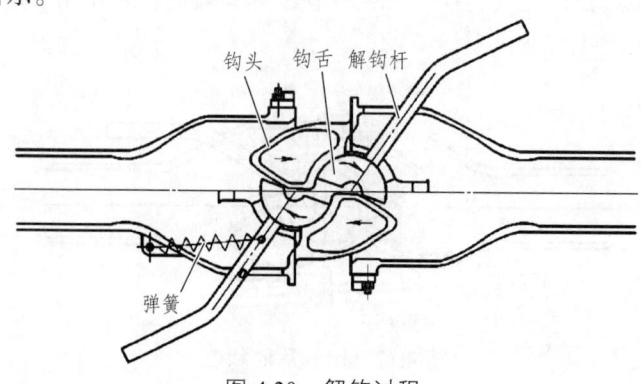

图 4.20　解钩过程

在车钩分离的过程中，在复原弹簧的作用下，解钩杆向待挂位置转动；解钩杆转动的同时带动钩舌顺时针回转，直到回到待挂位置，解钩过程完成。解钩后两车钩的状态如图 4.21 所示。

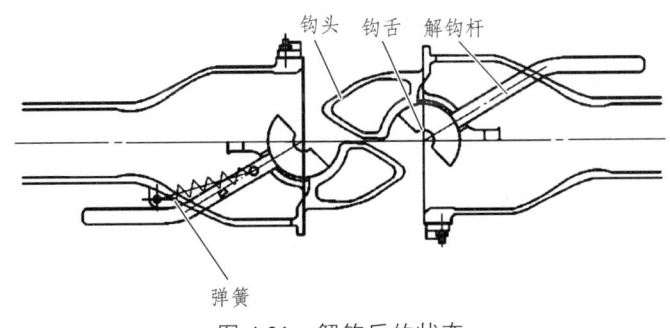

图 4.21 解钩后的状态

4.3 缓冲器

4.3.1 缓冲器的作用和类型

列车运行中车辆之间存在相互作用力，这些力都要靠车钩来传递，如果这些力过大很容易使车钩损坏。为了减少这些力对车钩的冲击，往往通过在车钩上安装可以缓和或者吸收振动的装置，这就是缓冲器。

缓冲器的种类很多，一般情况下可分为弹簧式缓冲器、摩擦式缓冲器、橡胶缓冲器、摩擦橡胶缓冲器、黏弹性橡胶泥缓冲器、液压缓冲器及空气缓冲器等。目前，在传统铁路机车车辆上使用最广泛的是摩擦缓冲器和摩擦橡胶式缓冲器，在高速动车组上越来越多地采用橡胶缓冲器和黏弹性胶泥缓冲器。

4.3.2 缓冲器的工作原理

缓冲器的作用是用来缓和列车在运行中由于起动、制动及调车作业时车辆相互碰撞而引起的纵向冲击和振动。缓冲器有耗散车辆之间冲击和振动的功能，从而减轻对车体结构和装载货物的破坏作用，提高列车运行的平稳性。其工作原理是借助于压缩弹性元件来缓和冲击作用力，同时在弹性元件变形过程中利用摩擦和阻尼吸收冲击能量。

4.3.3 缓冲器的性能参数

决定缓冲器特性的主要参数是缓冲器的行程、最大作用力、容量、初压力及能量吸收率等。

1. 行　程

缓冲器受力后产生的最大变形量称为行程。此时弹性元件处于全压缩状态，如再加大外力，变形量也不再增加。缓冲器的行程不应太小，如行程太小则速度变化率（加速度）太大则近似没有缓冲器。但缓冲器的行程也不能太大，行程太大则可能会影响的列车的纵向动力学性能。通常车钩缓冲器的行程为数十毫米到一百毫米之间。

2. 最大作用力

缓冲器产生最大变形量时，所对应的作用外力。缓冲器最大作用力要比车体容许的载荷要小，否则当发生超限载荷时，车体将发生永久变形而损坏。动车组缓冲器的最大作用力通常为 600~800 kN。

3. 容　量

缓冲器在全压缩过程中，作用力在其行程上所做的功的总和称为容量。它是衡量缓冲器能量大小的主要指标，如果容量太小，则当冲击力较大时就会使缓冲器全压缩而导致车辆刚性冲击。

对于动力集中式动车组，由于车辆间采用密接式车钩或铰接结构连接，彼此之间无相对运动，这样，相互连挂的车辆就成为一个质量很大的刚性车组，要达到足够大的连挂速度就要安装容量较高的缓冲器。例如，法国 TGV 铰接式高速列车，为保证连挂速度 8 km/h，装用容量为 58 kJ 和 62.5 kJ 的弹性胶泥缓冲器。对于动力分散式动车组，由于连挂速度较易控制，分解连挂的次数也相对较少，连挂速度也小些，缓冲器的容量就可低些。例如，上海地铁列车二动一拖为一车组，车辆连挂速度为 5 km/h 采用容量为 11.8 kJ 的环弹簧缓冲器。

4. 能量吸收率

为缓冲器在全压缩过程中，有一部分能量被阻尼所消耗，其所消耗部分的能量与缓冲器容量之比称为能量吸收率。吸收率越大，则表明缓冲器吸收冲击能量的能力越大，反冲作用就越小，否则缓冲器必须往复工作几次方能将冲击能量消耗尽，这将导致车钩、车底架过早疲劳损伤，并加剧列车纵向冲动。一般要求缓冲器的能量吸收率不低于 70%。

5. 初压力

初压力为缓冲器的静预压力。初压力的大小将影响列车起动加速度。缓冲器在满足容量要求的前提下，尽量减少初压力。日本国铁通过研究、设计了初压力为零的缓冲器，大大改善了旅客列车运行时的舒适度。

4.3.4　典型缓冲器的结构与工作原理

缓冲器主要由橡胶、弹簧等弹性元件组成。通常把装有缓冲器的车钩装置叫车钩缓冲装置。

1. 橡胶缓冲器

由于橡胶具有弹性较好、质量小等特点，因此，在很多需要缓冲减振的场合广泛应用。橡胶缓冲器根据其作用原理不同又分为平面拉压型缓冲器和剪切型缓冲器。

平面拉压型缓冲器由多片橡胶板和金属基板黏结而成，金属基板可提供安装基础及在缓冲过程中起散热作用。该种缓冲器的缓冲作用主要是通过压缩或拉伸橡胶板，让橡胶板内的橡胶片互相摩擦生热而消耗能量。

MX-1 型缓冲器属于平面拉压型橡胶缓冲器，其结构如图 4.22 所示。由楔块摩擦部分和 9 个橡胶片组成。DF$_{11}$ 机车和 SS$_8$ 型机车均采用这种缓冲器。MX-2 型缓冲器是在 MX-1 型缓冲器基础上改进而成的，与 MX-1 型缓冲器结构相似，主要改进有，由 9 个橡胶片改为 8 片（每片厚度由 35 mm 增大至 40 mm），同时加强了箱体强度。MX-1 型缓冲器的容量为 35 kN·m，阻抗力为 1 600 kN，行程为 65 mm。

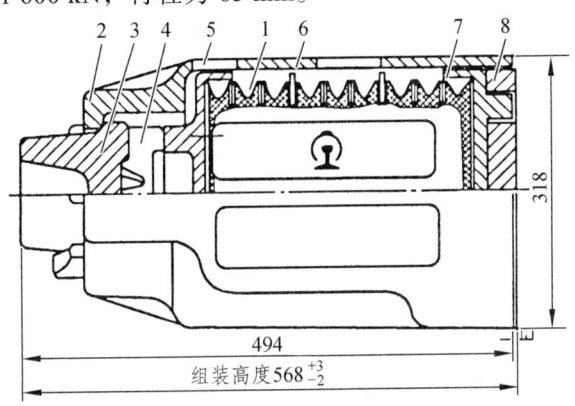

1—橡胶片组成；2—箱体；3—压块；4—楔块；5—预隔板；6—中隔板；7—底隔板；8—底板。

图 4.22　MX-1 型缓冲器

橡胶以压缩或拉伸方式施力时，其变形量不大，而以剪切方式施力时，则变形量较纯压缩或拉伸时更大。这样就有了剪切型橡胶缓冲器，如图 4.23 所示。剪切型橡胶缓冲器的作用原理不同于传统的橡胶缓冲器，不是依靠橡胶片之间的挤压过程吸收能量，而是靠壳体内部几块橡胶的剪切变形过程吸收能量。橡胶的可压缩性较小，但是其剪切位移却可以做得相对较大。同时，橡胶块的剪切变形是双向的，因此，新型橡胶缓冲器也是一种复式（双作用式）缓冲器。理论上新型缓冲器初压力为 0，这样就可以很好地吸收车辆之间数量较多且作用时间短暂的纵向冲动，大大提高旅客乘坐的舒适性。

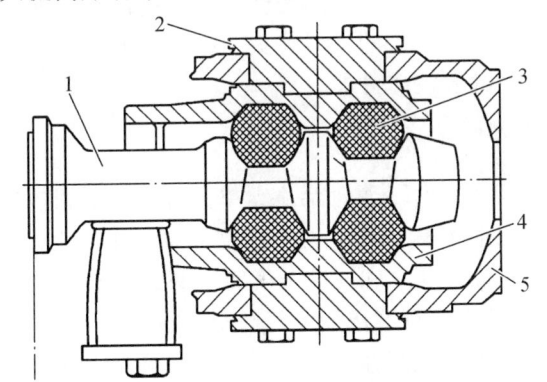

1—牵引杆；2—安装座；3—环形橡胶；4—缓冲器体；5—支撑座。

图 4.23　剪切型橡胶缓冲器

2. 弹性胶泥缓冲器

弹性胶泥缓冲器是近年来欧洲新开发的一种新型缓冲器，在法国、德国、波兰的高速列车、客车和货车上应用获得成功，现已被纳入 UIC（UIC526-1、UIC526-3）。这种缓冲器用一种未经硫化的有机硅化合物（称弹性胶泥）作为介质，它具有弹性、可压缩性和可流动性，其物理化学性能在 $-50 \sim +250\ ℃$ 具有较高的稳定性，抗老化、无臭、无毒，对环境无污染。它具有固体和液体两种属性的特征，其动黏度比普通液压油大几十至几百倍，且可根据需要改变配方予以调节，因此，在液压缓冲器中难以解决的密封问题，在这里变得极为简单。

弹性胶泥缓冲器的工作原理为在充满弹性胶泥材料的缓冲器体内，设有带环形间隙（或节流孔）的活塞。当活塞杆受到冲击力时，弹性胶泥材料受压缩产生阻抗力，并通过环形间隙（或节流孔）的节流作用和胶泥材料的压缩变形吸收冲击能量。由于胶泥材料的特性，冲击力越大，缓冲器的容量随之增大。当活塞杆上的压力撤除后，弹性胶泥体积膨胀或利用加设的复原弹性使活塞回到原位，这时胶泥材料通过环形间隙流回原位。其工作原理如图 4.24 所示。

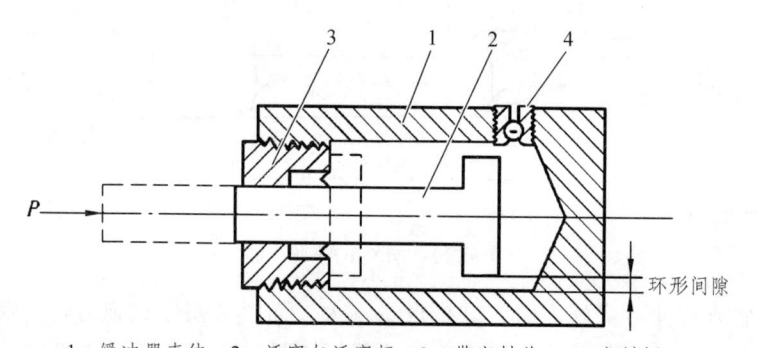

1—缓冲器壳体；2—活塞与活塞杆；3—带密封盖；4—充料阀。

图 4.24　胶泥缓冲器工作原理

这种缓冲器的力-位移特性曲线呈凸形，弹性胶泥缓冲器同普通缓冲器比较，有如下主要特点：容量大、阻抗力小、体积小、质量轻、检修周期长，它兼有液压和橡胶缓冲器两者的优点，同时克服了液压缓冲器制造比较复杂、密封困难和橡胶缓冲器吸收率低等缺点。这种缓冲器由于具有其他传统缓冲器不可比拟的高性能，迅速得到了推广，在世界上已经有十几个国家在应用，现在仍然保持着良好的发展势头。UIC 标准已做出规定：凡参加国际联运的欧洲国家客车，需要装用弹性胶泥缓冲器。

3. 气-液缓冲器

气-液缓冲器主要由柱塞、缸体、浮动活塞、单向锥阀、锥阀节流孔、节流阻尼环、节流阻尼棒等部件组成。气-液缓冲器内部形成两个油腔（油腔Ⅱ和油腔Ⅰ）和一个气腔。浮动活塞将柱塞内腔分隔出油腔（油腔Ⅱ）和气腔（气腔）两个腔室。柱塞底座与缸体之间的间隔为另一油室（油腔Ⅰ）。油腔内充有液压油，气腔充有氮气。

如图 4.25 所示，当相邻车辆间发生碰撞时：柱塞即被推入油腔Ⅰ中，油腔Ⅰ中的液压油通过节流阻尼环与节流阻尼棒形成的环缝及单向锥阀与柱塞端部形成的锥阀节流孔，流到油腔Ⅱ中，使得油腔Ⅱ的油量增大，从而使浮动活塞向左移动，气腔中的氮气被压缩。在冲击过程中，绝大部分动能转变为热能，并由缸体逸散到大气中，只有少量能量转化为油液的液压能，因而气-液缓冲器的能量吸收率比较大。

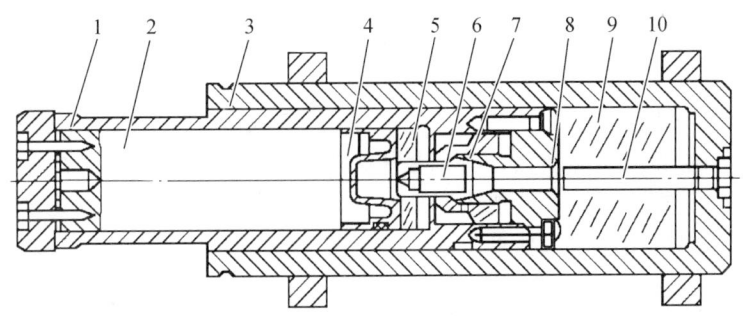

1—柱塞；2—气腔；3—缸体；4—浮动活塞；5—油腔Ⅱ；6—单向锥阀；7—锥阀节流孔；
8—节流阻尼环；9—油腔Ⅰ；10—节流阻尼棒。

图 4.25　气-液缓冲器结构原理

当车辆间的冲击减缓或消失时，被压缩的氮气通过活塞给油腔Ⅱ的液压油施加压力，并使液压油通过柱塞端部的单向锥阀流回到油腔Ⅰ中，柱塞又回到原位。其中，单向锥阀可相对柱塞端部轴向移动，但只在缓冲器被压缩加载时才打开。当缓冲器卸载时，单向锥阀在油腔Ⅱ的液压油作用下压紧在柱塞端部的阀座上，锥阀节流孔被封闭，因此油腔Ⅱ的液压油只能通过柱塞端部的单向阀流回到油腔Ⅰ，完成缓冲器的卸载。

节流阻尼棒的形状和尺寸是确定气-液缓冲器特性的关键，通过正确选取节流阻尼棒的形状和尺寸，就能得到比较理想的缓冲特性。

气-液缓冲器的动态特性与传统的弹簧和橡胶缓冲器存在很大差异。气-液缓冲器的阻抗力与冲击速度成一定比例关系，即冲击速度越大，阻抗力越大。

4.4　风挡和车端阻尼

4.4.1　风挡的功能和类型

目前我国使用的风挡装置有 3 种型式：铁风挡装置、橡胶风挡装置和折棚风挡装置，如图 4.26 所示。

（a）铁风挡　　　（b）橡胶风挡　　　（c）折棚风挡

图 4.26　风挡装置

1. 铁风挡装置

铁风挡装置由面板、风挡、风挡弹簧、缓冲杆和圆弹簧组成。车辆连挂后，借助弹簧的弹力，使两风挡面板紧密贴合，在列车通过曲线时，面板左右滑动，不会产生间隙，从而保证安全。

铁风挡装置具有结构简单，工艺要求低，经久耐用等优点。同时，也存在气密性差，隔音隔热效果差，产生噪声大等缺点，特别是风挡连挂后，带有错动间隙的摩擦面边缘均裸露在车内，容易挤伤手脚，对旅客造成人身伤害。因此，该型风挡无法满足现代客车的要求，正逐步被橡胶风挡或折棚风挡取代。

2. 橡胶风挡装置

橡胶风挡主要由橡胶板组成的横橡胶囊和立橡胶囊及下部缓冲装置所构成。与铁风挡相比，橡胶风挡有如下优点：① 比铁风挡噪声小；② 具有特殊形状的弹性橡胶囊和橡胶密封垫，可以防止雨水、尘土进入车厢内部；③ 具有良好的纵向伸缩性和横、垂向柔性，以适应车辆通过曲线和减小振动，提高乘坐的舒适性。橡胶风挡在 25 型客车、准高速客车、双层客车等车辆上得到了广泛的应用，但气密性不能满足客车以较高速度运行时的要求。因此 25k 型客车采用了折棚式的风挡，改型风挡不仅外观美观，气密性较好。但这种风挡的刚度阻尼很小，几乎不能对车体间相对运行产生约束。

3. 折棚风挡

折棚风挡（又称密接式风挡）由连接架、拉杆、折棚、挂钩、通道、踏板、板簧、锁盒 8 个组件组成，主要在 25k 型客车和动车组车辆上使用。其主要零部件都采用了不锈钢和高强度铝合金材料，具有耐腐蚀、不受气候影响的特点。折棚风挡具有良好的气密性，风、雨、雪、沙等不能侵入，同时防噪声效果大大提升，使乘客乘坐舒适度大大提高。过道美观并采用内饰板及新结构渡板，避免乘客被挤伤手脚，可圆滑地过渡列车走行时发生的两车之间的错动。

4.4.2 高速动车组用风挡的结构特点

CRH 系列动车组装用的风挡包括内风挡和外风挡，其组成如图 4.27 所示。

（a）内、外风挡　　　（b）压缩式外风挡　　　（c）折棚式内风挡

图 4.27　风挡组成

内风挡主要有折棚风挡和环形密封橡胶风挡两种类型。折棚风挡主要用于 CRH_1、CRH_3、CRH_5、CRH_{380B}（L）及 CRH_{380D} 型动车组上，主要优点为外观及密封性能好，缺点为车端阻尼小。环形密封橡胶风挡主要用在 CRH_2、CRH_{380A}（L）型动车组上，优点为气密性好、内部美观，有一定的车端纵、横向阻尼；缺点是隔热效果差。

对于高速列车，为了将空气阻力降到最低，应避免空气分流。在车底端部设外风挡。其功能原理是将车体端部外表面延伸，使两车体外表面在风挡位置间距缩小或完全贯通，减弱气流分离机气流冲击端墙表面的强度，以减小列车空气压差阻力。根据车辆的结构，外风挡分为压缩式和非接触式。压缩式式外风挡主要用在 CRH_2、CRH_3 型动车组上，优点为车体外形流线型，减阻效果好；缺点是维护不方便。

4.4.3 车端阻尼装置

随着列车运行速度的提高，车体的摇头、侧滚等振动问题成为影响列车运行品质的重要因素。同时，人们逐渐认识到车端连接设备的刚度和阻尼特点对车体振动的约束作用，这种约束将影响列车运行的舒适度。因此，一些铁路发达国家开始在车辆端部采用除缓冲器以外专门的减振装置，或改进原有的车端连接设备（风挡的阻尼特性），使之能够衰减车辆间的相对振动。这种除车钩缓冲装置以外，车辆端部具有阻尼特性、能够衰减车辆之间相对振动的连接设备称为车端阻尼装置。

CRH_2 型动车组在车辆间设有阻尼装置，如图 4.28 所示。阻尼装置的作用主要通过减振器实现，减振器的主要技术参数见表 4.1。

减振器

图 4.28 车端阻尼装置

表 4.1 车端减振器主要技术参数

型号	最大/最小长度 /mm	阻尼系数 /（kN·s/m）	卸荷速度 /（m/s）	减振方式
YA90580	1 495±4/915±4	1 960	0.007 5	油压减振

4.5 典型动车组车端连接装置

4.5.1 CRH_3 型动车组车端连接装置

1. 自动车钩

1）结构及主要技术参数

CRH_3 型动车组采用的是德国 VOITH 公司的夏芬伯格（Scharfenberg）10 号车钩系统，该系统具有较高的自动化程度，可适应大部分应用场合。

自动车钩缓冲装置由机械连接、电气连接和气路连接 3 部分组成。主要包括以下部件：

车钩头、电气连接器、车钩牵引杆、风管连接器、结构风缸、缓冲装置等，车钩设有伸缩机构，为全自动车钩钩缓装置，结构如图 4.29 所示，其主要技术参数见表 4.2。机械连接部分设于钩头中央，电气连接器分设在左右两侧。中心轴上下方设气路连接器。同时，车钩头部的前表面和电气连接器都装备有加热器。当外界温度低于 5 ℃时，加热器启动。

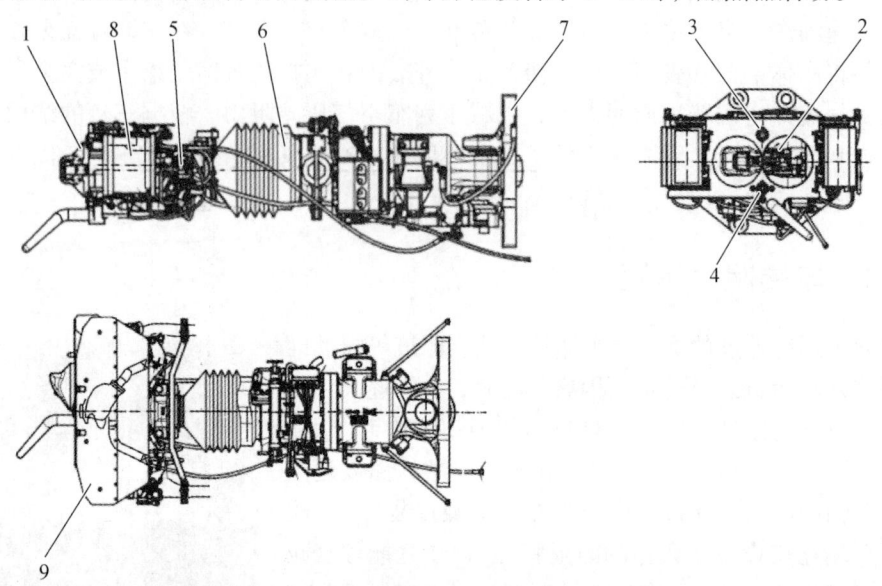

1—车钩头；2—解钩风缸；3—风管连接器；4—风管连接器；5—电气连接器控制器；
6—车钩牵引杆；7—轴承座；8—电气连接器；9—防护盖。

图 4.29　自动车钩装置结构示意

表 4.2　自动车钩缓冲装置主要技术参数

压缩强度/kN		1 500
拉伸强度/kN		1 000
车钩长度（从端面到中心轴）/mm		1 685±5
车钩质量/kg		约 540
压溃管	行程/mm	约 150
	最大阻抗力/kN	约 1 500×（1±10%）
	吸收容量/kJ	约 225
环形橡胶缓冲器	行程/mm	约 44
	最大阻抗力/kN	约 1 500
	吸收容量/kJ	≥17
车钩最大摆角	水平/（°）	约±17
	垂直/（°）	约±5
连挂的最小曲线半径/mm		250
车钩垂向挂钩区域/mm		±140

2）缓冲装置

缓冲装置满足当 CRH$_3$ 型动车组以小于 5 km/h 的速度连挂时，对另一组处于静止且制动状态下的动车组所带来的冲击，一般不会导致车钩和车体的永久变形。缓冲装置包含环形橡胶缓冲器和一个压溃管。环形橡胶缓冲器作为可恢复能量吸收器，超过环形橡胶缓冲器吸收能力的能量会被分散到车钩牵引杆内的压溃管中，这时，压溃管将产生永久塑性变形。

3）自动车钩的控制

自动车钩通过司机室的控制系统实现两辆 CRH$_3$ 型动车组的机械、电气和气路连接。为了使连挂有足够的运行自由量，自动车钩的牵引杆设计成由气动控制的可伸出和缩回结构。CRH$_3$ 型动车组的解编也是通过气动解编装置完成。

在紧急情况时（如气动系统失效或出现故障），有无压缩空气，均可手动操作自动车钩。如果有压缩空气，则可通过起动相应阀门来手动移动车钩。如果无压缩空气，也可手动拉伸前端车钩。此时，需要以下工具：自动钳（用于打开自动车钩锁）和脚踏空气泵（用于拉伸或缩回自动车钩）。这些工具均随车附带。

2. 半永久车钩

1）结构及工作原理

CRH$_3$ 型动车组除在两端设有自动车钩外，在其余车厢的连接处均使用两个半永久车钩。其中一个半永久车钩有缓冲器，而另一个没有缓冲器，如图 4.30 所示。

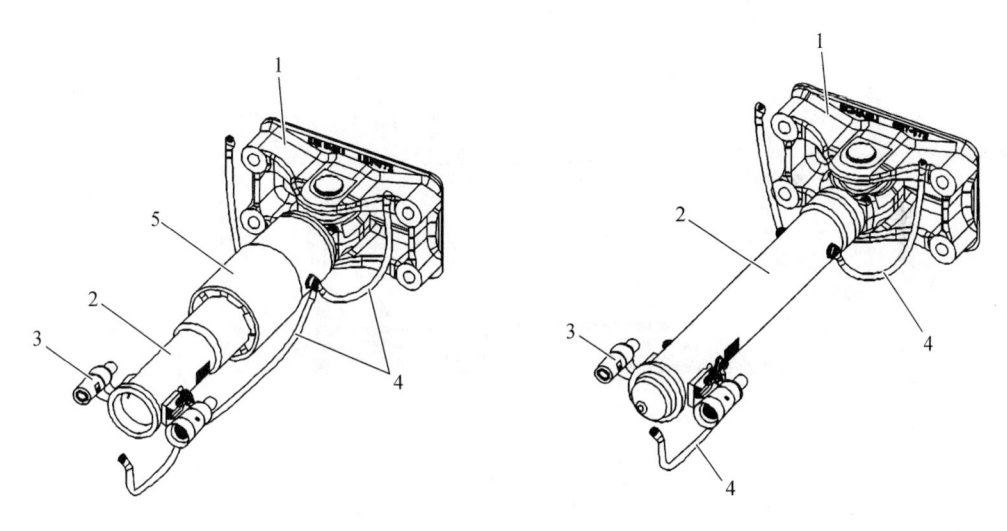

（a）带缓冲器的半永久车钩　　　　（b）不带缓冲器的半永久车钩

1—轴承座；2—车钩牵引杆；3—风管连接；4—接地线；5—缓冲装置。

图 4.30　两种半永久车钩结构图

相比自动车钩，半永久车钩连接时需要人使用工具对其进行锁定扣件，才能完成连接及分解。两个半永久车钩是通过车钩卡环连接在一起，此种连接方式刚性好、无松脱、安全性高。可满足 CRH$_3$ 型动车组的垂直曲线运动、水平曲线运动，以及两连接车辆间的相对旋转运动。其卡环结构如图 4.31 所示。

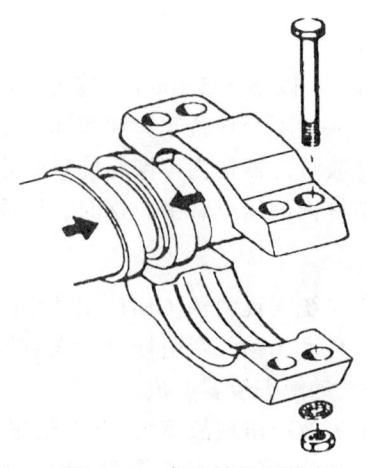

图 4.31　卡环结构示意

2）主要技术参数

半永久车钩主要技术参数见表 4.3。

表 4.3　半永久车钩主要技术参数

压缩强度/kN		1 500
拉伸强度/kN		1 000
车钩长度（从端面到中心轴）/mm		1 131±5
配有摩擦缓冲器的车钩牵引杆	行程（拉伸）/mm	约 23
	初压力（静态，拉伸时）/mm	约 60
	阻抗力（静态，拉伸时）/kN	约 600
配有气液缓冲器的车钩牵引杆	行程（压缩）/mm	约 62
	阻抗力（压缩）/kN	约 800
	初压力（静态，压缩时）/kN	约 80
车钩最大摆角	水平/（°）	约±20
	垂直/（°）	约±7

3）缓冲装置

半永久车钩配备能量吸收器，一般称该装置为缓冲装置或车钩缓冲器，它包括一个气液缓冲器和一个摩擦弹簧缓冲器，它们相结合用于缓和车辆间的纵向冲击和振动，并吸收冲击能量。缓冲器主要参数见表 4.3。

3. 过渡车钩

1）结构与主要技术参数

过渡车钩是一个由三部分组构成的部件。第一部分是夏芬伯格 10 型转接器车钩；第二部分是不同调度的过渡部分，用于保证 880～1 000 mm 的过渡；第三部分则是我国车钩（AAR 型号）钩头，用于保证同国内机车车钩连接。其结构如图 4.32 所示。

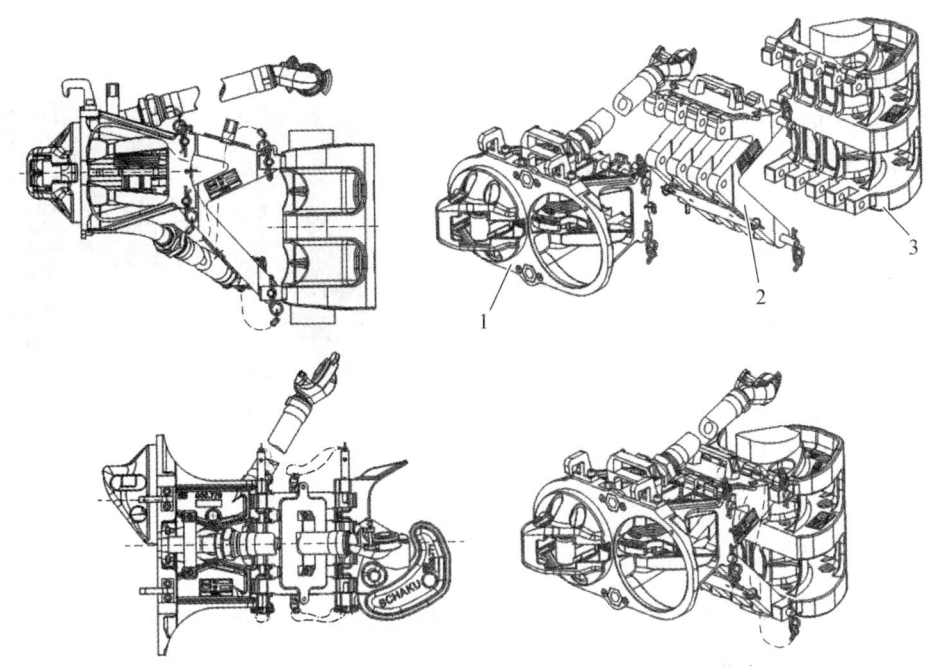

1—夏芬伯格转接器车钩；2—车辆调度转接器；3—AAR钩头。

图 4.32 过渡车钩结构示意

过渡车钩主要技术参数见表 4.4，表中列举了通过紧急过渡车钩进行牵引/拖拽时相关数据参数。

表 4.4 过渡车钩主要技术参数

序号	参数	要求
1	列车最大配置	2 列 8 节车单元组合
2	列车最大质量/t	大约 536
3	CRH$_3$型动车组车钩的形式	夏芬伯格 10 型车钩
4	国内机车的车钩型号	AAR 型式
5	CRH$_3$型动车组车钩中心距轨面的高度/mm	1 000
6	国内机车的车钩中心距轨面的高度/mm	880
7	过渡车钩的数量	每列车 1 套
8	过渡车钩所有部件的总质量/kg	大约 105
9	压缩空气供应	通过制动风管
11	在动车段最大轨道坡度/(‰)	30（局部）
12	采用过渡车钩（牵引/拖拽）一列动车组时，最大起动坡度/(‰)	12
13	采用过渡车钩（牵引/拖拽）一列动车组时，最大运行坡度/(‰)	20
14	允许的（牵引/拖拽）速度/(km/h)	取决于车辆的具体情况与制动情况，正常工况下救援和回送速度为 120
15	拉伸强度/kN	350
16	压缩强度/kN	400

2）过渡车钩的使用

过渡车钩可以使装有中国标准车钩的机车在紧急情况下牵引 CRH$_{380B}$ 型动车组。过渡车钩是动车组的一个永久性零件，放置在车下设备舱内，且分解成三部分放置，使用时按规定步骤组合在一起。图 4.33 是过渡车钩与动车连接状态。

在牵引/拖拽过程中，过渡车钩的载荷极限应当严格遵守。首先，起动加速度不能超过 0.1 m/s^2。其次，在牵引/拖拽两列动车组的作业中，起动时的线路坡度不能超过 12‰。另外，在牵引/拖拽运行过程中，线路坡度不应大于 20‰。

图 4.33 过渡车钩与动车连接

4. 风 挡

1）结 构

列车风挡主要是由耐压的双层折棚以旋压方式固定于两节车厢车端的唇形风挡框上面组成，其下部空档需用渡板覆盖，在铰接渡板的两端设有防滑保护盖（踏板），其主要特点如下：

双层板棚：由两个旋压框、一个中心框（连接框）、内外双层板棚和护裙组成。旋压框通过内外风挡的摩擦锁定。旋压框通过车体端墙上的不锈钢螺套，使用不锈钢螺栓和六角螺母固定是端墙上，使折棚整体嵌入两车的通道之间。

铰接渡板：铰接渡板由一个支撑框、踏板、弹性框和支架组成。铰接渡板通过渡板支架的滑动支撑固定在两车的车端。附在插脚上的圆辊可以使以上两渡板分离。铰接渡板的设计能在三个自由度上移动。渡板顶端的弹簧可使渡板恢复到初始位置。当铰接渡板放下时，可允许乘客安全通过。另外，它被设计成一个可以吸收内部相互运动的通道，使得两车之间没有间隙和阻断。

过渡踏板：设在铰接踏板的两端，由一个底板和通过铰链与之弹性连接的两块底翼板组成。底板用螺丝永久固定在车上，两块底翼板自由地平放在车上和渡板上，底板和底翼板是柔性的连接，可以相互补偿两车在不同高度上的变化和确保两车和渡板之间的平滑过渡。防滑层附在底板和底翼板表面，从而可防止旅客通过时滑倒。

2）主要技术性能参数

双层折棚：尺寸 2 980 mm × 1 400 mm × 850 mm。
通过宽度：在平直轨道上约 1 100 mm，在地板区域缩小到约 780 mm。
通过高度：在平直轨道上约 2 050 mm。
机械强度：外部压力：+3 800 Pa；内部压力：−5 700 Pa。
气密性要求：即压力从 4 000 Pa 降到 1 000 Pa 应大于 50 s。
运行温度：正常环境下，运行温度约为 −35 ~ +80 ℃。
隔音性能：在实验室进行相似的测试，隔音系数 RW 约为 38 dB。
运行周期：测试证明具有较长的运行周期。运行周期约为 10 ~ 15 年。
风挡系统总质量：约 470 kg。

3）风挡主要部位材料

旋压框：铝型材，粉末喷涂。
内层和外层折棚：聚酯织物或聚乙烯或两者的复合物。
铰接渡板框架：不锈钢。
踏板单元：带防滑涂层的铝合金。
滑动单元：聚乙烯。
过渡踏板：带防滑层的铝合金。
底板护裙：折棚材料和铝型材。
折棚框：铝合金。

4.5.2　CRH$_2$型动车组车端连接装置

CRH$_2$型动车组的车端连接装置主要包括：
（1）车钩缓冲装置——密接式车钩和缓冲装置。
（2）风挡——橡胶密接风挡。
（3）空气、电气连接设备，包括①控制电路连接；②主电路及辅助电路连接；③直流母线连接；④总风管连接。

CRH$_2$型动车组车钩装置包括端部车钩装置和中间车钩装置。由于端部车钩装置和中间车钩装置的运用工况存在不同，因此两车钩的结构与性能也有一定的区别，即端部采用全自动车钩（自动车钩），而中间采用半自动车钩。

1. 全自动车钩

CRH$_2$型动车组（包括 CRH$_{2A}$/CRH$_{2B}$/CRH$_{2C}$/CRH$_{2E}$/CRH$_{380A}$/CRH$_{380AL}$ 等型号）端部采用柴田式全自动密接车钩，该密接式车钩上带有气路自动连接装置，钩体上还安装有电气连接器，可以实现机械、气路和电路三者同时连接，具体结构如图 4.34 所示。其中，CRH$_{2B}$/CRH$_{2E}$/CRH$_{380AL}$型动车组无电气连接器。

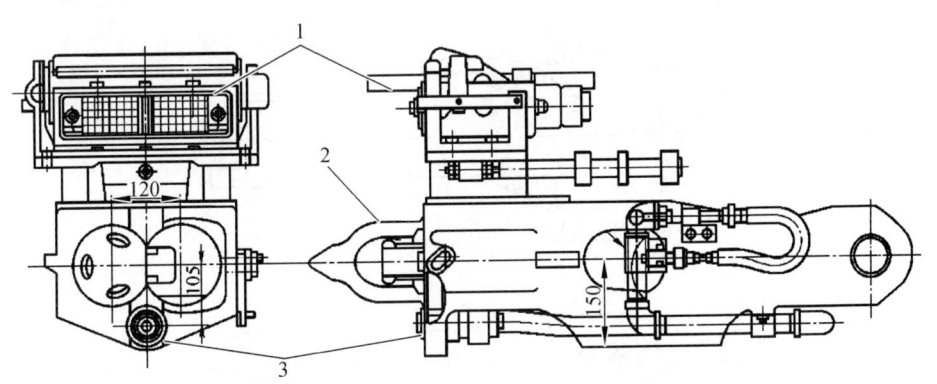

1—电气连接器；2—车钩；3—空气连接装置。

图 4.34　端部密接式自动车钩结构示意

这种车钩属于刚性全自动车钩，车钩材料为 ZG18MnNiV，采用铸造工艺与机加工工艺生产而成，结构如图 4.35 所示。它要求在两车钩连接后，其间没有上下和左右的相对移动，而且纵向间隙也限制在很小的范围内（约 1~2 mm）。这对提高列车运行平稳性、降低车钩零部件的磨耗和噪声均有重要意义。

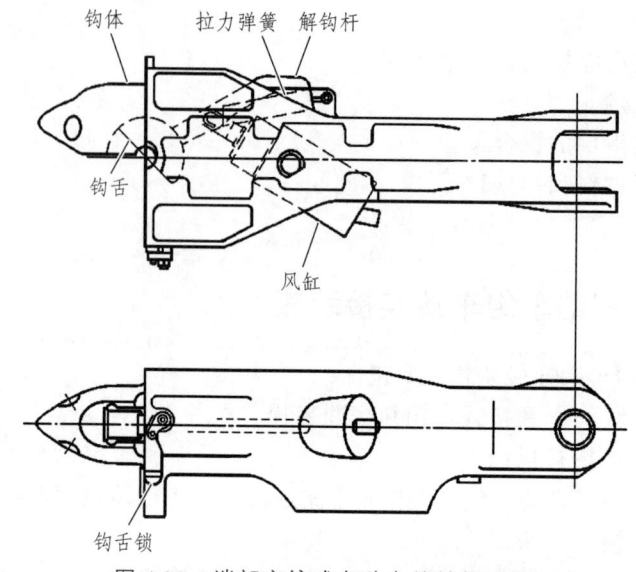

图 4.35 端部密接式自动车钩结构示意

2. 半永久性车钩

CRH$_2$ 型动车组各车辆之间采用的车钩为手动摘钩形式，只有通过人工的方式才能实现摘钩，因此称为半自动车钩。

半自动车钩的结构与自动车钩相比只是没有解钩风缸，其他方面与自动车钩几乎完全相同。其作用原理也与端部自动车钩基本相同，只是解钩时需要手动拉动解钩杆使其转到解钩位置。半自动车钩的结构如图 4.36 所示。

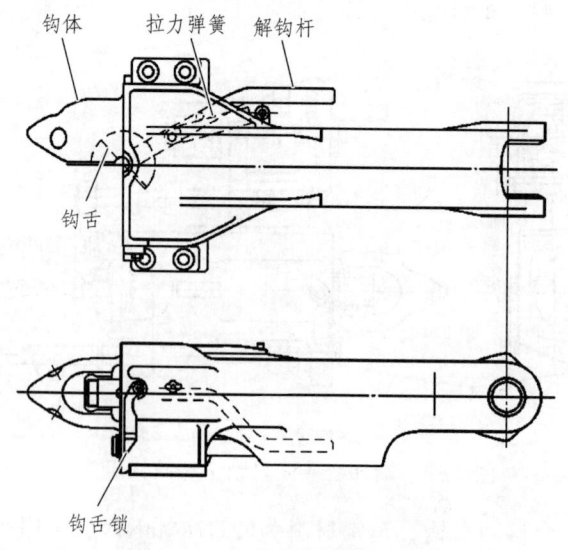

图 4.36 半自动车钩结构示意

3. 过渡车钩

为便于动车组救援和回送，专门配有救援和回送过渡车钩。过渡车钩是在救援和回送时与装有 15 号车钩的机车进行连接的部件。结构上要求过渡车钩的一侧能连接到 CRH_2 型动车组车钩上，另一侧能与救援机车车钩（即 15 号车钩）连接，具体结构如图 4.37 所示。

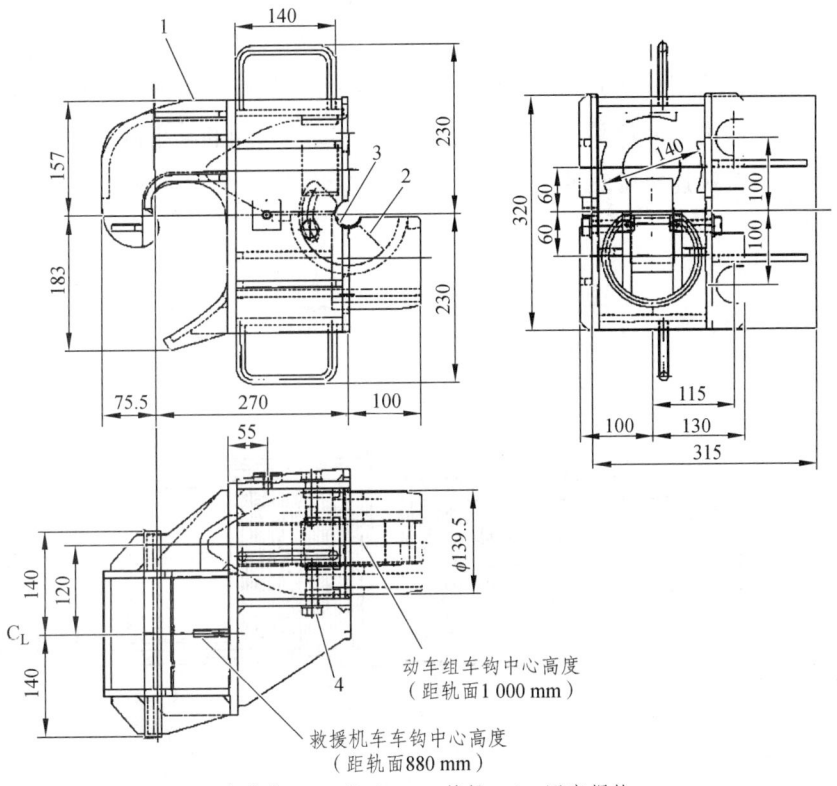

1—车钩体；2—钩舌；3—挡板；4—固定螺栓。

图 4.37 过渡车钩结构

4. 缓冲器

CRH_2 型动车组采用橡胶缓冲器，通过橡胶之间的压缩来实现能量的吸收。采用此类型的缓冲器制造简单，安装方便。端部装用双向 W 形橡胶缓冲器，该缓冲器型号为 RD19 改良型，其结构如图 4.38 所示。

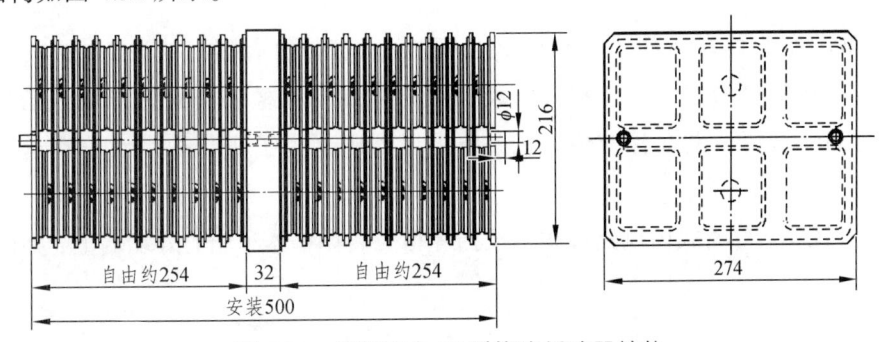

图 4.38 端部双向 W 型橡胶缓冲器结构

双向 W 型橡胶缓冲器的主要结构特点:使用两组缓冲器组装的初压力(通常为 20～60 kN 左右),在为缓冲器留出的空间内,靠钩尾框的中央立壁对两个缓冲器施加作用力。车钩牵引时,压缩左边的缓冲器,右边的缓冲器随着胀开(因有初压缩量),并随时占满因压缩左边缓冲器出现的空间。车钩压缩时原理相同。这样,无论是牵引还是压缩,缓冲器中的从板均不离开板座。并且因钩尾框不受力时,其中央立壁处于两组缓冲器的压缩平衡状态,只要稍微有牵引力或压缩力,钩尾框便开始了对其中一个缓冲器的压缩,故既可避免从板与从板座间因出现间隙而发生冲击,又消除了缓冲盲区,大大提高了车辆的乘坐舒适性。

中间半自动车钩所连接的缓冲器采用双向 W 型橡胶缓冲器,该缓冲器型号为 RD011A 型,结构如图 4.39 所示。

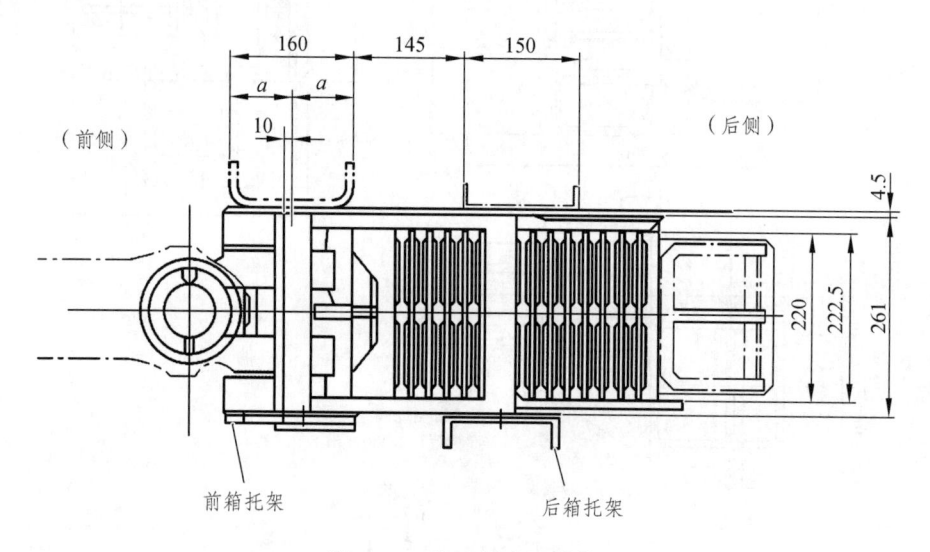

图 4.39 中间缓冲器结构

中间缓冲器与端部缓冲器相比,尽管工作原理相同,但两者所采用的橡胶块数量明显不同,因此,两者的性能参数也有较大区别。同时,中间缓冲器前后橡胶块数量也不相等,这就使得拉伸和压缩性能出现差异。

5. 风　挡

CRH_2 型动车组两车辆间设有压缩式外风挡、气密式内风挡和防雪风挡。压缩式外风挡起到隔音和降噪的作用;气密式内风挡主要靠螺栓及橡胶密封件形成气密结构,保证动车组内部的气压波动在标准值以内;防雪风挡则是为了防止积雪对车辆运行的影响而设置的。

压缩式外风挡、气密式内风挡和防雪风挡等均安装在车体车厢的外端墙上,如图 4.40 所示。

图 4.40 风挡安装示意

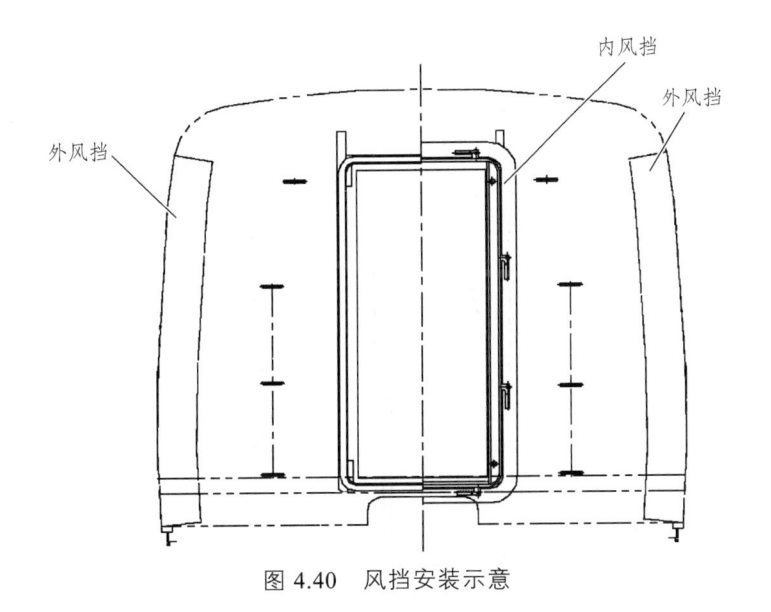

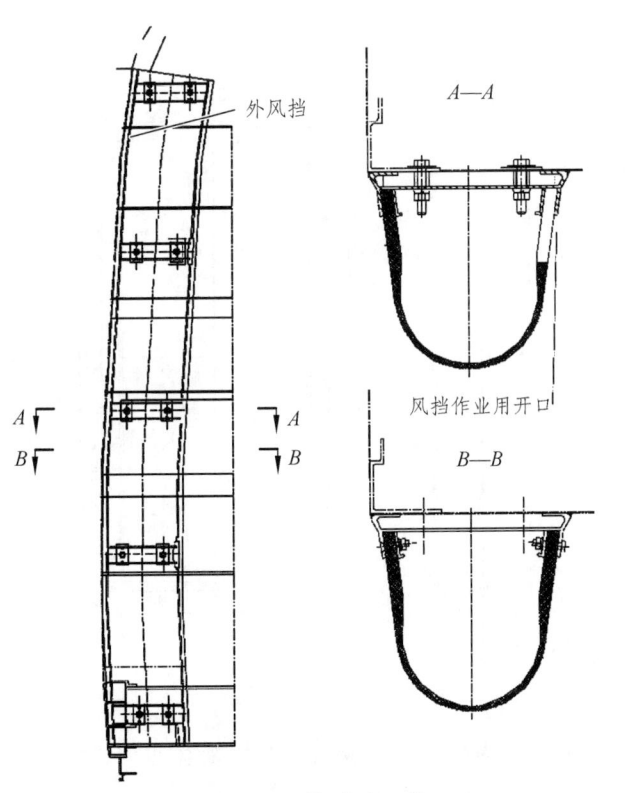

1) 压缩式外风挡

压缩式外风挡是为了降低和隔离车外的噪音而设置的防护装置。压缩式外风挡与通常的车端缓冲器具有同等的减振性能，同时还使车体间的车辆连接部位尽量平滑化，能够使列车运行时的空气阻力适当降低。压缩式外风挡结构如图 4.41 所示。

图 4.41 压缩式外风挡

2）气密式内风挡

气密式内风挡采用全波纹气密橡胶制成，由金属框、安装框（金属）、全波纹橡胶密封件和外罩等组成，具有良好的伸缩性、气密性和水密性，如图4.42所示。

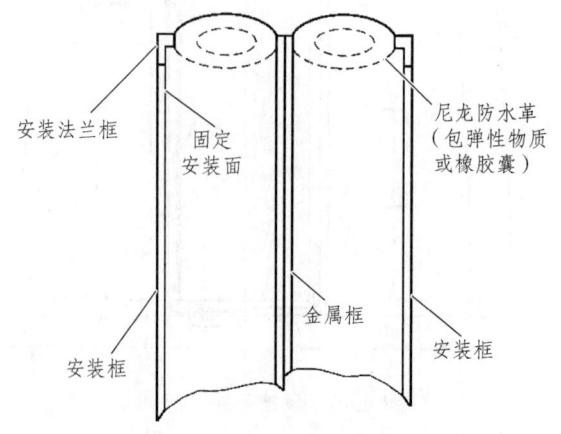

图4.42 密接式风挡结构示意

全波纹橡胶密封件一端与安装框压缘处连接，另一端与金属框压缘处连接，安装框安装在车体端墙的支座上。金属框的一侧设有暗销，另一侧设有暗孔，两车连挂时，保证金属框对中，金属框两侧有连接螺栓施加密封。内风挡外形和详细结构如图4.43所示。

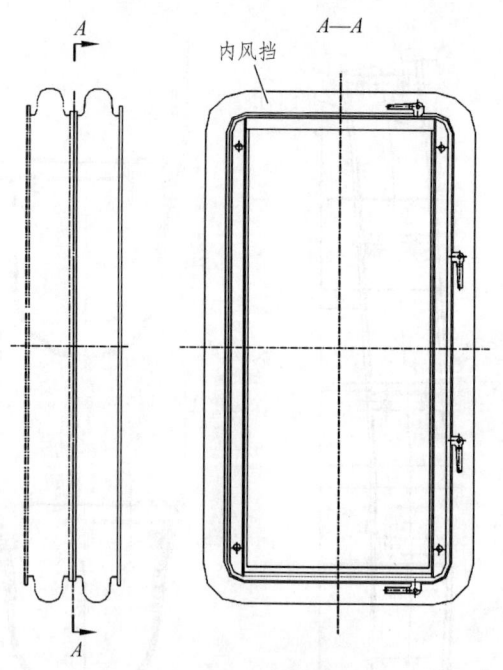

图4.43 气密式内风挡外形结构

在内风挡内部的通道上，为在列车行驶时不妨碍乘客通行，设有扶手及可动式渡板。考虑到可动式渡板对通道通行有妨碍，在上部设有搭板。

3）防雪风挡

在大雪天气，轨道上的积雪会被列车卷起黏附在内外风挡下方，当附着的大块积雪在振动及风力的作用下掉落时则会激起碎石和冰块飞溅，为此，在车钩的下部设置了外形较为光滑、不易附着冰雪的防雪风挡，以防运行时因为落雪而引起的碎石等异物的飞溅。CRH_2型动车组各车辆间采用的防雪风挡结构如图4.44所示。

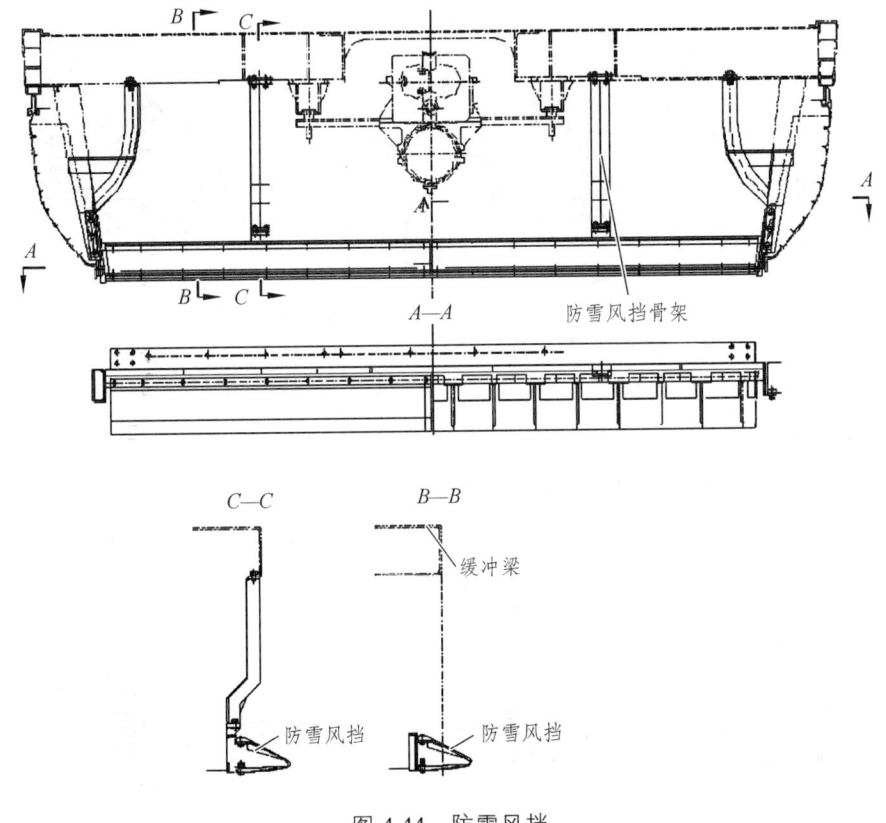

图 4.44 防雪风挡

4.5.3 CRH_1型动车组车端连接装置

1. 车钩缓冲装置

1）端部车钩

和CRH_3型动车组一样，CRH_1型动车组端部采用的是夏芬伯格（SCHARFENBERG）密接式车钩缓冲装置。缓冲装置由中空橡胶弹簧和套筒橡胶垫缓冲器组成，位于车钩钩身与车底架缓冲梁连接处。夏芬伯格（SCHARFENBERG）车钩采用模块化设计，车钩由钩头、钩身、电气连接器、垂向支承座、大容量缓冲器及复原装置等部分组成，如图4.45所示。安装时仅需要通过螺栓或拉铆方式连接车体相应部位，便于拆装。

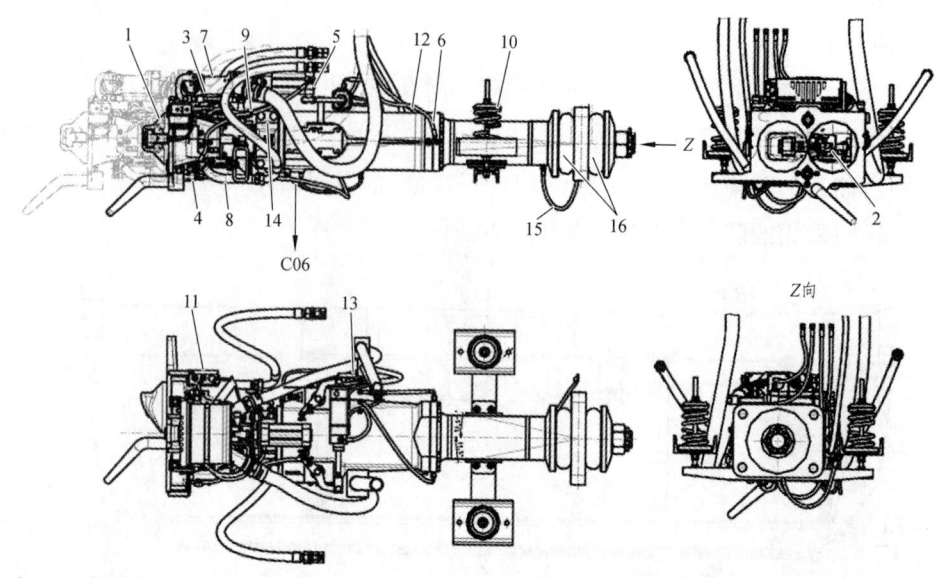

1—车钩头；2—解钩风缸；3，4，8，12—空气管路连接；5—电气端头操作齿轮；6—车钩钩身；7—电气端头；9—空气管路连接件；10—支撑；11，13—电气部件；14—连接卡环；15—连接电缆。

图 4.45　CRH₁ 型动车组自动车钩缓冲装置

2）半永久性车钩

CRH₁ 型动车组中间车辆连接采用夏芬伯格（SCHARFENBERG）半永久性车钩，包括以下部件：总风缸管路 MRP 空气管路连接装置、车钩钩身、附件、支架、连接套筒、接地电缆、横向减振器（液压缓冲器），该半永久性车钩实际上属于棒式车钩，其结构如图 4.46 所示。

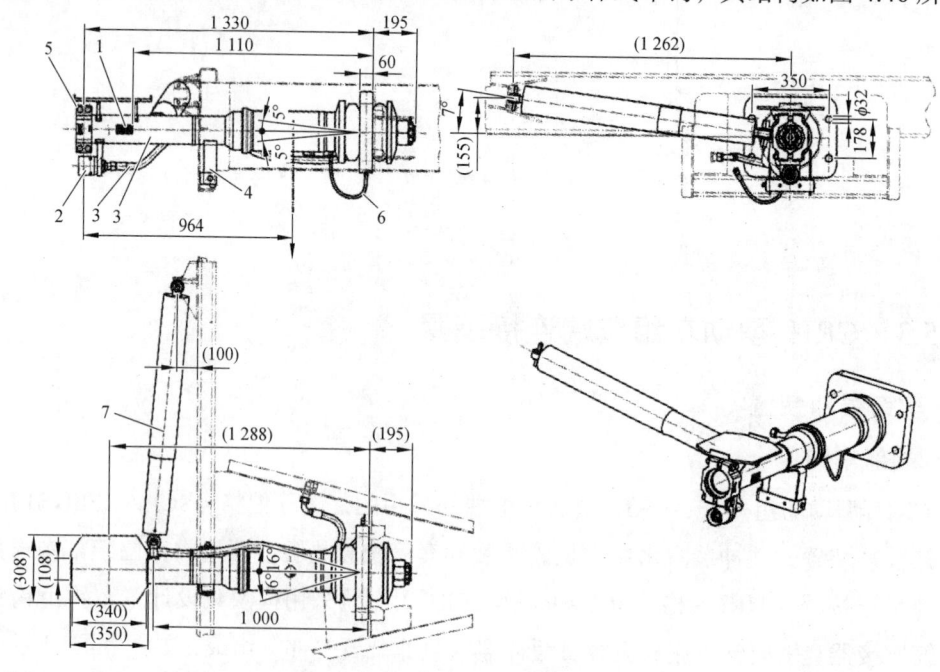

1—空气管路接头；2，3—附件；4—支架；5—连接卡环；6—接地；7—液压缓冲器。

图 4.46　SCHARFENBERG 半永久车钩

3）过渡车钩

过渡车钩包括一个车钩头、钩舌和一个能与自动车钩连挂的 AAR 连接器件。如果发生驱动故障或其他事故，可以通过适配器连接 EMN 和机车，并实施牵引。过渡车钩的结构如图 4.47 所示。

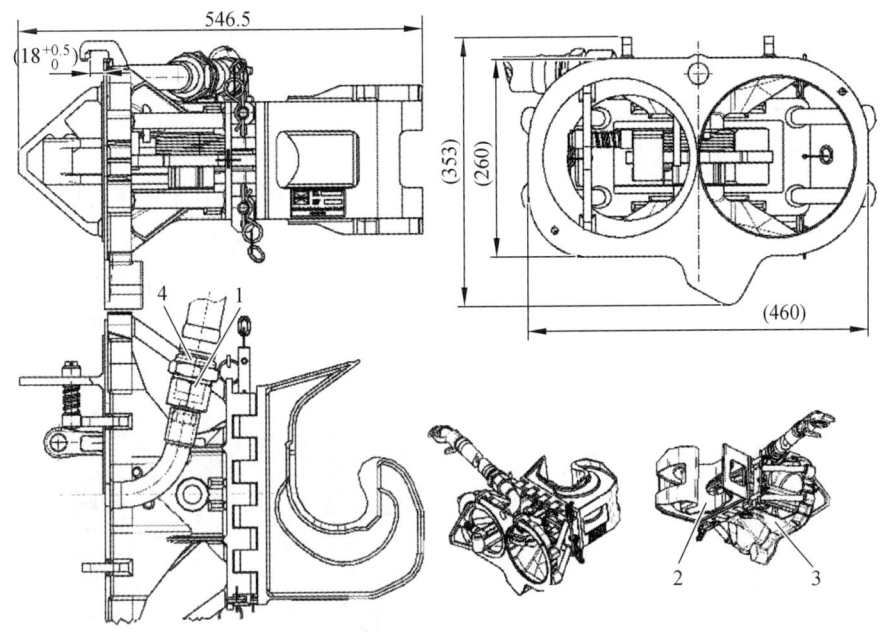

1—异径管；2—车钩头；3—自动车钩 AAR 的接头（适配器）；4—制动管路。

图 4.47 过渡车钩

2. 缓冲器

自动车钩上的缓冲装置由中空橡胶弹簧和套筒橡胶垫组成，位于车钩钩身与车底架缓冲梁连接处。

半永久性车钩的缓冲装置包括，中空橡胶弹簧阻尼器和钩身与中空橡胶弹簧阻尼器之间的一段预加变形伸缩管及推杆，如图 4.48 所示。中空橡胶弹簧阻尼器可用于轻型能量吸收，变形管能在列车遭遇严重的纵向碰撞时，推杆压入至伸缩管并通过变形来吸收碰撞时产生的部分冲击能量，有效地缓和冲击作用，保护列车及司乘人员的安全。

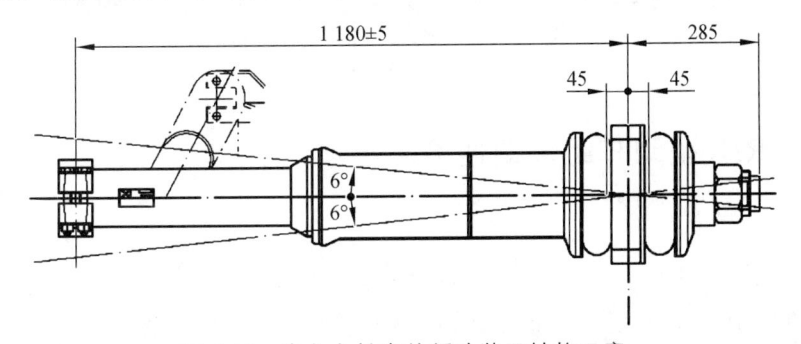

图 4.48 半永久性车钩缓冲装置结构示意

过渡车钩本身没有缓冲装置，但若与自动车钩连为一体，自动车钩上的缓冲装置就起到了缓冲作用。

3. 风 挡

CRH$_1$型动车组采用了双层波纹风挡并设置了气密式内风挡和外风挡两部分。双层波纹风挡具有良好的压力密封、耐压强度和隔声性能。内外层波纹件在折叠时反向相对，风挡周边密封。车间渡板采用铰接栅搭板，可防止在曲线运行时出现缝隙。车端外形轮廓处设有弹性护板以缩小车辆端墙间隙，使运行时的空气阻力减小。

CRH$_1$型动车组内风挡为折棚风挡，主要由安装框架、渡板、踏板、折棚、中间框架（锁闭机构）等组成。CRH$_{1A}$型顶动车组内风挡为整体式，CRH$_{1B}$/CRH$_{1E}$型动车组内风挡除了有上述整体式风挡外，还有一种分体式风挡，位于 8/9 车之间，即中间框架上设有锁闭机构，如图 4.49 所示。折棚由两个安装框、中间框和防护裙边组成，折棚由柔软的棚布材料制成，内外棚布用铝型材压褶在一起。框架使折棚具有刚性，折棚材料使风挡具有韧性。安装框由焊接的铝型材组成，将折棚风挡固定到车端。

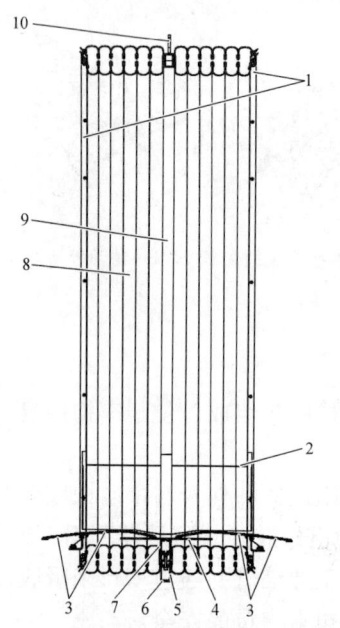

1—安装框架；2—保护裙；3—活动踏板；4—固定踏板；5—支撑梁；6—磨耗板；
7—横梁；8—褶皱式折棚；9—中间框架；10—吊眼。

图 4.49 内风挡结构

4.5.4 CRH$_5$型动车组车端连接装置

1. 车钩缓冲装置

1）自动车钩

如图 4.50 所示，CRH$_5$型动车组自动车钩缓冲装置引自瑞典丹纳公司 10 号车钩系统，该型车钩是丹纳公司为高速动车组开发的自动车钩，装设在动车组驾驶室端，它具有自动及手动连挂功能、自动及手动分解功能，自动工况下，仅由司机一人操作就可进行摘挂作业。

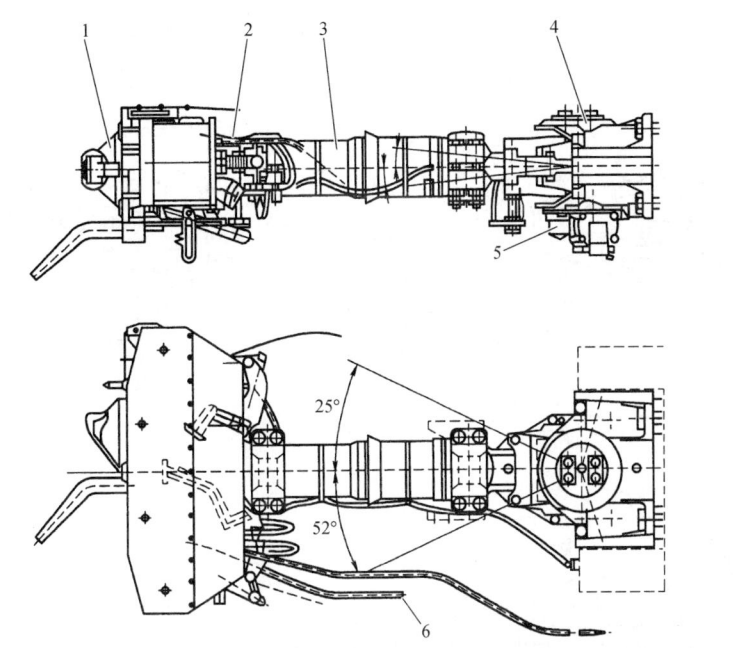

1—钩头；2—电气连接器及风管连接器；3—车钩钩体与缓冲器；4—尾部缓冲器；
5—中心调整装置；6—加热器电源线。

图4.50　自动密接式车钩缓冲装置示意

自动密接式车钩缓冲装置主要由钩头、钩体与缓冲器、电气连接器、风管、连接器、尾部橡胶弹性轴承、中心调整装置、钩头电加热装置等部件组成。自动车钩缓冲装置内装设有两种类型的缓冲元件，分别为气液缓冲器、金属环簧缓冲器。

2) 半永久车钩

如图4.51所示，CRH$_5$型动车组除在两头车外侧装设有自动车钩外，其余车厢连接处均使用2个半永久车钩连接，其中1个半永久车钩带有缓冲装置。与自动车钩相比，半永久车钩连接时需要人工使用工具对其锁定装置进行操作才能完成连接和分离，没有电气、压缩空气自动连接功能。

3) 过渡车钩

CRH$_5$型动车组密接式车钩结构及高度与15号车钩差异甚大，无法相互连接，当CRH$_5$型动车组发生故障或其他事故不能自我行驶而需要救援时，必须采用一边能与密接式车钩连接，一边能与15号车钩连接的特殊装置进行过渡连接，此种装置称为过渡车钩。过渡车钩一般安置在头车上备用。

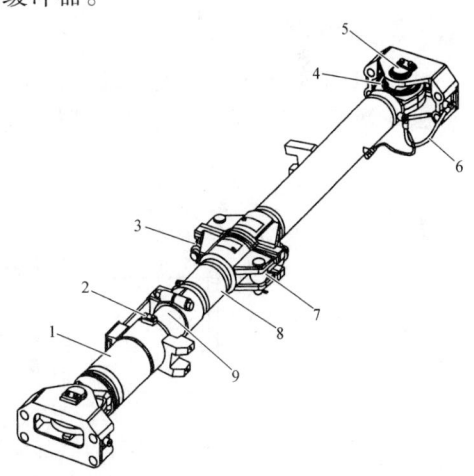

1—缓冲器壳体；2—锁固螺栓；3—连接螺母；
4—回转机构；5—钩尾销；6—接地电缆；
7—连接螺栓；8—钩体；9—气液缓冲器。

图4.51　半永久车钩结构示意

过渡车钩结构为焊接结构，包括一个15号车钩适配器和一个密接式车钩适配器，通过焊接方式组成。使用时，用人工或吊装设备将过渡车钩密接车钩部分与动车组自动车钩连接闭锁，其次使机车车钩处于全开位，使机车靠近动车组完成机械连接，最后连接制动软管连接器，接通气路如图 4.52 所示。

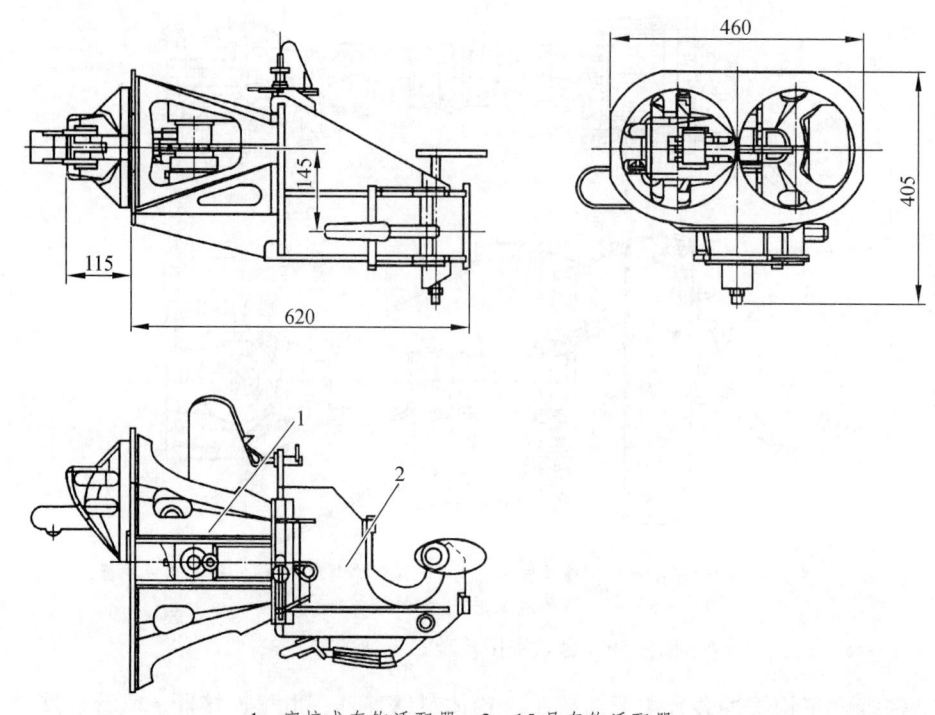

1—密接式车钩适配器；2—15 号车钩适配器。

图 4.52 过渡车钩结构示意

2. 缓冲器

CRH$_5$ 型动车组采用的自动车钩缓冲装置内设有两种类型缓冲元件，分别为气液缓冲器、金属环簧缓冲器。自动车钩缓冲器组成结构如图 4.53 所示。

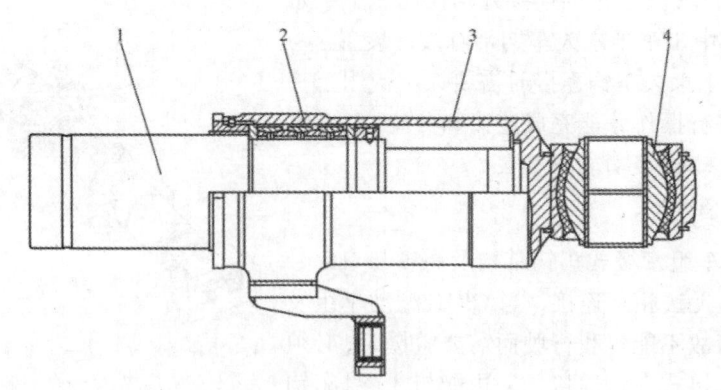

1—气液缓冲器；2—环簧缓冲器；3—缓冲器缸体；4—球形弹性橡胶器轴承。

图 4.53 自动车钩缓冲器组成原理

这种缓冲器装置将气液缓冲器与环簧缓冲器的特点较好的集中于一身，能够充分满足列车运行过程中小能量冲击的缓冲和意外碰撞事故时的大能量吸收。使用中，车辆间的小能量多频次的冲击能量由环簧缓冲器吸收，而具有较高冲击速度的意外碰撞能量由气液缓冲器来吸收。

半永久车钩采用的缓冲器与自动车钩缓冲器类型一致，而容量、荷载等参数较小。半永久车钩缓冲装置结构示意图如图4.54所示。

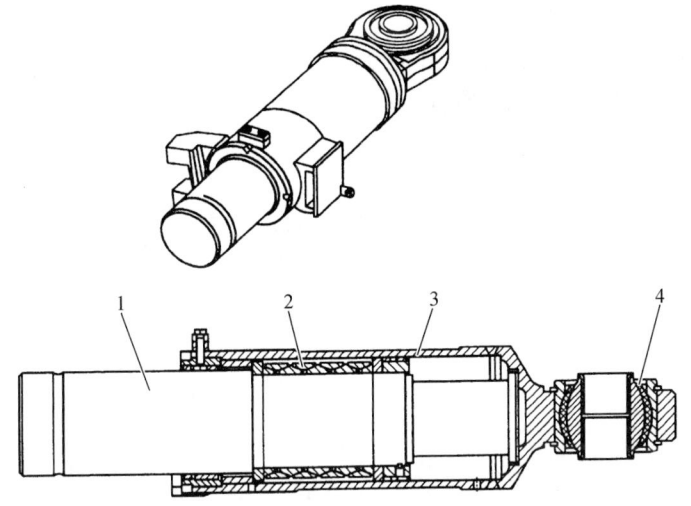

1—气液缓冲器；2—环弹簧；3—缓冲器壳体；4—弹性橡胶轴承。

图 4.54 半永久车钩缓冲器结构

3. 风 挡

CRH$_5$型动车组的风挡采用的是双层折棚式风挡，双层折棚式风挡具有良好的伸缩性、气密性和水密性。

双层折棚式风挡主要是由双层式折棚、渡板、踏板以及左右磨耗板几个部分组成，具体结构如图4.55所示。

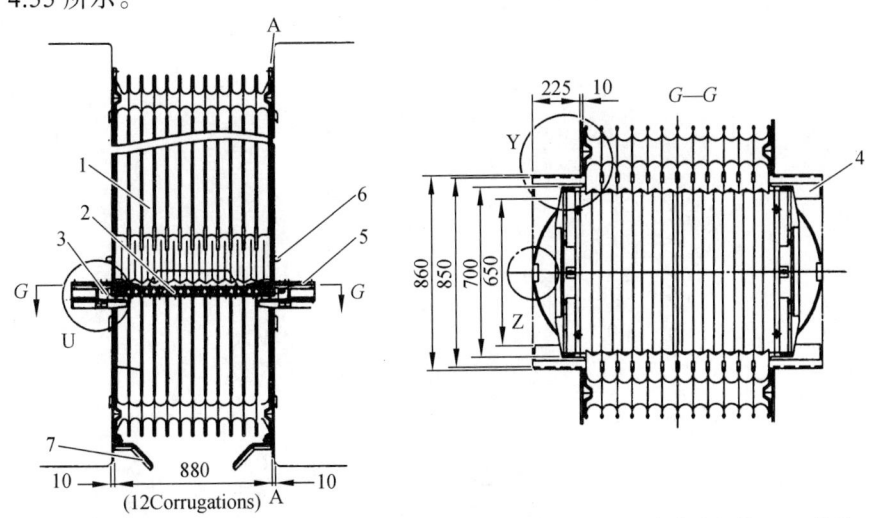

1—双层式折棚；2—渡板；3—托架；4—渡板支架；5—踏板；6—定位孔组件；7—导轨。

图 4.55 双层折棚式风挡结构

复习思考题

1. 简述车端连接装置的作用与组成。
2. 简述车钩缓冲装置的作用、组成及其传力过程。
3. 简述车钩的类型、特点及其三态作用。
4. 简述全自动密接式车钩的特点及其工作原理。
5. 简述缓冲器的类型、作用和工作原理。
6. 简述缓冲器主要性能参数的含义。
7. 简述风挡的类型、作用和组成。
8. 简述动车组用风挡的特点。
9. 对比分析 CRH 动车组车端连接装置的结构特点。

Part 5 电空制动系统

5.1 概述

人为地制止列车运动,包括使其减速、阻止其运动或加速,称为列车制动。反之,对已施行制动的列车解除或减弱其制动作用,则称为缓解。为了使列车能施行制动和缓解而安装在列车上的一整套设备,总称为制动装置。

由制动装置产生的与列车运动方向相反的外力称为制动力,它是人为的阻力,比列车运行中由于各种原因自然产生的阻力要大得多。所以,尽管在制动过程中列车运行阻力也起作用,但起主要作用的还是列车制动力。

制动系统是安全相关系统,对列车可运行的最高速度具有决定性影响,有多大的制动能力才能有多高的速度。速度越高,对制动系统的关注度也就越大。在列车施加制动时,制动控制系统会控制车辆的制动装置,将车辆的动能转化为电能或热能,保证车辆的安全。

CRH_{380B} 型动车组主要有两种制动型式:再生制动和空气(盘形)制动。再生制动可将车辆的动能转化为电能后反馈回电网,为其他车辆的运行提供能源,大大降低车辆运营成本。空气制动则利用制动缸产生机械力,通过制动盘与闸片的摩擦,将动能转化为热能耗散到大气中。该制动方式存在机械损耗,相对运营成本较高。

CRH_{380B} 型动车组空气制动系统包括直通式电空制动系统、自动式备用空气制动系统、基础制动装置、防滑系统和压缩空气系统等部分。制动系统的配置如图 5.1 所示。

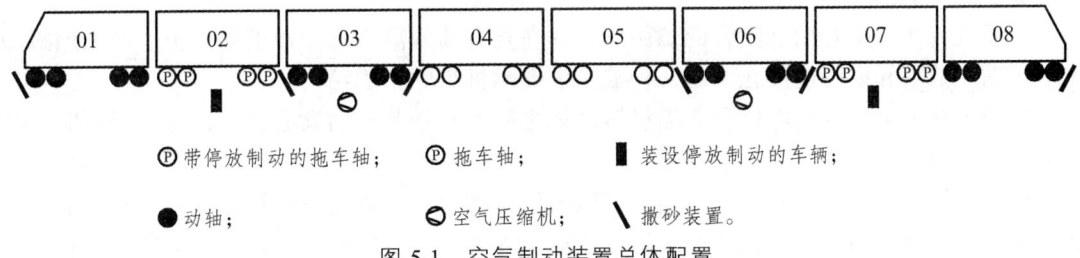

Ⓟ 带停放制动的拖车轴; Ⓟ 拖车轴; ■ 装设停放制动的车辆;

● 动轴; ◯ 空气压缩机; ＼ 撒砂装置。

图 5.1 空气制动装置总体配置

CRH_{380B} 型动车组制动系统的直通电空制动通过列车网络传递制动信号,由制动控制单元 BCU 实现制动力的管理;由微机控制的直通电空制动是车辆的主要制动模式。在利用机车进行救援或回送时,动车组使用备用的自动式空气制动;此种制动模式不依赖车辆的网络及电气控制,而是通过列车管的压力变化控制车辆制动力的施加和缓解。制动系统的设计遵循"故障导向安全"原则,为此,CRH_{380B} 型动车组列车设有贯通整列车的控制线安全回路,主要有停放制动监测回路、制动不缓解监测回路、转向架监测回路、旅客紧急制动回路、紧急制动回路等;它们与制动控制系统相连,可完成对车辆关键功能及部件状态的监测,以确保车辆的运行安全。

制动系统可实现多种制动方式,如紧急制动、常用制动、备用的自动式空气制动和停放制动等。

5.2 供风系统设备及制动控制原理

动车组供风系统的主要组成由主压缩机、辅助压缩机(Tp 车)、储风缸、主风缸管路、空气过滤器、空气干燥器及其辅助设备等组成。供风系统大多数设备置于车体底架设备仓中。

动车组供风系统通常有主供风系统和辅助供风系统两类。主供风系统为制动系统及其他用风设备提供清洁、干燥的压缩空气;辅助供风系统是在总风压力太低时,给受电弓的起升提供压缩空气,以保证动车组接受电网供电。CRH_{380B} 型动车组的主供风系统包含 2 套供风设备,每套设备主要包括电动空气压缩机单元、双塔式空气干燥装置、具有防冻功能的冷凝水收集器、微孔滤油器及有关的辅助设备。辅助供风系统也包含 2 套设备,每套设备包括辅助压缩机单元和安全阀(压力值设定为 900 kPa)。CRH_{380B} 型动车组的压缩空气供给系统能在动车组一个空气压缩机单元出现故障时,不影响动车组正常运行。

5.2.1 主空气压缩机单元

CRH_{380B} 型动车组采用 SL22 型电动空气压缩机单元对总风缸供风。空气压缩机单元通过车载变流器由接触网提供电能,然后再通过两个辅助转换单元分别向两个压缩机供电。

1. 结 构

如图 5.2 所示,SL22 型电空压缩机单元主要由空气压缩机、电机、电气系统、弹性装配装置、监控和安全装置、空气过滤器和其他部件构成。其中,空气压缩机主要包括过滤、调节、监控油和空气循环系统等的部件。整个压缩机单元是一个独立的模块化装置,通过弹性连接安装到车下。

压缩机转动体带有相互配合的螺旋槽,它在含有油分离系统(油槽和挡板)的压缩机箱体中运动。轴箱和蜗壳连接在一起,构成一个支承机组的牢固结构。

蜗壳内有一个安装到电机和压缩机转动体之间的联轴节上的离心风机,冷却器可对空气和油进行冷却。

待压缩的空气经过滤器过滤后输送到压缩机;当空气过滤器需进行处理时,真空显示器会有显示。压缩机箱体内的油被抽出后,压缩机内的压缩空气经空气冷却器进入空气管路。用来进行密封、润滑和分散压缩而升温的油通过油控装置返回压缩机;随着温度和油控装置内恒温器设置的不同,通过油冷却器的油(热)量有所不同。集成的油/气冷却器可从离心风机获得冷却空气。电动压缩机组每次关闭时,压缩机内的压力通过减压阀降低。

2. 工作原理

电动压缩机组为非连续工作,由车载压力控制器控制,当风压低于 850 kPa 时启动,超过 1 000 kPa 时关闭。

（1）转动体。螺杆式空气压缩机是根据强迫送风原理工作的双轴转动式设备。压缩机转动体由两个带有螺旋槽的相互配合的转子组成，转子在一个灰铸铁箱体内转动。空气入口为径向，转动体箱内特殊形状的开口将空气轴向输出。

由于转子的转动，当入口打开时，空气吸入。当两个开口被转动体盖住时，空气被压缩，同时向出口流动；最后当转子掠过出口时，压缩空气随着转子的转动排出。箱体内风口的大小和位置决定了压缩机的压缩比。

油被泵入压缩机中，可吸收并带走由于压缩而产生的大部分热量。为最大限度地降低内部逆流损失，压缩机应保持在最低额定转速以上。

（2）空气循环。如图 5.2 所示，通过压缩机转动体吸气端的入口止回阀和空气过滤器的空气被吸入，空气压缩后，通过与压缩机转动体连接的送风管被送入压缩机箱体内。

压缩机开始运行时，低压阀保持初始的关闭状态，以使压缩机箱体内的压力迅速增加。在此压力下，油循环马上开始进行。当压缩机箱体内的压力达到 650 kPa 时，低压阀开启，压缩空气被送到下游的车载风动系统中。当压力达到设定值时，压缩机停止工作；同时，低压阀关闭，以免来自供风系统的空气逆流回压缩机箱体中。

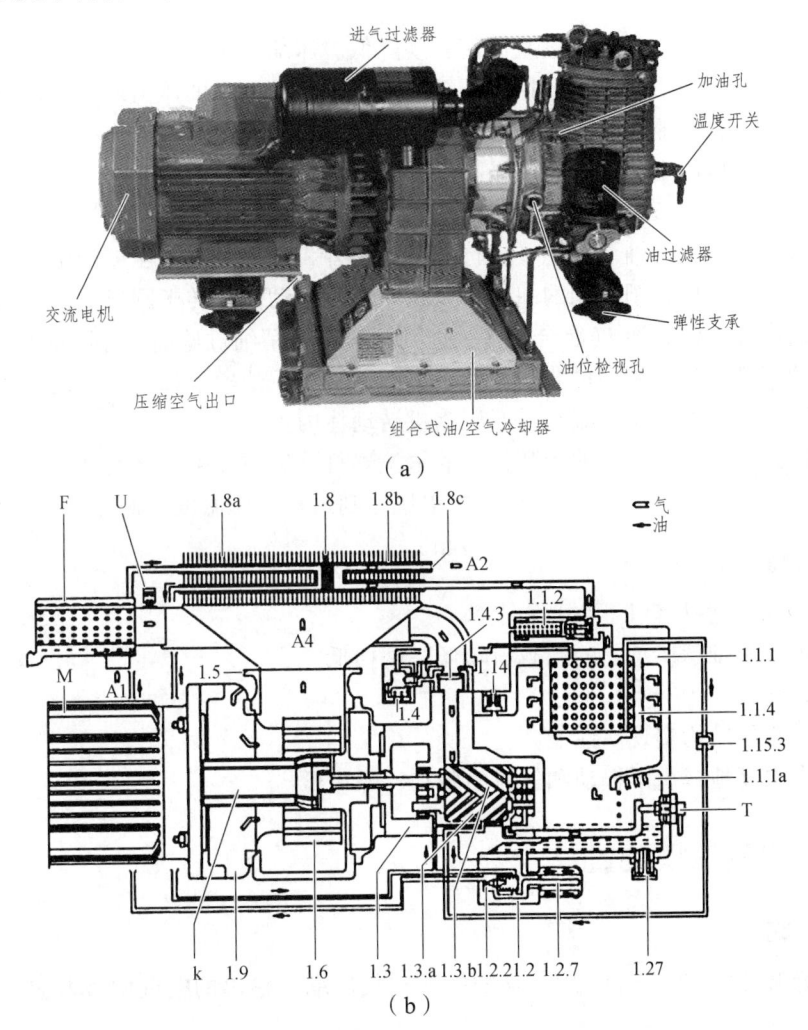

（a）

（b）

(c)

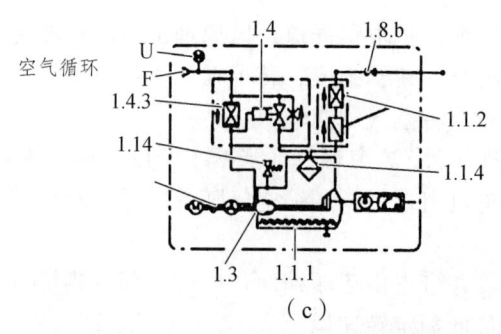

1.1.1—压缩机箱体；1.1.1a—挡板；1.1.2—低压阀；1.1.4—油槽；1.2—油控制装置；1.2.2—恒温器；
1.2.7—滤油筒；1.3—压缩机转动体；1.3.a—凸槽转子；1.3.b—凹槽转子；1.4—卸压阀；
1.4.3—入口止回阀；1.5—蜗壳；1.6—离心风机；1.8—冷却器；1.8.a—油冷却器；
1.8.b—空气冷却器；1.8.c—供风管；1.9—输出连接轴箱体；1.14—安全阀；
1.15.3—回油管过滤器；1.27—排油阀；k—联轴节；F—空气过滤器；
M—三相电机；T—温度开关；U—真空显示器；A1—压缩空气进口；
A2—压缩空气出口；A4—冷却空气。

图 5.2　电动空气压缩机单元

压缩机每次关闭时，压力通过减压阀自动降低。压缩机停止工作后，当低压阀和入口止回阀关闭时，来自压缩机转动体的逆流压缩空气使入口管路中的压力增大；此时，卸压阀动作，允许压缩空气从压缩机箱体流到空气过滤器，使箱体内的空气压力马上降到约 180 kPa，然后，压力通过卸压阀上的节流孔慢慢降低为零。

（3）油循环。如图 5.2 所示，工作中的压缩机内的压差将油通过滤油筒送到转动体内的泵油点上，对转动体内的轴承和转子进行润滑。此外，油还可吸收压缩产生的热量，并锁闭两个相互配合的螺旋槽转子两端的间隙，以及压缩机转动体和转子圆形突出之间的间隙。

来自压缩机转动体的油/气混合物在被送到油槽进行精细过滤前，先通过送风管喷射到压缩机箱体内的挡板上进行粗略过滤，在此析出的油聚集在油槽下部，压缩机箱体内的压力将积聚的油经回油管过滤器和节流孔送回压缩机转动体内。

当油温达到约 83 ℃ 时，油控装置内的恒温器打开通向油冷却器的油路（低于此温度时该通路关闭），油被送入压缩机转动体内并很快达到最佳工作温度，避免了油的积聚和沉淀。

3．技术特点

螺杆式空气压缩机有以下主要优点。
（1）联轴节和轴承所承受的动载荷较低，磨损低。
（2）设计简单。
（3）以紧凑的结构实现高性能。
（4）最大限度地减少了振动和气流的脉动，噪声低。

5.2.2　空气干燥装置

1．组　成

空气干燥装置 LTZ015.2H 用于从螺杆式空气压缩机输出的空气中吸取湿气和大部分的

油，它主要由以下部分组成（见图 5.3）。

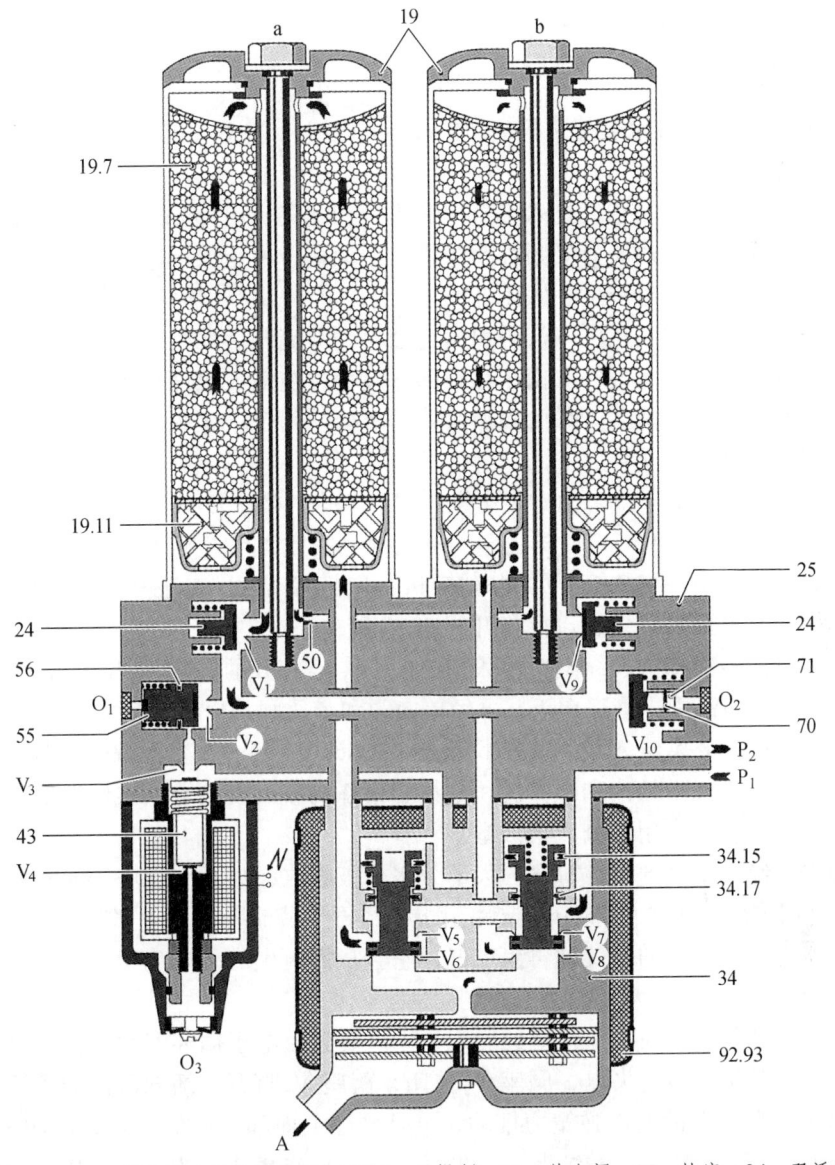

19—风缸；19.11—储油杯（带拉希格圈）；19.7—干燥剂；24—单向阀；25—挂座；34—双活塞阀；
34.15，34.17，56，70—K 形环；43—电磁阀；50—再生节流孔；55—预控制阀活塞；
71—旁通阀；92.93—绝缘子；A—排水口；$O_1 \sim O_3$—排气口；P_1—压缩机空气入口；
P_2—通往总风缸的空气出口；$V_1 \sim V_{10}$—阀座。

图 5.3　空气干燥装置

（1）两个带有整体式油分离器的干燥塔。
（2）一个带有再生节流孔和下控制阀的支架。
① 干燥塔的两个单向阀。
② 通向总风缸的中央旁通阀。
③ 用来控制气流的预控制阀。

④ 带有消声器的可排水的整体式双活塞阀。

（3）电磁阀和控制循环的电路板。

2．工作原理

双塔型无加热再生/吸水装置可同时进行干燥和再生，当主气流在一个塔中被干燥时，另一个塔中的干燥剂进行再生。

来自压缩机的潮湿压缩空气进入空气干燥机，在此先析出部分水分，并由油分离器吸收油分。然后，压缩空气通过装有吸附性干燥剂的干燥塔，由干燥剂吸取大部分水分，使从干燥机出口排出的主气流相对湿度不大于35%。

另一部分经干燥的空气从主气流中引出，经再生节流孔后发生膨胀，并在穿过第2个塔内的饱和干燥剂后释放到大气中。由于已在膨胀过程中被最大限度地干燥，这部分空气会从干燥剂（需再生）中吸收其在干燥阶段所吸收的水分。两个干燥塔的"干燥"和"再生"工作状态以一定的周期进行交替。

图5.3所示为处于工作状态的空气干燥装置。其中，塔19a处于干燥阶段，塔19b处于再生阶段。电磁阀由来自循环定时器的电气输入信号励磁，阀座V_3打开。压缩空气除了从排气口P_2输出外，还分出一支从打开的阀座V_2和V_3流至活塞阀，克服其弹簧弹力分别推动左、右活塞到达下面和上面的位置，以此打开阀座V_5和V_8。

来自压缩机的经冷却的压缩空气由入口P_1进入，经打开的阀座V_5流向塔19a，并自下而上流过此塔；然后向经中央管道向下，再经单向阀和旁通阀从出口P_2输出。压缩空气在进入干燥剂前，先通过油分离器A内填充的拉希格（Raschig）环，在多次偏转、涡旋和回弹作用后，仍悬浮在压缩空气中的油和水雾沉积到拉希格环的较大表面上，它们聚集在一起形成更大的液滴，最后在重力作用下流入集液室。

当压缩空气经过干燥剂时，所含的大部分水分被吸收，离开干燥塔19a时的相对湿度低于35%。这些干燥空气中的一部分从支路引出，经再生节流孔后发生膨胀，反向通过塔19b中的干燥剂。这路膨胀后的空气称再生空气，它会从需再生的干燥剂中吸取水分，再通过打开的阀座V_8和消音器排到大气中。

在干燥剂达到其饱和极限前很短的时间，干燥装置由电子循环定时器在半周期时进行工作状态切换。此时，电磁阀失电，阀座V_3关闭，阀座V_4打开，活塞阀内的压缩空气排出。这样，活塞阀的左、右活塞由弹簧力推动，分别到达上面和下面的位置，以此关闭阀座V_5和V_8，打开阀座V_6和V_7。这种情况下，主气流$P_1 \to P_2$在塔19b中进行干燥，在塔19a中干燥剂再生。

为确保正常工作，本干燥装置要求具有一定的往复压力，在此压力下，预控制阀打开，活塞阀可往复运动。旁通阀确保系统中快速建立这一压力，它仅会在超过往复压力后才打开通向总风缸的气路，此功能可防止塔19b中的干燥剂在持续时间很长的填充过程中发生过饱和。两个单向阀可防止在压缩机不工作时总风缸和车辆管路由干燥装置处排气。

5.2.3 微孔滤油器

微孔滤油器OEF1-OEF4（见图5.4）可大大减少压缩空气中的油分。微孔滤油器位于压缩空气通路上干燥装置的下游,排油由手动控制;滤油器由机体和过滤器滤芯组成(见图5.5),其结构及工作原理如下。

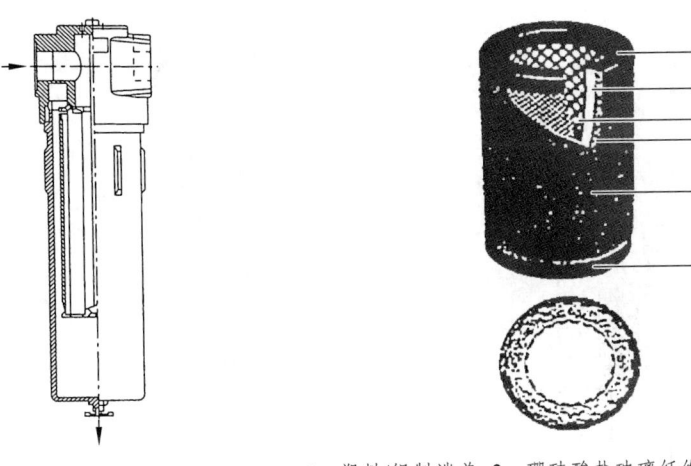

1—塑料/铝制端盖;2—硼硅酸盐玻璃纤维层;3—钢制内护套;
4—钢制外护套;5—PVC泡沫层。

图5.4 微孔滤油器　　　　　　　　图5.5 滤芯

1. 机 体

铝制机体可长期用于 160 kPa 的最大工作压力之下,其表面的合成树脂涂料可提供足够的防腐蚀保护。滤油器上下两部分由梯形螺纹连接在一起,过滤器滤芯用螺纹固定在机体中央的螺杆上,并用端盖密封。滤油器的检查和除油都通过旋出封口螺母完成。

2. 过滤器滤芯

过滤器滤芯包含一个很深的玻璃纤维层,此外还有很大的空腔,以确保较高的吞吐量和较低的压差。

滤油器可清除直径 1 μm 以上的悬浮油颗粒雾和固体杂质,残油含量不高于 0.1 mg/m³（20 ℃、700 kPa）。固体颗粒会被阻滞在玻璃纤维层中,而非常细微的液滴会在此形成较大的液滴,然后被强制进入外部的泡沫层,并在重力作用下成为黏性液体薄膜,流入过滤器下部的碗形容器中。

钢制支撑圆筒位于玻璃纤维材料的外部,为过滤介质提供必要的支撑,使玻璃纤维即使在气压波动很大的情况下也不会从夹层结构中漏出;覆有PVC的泡沫层可以阻滞矿物油、合成油和使用过久的油。

5.2.4 安全阀

安全阀保护压缩空气系统的气动设备不因气压超出许可范围而损坏,从而也避免损坏与气动设备相连的其他设备;如气压超出了安全工作压力,安全阀将会自动排出足够多的压缩空气,以使工作压力不超过安全压力的10%。CRH$_{380B}$型动车组使用的是SV10型安全阀。

1. 结 构

SV10 型安全阀的结构如图 5.6 所示。

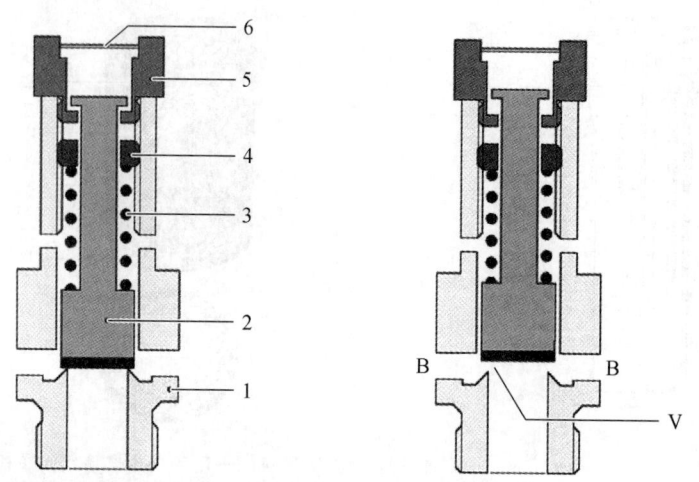

1—阀体；2—阀杆；3—压紧弹簧；4—调节螺母；5—封口螺母；6—铅封；B—排气口；V—阀座。

图 5.6　SV10 型安全阀

2. 工作原理

当工作压力处于正常水平时，压紧弹簧压住阀杆，可以关闭阀体的阀座。当超过安全压力时（安全阀设定值），阀杆顶起压紧弹簧，额外的压力通过打开的排气口释放。当压力降低到合适的值后，阀座再次关闭。

旋转调节螺母可以设定安全阀的开放压力。铅封可对安全阀起保护作用，在没经授权的情况下不能改变设定值。

安全阀中的封口螺母打开时可用来检查零件的工作状态，并排出存留在阀体内的灰尘等：拧出封口螺母，压紧弹簧就会抬起阀杆，阀座打开，从而将灰尘等从阀体中排出。

5.2.5　辅助压缩机单元

辅助压缩机单元包括辅助压缩机和一个 25 L 的风缸，辅助压缩机和风缸集成安装在一个小模块吊架上；该模块整体吊装在 Tc02 车和 Tc07 车的底架上，由蓄电池系统为辅助压缩机供电。设置 25 L 的风缸是为了满足升弓所需的压缩空气。

辅助压缩机为单活塞压缩机，气路中有设定压力为 900 kPa 的安全阀；当气路的压力超过设定值时，安全阀将排气，以保护气路部件不受高压的损害。

5.2.6　气路原理

CRH$_{380B}$ 型动车组的直通电空制动系统是由电子制动控制单元来控制的，电子制动控制单元接收并解读来自制动控制手柄或信号系统的制动指令，然后发出电信号控制空气制动控制单元。

直通电空制动系统的气路原理如图 5.7 所示，压缩空气从总风管经止回阀流至制动风缸；

当总风压力不足时，止回阀可确保制动风缸内有足够的空气压力。制动风缸为空气制动控制单元提供风源，空气制动控制单元负责空气制动的控制。

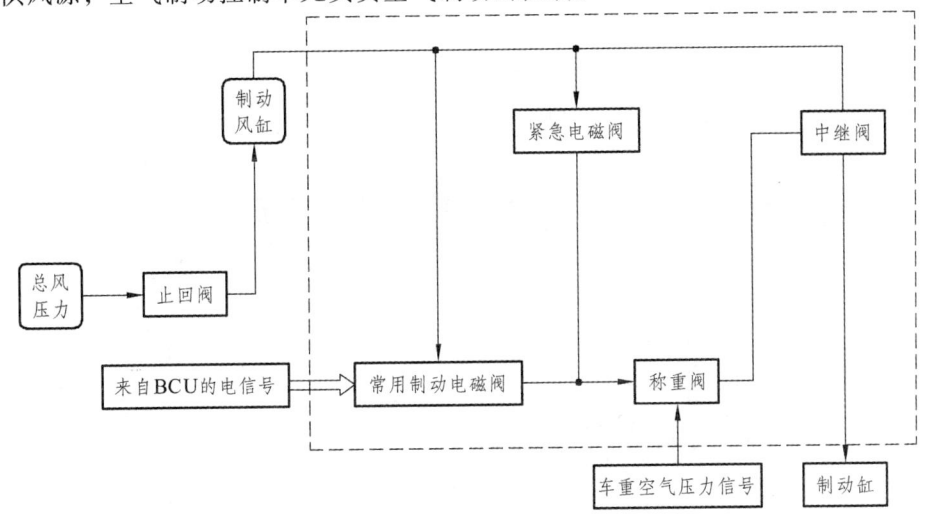

图 5.7 直通空气制动系统原理

在空气制动控制单元内，常用制动电磁阀将来自电子制动控制单元的电信号转换成相应的预控制空气压力。常用制动时，紧急电磁阀失电关闭，从常用制动电磁阀来的压缩空气经称重阀进入中继阀，经过中继阀流量放大后，输出的压缩空气充入制动缸。称重阀可根据载重情况，限制中继阀预控制压力的设定值，在制动缸压力控制电路出现故障时保护转向架设备。常用制动时，制动力随载重的调整由电子制动控制单元发送至常用制动电磁阀的制动指令信号控制。

紧急制动时，紧急制动安全回路断开，紧急电磁阀得电打开，从制动风缸来的压缩空气经紧急电磁阀进入称重阀和中继阀，施加与载荷相应的紧急制动压力。此时，如电子制动控制单元处于正常工作状态，可同时控制常用制动电磁阀产生紧急制动压力。紧急制动指令同时也发送给备用的自动空气制动系统，列车管的压缩空气也通过一个紧急排风阀迅速排空，继而触发分配阀产生紧急制动动作。具体工作过程如图 5.8 所示。

图 5.8 中，B01、B10 为电子制动控制单元（EBCU），B60 为空气制动控制单元（PBCU），B55 为分配阀，F06 为撒砂控制单元，B06 为风源控制塞门。

司机或车辆控制系统发出制动指令后，列车制动控制单元 TBM 进行制动力计算，并负责完成整列车制动力的分配。每车制动控制单元是依据本车载重计算出所需的制动力。常用制动时，控制电磁阀 B60.02 得电；紧急制动时，控制电磁阀 B60.03 得电，从而完成常用制动或紧急制动预控压力的建立，该压力经双向阀 B60.04 和称重阀 B60.05 进入中继阀 B60.07，经中断阀的流量放大作用后，压缩空气充入转向架的单元制动缸，产生制动作用。

因该制动采用分级制动力控制，所以设有电磁阀 B60.08，制动控制单元通过控制其在 200 km/h（动车）和 300 km/h（拖车）时的得、失电状态，为中继阀提供分级制动力控制。

空气分配阀则与列车管直接相连，当列车管的压力变化时，空气分配阀 B55.02 会产生相应的动作，实现制动预控压力的建立。该压力到达双向阀 B60.04，与前述直通电空制动压力进行对比，较大者经双向阀及称重阀到达中继阀，最终完成对制动缸压力的控制。

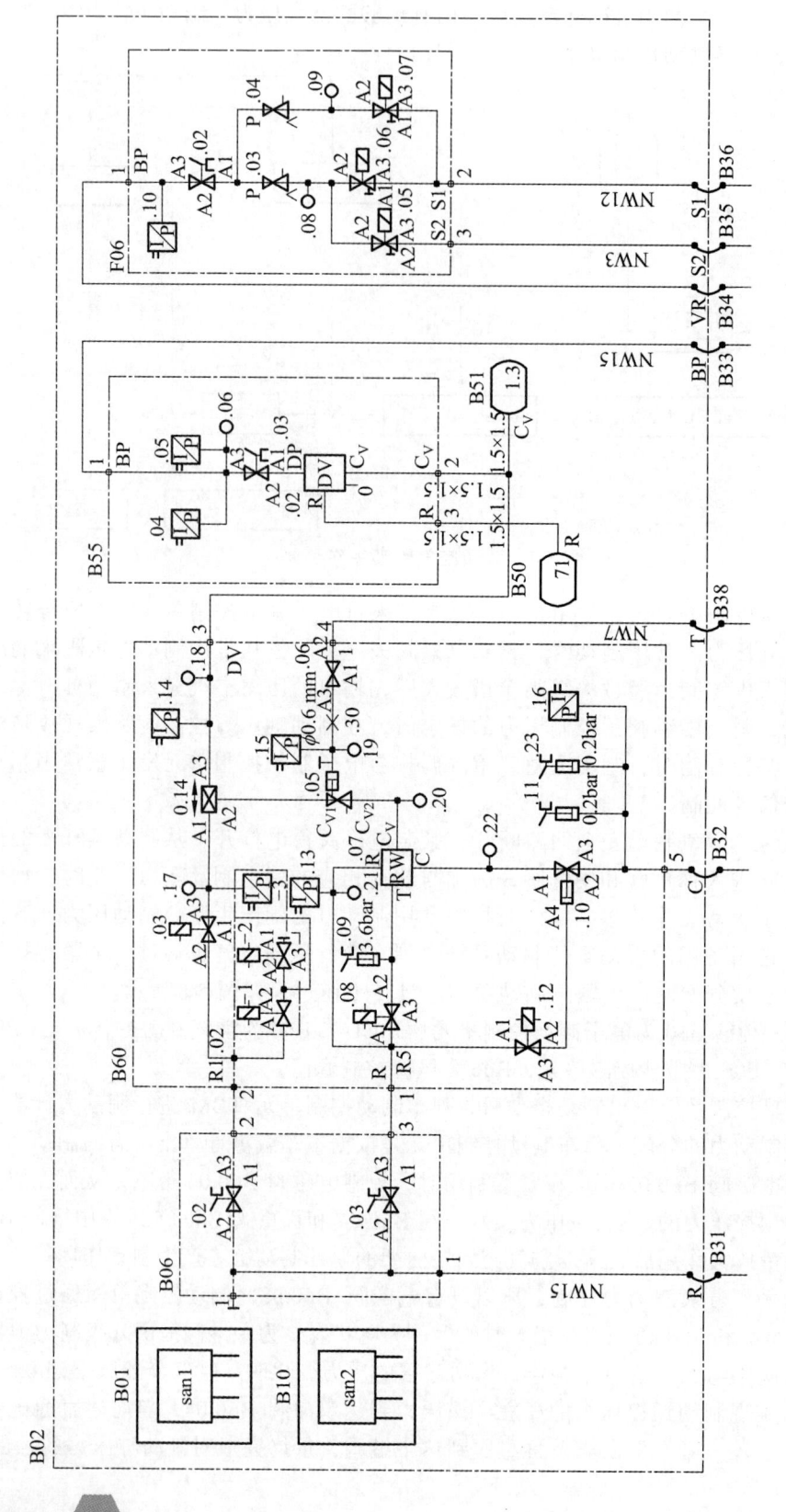

图 5.8 制动控制原理

5.2.7 空气制动与电制动的联锁关系

空气制动与电制动的制动力分配,是由电子制动控制单元 EBCU 控制的,EBCU 经 MVB 和 WTB 读取牵引系统再生制动的状态信号,并依据制动力指令,按设定的复合制动模式完成电制动力与空气制动力的分配。

常用制动时,优先使用电制动;电制动不足或不可用时,由空气制动力进行补充。CRH$_{380B}$ 型动车组可利用的电制动的特性曲线如图 5.9 所示。

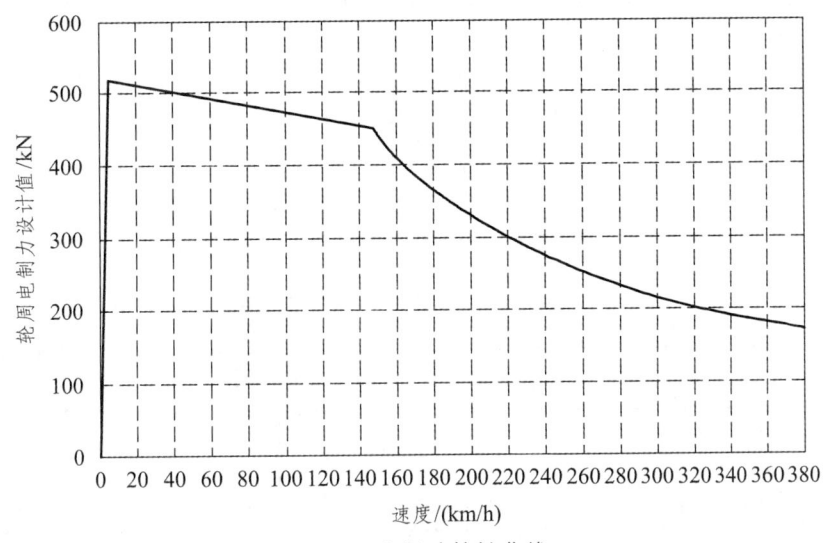

图 5.9 电制动特性曲线

由图 5.9 可知,高速段电制动力较小;随着速度的降低,电制动力逐渐增加。常用制动时,电制动力不足,由 BCU 控制直通电空制动控制单元补充空气制动力。紧急制动时,因需要产生最大的制动力,电制动与空气制动同时施加,如图 5.10 所示。

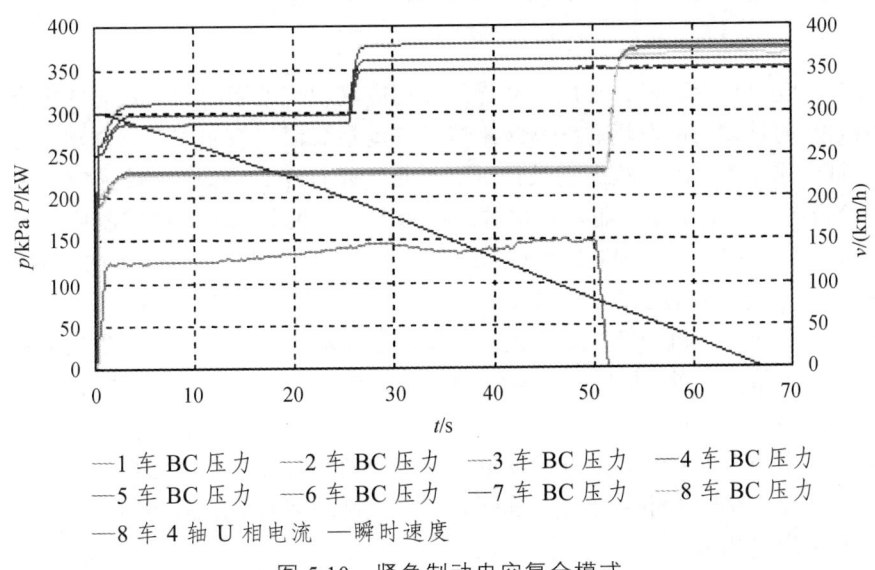

—1 车 BC 压力　—2 车 BC 压力　—3 车 BC 压力　—4 车 BC 压力
—5 车 BC 压力　—6 车 BC 压力　—7 车 BC 压力　—8 车 BC 压力
—8 车 4 轴 U 相电流　—瞬时速度

图 5.10 紧急制动电空复合模式

由图 5.10 可知，当列车速度降至约 50 km/h 时，再生制动不起作用，全列车实施空气制动。

5.2.8 电气原理

CRH$_{380B}$ 型动车组空气制动系统的电气原理如图 5.11 所示。电制动和空气制动的协调由制动控制单元 BCU、牵引控制单元 TCU 和列车中央控制系统 CCU 进行控制。在一个牵引单元（4 辆车）内，数据交换由多功能车辆总线 MVB 来完成，牵引单元之间的通信由列车总线 WTB 支持。

常用制动时，制动力的设定值与司机制动控制器手柄扳动的角度成比例，设定值也可由列车保护系统规定。司机制动控制器有 8 级常用制动位和一个紧急制动位。每级制动都符合列车管理程序给定的设定值，其中 8 级常用制动是最大常用制动位。

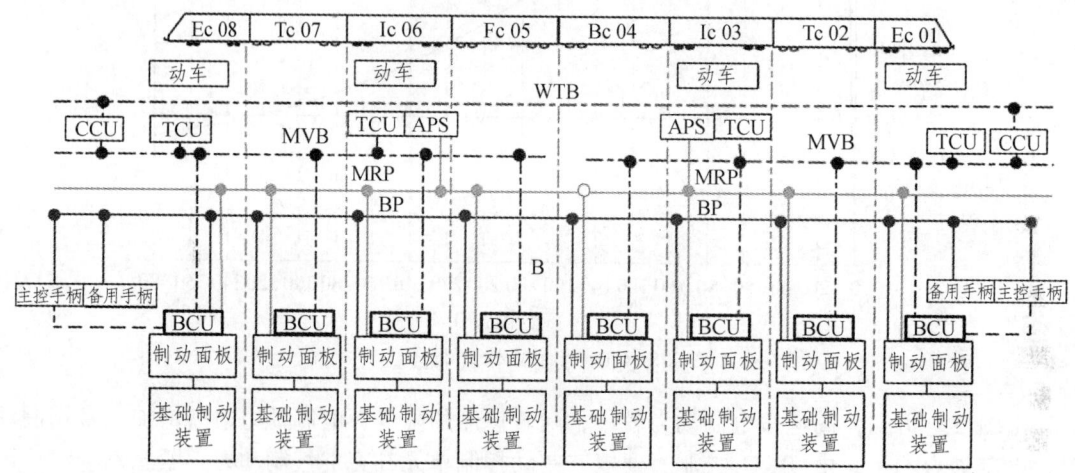

WTB—列车总线；APS—压缩空气供给系统；MVB—多功能车辆总线；MRP—总风管；BP—列车管；CCU—中央控制单元；TCU—牵引控制单元；BCU—制动控制单元。

图 5.11 制动控制电气原理

为了最大限度地减少磨损，常用制动优先使用电制动，电制动力不足时才由空气制动进行补充。EBCU 通过多功能车辆总线 MVB 读入制动指令值，控制本车电制动和空气制动的复合方式。制动施加（缓解）状态记录在每节车的 EBCU 中，同时还通过数据总线 MVB 和 WTB 报告给司机。司机制动控制器发出的制动指令进入头车电子制动控制单元（EBCU），负责整车制动力的分配，通过 MVB 和 WTB 将制动力分配信号发送至每车的 EBCU，由每车的 EBCU 控制本车制动力的复合和建立。

制动操作主要通过司机制动控制器进行。制动级位取决于制动控制器手柄的位置，手柄的位置由电子装置检测。当手柄置于紧急制动位时，列车管直接排风，并执行电空紧急制动。

司机制动控制器的制动力设定值和列车保护系统规定的设定值通过列车控制系统读入，并在列车管理范围内对电制动和空气制动进行分配。列车管理系统确保在制动过程中不会因过高的制动力导致轮轨黏着系数超标，确保列车空气制动装置的载荷均匀（磨损最低，防止空气制动装置出现过热）。

5.2.9 防滑控制

列车的防滑性能直接影响到车辆的紧急制动距离，防滑性能优良，则车辆可充分利用轮轨间黏着，实现最短的紧急制动距离；否则，滑行会造成车轮的擦伤和紧急制动距离的不可控。防滑在高速动车组上的作用更加突出。

CRH$_{380B}$型动车组防滑系统的组成及原理如图 5.12 所示。

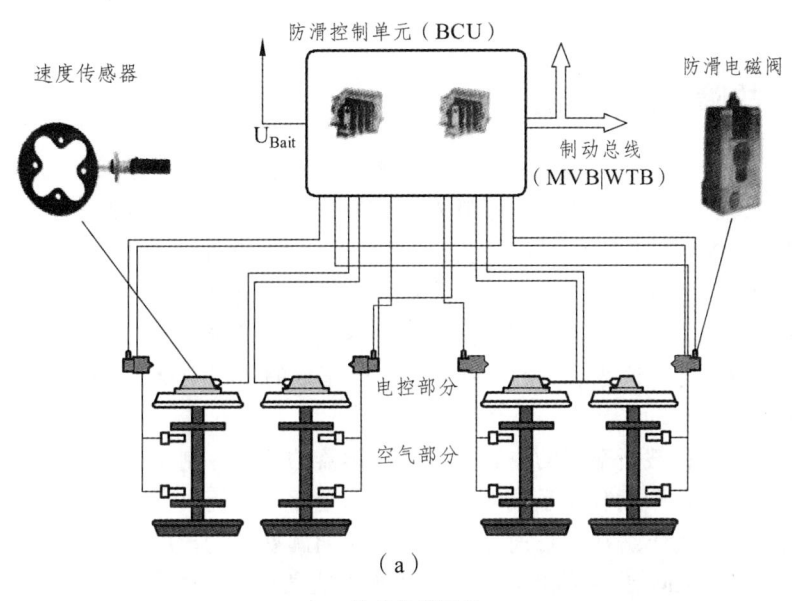

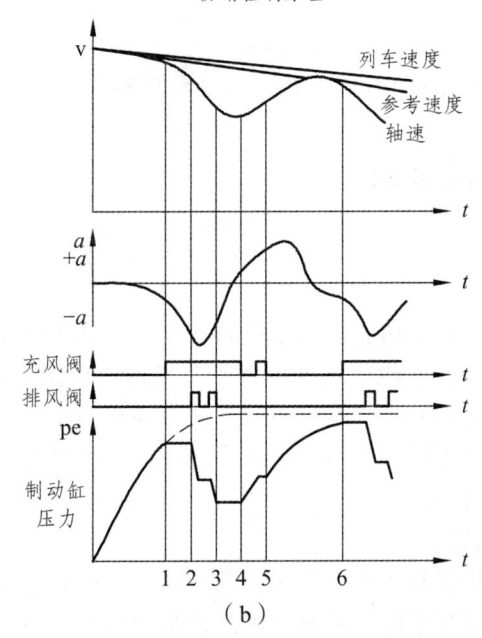

图 5.12 防滑系统的组成及原理

电子制动控制单元读取速度传感器监测到的车轮转速，通过评估不同轮对的制动减速度情况，判断其减速度是否超出限制值，并依据减速度情况控制制动缸的压力，实现制动力的增大、保持和减小，最终消除车轮的滑行现象。另外，在依据加速度进行控制的同时，也采用速度差控制，通过将不同车轮转速与本车车轮中的最高转速相对比，判断是否有滑行，以控制制动力，消除滑行。速度差控制具体原理：当某一轴的转速与其轴的最高转速之差大于预定值时，这个轴的防滑阀排风，制动缸压力降低，使得这根轴转速回升，避免滑行；当转速差小于预定值时，该轴防滑阀排风口关闭，制动缸保压；当转速完全恢复正常时，防滑阀充风，恢复制动力。

5.2.10　故障诊断及信息

制动系统通过带电接点的截断塞门及各种速度传感器采集外部零部件的信息，并将这些信息输入电子制动控制单元 EBCU，由其对车辆制动系统状态进行判断，出现的故障和车辆制动状态也通过 MVB 和 WTB 发送至司机显示器，便于车辆的运行控制和故障处理。

制动系统的故障诊断主要包括影响安全的故障、功能监测、制动试验故障等。

影响安全的故障，如制动不缓解、运行中停放制动意外施加、转向架横向加速度超标、车轴抱死、列车分离等，这些故障的存在严重影响车辆的运行安全。为此，CCU 会依据故障的重要等级触发紧急制动。

功能监测，如各种截断塞门的位置、各种传感器的状态、制动工作状态等。通过功能的监测，司机可随时掌握车辆制动系统的状态，并为地面维护提供支持。

制动试验故障。动车组在运行前，需进行一系列制动试验，以检查车辆制动系统的功能是否正常。司机可按 HMI 提供的指示，按步实施这些试验，制动控制单元需对试验结果进行诊断，确定车辆制动状态及存在故障的情况。

上述故障诊断均由电子制动控制单元 EBCU 完成，并通过 MVB 和 WTB 进行信息的传输；故障信息储存在制动控制单元中，并在司机显示器显示，便于故障处理和车辆运行控制。

5.3　制动功能及参数

5.3.1　制动功能

制动系统能实现的基本制动功能包括紧急制动、常用制动和停放制动。上述功能通过与制动控制相关的车载控制设备实现，这些设备主要包括中央控制单元（CCU）、牵引控制单元（TCU）及制动控制单元（BCU）。在司机或车辆自动控制系统发出制动指令后，由制动控制单元（BCU）负责控制整车制动力的空电复合方式及制动力的合理分配。

紧急制动存在两种控制模式：电空复合紧急制动或纯空气紧急制动，由制动控制单元（BCU）根据实际情况来响应。

常用制动时，优先使用无磨耗的电制动，电制动力不足部分由空气制动力补充。

停放制动是为车辆长期存放而设置的一种由弹簧的机械力施加的制动。

备用的自动式空气制动是利用列车管压力变化对车辆制动进行控制，主要用于救援和回送。

下面对这4种制动做简要介绍。

1．紧急制动

（1）紧急制动的触发方式。通过以下任意方法均可以触发紧急制动：

① 在司机室按下紧急制动按钮（红色蘑菇按钮）。

② 制动司控器拉到"紧急制动"（EB位）位置。

③ 由列车自动防护系统（ATP）或自动警惕设备（SIFA）触发。

④ 列车运行时（$v > 5$ km/h），发生了停放制动的意外施加，由停放制动监视回路触发；当转向架的稳定行驶或轴承温度指标超限监测，且施加最大的常用制动功能失效，由转向架监视回路触发。

当紧急制动触发后，切除牵引力，施加电制动和空气制动。另外，车轮防滑系统也予以启动。

紧急制动触发后，将同时发生以下冗余动作。

① 列车管排风。通过空气分配阀实施备用的空气紧急制动。

② 直通电空制动的紧急制动电磁阀得电。通过"安全回路状态"列车线控制安装在每辆车上的紧急制动电磁阀得电，实施直通电空紧急制动。

③ 触发最大常用制动。每车BCU检测"安全回路状态"列车线，触发直通电空最大常用制动。

紧急制动触发方式及信号分配如图5.13所示。

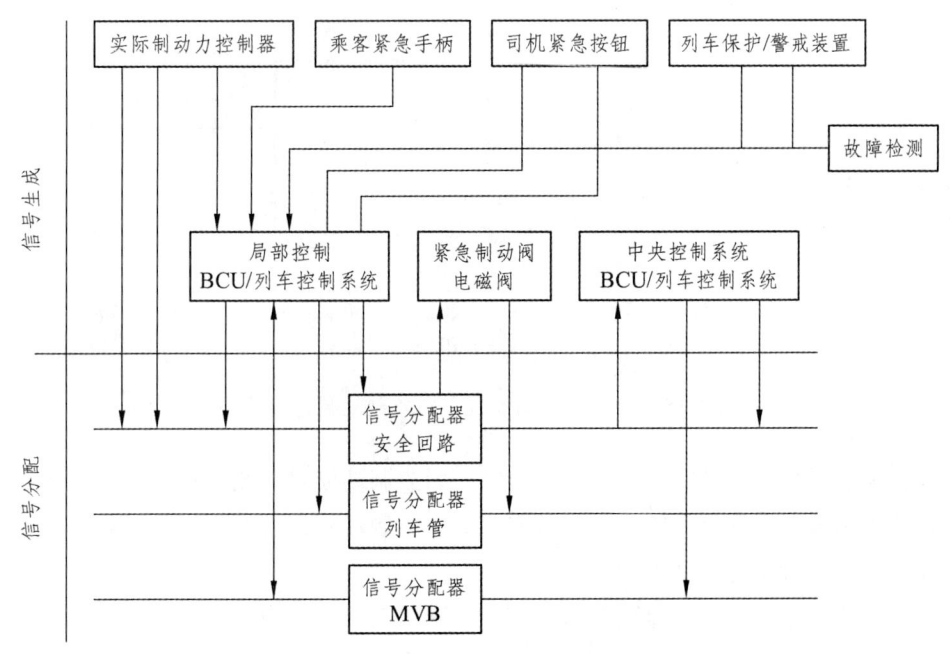

图5.13 紧急制动触发方式及信号分配框图

（2）紧急制动的特性。在紧急制动时，可以选择以下模式，这些模式是按照优先级自动选择的，不同模式将产生不同的制动特性。

第一种制动模式：空电复合紧急制动，如图5.14所示。

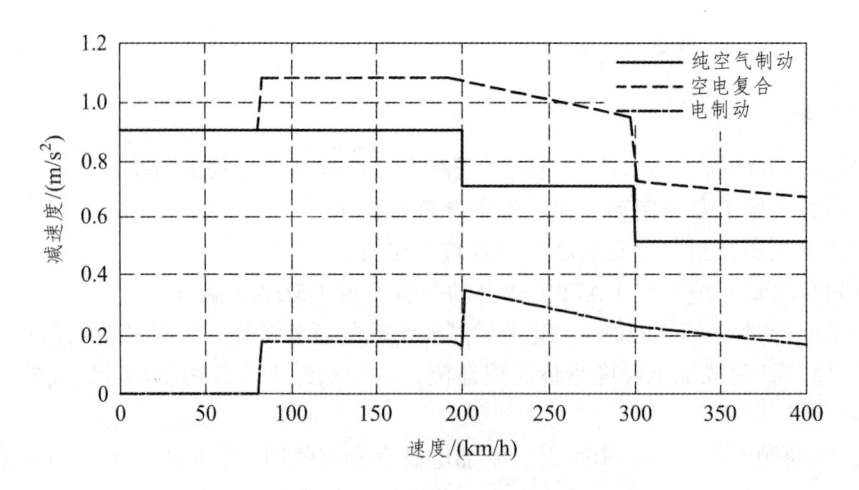

图 5.14 空电复合紧急制动的减速度曲线

这种模式的制动通过再生制动和空气制动的复合实现。因这种制动模式有电制动的施加，减少了摩擦制动的利用率并能实现能量回收，相对更加经济，是首选制动模式。电空复合方式，在高速段电制动力和空气制动力同时施加，在低于 80 km/h 时，再生制动切除。

第二种制动模式：纯空气紧急制动，如图 5.15 所示。

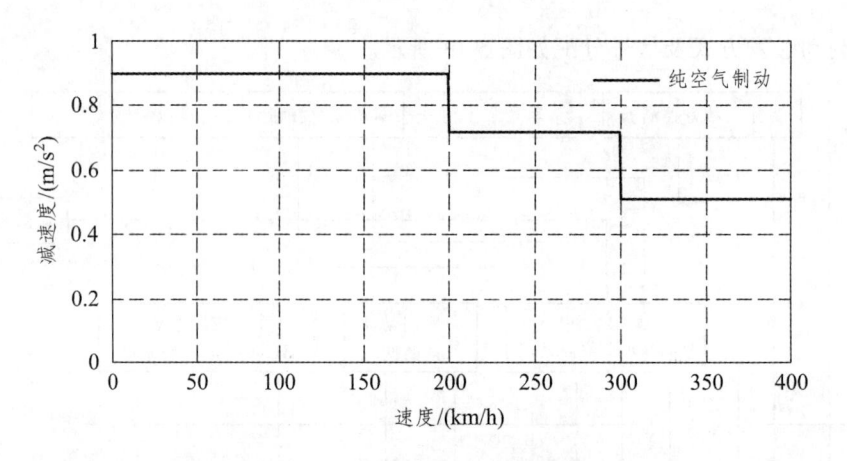

图 5.15 纯空气制动模式下紧急制动减速度曲线

在车辆无法采用电制动时，列车采用纯空气紧急制动模式，此时只有空气摩擦制动力施加，此模式不依赖于电网的网压，是一种安全的紧急制动模式，但因闸片及制动盘存在较多磨耗，相对电空复合紧急制动不够经济。

（3）制动力分级控制。高速列车制动时，车辆的动能转化为制动盘与闸片的摩擦热能，制动盘与闸片的热负荷与速度的平方成正比，为合理分配基础制动装置的热负荷，并考虑到高速行驶时轮轨黏着系数的降低，制动力采用分级控制，具体如图 5.15 所示。

图 5.15 中可见，制动力分级控制的速度切换点为 200 km/h 和 300 km/h。$v < 200$ km/h 时，制动减速度为 0.9 m/s^2；200 km/h $< v <$ 300 km/h 时，制动减速度为 0.72 m/s^2；$v > 300$ km/h 时，

制动减速度为 0.51 m/s²。

（4）紧急制动的距离。施加紧急制动时，列车产生最大制动力，以达到最大减速度，保证列车在最短距离安全停车。制动距离包括制动空走距离和实际制动距离。车辆设计紧急制动距离曲线如图 5.16 所示。

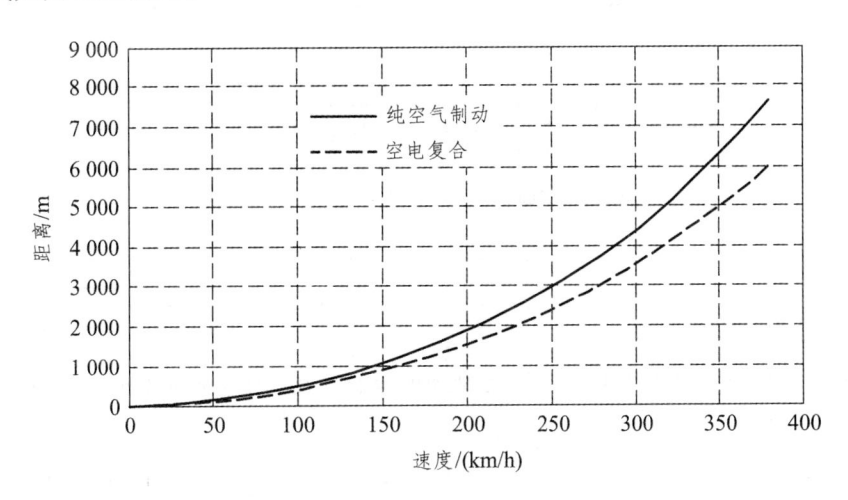

图 5.16　紧急制动距离曲线

2．常用制动

（1）常用制动功能。列车正常运行时，司机通过实施常用制动进行车辆调速和到站停车。对于常用制动而言，制动力的设定与制动司控器的扳动角度成比例。

当拉下乘客制动阀时，通过乘客紧急制动环触发最大的常用制动。为避免列车停在不适宜逃生的轨道段（如隧道、桥），司机可将制动司控器置于"OC"位，取消乘客最大常用制动请求。

（2）常用制动的控制。主操纵端列车制动管理单元（TBM）收到制动司控器和列车保护系统（ATP）的不同级别制动请求，根据空气弹簧压力转化的车辆载重信息，在整列车范围内进行再生制动和电空制动的合理分配。列车级主制动控制单元和列车管理系统保证了在制动时制动力不会过大，也保证了列车摩擦制动与负载的合理匹配（即空气制动时磨耗最优化和过热时的保护措施）。

每辆车上制动控制单元（BCU）通过 MVB 读取制动设定值，并通过充排风电磁阀来控制每辆车的制动缸压力。每辆车上"制动施加/缓解"状态被记录，并通过数据总线 MVB 和 WTB 反馈给司机。

（3）常用制动设定值的信号通过车辆数据总线（MVB）和列车总线（WTB）传输，如图 5.17 所示。

（4）制动特性。常用制动力小于紧急制动力，满足图 5.18 所示常用制动（1~8 级）减速度特性曲线设定要求。

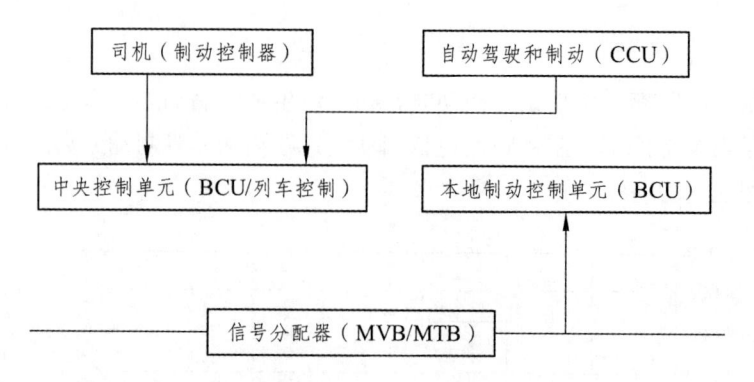

图 5.17　常用制动过程中信号产生及分配框图

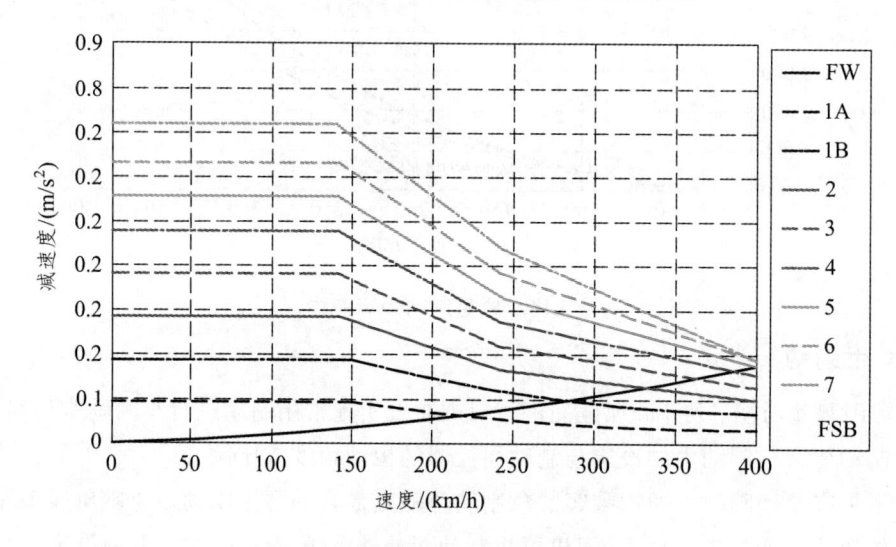

图 5.18　常用制动减速特性曲线

3．停放制动

CRH$_{380B}$型动车组停放制动设计能力为可满足动车组定员载荷时在最大下坡斜度为 20‰ 的安全可靠停放，且停放制动抗溜车安全系数为 1.2。

在停放制动单元缸里，制动力由弹簧施加，无须任何空气压力。缓解停放制动通过施加压缩空气抵消机械弹簧力实现。为了允许停放制动的紧急缓解，在非动力转向架的两侧提供了金属绳索。通过每车的紧急缓解装置和空气截断塞门能够切除有故障的停放制动。停放制动的功能和零部件如图 5.19 所示。

在控制停放制动时，由司机按钮产生停放制动信号，并直接转换为停放制动控制线的信号。通过这些停放制动电气线将停放施加和停放缓解信号分配到整列车上的本地制动控制单元。

为缓解停放制动，需激活一个双稳态电磁阀使弹簧制动缸充风。实施停放制动，停放制动缸内压缩空气通过电磁阀来排气，如图 5.20 所示。

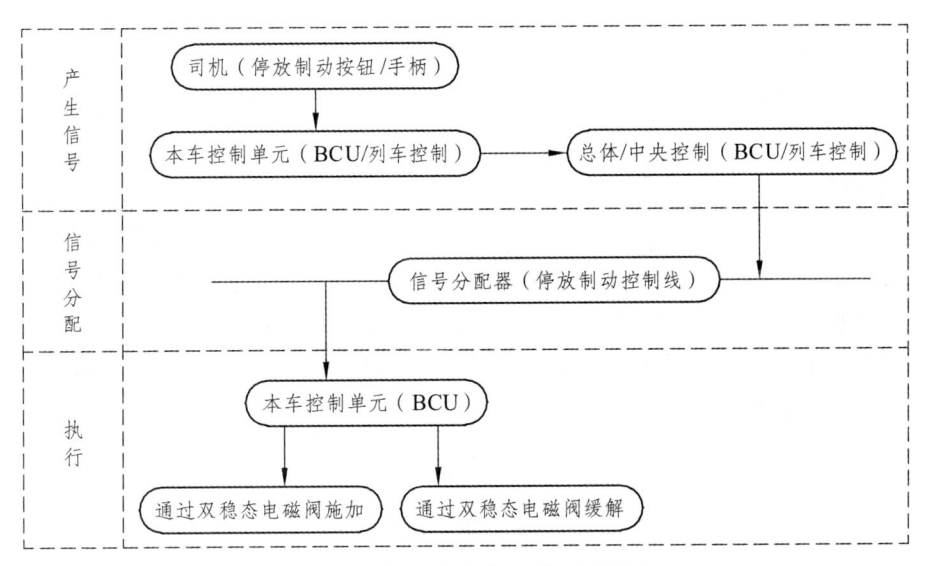

图 5.19 停放制动的功能和零部件

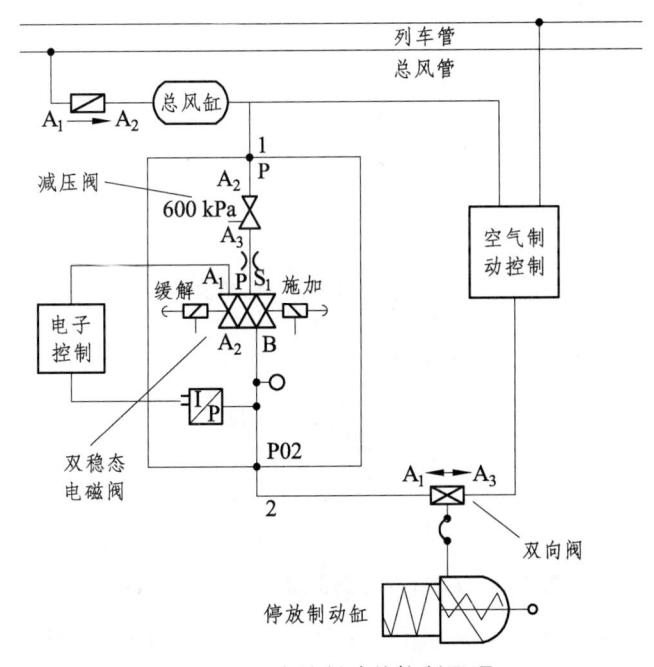

图 5.20 停放制动的控制原理

当电源失灵时,双稳脉冲电磁阀保持在最后的作用位置,这就保证了列车在电源故障时不会意外发生停放制动的施加和缓解。

当空气制动和停放制动同时使用时,空气制动产生的制动缸压力通过双向止回阀向停放制动单元缸加压。这就使停放制动力将随空气实施的程度而减小,可以预防转向架基础制动装置过载。

停放制动的工作状态通过压力传感器检测,再由 MVB 和 WTB 报告传给司机。在列车运行期间,如果检测到施加了停放制动,为防止制动盘的损坏,BCU 会触发停放制动监视回路实施紧急制动。当司机在有停放制动施加的状态起动列车时，BCU检测到移动（非静止）信号，停放制动监视回路会被触发实施紧急制动。当紧急制动施加时，牵引系统也将被锁死。

4．备用制动

CRH$_{380B}$型动车组的备用制动系统为自动式空气制动系统，在电空直通空气制动无法使用时（故障或救援/回送状态）启用。备用制动系统启用后，可通过控制列车管的空气压力，来实现列车的制动和缓解；列车管的空气压力变化可由动车组自身的备用制动控制阀ZB11-6（C02）（见图5.21）或救援/回送机车控制。备用制动启用后，主制动控制手柄的制动控制被切断，电制动也无法使用。

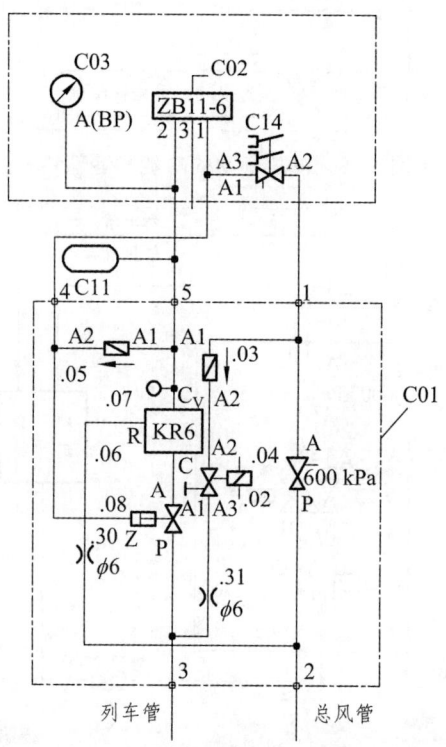

图 5.21　ZB11-6 司机备用制动控制阀气路

（1）备用制动的启用。电空直通制动正常工作时，图5.21中的截断塞门（C14）关闭，隔离电磁阀（C01.02）得电打开。总风压力只能经减压阀（C01.04）（使输送至列车管的压力降为600 kPa）、止回阀（C01.03）、打开的隔离电磁阀（C01.02）和节流阀（C01.31）进入列车管；减压阀—截断塞门的通路被切断，即备用制动控制阀ZB11-6（C02）无法对列车管的压力进行控制，备用制动控制阀处于隔离状态。此时，列车管压力保持在规定的缓解压力（600 kPa）以上，不会影响直通空气制动系统的正常工作。

当电空直通制动系统发生故障，需启用备用的自动空气制动系统时，打开截断塞门（C14），隔离电磁阀（C01.02）即失电关闭；减压阀—止回阀—隔离电磁阀—节流阀的通路被关闭，总风压力经减压阀（C01.04）、备用制动控制阀ZB11-6（C02）和打开的截断塞门（C14）连接到列车管上。

救援/回送时,自动空气制动系统的启用原理一样,只是动车组列车管的空气压力要由救援/回送机车来控制。

(2)备用制动的控制。备用制动系统启动后,列车管的空气压力便可由备用制动控制阀或救援/回送机车进行控制(动车组在救援/回送连挂时,需打开头车前端的开闭机构,以实现救援/回送机车对动车组的供风和控制),从而使各车的分配阀(B55)动作。备用制动控制阀的结构如图5.22所示。

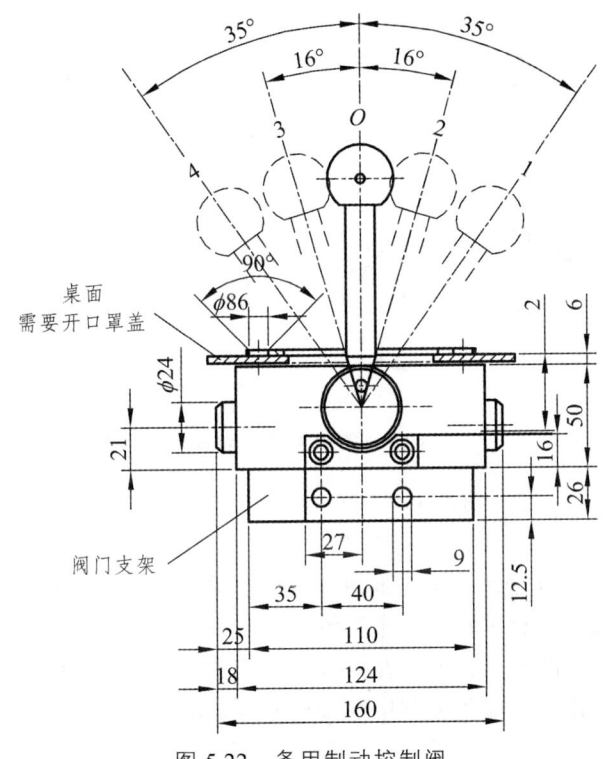

图5.22 备用制动控制阀

备用制动控制阀通过一个备用制动手柄进行操纵,具有全缓解、缓解、中立、制动和全制动5个作用位。全缓解、中立和全制动位具有止档,如将手柄放在未标刻度的区域(缓解或制动),放开后手柄将返回中立位。当手柄处于全缓解位时,列车管中的压力将保持在减压阀所设置的工作压力上;在制动位置时,列车管中的压力下降,下降的值随操纵杆停留时间的增加而增加;处于缓解位置时,列车管中的压力上升随时间递增。在全制动位置,列车管中的压力排空;当操纵杆处于中立位时,除了列车管泄漏所造成的影响外,列车管中的压力保持不变。如图5.23所示,备用制动系统的核心控制部件为两压力空气分配阀,需要一个容积为7 L的工作风缸和一个1.3 L的制动缸容量模拟风缸进行控制。分配阀只具有一次缓解和阶段制动功能,能与既有线机车可靠连挂,便于动车组的回送与救援。空气压力通过B60的双向阀进入中继阀进行制动缓解操作。图5.23中虚线框部分为制动缸预控压力路线,进而通过中继阀B60.07进行放大,从而使总风缸管为制动缸充风或排风,实现制动/缓解操作。

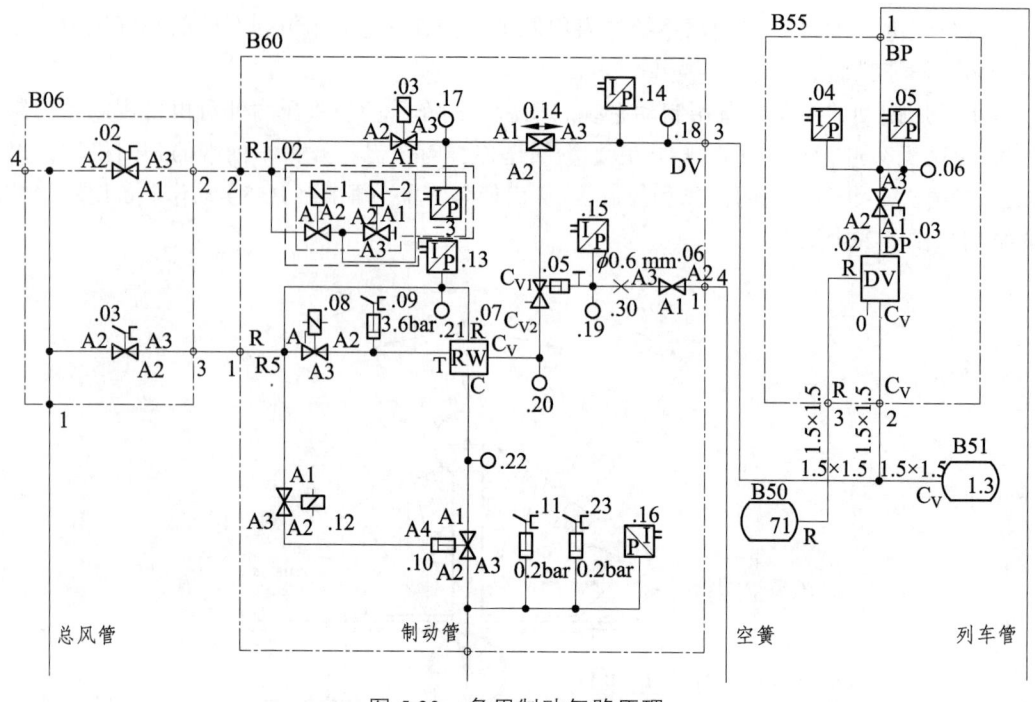

图 5.23 备用制动气路原理

当司机制动阀（C02）置于制动位时，司机制动阀 2 口和 3 口接通，列车管排风造成分配阀（B55）动作，工作风缸（B50）向中继阀（B60.07）充风，产生制动信号，经中继阀放大后，总风缸管的压力空气进入制动缸实现制动；当司机制动阀（C02）置于缓解位时，司机制动阀 1 口和 2 口接通，总风管向列车管供风，实现缓解。

紧急制动时，安全环路断开，连接在列车管上的紧急排风阀得电打开，列车管的压缩空气迅速排空使分配阀动作，分配阀控制中继阀使各制动缸的空气压力达到最大。

5．防滑系统

列车的每个轮对均由防滑系统监测。为此，每个轮对的转速由速度传感器进行测量，制动控制单元（BCU）进行监控。如果发生滑动，各车的制动控制单元（BCU）将激活每个轮对的防滑阀以缓解制动。

在动力轴上，空气制动和电制动产生防滑保护时，由于动车相应的牵引控制单元有其自身的防滑保护，则在下述情况下，防滑器有不同的控制方式。

（1）常用制动时，牵引控制单元中的防滑调节器调整至低于空气制动的滑动值，从而可减少已有的电制动力，保持轮对较低减速度。在正常情况下，由于牵引控制单元调节器设置得较敏感而控制电制动。如果动力轴仍发生严重的滑动，则空气制动调节器发送一个减小制动力信号给牵引控制单元（TCU），后者将减小电制动力。空气制动的防滑系统将其要求降低电制动力的信号作为总线信号，这个信号的范围为 0%～100%。

（2）紧急制动时，动力轴采用了比常用制动期间略高的滑动值。空气制动防滑系统的参数调整，按照最优化的情况利用轮轨黏着系数进行设置。紧急制动时，制动控制单元单独承担制动系统的调整功能并调节电制动力。在此情况下，牵引控制单元（TCU）仅监视电制动力的调整是否在预先设定的最大值上,如果紧急制动时 TCU 和 BCU 间的 MVB 通信失败,则制动控制单元(BCU)将自动调节制动系统。

5.3.2　设计参数

CRH$_{380B}$型动车组制动系统的基本设计参数包括车辆质量分布情况、紧急制动距离要求、基础制动的布置情况、运行中的空气阻力及轮轨黏着关系。

1．车辆质量

制动系统按 948 t 的整列车质量参数进行设计。

2．紧急制动距离

制动初速度 380 km/h 时,仅采用空气制动时制动距离(包括制动响应时间)为 8 500 m。

3．基础制动布置情况

每个动车轴安装 2 个轮装铸钢制动盘 + 粉末冶金闸片 + 电子防滑器;每个拖车轴安装 3 个轴装铸钢制动盘 + 粉末冶金闸片 + 电子防滑器。另外,对应动车轴安装有撒砂装置。

4．空气阻力与轮轨黏着关系

(1)列车阻力公式。

$$R = r \cdot m \tag{5.1}$$

式中　m——动车组质量(t);
　　　r——单位阻力公式(N/t);

$$r = 5.5 + 0.036\ 22(v+dv) + 0.001\ 099(v+dv)^2$$

　　　v——速度(km/h);
　　　dv——动车组逆风的速度(km/h)。

(2)平直轨道轮轨黏着系数如图 5.24 所示。

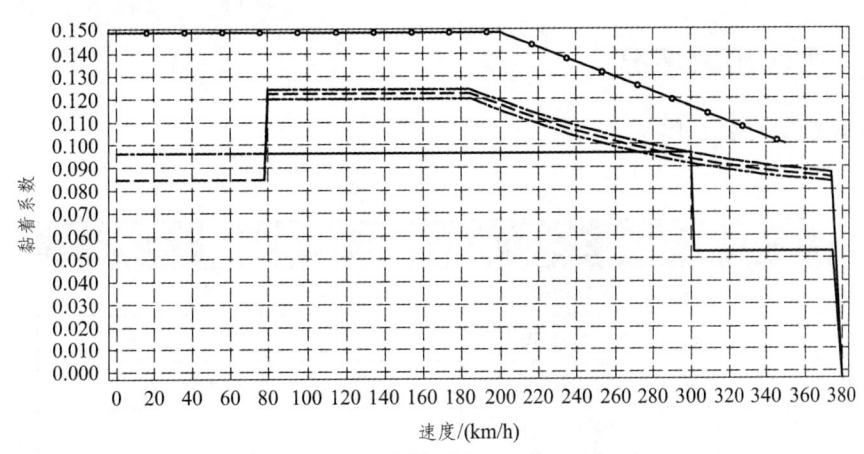

图 5.24　平直轨道轮轨黏着系数

5.4 制动距离计算

制动距离的主要计算条件如下：
（1）制动初速度：380 km/h。
（2）制动方式：纯空气制动。
（3）空走时间：3 s。
（4）单位基本阻力公式：$r = 5.5 + 0.036\ 22(v + dv) + 0.001\ 099(v + dv)^2$ (N/t)。
（5）列车质量：空车 883 t，重车 963 t（不包括旋转质量）。
（6）制动总质量：空车 932 t，重车 1 013 t（包括旋转质量）。
（7）车轮直径：920 mm。
（8）制动盘直径：轮盘 750 mm，轴盘 640 mm。
（9）平均摩擦半径：轮盘 305 mm，轴盘 251 mm。
（10）$0 < v \leqslant 300$ 时，摩擦系数 0.34。
（11）$v = 0$ 摩擦系数 0.4。

计算结果如下。

纯空气紧急制动产生的减速度：

$v \leqslant 200$ km/h 时，为 0.9 m/s²；200 km/h $< v <$ 300 km/h 时，为 0.72 m/s²；$v >$ 300 km/h 时，为 0.51 m/s²。

理论制动距离如下：

空走距离：320 m。

制动初速度为 380 km/h 时，纯空气紧急制动距离约为 7 497 m。

5.5 空气消耗量计算

5.5.1 主要参数

空压机：1×1 300 L/min（允差为±7%）（只有一个空压机工作），整列车有 2 台空压机。

5.5.2 列车用风情况

列车用风情况见表 5.1。

表 5.1 列车用风情况

项目	数量
制动缸用风/（L/min）	30.8
制动管路用风/（L/min）	21.5
空气弹簧—静态/（L/min）	34.6
空气弹簧—动态/（L/min）	955.7

续表

项目	数量
门用风/（L/min）	63.6
撒砂/（L/min）	310
风笛/（L/min）	3.2
厕所/（L/min）	500
雨刷系统/（L/min）	90
空气泄漏/（L/min）	195.3

5.5.3 供风量校核

列车供风量校核见表5.2。

表5.2 列车供风量校核

项目	数量
列车空气耗风总量/（L/min）	2 204
空气压缩机工作循环/（%）	86
空压机停顿时间/min	4.43
空压机充风时间/min	27.49
空压机启动次数/h	1.88

复习思考题

1. 简述 CRH$_{380B}$ 型动车组供风系统的组成。
2. 请对 CRH$_{380B}$ 型动车组的直通电空制动系统气路原理做简要介绍。
3. 请简要说明动车组防滑控制系统的组成及原理。
4. CRH$_{380B}$ 型动车组制动系统能实现的基本制动功能有哪些？

Part 6 信息传输

6.1 概 述

CRH$_{380B}$型动车组的信息传输系统不仅承担着整个动车组控制命令的传输，同时也承担着监控和诊断等其他信息的传输。该系统是基于国际列车通信网络的标准化协议 IEC61375-1 构建的。

CRH$_{380B}$是一列编组为 4M4T 的 8 车短编组动车，它有 2 个由 4 辆车组成的牵引单元，每个牵引单元之间通过 TCN 网关的 WTB 连接，完成列车级信息的传递，即 CRH$_{380B}$型动车组车辆级总线采用 MVB，列车级总线采用 WTB。每个牵引单元内的 MVB 网段均设有两个互为冗余的中央控制单元 CCU，除此之外在 MVB 网段上还有牵引控制单元 TCU、制动控制单元 BCU、辅助控制单元 ACU 以及充电机单元 BC、空调控制单元 HVAC、门控制单元、旅客信息中央控制器 PIS-STC、人机显示接口 HMI、分布式输入输出站 SIBAS KLIP STATION（SKS）和紧凑式输入输出站 MVB COMPACT IO 等，CRH$_{380B}$型动车组的网络拓扑如图 6.1 所示。

维修信息主要通过动车组的诊断系统提供给列车工作人员和维修人员，整个网络控制的诊断系统集成在司机和乘务员的 HMI 中，称为动车组中心诊断系统。维修信息可通过 HMI 显示出来，并可通过无线通信接口传输或服务接口下载供相关人员参考和使用。每个司机室的两个 HMI 之间可通过专用的以太网在必要时进行通信。与 MVB 没有直接接口的子系统可用 I/O 模块（SIBAS®-KLIP）和中心 EMU 诊断中的中央控制单元进行读取。

6.2 信息传输协议

6.2.1 绞线式列车总线（WTB）

绞线式列车总线（WTB）是一种串行数据通信总线，一般多用于经常相互连挂和解编的重联车辆上，允许车辆连挂和解连的频次为每小时 1 次，具有自动编组的功能，这是它区别于其他总线的最大特点。

参考列车编组由 22 节车辆组成，假设一节车辆的长度为 26.0 m，由于电缆的弯曲和延伸，每节车辆的电缆长度大约为车辆长度的 150%。列车介质的长度约为 860 m（22×26×1.5 = 858.0 m），即在不加任何中继设备的情况下，最长传输距离为 860 m。每节车辆只有一个节点，由于列车总共可有 32 个节点，因此最多允许 10 节车辆有第二节点。列车总线节点能识别其他节点的位置并自动分配设备地址，识别自身节点方向与列车总线节点方向的相对关系。当车辆数发生改变或者设备退出/加入总线，列车总线应能连续工作而无须人工干预。由于列车的端节点或中间节点都可能由于损坏或无电而不工作，列车总线将告知所有车辆上的应用它的节点号和类型，以验证它是否与列车组成相匹配。当两个或更多装有可兼容设备的车辆电气上连接后，列车总线将工作，即使某些车辆只作为连贯车辆。

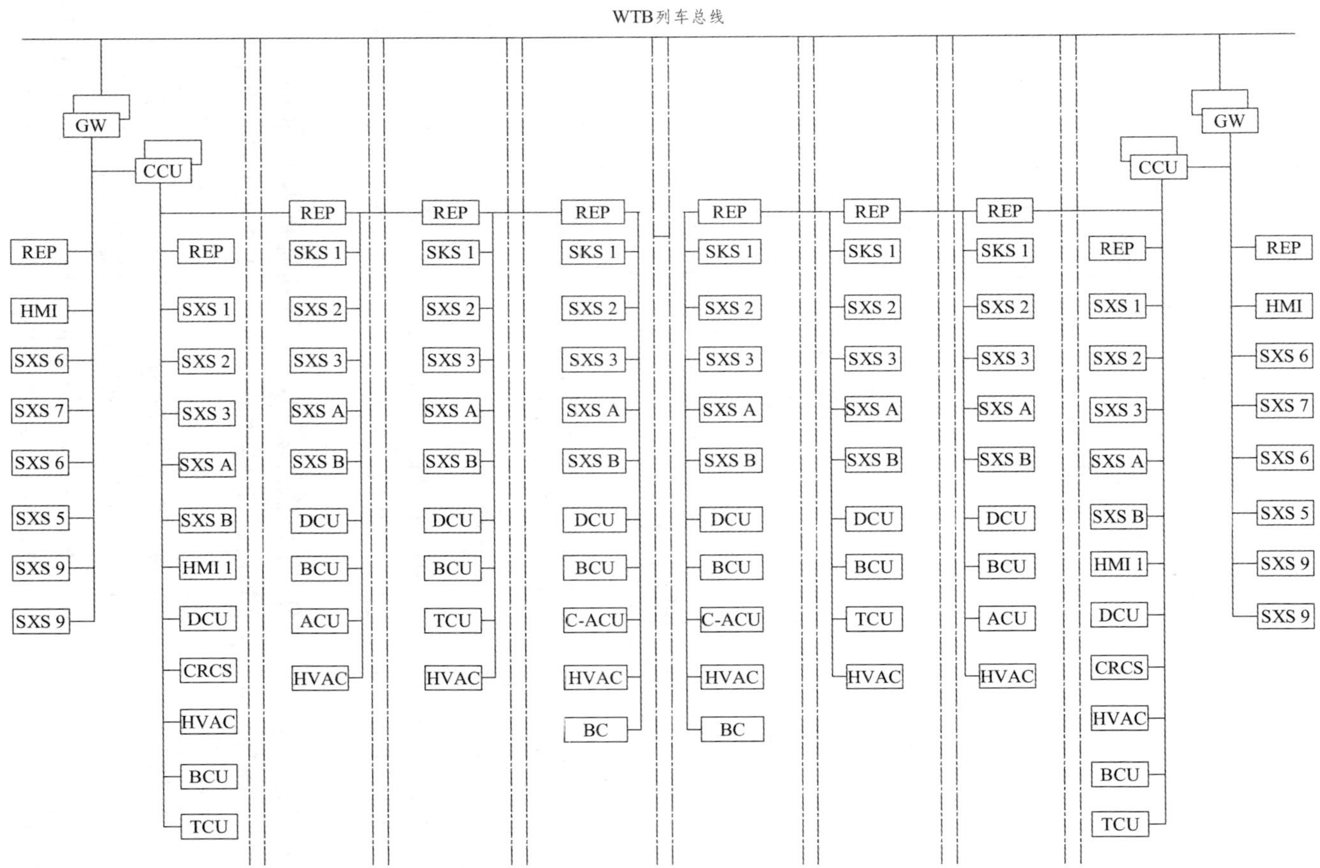

图 6.1 CRH$_{380B}$ 型动车组列车网络拓扑

REP—中继器；
CCU—中央控制单元；
GW—网关；
DCU—门控单元；
TCU—牵引控制单元；
HMI—显示屏；
CTCS—列车监控装置；
HVAC—空调控制单元；
BCU—制动控制单元；
ACU—辅助控制单元；
BC—充电机控制单元；
PIS—旅客信息系统；
SKS A/B—紧凑 PT100 模块；
SKS 1-9—分布式 IO 模块；
D-ACU—双辅助控制单元。

WTB采用双绞屏蔽线，信号的传输采用曼彻斯特编码，其对应的传输频率为1.0 MHz，基本周期为（25.0±1.0）ms。在线路连接上采用冗余的双线方案，节点同时向两条线路发送相同的数据，但只从其中一条接收数据，该线为信任线，同时节点监视另一线路，此线路为监视线。

WTB帧数据格式符合ISO/IEC 3309中定义的HDLC格式，一帧数据由一个0、6个1和一个0的标志序列开始，然后是HDLC数据，最少为32位，最多为1 056位，其数据应为8的整数倍，前8位为目标设备代码。其中为了防止在数据中出现标志序列，发送器在每5个连续为1的数据中插入一个0的位填充，接收器则相应的在数据中去掉每5个连续为1的0。数据结束后接16位帧校验系列（FCS），帧以与开始相同的标志序列结束，详情如图6.2所示。

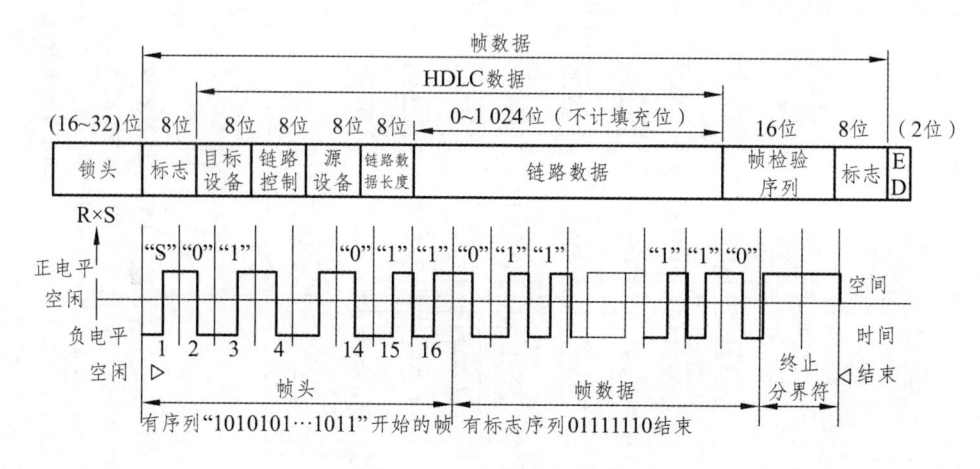

图6.2 WTB帧数据格式

WTB在一给定时间内只由一个单一的总线主控制。在总线控制下，WTB周期性地广播牵引和列车控制使用的进程数据；它也按需发送比较长但不太紧迫的消息数据，如旅客信息、诊断和维护信息。

WTB总线上的数据有主帧、从帧之分，作为总线总可以按照周期列表周期性轮询过程数据，其他节点在接收到主帧后，检测到被轮询的端口为自己的源端口时，则发送包含端口数据的相应的从帧。

在以WTB作为列车总线的列车中，其编组改变或节点出现故障时总线主权可以转移。当列车组成改变时，在WTB上会引发初运行，进行一系列的初始化配置操作。例如，车辆连挂，WTB自动重新组态，给各节点指定地址和取向、分发新的拓扑。为此，总线主指示中间位置上的节点连接电缆节，命令末端的端节点插入端接器，这个进程称作初运行，也就是每个节点指出它的位置地址和它相对于总线主的取向，于是所有节点认可相同的方向为向前，相同的侧面为左侧，而与运行方向无关。

一个节点可同时成为总线主和从节点，虽然总线主只有一个，但多个节点可成为总线主，这样为总线主丢失时提供了冗余。

即使在列车总线上传送的信息不直接与安全有关,列车总线的故障也能导致列车不能使用。可以选用几种冗余级别:总线冗余或节点冗余。WTB 支持介质备份方案,即电缆备份,节点不冗余。节点总是在两路总线上发送,每个节点只从一路总线上接收,但监视另一路总线检测它是否仍在工作,为此译码器发送一个"有效数据"信号。

6.2.2 多功能车辆总线（MVB）

MVB 总线用于连接同一节车辆内或不同车辆内的标准设备,构成列车通信网。标准设备包括可编程设备和智能传感器和执行器。MVB 可连接 4 095 个设备,不同的设备被分配不同的地址。其中,可允许有 256 个设备有消息通信能力。其信号的传输采用曼彻斯特编码,速率为 1.5 Mbit/s。

MVB 传输的数据类型有以下 3 类:

过程数据:定时广播的带源地址的数据,定时间隔 1 ms。

消息数据:有请求时应答,带有目的地址的点对点或广播数据。

管理数据:用于事件判决、主设备转换、设备状态发送的数据。

MVB 可以包括一个或多个总线段,总线段的介质构成有以下几种。

（1）ESD:电气短距离介质。依照 RS485 标准的差分传输导线对,在无须电气隔离的情况下在 20 m 的传输距离内最大可支持到 32 个设备,若使用电气隔离则传输距离可更远。

（2）EMD:由屏蔽双绞线组成的电气中距离介质。在 200 m 的传输距离内最大可支持 32 个设备,允许使用变压器作电气隔离。CRH_{380B} 型动车组即采用该种介质。

（3）OGF:光纤介质。通过星耦器汇出,传输距离可达 2.0 km,主要用于较为苛刻的环境（如机车上）。

MVB 传输的报文由主帧和响应它的从帧组成。

主帧由主起始分界符开始,依次为 16 位的帧数据,8 位校验序列,其格式如图 6.3 所示。

图 6.3 MVB 主帧格式

从帧由从起始分界符开始,帧数据可以为 16、32、64、128 或 256 位数据,在每 64 位数据后包含一个 8 位的校验序列,当帧数据为 16 位或 32 位数据时也同样在其后跟随一个 8 位校验序列,从帧格式如图 6.4 所示。

MVB 上的设备通过它的设备地址进行识别,设备的地址为 12 位,设备地址 0 不使用。支持消息数据的设备,其设备地址应小于 256。过程数据的源用逻辑地址来识别,逻辑地址为 12 位,逻辑地址 0 不被使用。

MVB 是单主控制模式,只有它才能发送主帧,其他所有的设备均为从,能成为主的设备可以不止一个,但同一时间只能有一个主。MVB 总线主按照预先定义的顺序周期性的轮询各端口，总线主可以位于总线的任何位置。

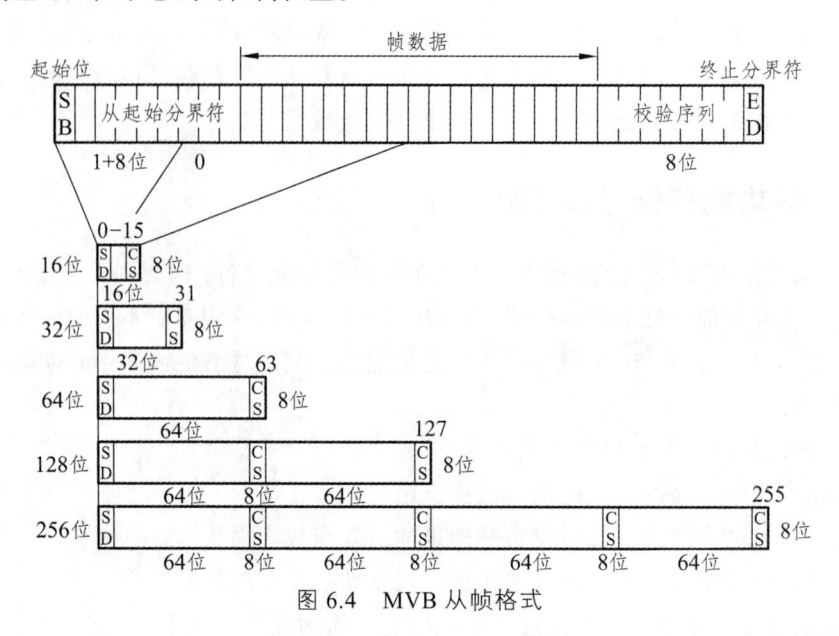

图 6.4 MVB 从帧格式

MVB 上的设备按照性能可分为 5 类，具体描述见表 6.1。

表 6.1 MVB 设备的性能分类

性能	描述	类
设备状态	在轮询时设备可发送其状态	1、2、3、4、5
过程数据	设备在轮询时可发送过程数据，并可接受其他设备的过程数据	1、2、3、4、5
消息数据	设备在轮询时可发送消息数据，并可接受其他设备的消息数据	2、3、4、5
用户可编程	设备可由用户上载程序	3、4、5
总线管理器	设备具有 BA 功能，能够周期性轮询过程数据、设备状态，并可根据设备的非周期请求发送主帧请求消息发送，并且有能力读取其他所有设备的状态	4、5
TCN 网关	实现 WTB/MVB 总线间的连接，需要对与应用有关的数据进行分析和协议转换	5

另外，在 MVB 上还有一种设备，即 0 类设备，没有表 6.1 中的任何功能。0 类设备包括一些特殊设备，如中继器或星耦器，它们不参与或用其他方式参与（如利用其他协议）应用数据的交换。

6.3 列车通信网络

列车通信网络是面向现场控制的一种数据通信系统，是分布式列车控制系统的核心组成部分。它以计算机网络为核心，把计算机技术、控制技术、故障诊断技术和网络通信技术等紧密地结合起来。它将整个列车微机控制系统的各个层次和各单元之间连接起来，作为系统信息交换和共享的渠道，以实现全列车环境下的信息交换。由于列车通信网络的应用，使列车控制系统真正成为一个分布式控制系统，并为列车系统信息化打下坚实的基础。

CRH$_{380B}$型动车组的列车通信网络采用屏蔽双股绞合电缆作为传输媒介，并且采用冗余敷设，在列车中分为两路。

从列车通信和控制的观点来看，CRH$_{380B}$型动车组分为两个由每 4 辆车组成的牵引单元（TU），每个牵引单元都在一个 MVB 车辆总线网段上。WTB 的作用就是连接两个牵引单元，供两个牵引单元之间能进行必要的列车级数据交换。完成列车网 WTB 和车辆网 MVB 之间数据交换的基础是 TCN 网关，它负责 WTB 和 MVB 两个总线之间的数据转换和路由任务。每个牵引单元有两个网关，位于 1 车司机室右柜，8 车 CCU 柜中，分别集成在两个中央控制单元（CCU）内，互为冗余，但只有在作为主的中央控制单元中的网关才参与 WTB 和 MVB 通信。从中央控制单元中网关接通电源但不激活。

列车通信网络（TCN）是一种基于网络的分布式控制系统，其主要作用是实现各车厢内大量可编程设备的有效连接，并使这些设备所产生的各种信息（如状态、控制、故障诊断、旅客服务信息等）转换为统一的数据信息，最终实现这些信息安全、可靠、快速、准确地网上交换。列车通信网络的主要作用归纳起来主要体现在：机车、车厢和列车控制，远程故障诊断和维护，旅客信息服务等三个方面。

6.3.1 列车通信网络的主要任务及功能

列车通信网络主要完成以下任务：
（1）实现各动力车的重联控制。
（2）实现全列车（包括动车和拖车）所有计算机控制的单元联网通信和资源共享。
（3）实现全列车的牵引控制、制动控制、车门控制、空调控制和轴温监测等功能。
（4）完成全列车的自检和故障诊断及决策。

由于控制命令、运行监控、故障检测与诊断的信息都是通过列车通信网络传送的，各个计算机控制的部件互相联网，通过网络通信来交换信息。因此，列车通信网络必须具有以下功能：

（1）网络必须具有非常好的可靠性与安全性。系统任何一个设备的故障，只能影响本设备的通信，不能危及整个系统的通信。

（2）网络应具有可扩充性。当两列短编组列车连接成一列长编组列车时，网络应能自动重组，而无须人工干预。

（3）网络传输必须快速、实时。重要数据的传输时间必须确定，延时必须小。

（4）网络必须具有较强的纠错能力。

（5）网络的电磁兼容性试验和限值必须符合有关标准的规定。

（6）网络应具有与地面无线通信的接口。

列车通信网络（TCN）是专门为铁路动车组的控制而开发的。网络系统包括绞线式列车总线 WTB 和多功能车辆总线 MVB，它们之间通过网关（节点）进行协议转换。列车总线 WTB 是对纳入德国标准 DIN 43322 的 Siemens 公司 SIBAS 总线的改进，主要用于车辆之间的重联通信，能自动识别车辆在列车编组中的位置和方向，从而满足开式列车需要频繁编组等特殊要求。车辆总线 MVB 主要来源于 Adtranz 公司的 MICAS 总线，主要用于车辆内控制设备的互联。TCN 网络采用基于总线管理器的集中式介质访问控制，并支持介质和总线管理器的冗余，因而具有较强的实时性和较高的可靠性。

6.3.2 列车通信网络的结构

列车通信网络（TCN）是一种现场通信网络。现场通信网络又称为广义的现场总线，是广泛应用于计算机测控领域的串行双向数字通信网络。其功能是实现对现场（或底层）数据的收集和执行设备的控制，完成系统管控设备与现场设备之间、现场设备相互之间的信息的交换。

安装在列车上的计算机局域网络系统 TCN，对整列车进行控制、监测、诊断及记录。列车通信网络将整列车连成一个整体，司机对整列车的控制命令通过 TCN 网络传送到为乘客提供信息服务的列车的每节车辆上，使整个列车有效而安全地运行。

列车的车载故障诊断系统一般分为 3 个层次，因此，与其相适应的数据传输系统也分为 3 个层次，即列车总线、车辆总线和设备总线。

TCN 网络上层为绞线式列车总线（WTB），下层为多功能车辆总线（MVB），在车辆总线下面还可设置第三级，由安装在同一车辆上的传感器执行机构构成，这一级不受列车控制网络的限制，可被认为是车辆总线设备的一部分。一列列车中只能有一条列车总线，但可以有多条车辆总线。列车总线 WTB 连接不同车辆（单元）中的网络节点（网关）；车辆总线 MVB 连接同一车厢或固定车组内部的各种可编程终端装置。列车总线 WTB 和车辆总线 MVB 是两个的独立的通信子网，可采用不同的网络协议，它们通过列车总线节点（网关）互相连接，在应用层的不同总线之间通信时，由此节点充当网关。

列车总线用于连接经常相互连挂和解连的重联车辆，它由每节车辆内固定安装的电缆及通信节点互连而成。每节车辆内一般设置一个通信节点，列车总线通过通信节点与车辆总线交换信息，这个通信节点也称为主控制节点，其他的节点都是从节点。车辆总线用于连接各个车辆内的控制单元和设备。车辆设备是各种信息发源地，它接收通信节点的命令，将各种信息按照一定的格式传送到通信节点；通信节点将各设备传送来的信息进行重新编排，按照主控制节点的命令，按顺序送往主控制节点。通信节点的功能类似于网关，通过它们，列车总线与车辆总线之间才能交换信息，完成对整列车的控制、检测和诊断等信息的传输。

列车通信网的结构遵循 ISO/OSI 7 层模型。列车通信网络作为局域网，节点功能固定，故只涉及网络中的下两层和应用层。其中数据链路层在应用到局域网时分成两个子层：逻辑链路控制（Logic Link Control，LLC）子层和介质存取控制（Medium Access Control，MAC）子层。MAC 子层处理局域网中各站对通信介质的争用问题，对于不同的网络拓扑结构可以采用不同的 MAC 方法；而 LLC 子层屏蔽各种 MAC 子层的具体实现，将其改造成为统一的 LLC 界面，从而向网络层提供一致的服务。列车通信网上的数据量都比较小，不存在路由选择、顺序控制和阻塞控制等问题，比较简单；但是实时性、可靠性及网络构成的实用性要求比较高。

6.3.3 列车通信网络的网络组态

列车通信网络（TCN）标准遵循实时协议（RTP），用于 TCN 中的所有设备在 MVB、WTB 或其他总线上进行数据通信。实时协议 RTP 规定了 TCN 提供的应用接口，它有两种基本的服务组成：变量群和消息群。实时协议规定了处理特定路由选择、测量控制及差错恢复的传达协议。实时协议还规定了总线期望提供给传达协议的接口，特别是周期性的、过程数据的源寻址广播和非周期性的、消息数据的无连接传达这两种基本服务。

根据列车的编组情况，目前国际上运行的旅客列车有 3 种列车构成方式：

（1）开式列车：由一组车辆构成的列车，其组成在正常运行中是可以改变的，如 UIC（国际铁路联盟）列车。

（2）闭式列车：由一组车辆组成的列车，在正常运行中其组成不会改变，如地铁、城轨列车或高速列车组。

（3）多单元列车：列车由几个闭式列车单元组成，在正常运行中，组成列车的单元数量可以改变。

TCN 应用于不同的领域可以使用不同的组态。TCN 网络组态定义如下：

（1）开式列车：包括需要频繁编组和解编的车辆，列车总线能自动再配置（初运行）。

（2）闭式列车：车辆在运行中不分离，列车总线由司机或工厂离线配置。

（3）多单元列车：列车由几个闭式列车单元组成，在正常运行中，组成列车的单元数量可以改变。

6.3.4 列车通信网络的特点

列车通信网络主要有以下特点：

（1）工作环境恶劣，可靠性要求高。系统能连续运行且能抵抗恶劣的现场环境，即使在出现故障或不适当操作的情况下，列车通信网络也能提供相关服务，不论是硬件还是软件都能满足这个要求。

（2）数据的多样性。数据类型包括控制类（过程数据、变量）；管理类（消息数据、消息）。

（3）控制操作实时性（时间确定性）要求高。控制系统能实时响应外部事件，确保对设备运行状况进行连续监测，保证不漏采、不漏检，以便为设备工况监测和故障诊断提供准确的实时信息源。

（4）列车组成的动态性。

6.4 车厢通信网络

CRH_{380B} 型动车组的车厢级通信网络采用 MVB 车辆总线，它的拓扑结构是固定的，不能动态改变，一个牵引单元内 4 辆车一起构成一个 MVB 网段。通信采用中距离传输介质即屏蔽双绞线，在车厢内分为两路冗余布线。一个 MVB 网段内采用构架式的网络结构，即每辆车形成一个 MVB 分支网，通过中继器与一牵引单元的 MVB 主干网相连接，这种结构的优点是一个 MVB 分支网出现故障时不致影响其他车辆的 MVB 分支网，在端车上，由于冗余的原因有两个 MVB 分段，分别通过两个中继器接入整个 MVB 网段，在每个分段的两端都接有终端电阻（120Ω）。

直接接入 MVB 总线并参与 MVB 通信的主要设备如下：中央控制单元（主和从 CCU）；网关（GW）；司机人机操作界面（司机 HMI）；ETCS 的 HMI 牵引变流器的牵引控制单元（TCU）；制动装置箱的制动控制单元（BCU）；充电机控制系统（BC）；辅助变流器装置控制系统（ACU）；车门控制装置（DCU）；采暖、通风和空调控制装置（HVAC）；列车员人机交换界面（列车乘务员 HMI）；分布式输入/输出站（SIBAS®-KLIP）；紧凑式输入输出站（MVB-Compact I/O）和旅客信息系统的系统控制器（STC）。

注：每列 CRH$_{380B}$ 型动车组只有一个列车乘务员 HMI 和旅客信息系统的中央系统控制器。这些连接到车辆总线（MVB）的每个控制装置要完成下列工作：

（1）子系统控制。

（2）来自中央控制单元（CCU）或其他参与 MVB 通信设备的 MVB 控制信号的处理。

（3）对下级传感器和/或下级控制装置提供的信息进行评估和处理。

（4）通过 MVB 把运行状况反馈到中央控制装置（CCU）。

（5）产生诊断、故障信息并通过 MVB 传输到动车组中心诊断系统。

此外，有些子系统也需要加入 MVB 网络进行信息交互，但子系统本身不具有 MVB 通信功能，这时可以通过分布式输入/输出站作为桥梁，将输入/输出开关量信号通过输入/输出站与 MVB 上的其他相关设备相连，其设备信息就可以由 CCU 或其他设备共享，CCU 还可以控制相关子系统的输出。这样的子系统主要包括 WC 系统、火灾报警系统和烟雾探测器。

6.4.1　中央控制单元

每辆端车的司机室内都有两个中央控制装置，即每个牵引单元有两个 CCU。其中一个在主 CCU 方式下工作，另一个工作在从 CCU 方式。在司机室所占用端的 CCU 叫作列车主 CCU，除了进行主 CCU 的工作外，它还负责整个列车的网络控制。其他牵引单元的主 CCU 称为被引导主 CCU。图 6.5 所示是其中一个 CCU，最左侧为其附属的网关。

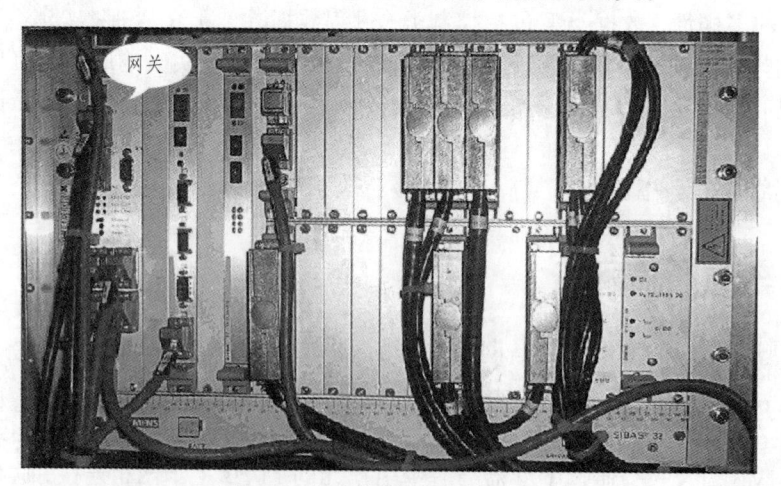

图 6.5　中央控制单元（CCU）

每个牵引单元的主 CCU 负责本牵引单元内的车辆控制。它从车辆总线 MVB 和列车总线 WTB（通过其附属网关）读取命令和信息，并向列车总线 WTB 和车辆总线 MVB 发送控制信号和反馈信息。除此之外，主 CCU 还进行下列工作：

（1）主断路器和受电弓控制。

（2）牵引控制单元（TCU）的牵引设置点的生成。

（3）变压器保护。

（4）车载电源控制。

（5）前端自动车钩和开闭机构控制。

（6）针对各种装置的更高级命令和控制预置值的生成，如车门、HVAC、照明等。

（7）安全环、火警系统和转向架诊断监视。

（8）通过分布式输入/输出站（SIBAS®-KLIP，MVB-Compact I/O）完成数字和模拟信号输入和输出控制。

（9）整备运行控制。

（10）CCU 设备诊断，列车总线和车辆总线通信诊断。

（11）通过附属网关连接到列车总线（WTB），对动车组和连挂列车进行配置确定和检测。

从 CCU 运行和主 CCU 配置相同的程序，然而没有主动的过程控制。从 CCU 监视主 CCU 的状态，并做好在主 CCU 发生故障时接替主 CCU 工作的准备。

在司机室占用端车内的列车主 CCU，除了进行正常的主 CCU 工作之外，CCU 还对整列车进行控制，其基本功能如下：

（1）司机操作台上控制元件的评估。

（2）自动速度控制。

（3）整列车的牵引设置值生成。

（4）更高等级的列车控制功能，如司机安全装置（DSD）或中心距离和速度记录（CDS）。

（5）列车安全系统与列车控制系统的接口。

（6）列车的整备运行控制。

（7）更高等级的联挂/解编控制。

动车组在正常运行的时候，在某些情况下两个 CCU 可以交替成为主 CCU，其发生条件如下：电池接通电源后，列车通信和控制启动时；整备运行开始时；在动车组的配置运行时。

（1）电池接通电源后，列车通信和控制启动时。

（2）整备运行开始时。

（3）在动车组的配置运行时。

更能体现其冗余作用的就是当 CCU 故障时，会引起的 CCU 故障转换。在下列情况下，实施 CCU 故障转换：

（1）完全闭锁/阻塞。

（2）主 CCU 的重要部件的故障。

（3）主 CCU 的 MVB 接口或 MVB 总线管理器故障，带有主控 CCU 的 MVB 分段故障或作为主控 CCU 的网关故障。

（4）司机室内 CCU 故障开关作用。

在 CCU 发生主/从转换时，不但 CCU 的 MVB 接口配置变换，而且它们的附属网关也要转换。原因就是只有主 CCU 内的网关才能激活，因此由于网关的转换，同时就会触发列车总线（WTB）的初运行。

在主/从转换发生时，MVB 和 WTB 通信大约中断 6 s。在中断期间，车辆总线 MVB 的下级控制装置按缺省值工作。由于主/从转换引起的列车初运行期间，不可能进行列车总线通信，此时，对于列车总线的过程数据同样用缺省值。

由于主断路器释放回路打开（主、从 CCU 在主断路器释放回路中有触点），CCU 主/从转换引起动车组中的主断路器断开。

主、从 CCU 的本地诊断存储器并不会相互校正。在一次 CCU 主/从转换以后，就会重启 CCU 诊断系统。因此在新的主控 CCU 的诊断存储器中就为当前要来临的事件产生新的入口。在一次 CCU 主/从转换后，用动车组中心诊断系统的事件状态进行校正。

6.4.2 分布式输入输出站

在动车组中的输入/输出站有两种类型：一种是输入/输出点数固定不变的，并且结构非常紧凑的紧凑式输入/输出站（见图 6.6 和图 6.7）；另一种是输入/输出模块可随输入/输出通道数量的增减而变化的智能外围终端 SIBAS®-KLIP（见图 6.8）。其中紧凑式输入/输出站有两种类型：一种用于采集司机室内专用信号的 MVB-Compact I/O，如来自按钮、开关、指示器、断路器等的信号；另一种用于采集 PT100 温度传感器的信号。

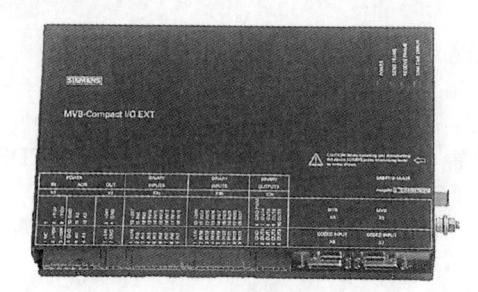

图 6.6 MVB-Compact I/O

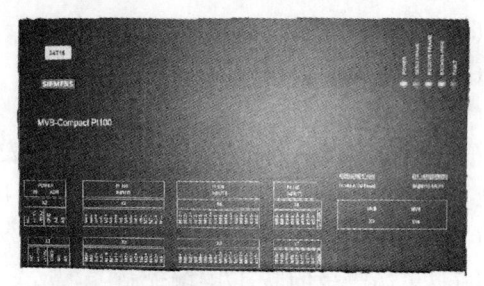

图 6.7 MVB-Compact PT100

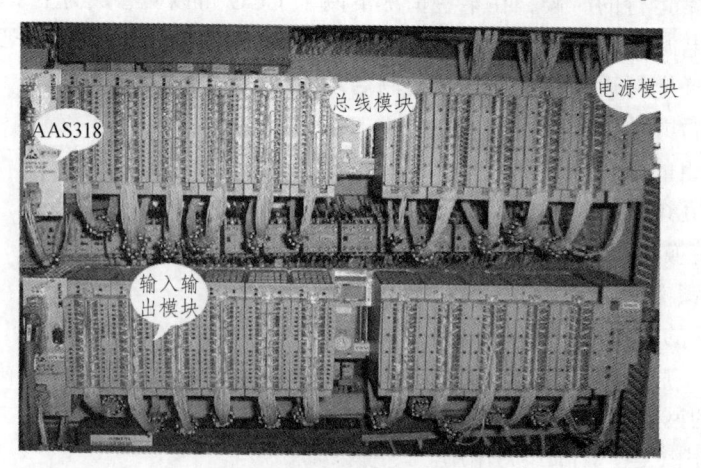

图 6.8 SIBAS®-KLIP

SIBAS®-KLIP 主要由 AS318 模块、输入/输出模块、总线模块、电源模块组成。AS318 是 SIBAS®-KLIP 与 MVB 的接口模块；输入/输出模块可以提供 16 位数字量的输入、8 位或 16 位数字量的输出、8 位的继电器输出、4 通道的模拟输入（±10 V、±20 mA、PT100）以及 2 通道的模拟输出（±10 V / ±20 mA）；总线模块是其内部通信的桥梁；电源模块用来将车上的 110 V 电压转换为 24 V 电压。

AS318 模块主要用来与 MVB 进行通信，AS318MVB 接口是 SIBAS®-KLIP 站的"重要组件"，可使数据借助一个内部串行总线在 MVB 和 SIBAS®-KLIP 的 I/O 组件之间进行转换，并具有下列性能和任务：

（1）处理和通知 MVB 装置可用的数据。
（2）按 NSDB 格式的通信链接加载到 AS 318 MVB 上。
（3）加载固件和 NSDB 的服务接口。
（4）总线组件和 I/O 组件使用的电源电压。
（5）真实性检查：接通电源后 SIBAS®-KLIP 的计划结构与实际确定的配置。
（6）I/O 组件的监控和控制。
（7）通过内部总线与 I/O 组件的通信。
（8）当 MVB 上的通信发生故障时转换到计划的替换值。
（9）通过插入到前面的编码连接器读出 MVB 装置地址（在使用之处）。
（10）通过 3 个发光二极管（LED）显示运行状态（见表 6.2）。

表 6.2 SIBAS®-KLIP 运行状态（LED）显示

LED 名称	LED 颜色	系统状态
运行	绿色	准备就绪/运行
I/O 故障	红色	内部总线上出现一个错误
MVB 故障	红色	MVB 上出现一个错误

另外，通过 MVB 可访问 AS 318 MVB 的诊断接口，可从 SIBAS®-KLIP 分站读出下列信息：自检通过、内部总线通信通过、MVB 上的时间监控已做出反应、I/O 组件缺少或插入不正确、固件和 NSDB 的版本编号。

MVB-Compact I/O 具有两组 32 位输入，一组 8 位的输出，以及两组 10 位的二进制输入。MVB-Compact PT100 则专门用来接受 PT100 温度传感器传来的温度信号，采用四线制方式采集温度信息，具有 20 路温度信号采集通道。

6.4.3 多功能车辆总线中继器（MVB-Repeater）

MVB-Repeater 本身并不具有与 MVB 总线其他设备进行信息交互的能力，它只是延长 MVB 总线的通信距离。在 CRH$_{380B}$ 型动车组中共有 10 个中继器，其中两个端车内各有 2 个，其他车内各有 1 个。MVB 中继器除具有信号转发、放大、整形作用外，同时还具有故障隔离作用。其原因是每个车的 MVB 总线上的设备都通过 MVB 中继器接入到 MVB 网络干线上，一旦某个车的 MVB 分支网络或设备通信出现故障，可以方便地进行故障隔离，不影响其他车 MVB 总线的正常通信。图 6.9 所示为 CRH$_{380B}$ 型动车组的 MVB 中继器。

图 6.9　MVB 中继器

在一个 MVB 总线内，参与总线通信的设备数超过 32 个或者传输距离超过 200 m 时必须使用多功能车辆总线中继器（MVB-Repeater）。因为传输技术的原因，在信号线路一次最多只能通过三个多功能总线中继器。当然它的加入是有代价的，就是信号传输时间的延迟，因此不能加入过多的中继器。

在 CRH$_{380B}$ 型动车组中的 MVB 中继器，其两路冗余的 MVB 总线可以分别由两路电源供电，因此具有良好的冗余性。

6.4.4　司机和列车乘务员的 HMI

司机和列车乘务员的 HMI 是动车组车厢网络设备中，主要与人进行交互信息的设备。一方面，它接受来自 MVB 上的信息，处理之后通过显示界面将必要的信息显示给相关人员；另一方面，操作者可操作 HMI，把自己的意图和信息输入到 HMI 中，经其处理后，将有关信息存储到本身的存储系统中或是传到 MVB 网络上。以下分别介绍左侧司机 HMI、右侧司机 HMI 和列车乘务员 HMI 的基本功能。

1．左侧司机 HMI 的基本功能

（1）在有人驾驶的司机室。

HMI 具有的基本功能：对除了制动以外的其他功能进行控制和监视；在司机右侧 HMI 故障的情况下显示有关制动的控制和监视功能。

（2）在无人驾驶的司机室。

HMI 具有的基本功能：司机 HMI 左侧的功能作为标准，分派在司机室司机 HMI 的左侧。

按下司机 HMI 右侧按钮，司机 HMI 右侧的功能可用。在无人驾驶的司机室，列车乘务员 HMI 的功能可以按下按钮被激活（列车乘务员冗余模式）。

2．右侧司机 HMI 的基本功能

（1）在有人驾驶的司机室。

HMI 具有的基本功能：对除制动系统以外的车辆控制和监视；左侧 HMI 控制和监视的

功能的说明（用于冗余技术）。

（2）在无人驾驶的司机室。

列车乘务员 HMI 控制和监视功能的说明（用于冗余技术）。

3．列车乘务员 HMI 的功能

（1）具有 HMI 的总体功能。

（2）使通过列车乘务员在车组范围内操控灯光和空调设备等车辆功能的状态可视化。

（3）使车门的状态可视化。

（4）列车乘务员用的故障输入显示。

（5）列车乘务员用的故障输出显示。

（6）负责整个动车组中心诊断。

6.4.5 牵引控制单元

主 CCU 通过车辆总线（MVB）针对牵引系统向牵引控制单元 TCU 发出设定值，并通过 TCU 从牵引系统接收状态信息。牵引装置控制的重要信号由 TCU 直接通过输入/输出通道读取和控制。

牵引控制单元的主要功能如下：

（1）调节给定的牵引力或电制动力，调节牵引变流器的中间直流环节电压，产生牵引控制信号。

（2）控制开关元件，如预充电接触器和线路隔离开关。

（3）检测和保护变流器、牵引电机和其他牵引部件。

（4）防止机械部件承受过剩压力，减小了钢轨和轮对的磨耗。

（5）车轮滑动/空转保护。

（6）确保高度的操作安全性。

（7）通过 MVB 与 CCU、BCU、司机的 HMI 和辅助变流器等设备交换信息。

（8）配有诊断存储器为维修提供支持以及增加可用性。

牵引控制单元由许多单层和双层符合欧洲标准的模块组成。牵引控制单元通过前面板的连接器与车辆环境连接。牵引控制单元的功能信号流程结构如图 6.10 所示。

在中央处理器单元的主存储器中的操作系统负责系统的启动、事件等级的管理、处理器运转异常和硬件中断的处理，同时中央处理器单元还有应用软件用来执行更高级的牵引控制功能。外部命令如牵引/制动指令在这里处理并且为变流器设置预置控制指令。预置控制指令中，考虑了车辆动态限制参数，如超温、欠压、过压。

牵引控制单元由许多单层和双层符合欧洲标准的模块组成。通风通过内置式轴流风扇完成。牵引控制单元通过前面板的连接器与车辆环境连接。

两个信号处理器同样存在操作系统和应用软件，执行实时变流器控制功能，如四象限控制和逆变器控制。由于信号处理器分担了实时性相关的算法功能，大大减轻了中央处理器工作量，它们经过内部总线从中央处理器接收变流器的控制预置指令，接收经过处理的实际反馈信号，通过一定的算法确定必需的设置并产生控制脉冲。

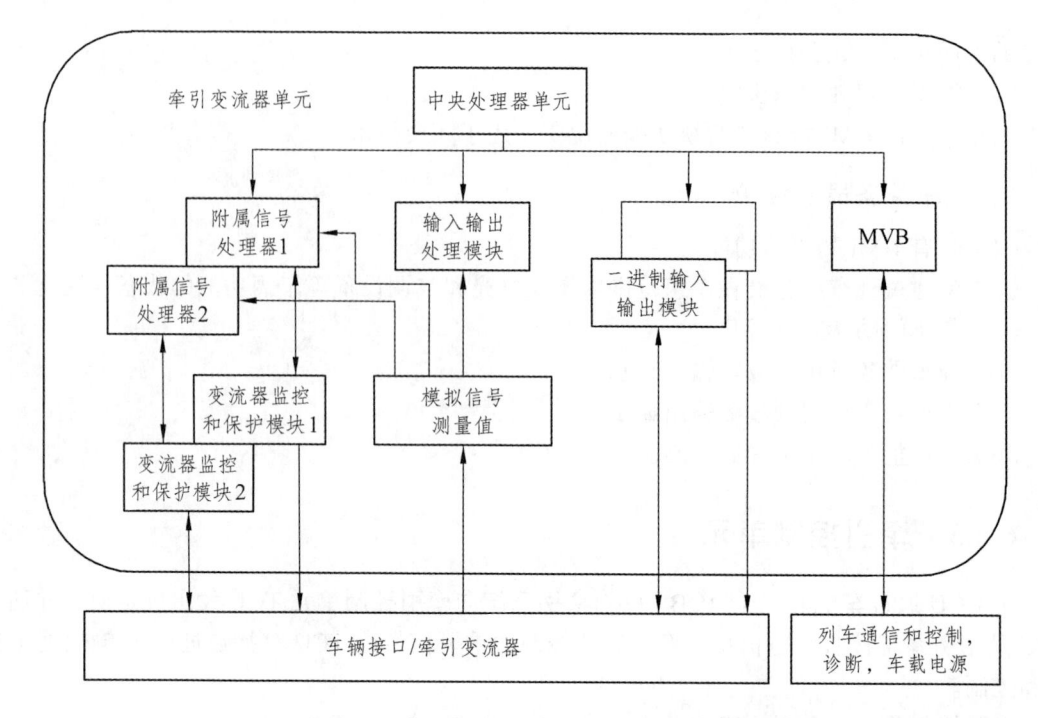

图 6.10　牵引控制单元功能信号流程结构

牵引控制单元作为 MVB 的一部分，与几个控制设备通过 MVB 进行数据交换。它的主要通信对象和它们在牵引控制单元中的主要功能如下：

（1）CCU：协调动车组的牵引力，完成车辆的基本功能。
（2）BCU：协调制动功能，为再生制动预置制动力。
（3）车上供电：通过牵引变流器协调供电模块的电源。

MVB 模块用来并保证 TCU 单元与其他 MVB 设备进行通信，以交互相关信息。在 MVB 模块内部也需要相应的软件支持其工作。

上述模块均可通过安装在计算机上的专用软件和其进行通信，包括上传和下载软件、数据以及访问内部的诊断系统等。

6.4.6　制动控制单元（BCU）

在 CRH$_{380B}$ 型动车组中，每个车都有一个制动控制单元，出于冗余的考虑，如果端车 BCU 的一个模块故障，另一个模块可替代其部分功能。在拖车内的 BCU 也有冗余功能，可以在其中一个模块故障的情况下由另一个模块代替其部分功能。

每车内的制动控制单元都可执行各自子系统内的控制和诊断，即对自己所在车辆的制动系统进行控制和诊断，其中包括防滑功能。在端车内的 BCU 除管理本车制动系统的控制和诊断外，还担负着本牵引单元内的制动管理任务。当承担本牵引单元内的制动管理的 BCU 处于列车主控单元时，还担负着列车的制动管理任务。

BCU 主要功能如下：
（1）控制和诊断制动设备。

（2）车辆滑动保护。

（3）不旋转轴的独立检测。

（4）撒砂。

（5）辅助压缩机控制和诊断。

（6）转向架诊断。

（7）停放制动诊断。

（8）制动试验。

（9）制动性能计算。

（10）分配整个列车的制动力。

（11）控制和诊断主风管的压力。

（12）通过 MVB 与列车控制系统进行信息的交互。

在一个牵引单元（4 个车）内的数据交换由车辆数据总线 MVB（多功能车辆总线）来完成，牵引单元的通信由列车总线 WTB（列车总线）支持。

与制动系统相关的基本功能由下面的电器控制线路和电器安全回路激活和监控。

（1）紧急制动回路：紧急制动回路集成了自动列车保护系统、紧急制动按钮、停放制动监控回路、自动安全设施、制动控制器、停放制动监控回路、转向架监控回路的紧急制动请求，并把该请求送到制动控制系统而实施紧急制动。

（2）旅客紧急制动回路：当旅客激活紧急制动开关后，可以触发最大常用制动。在必要情况下（如隧道中），司机也可以实施紧急制动请求。

（3）停放制动监控回路：停放制动监控回路监控停放制动的状态，以避免因不正确实施停放制动而引起制动盘的过分磨损和过热，停放制动监控回路把信息传送到紧急制动回路 CCU 中。

（4）制动缓解回路：制动缓解回路监视空气制动的缓解状态，并把信息传送到 CCU 中。如果 CCU 检测到制动缓解回路中断，则牵引功能将自动失效，以避免制动盘的过分磨损和过热。

（5）火灾报警回路：火灾报警回路是一条与列车控制无关的警报线路，它可以触发音频信息进行火灾报警。

6.4.7 电池充电机控制单元（BC）

CRH$_{380B}$ 型动车组上共有两个电池充电机，安装位置如图 6.11 所示，电池充电机控制系统就位于充电机中。电池充电机的输入电源为 3AC 440 V/60 Hz，输出为 DC 110 V，是动车组 110 V 负载的供电电源。它有两个主要控制模块，一个是充电机的核心控制模块，同时还负责和车辆总线 MVB 进行通信；另一个是主要用于控制充电机的功率模块，充电机的基本结构如图 6.12 所示。

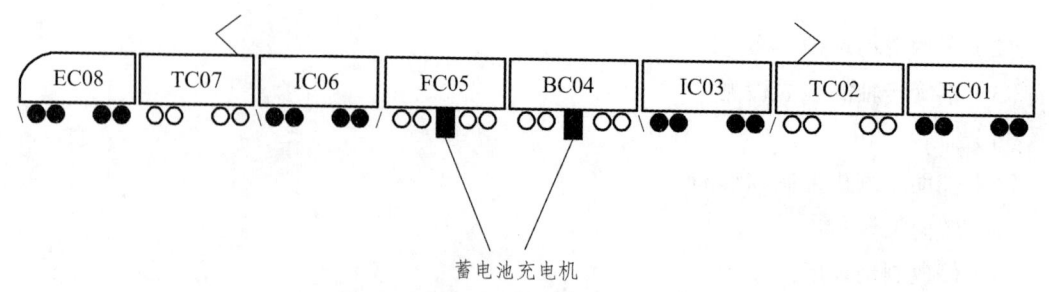

图 6.11 蓄电池充电机的安装位置

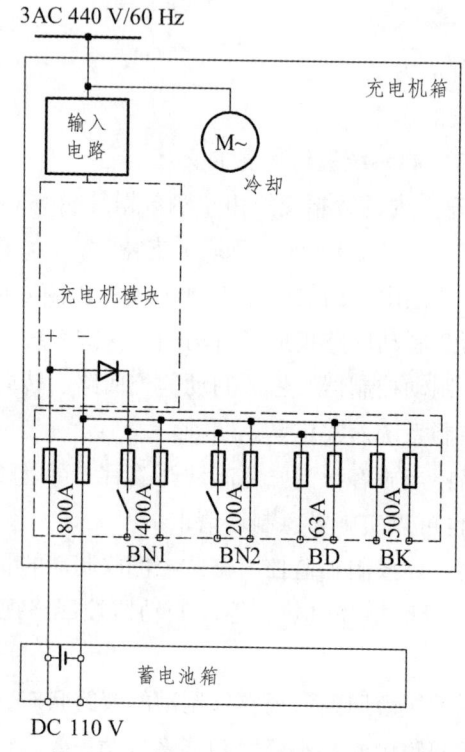

图 6.12 蓄电池充电机的基本结构

蓄电池充电器包括下列部件：
（1）有输入接线柱的输入电路。
（2）输入接触器和预充电设备。
（3）输入电压的测量模块。
（4）输出电流和输出电压的测量模块。
（5）蓄电池充电器模块。
（6）高频变压器。
（7）输出滤波器。
（8）蓄电池主接触器。
（9）蓄电池电压分配的输出保险丝。
（10）电磁兼容性滤波器。

（11）接地故障检测。

（12）有 RS 232 诊断接口的微处理器控制。

（13）保护和监控设备。

（14）风扇。

（15）蓄电池保险丝。

（16）断开蓄电池负载的二极管。

充电机的主要功能如下：

（1）根据给定的要求控制所需输出。

（2）内部接触器和隔离开关的触发、监控和互锁。

（3）根据 MVB 的输入信号要求，控制充电机输入/输出的状态。

（4）监视充电机本身的工作状态，并向 MVB 发送相应信息。

（5）防止充电机本身的设备过载、短路、单点和多点输入/输出接地故障。

（6）监测预充电和预充电故障时的错误信息。

（7）部分状态数据和内部故障信息通过 MVB 发送。

（8）储存故障检测信息和参数。

蓄电池充电特性。列车上使用的蓄电池为镍镉蓄电池，标称电压为 DC 110 V。

（1）蓄电池容量：2×160 A·h。

（2）装置的最大电流：544 A。

（3）蓄电池最大的充电电流：96 A。

（4）功率限制器：以 3AC 400 V/60 Hz 工作时为 60 kW。

（5）以 3AC 345 V/47 Hz 和 3AC 380 V/50 Hz 工作时为 36 kW。

（6）U1：1.5 V/电池（132.72 V）表示 20 ℃时快速充电的默认值（可调：1.637 ~ 1.505 V/电池，137.50 ~ 126.42 V）。

（7）在 – 0.003 V/ ℃/电池时的补偿温度。

（8）U2：1.48 V/电池（124.32 V）表示 20 ℃下保持负载的默认值（可调：1.636 9 ~ 1.36 V/电池，137.50 ~ 114.24 V）。

6.4.8 辅助变流器控制单元

每节动车都有一个牵引变流器，电源输入块与牵引变流器的中间电路相连，输入电压标示为 DC 3 000 V。辅助变流器包括单辅助变流器和双辅助变流器两种，单辅助变流器位于 Tc02 车和 Tc07 车两辆变压器车下；双辅助变流器分别位于 Fc04 车和 Fc05 车车下。辅助变流器的输入来自牵引变流器的中间直流环节输出。

每 8 辆车的所有辅助变流器同时为一根通达整列列车的 3AC 440 V/60 Hz 的总线供电。总线在列车工作期间处于耦合状态。如果总线发生故障，可以打开双辅助变流器的耦合接触器，从而将各部分隔离开。总线为各节车厢的所有大负载供电。各辅助变流器单独通过 3AC 440 V/60 Hz 总线进行同步。

输出端设置了防空转、短路和过载，且与输入端是电隔离的。输出端不接地，且在输出变压器的二次侧装有永久接地故障检测装置（用于诊断目的）。

辅助变流器由其中心控制系统对其进行控制和诊断，在双辅助变流器中有两个辅助变流器的中心控制系统，分别为各自的逆变器单元工作，这两个控制系统之间通过 MVB 进行连接，并最终连到车辆总线 MVB 上。

辅助变流器控制系统的功能主要如下：

（1）辅助变流器闭环控制，确保在给定的输入变量下可以得到所要求的输出变量。

（2）内部接触器和断路器的触发，监控和互锁。

（3）传送预充电和预充电故障时的信息。

（4）监控变流器本身所有的工作状态并向列车控制系统发送信息。

（5）外接电源的自动检测。

（6）根据列车控制系统的工作状态和输入信息，控制辅助变流器的输入和输出。

（7）检测外部电源的电压和相序是否正确。

（8）防止其自身设备发生过载、短路、负载失衡、输入和输出的单点或多点接地故障。

（9）将所有当前的输出、输入电压和电流值通过 MVB 车辆总线发送给列车控制系统。

（10）在输出发生接地故障时向控制发送相应信息。

（11）发送诊断范围内的所有 LV HRC 熔丝元件的状态。

（12）通过 MVB 总线，向列车控制系统发送其风扇故障信息。

（13）储存所有必要的参数以便进行故障检测和分析。

（14）部分状态数据和内部故障信息通过 MVB 发送。

（15）通过 MVB 车辆总线，向列车控制系统发送三相电压输出的短路或过载情况。

（16）储存带有时间戳的故障状态，以便进行诊断（系统时间将由列车控制系统通过 MVB 总线给定）。

6.4.9 车门控制单元

CRH$_{380B}$ 型动车组中除餐车外，每辆车的几个外门中都存在一个连接到车辆总线 MVB 上的主车门控制单元，其他外门的门控制单元通过 CAN 总线和其联系，然后由该主车门控制单元和车辆总线 MVB 通信。

主车门控制单元的主要功能如下：

（1）控制车外门。

（2）读入传感器和执行机构的信息并诊断。

（3）监测门的运行元件。

（4）维持操作数据。

（5）提供遥控关闭功能。

（6）通过 MVB 连接门系统与列车控制系统。

（7）监测门联锁装置。

（8）接收相应的速度信号，执行安全锁闭。

（9）启动门关闭声音报警。

6.4.10　采暖、通风和空调控制装置

在 CRH$_{380B}$ 型动车组的每辆车上都有一个空调控制单元（HVAC），并且都通过车辆总线 MVB 连接到列车通信和控制。对空调系统的基本功能，可通过司机 HMI 和餐车的列车乘务员 HMI 对空调系统的基本功能进行操作。

CRH$_{380B}$ 型动车组客室空调系统，采用新型环保制冷剂 R407c，为实现通风、制热和制冷功能来提供必要条件。

HVAC 系统工作方式如下：

（1）新鲜空气从外部通过两个各位于车体两侧的新鲜空气格栅吸入。

（2）回风主要从紧靠空调机组后方的车顶回风格栅吸入。

（3）回风和新鲜空气在两个混合箱中混合，两混合箱都位于新鲜空气格栅和空调机组侧面之间。

（4）从两侧进入空调机组，并在经过蒸发器和电加热器在机组内进行处理，通过制冷剂气体的膨胀制冷或通过电热器加热。

（5）经过处理的空气通过送风管道系统向待调节的车厢内送风。

（6）与新鲜空气量相同的空气通过位于车底架的废排单元和与车厢相连的废排风道系统排到车外。

（7）通过台处使用电加热进行制热。

（8）系统调节由位于走廊电气柜中电子控制器完成。该控制器读取分布在新鲜空气、回风、送风以及地板高度，废气中的温度传感器的数值，以评估客室内的温度，来决定不同部件的运行。

（9）系统配备有 4 个安装在端车车体两侧的压力波传感器，每节端车有 2 个。这些传感器激活废排单元和新鲜空气格栅内风门的开/关信号，以防止乘客受压力波的影响（如在进入隧道时产生的压力波动）。

采暖、通风和空调控制装置 HVAC 管理或执行以下功能：

（1）外部气源和排气抽出。

（2）乘客舱和司机室的加热和冷却。

（3）空气管道输送和分配。

（4）新鲜空气的基本过滤。

（5）混合气体过滤。

（6）新鲜（外部气体）和排出气体的压力保护。

（7）与过隧道模式、洗车模式、整备模式相关的控制。

（8）紧急通风及其调节和控制。

（9）通过 MVB 与车辆控制系统进行信息的交互。

（10）子系统诊断与信息的存储。

6.4.11　卫生间控制系统

CRH$_{380B}$ 型动车组卫生间控制系统（WC 控制系统），不仅控制卫生间内部的电气元件完

成相应的功能外,还要与列车网络控制系统进行信息的交互。在带有两个卫生间的车辆中,有一卫生间作为主,负责与列车网络控制系统交互信息。作为主的卫生间本身没有与MVB直接通信的能力,它通过SIBAS®-KLIP连接到列车通信网络上,主要是一些二进制的状态信息要反馈到列车网络控制系统,这些信息可以在列车员HMI上显示。这些信息主要包括卫生间的错误信息、卫生设施的加热系统温度过高、污水箱满95%故障信息、紧急呼叫信息等。

卫生间控制系统主要功能如下:
(1)列车与卫生间系统之间的电、气连接。
(2)集成和分配给卫生间系统范围内所有电气元件的电源。
(3)控制卫生间系统内各个电气子系统的功能。
(4)通过已定义的输入/输出信号与列车控制系统进行通信。
(5)用作列车乘务人员和维护人员进行故障检查、诊断和维护的接口。

6.4.12 旅客信息系统的控制器(PIS-STC)

旅客信息系统(PIS)用于旅客视听信息、列车人员通信和旅客娱乐。其系统控制器(PIS-STC)是整个信息系统PIS的控制核心,也是PIS与列车控制网络连接的桥梁。它负责处理来自MVB总线、PIS中的设备,以及属于该系统的GSM天线、GPS天线、FM天线等设备传来的信息,处理后发出相应控制指令或相关信息到相应目标处。同时,在STC里有掉电保持功能的存储器,可存储重要的操作数据,同时,也使得PIS在电源出现故障以后可自动恢复到之前的状态。

系统控制器包含有配置和操作列车所需数据的表和文件,其存储的信息主要有以下内容:
(1)与运行日期相关的列出数据(列车号)。
(2)车厢号码。
(3)列车编组数据。
(4)车辆控制器的地址信息和每个车厢内显示器的号码/类型/地址信息。
(5)用于自动通告而预先存储的文件。
(6)改变显示信息的时刻。
(7)出口侧的信息。
(8)列车运行过程中的数据和外部温度。

系统控制器在管理旅客信息子系统的同时,还要与列车控制系统进行通信。它们之间主要交流的信息如下:
(1)系统控制器从MVB总线上接收的信息。
① 配置数据时间。
② 温度和当前运行速度。
③ 距离起始车站运行的里程数。
④ 旅客下车的出口侧。
⑤ 当前外部温度。
⑥ 其他一些与PIS相关的数据。
(2)系统控制器向MVB总线发送的信息。

① PIS 系统的状态和诊断等数据。
② PIS 初始化后的列车和车厢号。

6.4.13　火灾报警和烟雾探测系统

火灾报警和烟雾探测系统主要由烟探测控制器、光电感烟探测器和线性热探测器等设备以及相应的电缆组成。其中，烟探测控制器和光电感烟探测器通过 CAN 总线连接起来并形成一个回路，如图 6.13 所示。该结构的优点就是当回路中有一处中断时，CAN 总线仍然能正常通信，提高了系统的可靠性和安全性。

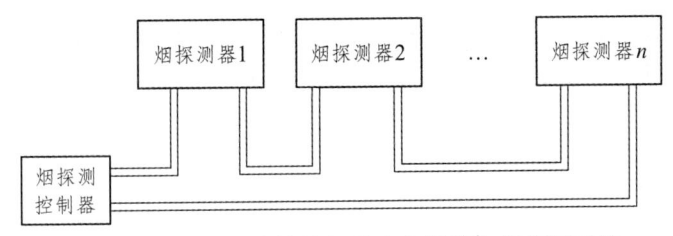

图 6.13　由 CAN 连接的部分火灾报警和烟探测系统

在每个车的火灾报警和烟雾报警系统中都有一个线性热探测器，它位于辅助变流器或牵引变流器中，并通过专门的导线与其中的一个光电感烟探测器相连，当线性热探测器处所测温度超过设定值时，会将与之连接的两根导线短路，这样与该线性热探测器相连的光电感烟探测器就会察觉，然后通过 CAN 总线传递相应的信息给烟探测控制器。每个光电感探测器都可生成警报信号、故障信号及准备就绪信号。此外，它们还可提供维护和诊断信息，它们的电源均由烟探测控制器提供。光电感烟探测器分布于驾驶室、控制柜、PIS 柜、卫生间中。

火灾报警和烟雾探测系统的控制单元接收来自烟雾探测器的信息，并对系统故障进行检测，根据所检测到的系统状态，报警、普通报警、故障、准备就绪等信息通过相应的信号线被送到 SIBAS®-KLIP 站，并由其发送到列车控制系统。

CRH$_{380B}$ 型动车组中每节车厢均安装了一个火灾报警和烟雾探测控制单元。它包含 4 个部分：显示单元、控制单元、电源和输入/输出接口，主要有如下功能：烟雾探测器电源供应；报警灯电源供应，特定警报参数（阈值、有效时间、逻辑操作）的评估，在其自身显示单元以及信号线上产生报警、故障、准备就绪信号，生成公共警报信号（冗余），CAN 总线信号的评估（报警、故障、准备就绪情况），信号环路的中断以及短路、信号故障、电源故障、不正确的配置。

6.5　设备通信网络

6.5.1　CAN

CAN 是 Controller Area Network 的简称。CAN 的工作方式为多主模式，不分主从，任意节点在任意时刻可主动向总线发送信息，如果多个节点同时向总线发送信息，则优先级高的节点先发送，其节点具有自动关闭功能，以避免由于自身的故障而影响总线上其他设备的通信。CAN 的信息传输采用短帧结构，传输时间短，通信介质可为双绞线、同轴电缆和光纤等，CAN 的通信距离最远可达 10 km，此时速率小于 5 Kbit/s；当通信距离小于 40 m 时，其通信速率最高可达 1 Mbit/s。

CRH_{380B} 型动车组部分子系统的设备级网络采用 CAN 总线，如每个车的外门系统（餐车除外），每个车的烟火报警系统等。

火灾报警和烟雾探测系统也应用了 CAN 总线，其中烟探测控制器和光电感烟探测器通过 CAN 总线连接起来并形成一个回路，提高了系统的可靠性和安全性。

在电池充电机中有两个主要控制模块：一个用来驱动 IGBT 模块并负责仪表互感器的模拟电流和电压的输入功能，另一个模块执行更高一级的控制功能并把各个控制级别的信息进行汇总、处理并转发。第二个模块也负责 MVB 总线通信功能，这两个模块之间也采用 CAN 总线通信。

6.5.2 RS485

RS485 以差分平衡方式传输数据，其电路如图 6.14 所示。端口连接一般都采用半双工通信方式，传输信号的导线一般用一对双绞线。由于在这两条线上传输的是大小相同、方向相反的电流，干扰一般都会同时出现在两根线上，接收器的输入为这两根电线上的电压差值，这样就会抵消干扰对输送信息的影响，有效地达到抑制外界的干扰信号的目的。在整个系统中多个驱动器和接收器共享一条信号通路，同时在信号线路的两端配有终端电阻。

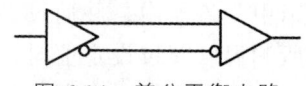

图 6.14 差分平衡电路

在旅客信息系统中广泛存在着 RS485 通信方式，如电池充电机通信、车内外显示器总线、一等车的音频娱乐总线等。

6.6 人机交互接口

CRH_{380B} 型动车组网络控制系统的维修信息显示主要通过司机和列车员的人机交互界面（HMI）进行。每个动车组有 5 个 HMI。其中，4 个 HMI 位于司机室中（每个司机室 2 个 HMI），1 个 HMI（乘务员 HMI）位于餐车乘务员室客户支持和服务区。司机和乘务员显示器均与车辆总线（MVB）相连。此外，司机室中的两个司机 HMI 还通过内部以太网接口进行互连，在必要时进行数据交换，以充分发挥司机 HMI 的冗余性能。

每个司机室均有左右两个司机 HMI，分布位置如图 6.15 所示。其中，左 HMI 在其司机室占用时可实现一般的 HMI 功能，如语言选择和故障指示等，控制和监测除制动系统外的车辆系统；为了实现冗余功能，它同时具有右司机 HMI 的控制和监测功能。当司机室处于无人占用状态时，同样具有冗余功能，可执行列车员 HMI 的控制和监测功能。

司机右 HMI 在其司机室占用时，具有控制和监控制动系统的特殊功能，同时在左屏故障时，也可以具有左司机 HMI 的控制和监测的功能，以实现冗余；当司机室处于无人占用状态时，可执行列车员 HMI 的控制和监测功能。

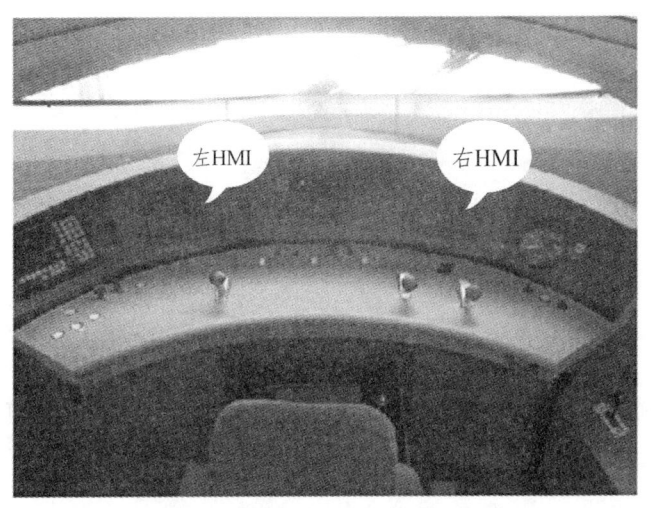

图 6.15　司机 HMI 在司机室内的位置

列车员的 HMI 可提供车辆技术状态信息、故障信息显示、故障安全措施提示等功能，同时也具有进行内部照明和空调操作等功能。

图 6.16 为 HMI 的外观，其中屏幕的上方和右侧为硬键，下方 10 个数字键（软键）的功能是根据不同的屏幕内幕内容来确定的，在屏幕内容底部相对于数字键的地方显示其功能。

图 6.17 为 HMI 正面的区域分布情况，屏幕主要根据不同的情况显示信息，操作硬键主要用来实现固定的功能。

图 6.16　HMI 外观

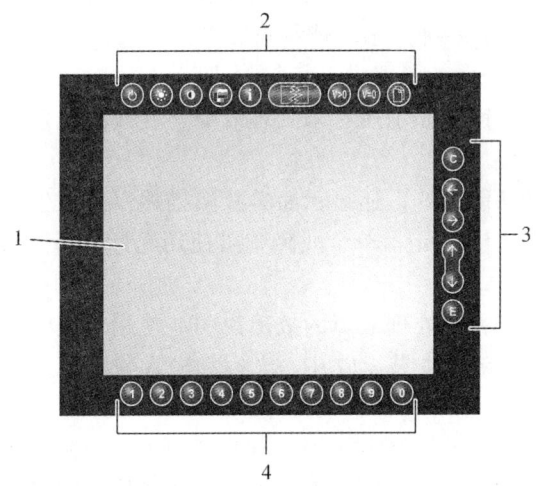

1—屏幕；2—操作硬键；3—光标和输入硬键；4—键盘软键。
图 6.17　显示器正面结构分布

在屏幕显示的内容一般都有一个固定的格式，内容相对固定，详细布局如图 6.18 所示。

193

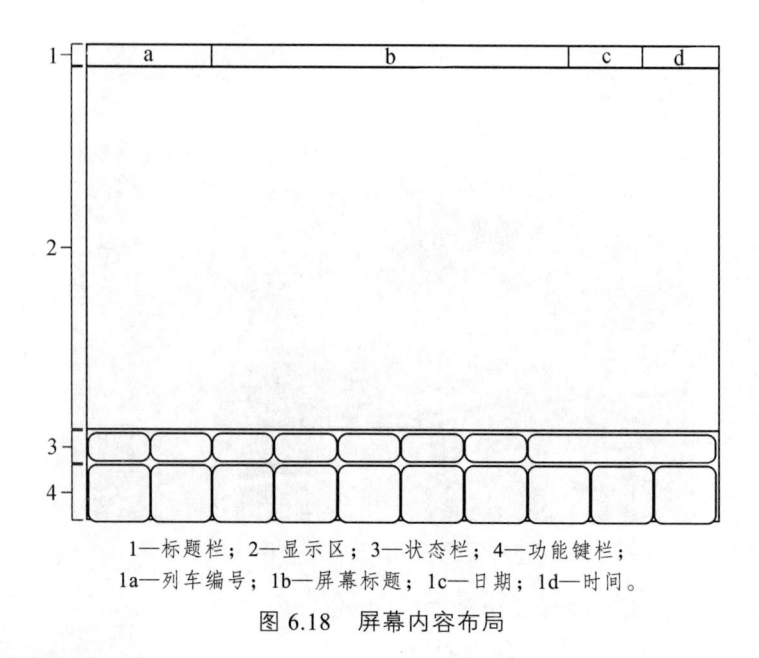

```
1 |   a   |     b     | c | d |
2 |                           |
3 | ooooooooooo              |
4 | ooooooooooo              |
```

1—标题栏；2—显示区；3—状态栏；4—功能键栏；
1a—列车编号；1b—屏幕标题；1c—日期；1d—时间。

图 6.18　屏幕内容布局

其中操作硬键区域从图 6.18 左数第 6、7、8 键是用来显示故障和维修信息的键，即 ▨ 、 V>0 、 V=0 。

HMI 上显示的未解决故障时有两种状态：一种是当前未处理故障，即从故障发生至今没有经过司机或列车员处理的；另一种是已确认的故障信息，它显示了没有被维修的未解决故障，但已通过选择相应的维修信息故障被确认。

现有的故障显示在每屏状态行的右侧，显示故障时为黄色字段。"故障指示灯"用两种状态来反映未处理状态。一种是字段闪烁显示，显示车号以及最近未确认故障的操作码，一旦故障发生，此状态自动出现，并指示应采取补救措施，如果几种未确认的故障同时存在，则总是显示最近的一个故障；另一种是字段连续点亮（黄色），此状态表示仍有故障未解决，但已全部确认。

操作硬键区的"故障"键可显示所有未处理故障，并按故障发生的顺序显示出来，最近发生的故障消息被列在首位。

每种故障，除车号和功能码外，还显示简单故障描述以及发生的日期和时间。已确认的故障均在消息行的开始有"*"标记。单个故障则可使用光标选择，当前选择的故障均为白色背景。

使用"报告"可调出每种未处理故障的故障说明。使用"故障"键，用户可以返回故障概览屏，用显示器右侧功能键，即图 6.17 中，光标和输入硬键区上面第一个键 ⓒ，可返回到上一屏。

第 7 和第 8 个键都是提示的维修方法等信息，其中第 7 个键是当前必须要进行的操作，一般是列车处于行驶过程中故障发生而急需实施的，通过比较醒目的字体和简练的语言给出维修提示。而第 8 个键是更为详细的信息，一般在停车后可按照此提示进行维修操作。故障总览中不会显示已排除（复位）的故障。

图 6.19 所示为了确认当前未处理故障而进行的操作。

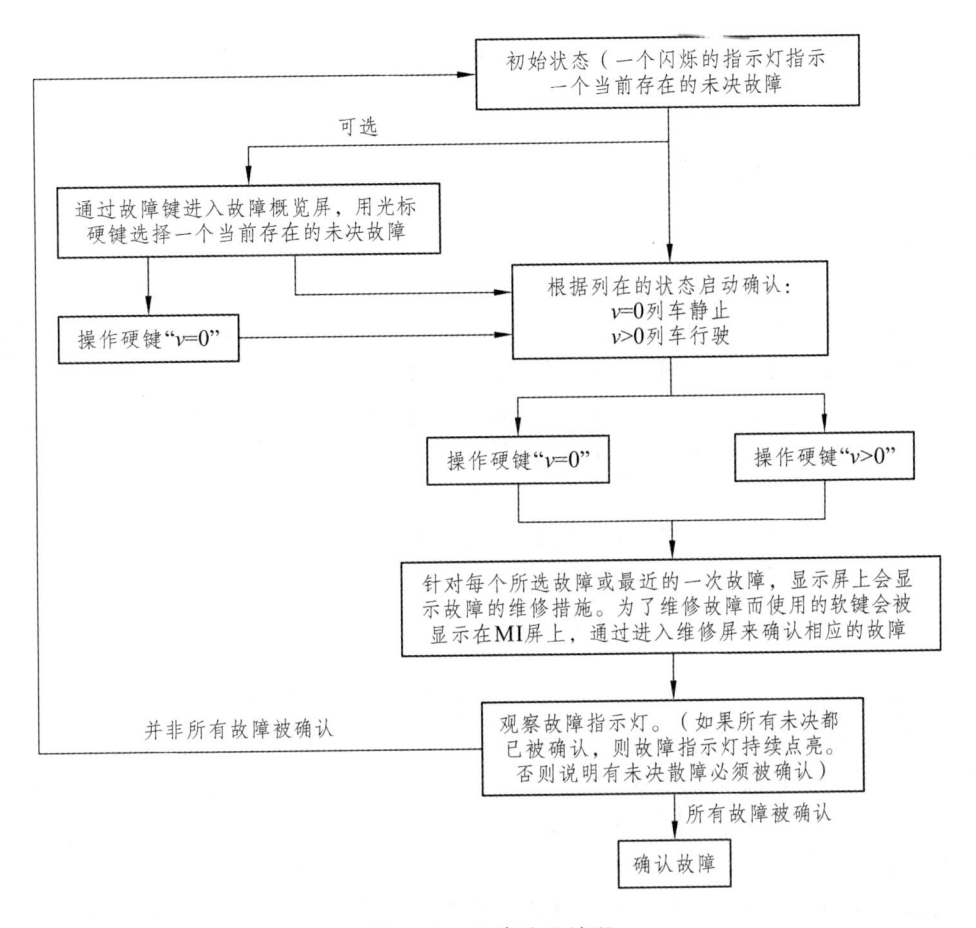

图 6.19 故障确认流程

在显示器上有一个声响信号装置，以使动车组司机注意人机界面上的重要变化。声音信号分为 3 种：

（1）"dong-ding"：每次故障发生时将发出此声音。

（2）"ding"：此声音将每隔 30 s 产生一次，直到所有的故障信号全部被确认。

（3）"pamm"：当状态栏发生重大变化时，将发出该声音（指示灯亮）。

除了诊断系统自身能检测的故障外，有一些故障信息诊断系统不能靠自身检测出来，如座椅被损坏或弄脏、行李架破损、安全锤丢失等信息，这就需要人工输入这些故障并存储，以提醒相关人员进行维修。该功能在司机和乘务员显示器均可实现。

除了动车组中心诊断系统对动车组的整个网络控制进行诊断外，许多子系统和设备本身也具有诊断功能，并可以向显示器提供维修信息。例如，制动系统、门、空调、火灾报警系统、PIS 系统、牵引变流器、辅助变流器、电池充电机等。各子系统在设备上都能提供维修专用的服务接口，通过装有相应服务软件的计算机，利用专用适配器和电缆与服务接口相连，就可以读取或下载相关子系统和设备的故障和维修信息。

6.7 诊断系统

6.7.1 诊断系统任务及显示

1. 诊断系统的任务

诊断系统的任务是给列车人员（司机和列车员）在动车组运行以及维修人员排除故障期间提供支持，以有效地实现可靠的客运服务。诊断系统能及早地辨认故障，尽可能准确地指明功能限制和故障位置，指出对列车行驶运输的影响并提供相应的维修信息。诊断系统的功能就是辨明、记录、评估、通知可能的故障包括它们的影响。由于诊断系统的存在使列车的可用性增加，同时减少在维修上耗费时间、人力、物质等，而且也能起到减少查找故障时间的目的。

诊断系统在开车前要执行整个列车控制网络和各子系统的监视功能，对列车运转所必需的功能（制动、紧急制动环路、乘客紧急制动、指示器等）进行检查。这些监测既可手动启动也可自动操作。检测结果报告给动车组中心诊断系统并存储下来，存储器具有失电保持功能。

在列车行驶期间，动车组有关的运行参数和数据由子系统和动车组中心诊断系统实时监测，同时报告可能发生的偏差和故障。当检测到监控数据的临界值时，诊断系统会告知列车人员并指明相关的维修措施。故障原因由子系统确定，引发的功能限制报告给动车组中心诊断系统，它将功能限制和维修措施报告给列车人员。

带有时间、日期和车号的故障原因、可能的环境数据被存储下来，维修人员借助外部诊断工具可以对其进行评估。诊断工具对修复故障提供支持措施。列车人员的错误操作可被控制系统发现并由诊断系统存储。

2. 诊断系统显示的冗余

当动车组工作时，在被占用的司机室内主显示器（通常情况下右 HMI 为主显示器，左 HMI 为从显示器）执行诊断功能。如果主显示器故障，从显示器自动取代其诊断功能。列车员的相关功能在列车员区的 HMI 上实现，也可由未占用的司机室 HMI、8 车 CCU 柜 HMI 实现。这 5 个 HMI 通过各自的接口都与 MVB 相连。司机 HMI 与 MVB 总线上的其他设备通过车辆总线 MVB 进行数据交换，动车组两个司机室 HMI 之间通过列车总线 WTB 进行数据交换。如果总线故障，司机室的两个 HMI 间的数据交换通过它们之间的专用以太网实现冗余功能。

诊断系统本身不会影响安全。其本身的冗余性能和通信线路的冗余保证了与安全功能相关的错误可被发现，诊断系统的故障不会导致对动车组控制功能的任何约束。

6.7.2 诊断系统的构成及信息传输

在列车上，所有连接到 MVB 的电气系统都包括在诊断之中。对于本身没有连接到车辆总线（MVB）的系统，通过 SIBAS®-KLIP 站读入相应信息，并由 CCU 执行故障诊断。

诊断系统的构成是模块化的，并分动车组中心诊断和子系统诊断两级。

子系统诊断监视所有子系统的相关元件和功能，识别故障并辨明故障原因，本身进行存储并报告故障给动车组中心诊断系统。动车组的状态因此被关注，同时可能出现的连续信息被制止。

动车组中心诊断控制必要信息的输出，指示给规定的目标组，并存储由子系统报告的功能限制。

诊断任务与动车组监控功能或组件试验功能等一起执行。各功能都将进行诊断，并分别向动车组中心诊断系统报告可能的故障和功能限制，这些报告由诊断系统进行存储、分配和指示。

诊断任务作为监视功能或元件测试集成在动车组的功能中。这些功能中的每一个都可进行诊断，并可单独地报告可能的故障和功能限制给动车组中心诊断，由其对这些信息进行存储、发布和显示。

从图 6.20 中可以了解到动车组诊断系统按功能可分为 4 部分，即没有诊断存储的子系统、带有诊断存储的子系统、动车组中心诊断系统和指示系统。

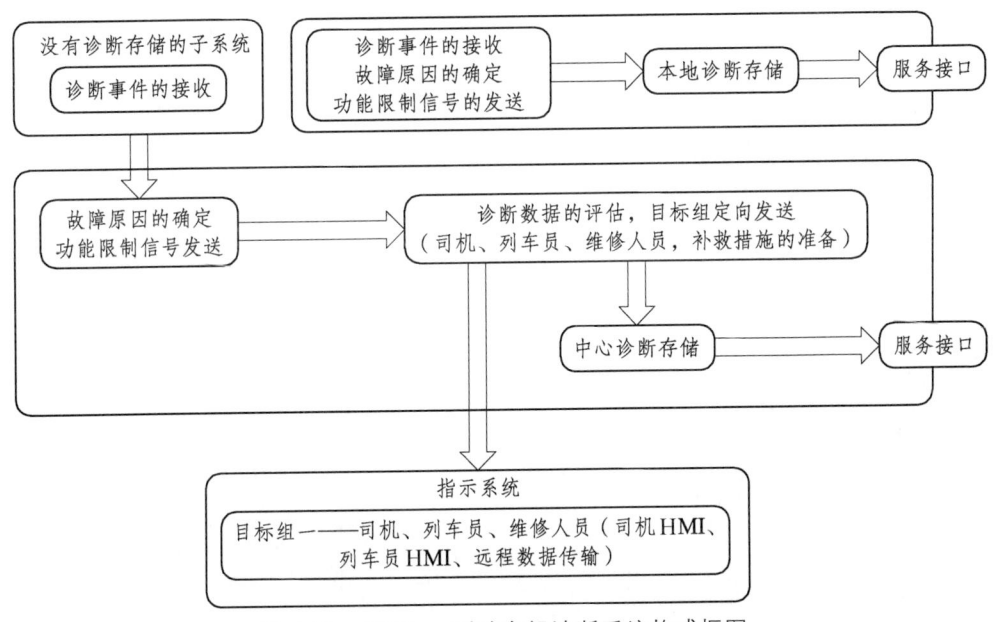

图 6.20　CRH_{380B} 型动车组诊断系统构成框图

没有诊断存储的子系统没有诊断信息的存储功能，也没有故障原因的判断分析能力，因此它只负责本子系统诊断事件的接收，然后将它们发送给动车组中心诊断系统，由中心诊断系统对故障原因进行判断分析，然后将功能限制发送给动车组中心诊断系统中负责动车组诊断数据的评估和目标组定向发送的功能模块。带有诊断存储的子系统不仅可以接收诊断事件，还能查明故障原因，发送功能限制，存储故障信息，并且能通过服务接口和相关软硬件工具将故障信息读出。动车组中心诊断系统的相应功能模块可以对来自带有诊断存储的子系统故障信息和来自没有诊断存储的子系统并经过中心诊断系统初步处理的诊断信息进行进一步处理和评估，然后按照规定和要求发送给指示系统，指示系统把相关的故障信息反映给相应的目标组。

每一个诊断事件都需要用一个维修优先级来评估。动车组中心诊断有 5 种不同的维修优先级（0、1、2、3、4）。优先级涉及事件瞬间的状态，每一个要报告的元件或功能用维修优先级评估它需要进行操作的情况。

复习思考题

1. CRH$_{380B}$型动车组车辆总线（MVB）由哪些设备组成？
2. 简述 CRH$_{380B}$型动车组列车通信网络的主要任务及功能。
3. 简述 CRH$_{380B}$型动车组采暖、通风和空调控制装置 HVAC 的功能。
4. CRH$_{380B}$型动车组诊断系统的任务有哪些？

Part 7 旅客信息系统

7.1 概 述

旅客信息系统（PIS）是分布于动车组上的分布式信息服务系统，主要由3个子系统构成：显示系统、广播和内部语音通信系统以及音频/视频娱乐系统。除了通告广播/内部语音通信外，各个系统都采用集中控制方式。该系统主要作用是通过内外显示器为旅客提供列车车次、时间表、车厢号、列车速度、位置和到达车站等行车信号、车内外温度、由乘务人员编辑的信息和列车内部的广播、对讲、通信功能以及提供给旅客的音频、视频娱乐节目播放等娱乐功能。两列重联时，旅客信息系统的内部总线通过车端的自动车钩连接，信息显示功能、通告广播功能及内部通信功能与单列车的功能相同。

7.2 系统组成和系统设备

7.2.1 系统构成

系统包括3个子系统。

1．广播和内部语音通信子系统

广播及内部电话用于司机和乘务人员或乘客之间的语音通信。司机室内部通信站不仅可以实现对全列广播、可选车厢的广播，实现各通信站的拨号（在单动车组或重联动车组都可实现），而且在车辆控制器（CCT）故障时，还可以实现司机室与各车厢之间的内部相互通信。具有音量的设置功能，操作人员在列车乘务区借助系统总控单元（STC）的服务端口设置广播的基础音量。各车厢广播声音的设置可以根据列车的运行速度自动调整。整列车的音量设置和可选的广播保持不受背景音乐音量设置的影响。系统的总体组成如图7.1所示。

2．显示子系统

显示子系统为乘客提供列车车次、起始站点、停站信息、重要行车信息、车内外温度等信息，系统的总体组成如图7.2所示。

3．音频/视频娱乐子系统

音频娱乐系统主要为二等座车的乘客提供视频图像和伴音，一等座车的乘客可以通过座椅上的音频控制面板选择收听视频伴音或者背景音乐。VIP车的乘客可以通过座椅上的VEU

显示器选择收看电影、戏曲、歌曲等娱乐节目。系统的总体组成如图 7.3 所示。

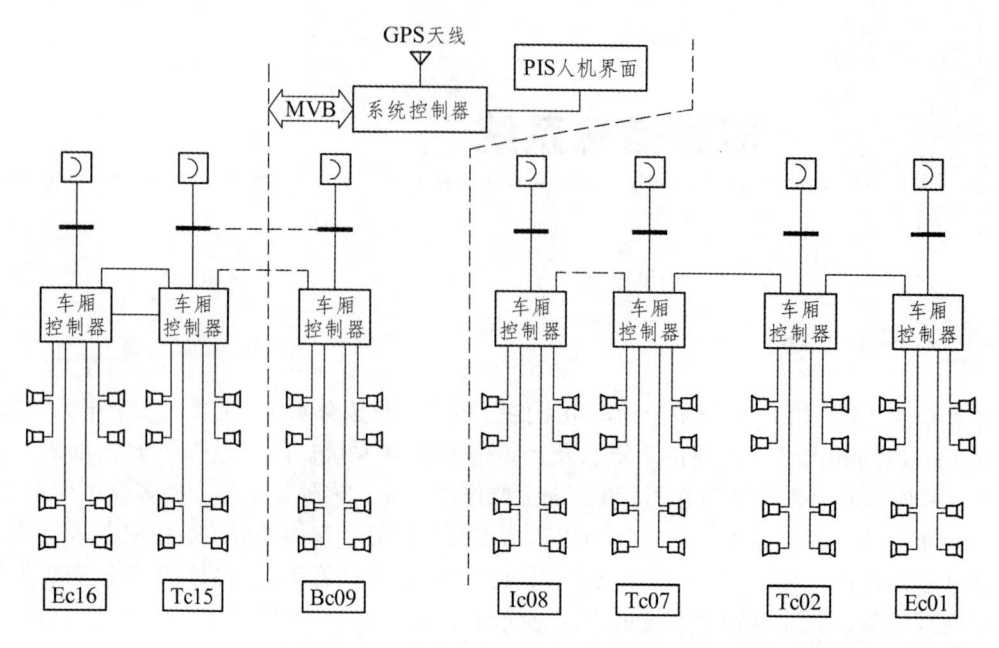

图 7.1 广播和内部语音通信子系统框图

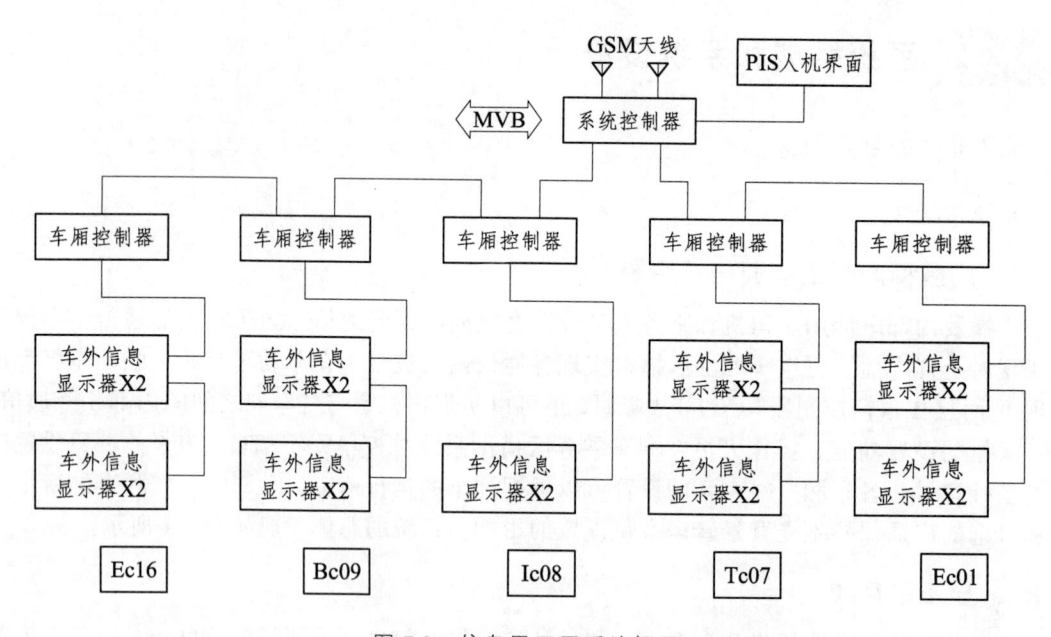

图 7.2 信息显示子系统框图

PIS 系统由系统总控设备（STC）控制，通过信息总线连接于车辆控制器，显示设备通过显示总线与车辆控制器连接，内部电话通过 UIC 总线连接。音频/视频娱乐子系统相对独立，包括播放设备和接收终端，它们之间采用音/视频同轴电缆连接。

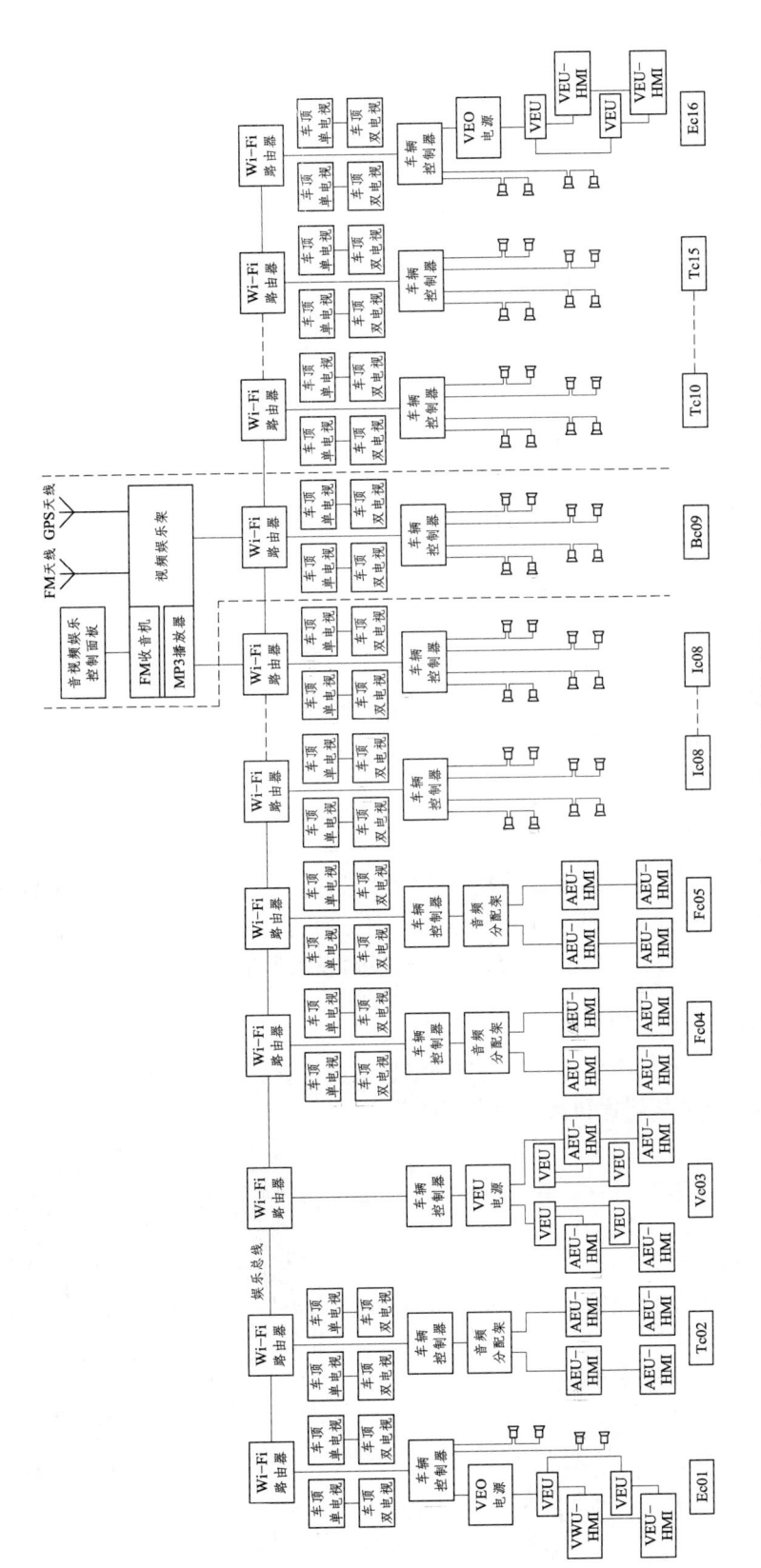

图 7.3 音频/视频娱乐子系统框图

每列车安装的设备如下。
（1）向公众的通告系统和对讲系统（PA/IC）。
（2）显示设备。
（3）扬声器。
（4）车辆控制单元。
（5）电话听筒。
（6）座席音频、视频播放系统（仅 Fc05 车）。
（7）视频分配柜。
（8）视频监视器。
（9）视频播放单元（仅 Bc04 车）。
（10）系统总控单元及人机界面。
（11）车顶电视。
（12）座椅控制器。

7.2.2　系统工作环境条件

（1）机械特性：冲击、振动符合 EN 50155。
（2）环境温度：工作环境：-25~45℃，储存环境：-40~45℃。
（3）电磁兼容：满足 EN 50121-3-2。

7.2.3　系统设备

PIS 系统包括如下设备：PIS 系统控制器（STC）、PIS 人机交互界面（PIS-HMI）、PIS 的车辆控制器（CCT）、车外显示器、车内显示器、内部通信站、防火箱、扬声器、GPS 天线、GSM 天线、UIC 总线、PIS 数据通信总线、音频/视频娱乐子系统设备。

1．PIS 系统控制器（STC）

STC 是整个 PIS 的控制核心和列车控制网络连接的桥梁，其外形如图 7.4 所示。PIS 系统控制器（STC）包含有全部配置和操作列车所需数据，包括：

（1）与运行日期相关的列车数据（列车号）。
（2）车厢号码。
（3）列车编组数据。
（4）CCT 地址上的信息和每个车厢显示器的号码/类型/地址信息。
（5）用于自动通告的预先存储的文件。
（6）改变显示信息的时刻。
（7）出口侧的信息。
（8）列车运行过程中的数据和外部温度。

图 7.4　PIS 系统控制器

2. PIS 的人机交互界面（PIS-HMI）

PIS 的主 PIS 人机接口（PIS-HMI）与系统控制器（STC）连接，位于乘客服务室内。PIS-HMI 的前端包括一个彩色 10.4 英寸 LCD-TFT 显示屏，外形如图 7.5 所示。

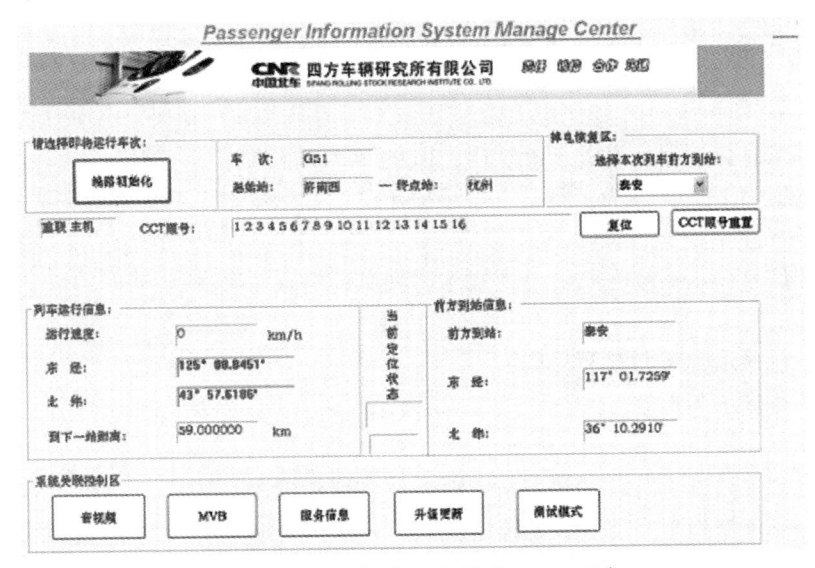

图 7.5　PIS 人机交互界面（PIS-HMI）

PIS-HMI 是 PIS 与人实时交流的主要接口，它负责把 PIS 或控制网络传来的信息反馈给操作人员，同时也把操作人员的命令传给 PIS 系统。可以通过 PIS-HMI 单独控制各节车厢或设置整列列车的背景音乐和调节各节车厢的吸顶式扬声器背景声音系统的音量。

动车重联时，PIS 的相关数据由自动车钩通过 PIS 数据在 STC 间交换。通过两个 PIS-HMI 中的一个激活两个 STC 和其从属的 PIS-HMI。在 PIS-HMI 里执行了一个预防机制（输入的内容互相排斥而引起冲突机制），即防止两个动车组的操作人员分别在两个动车组的 PIS-HMI 里输入的时候，不互相通知对方。

3．PIS 的车辆控制器（CCT）

每个车厢都装有 CCT，外形如图 7.6 所示，它们都能通过唯一的地址经 PIS 数据总线和 STC 通信。CCT 具有如下功能。

图 7.6　PIS 的车辆控制器（CCT）

（1）接收控制可选通告的转换命令。

（2）把 STC 发送的显示数据输出。
（3）转发通告。
（4）可根据列车运行速度自动调整通告的音量。
（5）向 STC 发送自身及其附属器件的诊断数据。
（6）含有特殊的测试程序，可以通过 PIS-HMI 和 STC 人工激活。

4．车外显示器

列车外部信息显示器，设置于上车门，Bc04 车没有外部信息显示。

车外显示屏为 LED（发光二极管）电子显示屏，显示屏显示的内容在阳光直射的条件下具有很高的可视性。

列车外部信息显示系统在站台上告知旅客列车的终点站和车厢号码，这些信息是用 3 行文字显示的。

（1）第 1 行显示列车和车厢号码。
（2）第 2 行显示起点站。
（3）第 3 行显示终点站。

如果字符个数超过 1 行时，起点站和终点站将滚动显示。

显示的内容依据列车当前所处的位置决定，列车离开站点后，列车外部信息停止显示，在到达另一个车站之前马上恢复显示。

外部信息显示样式如图 7.7 所示。

(a) 列车外部信息显示（英文）　　(b) 列车外部信息显示（中文）

图 7.7　车外显示器显示样式

5．车内显示终端

每个入口到车厢之间的过道上方设置列车内部信息显示器，车内显示器为单线发光二极管型 LED 电子显示屏，安装在隔离门上方，每个客室配备两个车内 LED 显示屏，三排、滚动式外形及显示样式如图 7.8 所示。

图 7.8　车内显示器显示样式

内部显示器屏幕侧防护等级为 IP54。

车内显示内容如下。

（1）来自播放列表的内容。到达目的地、中间站、时刻表、车次编号、车厢编号、时间和日期、车内外温度、车速等，此外还有固定显示的信息（如欢迎、告别、服务信息等）。

（2）实时重要新闻和一些现场编辑的信息。用中英文两种语言交替显示，显示方式有静态、滚动、打字，滚动方式有左移、右移、上滚、下滚等。

显示器的上面 1/3 部分不间断地为乘客提供车次号、车厢号、列车名、时间等信息；显示器的下面 2/3 部分为乘客提供列车的路线包括始发站、终点站及所有的中途车站，如果中途站不能完全显示，应让它们从右向左滚动显示。

① 按顺序显示欢迎字幕（中/英文）。
② 用中英文显示温度信息"温度××℃"，显示的温度值应根据外部温度及时更新。
③ 用中英文显示速度信息"速度×××km/h"，显示的速度值应根据列车瞬时速度更新。
④ 用中英文顺序的显示"下一站"+"站名"。
⑤ 在"出口"指示屏上，顺序用中英文字样显示"出口"+"箭头"指示出口方向。
⑥ 用中英文顺序显示"再见"信息。

6. 其他设备

每节车厢的内部通信子系统都包含有一个内部电话和防火箱以及扬声器。扬声器与 CCT 相连接，CCT 与防火箱都安装在 PIS 柜中，各个车的防火箱都连在 UIC 总线上。内部电话、防火箱外形分别如图 7.9 和图 7.10 所示。扬声器安装在行李架上，如图 7.11 所示。

图 7.9　内部电话

图 7.10　防火箱

图 7.11　扬声器

7．GPS 天线、GSM 天线

GPS 天线、GSM 天线接收必要的信号，并将其传到 STC 中做进一步处理，GPS 传输的信息保证到达或经过指定的行车位置时触发广播和必要的信息显示，GSM 可以接收数字语音通知（DVA）及广告文字信息，并将其传达至 STC 供其处理。

8．列车内部电话

列车内部电话如图 7.12 所示，操作面板功能见表 7.1。

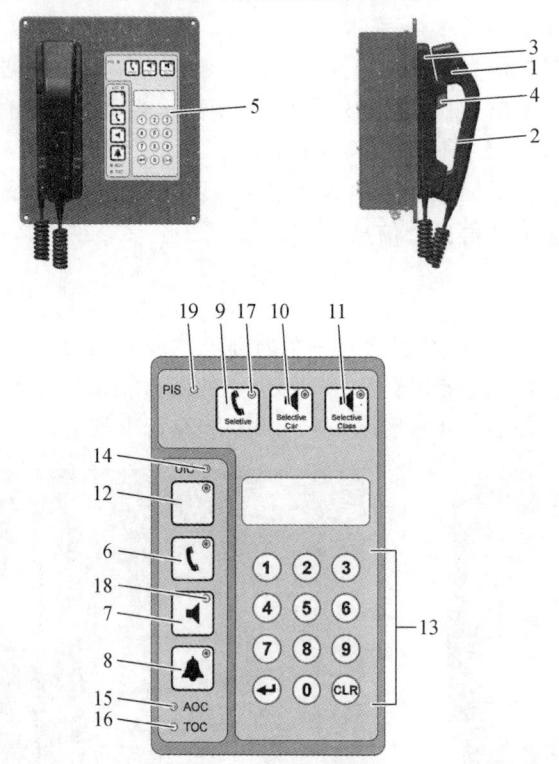

1—听筒；2—通话按钮；3—托架；4—指示灯；5—操作面板。

图 7.12　列车内部电话

表 7.1　操作面板功能

序号	按键/指示灯	用　　法
6	☏	"（与驾驶员）基本通信"UIC 功能键
7	📢	"基本乘客广播（PA）"UIC 功能键
8	🔔	"信号铃"UIC 功能键
9	Seletive	"选择性内部通信"乘客信息系统功能键

续表

序号	按键/指示灯	用　法
10	Selective Car	"对于每节车厢进行选择性乘客广播"的 PIS 功能键
11	Selective Class	"针对特定等级车厢进行选择性乘客广播"的 PIS 功能键
12		无功能
13	数字键盘 1-9, 0, CLR	用以进行选择性内部通信/乘客广播且配备有清除和输入键的数字键盘
14	UIC	"UIC 总线状态"绿色 LED 灯,如果内部通信装置连接到 UIC 总线且可用,则指示灯亮起
15	AOC	"扬声器被占用"红色 LED 灯,表明一个基本的乘客广播(高优先性乘客广播功能)处于激活状态。此时,乘客广播系统当前被占用
16	TOC	"电话占线"LED 灯,表明基本内部通信系统当前占线。当话筒被从托架上拿起,但基本内部通信系统占线时,指示灯亮起。如果话筒被重新放回托架,则 LED 指示灯将一直亮着直到内部通信系统不再占线为止,发起内部通信呼叫的内部通信装置上的 LED 指示灯不亮
17	●	PIS 功能键 9~11 上的绿色指示灯,表明其所属 PIS 功能键处于激活状态,这些指示灯由 PIS 触发
18	●	UIC 功能键 6~8 上的绿色指示灯,表明其所属 UIC 功能键处于激活状态
19	PIS	"PIS 状态"绿色 LED 指示灯,如果该内部通信装置连接到 PIS 总线且 PIS 软件处于运行状态,指示灯亮起

　　内部电话包括配备通话按钮 2 的听筒 1,配备锁扣装置(将听筒锁到托架上)的托架 3,挂钩开关(托架上由听筒上的一块磁铁触发的一个红色开关),配备有操作键和表 7.1 中所列指示灯的防尘键盘。

　　列车内部电话的操作过程如下。

（1）摘下话筒。

（2）按下功能按钮或数字键实现特定功能。

（3）等待直到连接被接通。

（4）按按钮开始说话。

（5）通话结束后挂起话筒。

7.2.4 信息总线及信息传输

1．信息总线

分布式的各个 PIS 系统单元通过不同的总线相连接，完成其相应的功能。

1）MVB 总线

多功能车辆总线（Multifunction Vehicle Bus，MVB），是一种串行数据通信总线，主要用于固定编组的车辆内部通信，是动车组车辆级的控制总线，是旅客信息系统 PIS 中的系统总控单元（STC）与列车控制系统交互信息的通道。

2）UIC 总线

UIC 总线是用来做通告和内部通信的。内部通信站的信号和个别的控制信号在这条总线上传输，图 7.13 所示为其结构示意图。

图 7.13　UIC568 总线示意

3）PIS 数据通信总线

旅客信息系统（PIS）数据通信总线用于实现系统总控单元（STC）和车辆控制器（CCT）之间的通信，把配置、显示和控制数据从 CCT 传到 STC 的诊断数据传输给 STC。在重联的动车组上，两个动车组的 STC 通过 PIS 数据总线进行信息的交换。

4）显示总线

显示总线用于车辆控制器和车内外显示器间的通信，传输的信息包括显示信息和显示器的诊断信息。

2．信息传输

旅客信息显示系统由车外显示器、车内显示器、车辆控制单元、系统总控单元及通信网络组成，显示信息可由系统总控单元的人机界面环境输入、编辑、存储，待显示信息经由系统的数据通信总线，从系统总控单元传输到客车车辆控制器（CCT），最终在对应车辆的内外显示器上显示。

广播和内部通信，包括安装在各处的电话听筒和音频控制单元，电话音频信号和控制信息通过音频控制单元连接至 UIC568 和 RS485 总线。各车厢电话通过两对（4 芯）线路连接，其中一对用于拨号和通话。RS485 上的通信信息主要用于实现列车广播的切换。

广播和内部通信的基本功能在每个单动车组内都是可用的。重联的动车组中，每个动车组和整列车的基本功能也同样可用。各车厢内部通信站通过拨号键实现对全列广播、可选车厢的广播。实现各通信站的拨号，在单动车组或重联动车组都可实现。但此功能仅在连接了 CCT 的情况下可用，一旦车辆控制器（CCT）因故障失效，此功能将不可用。

7.2.5 音频/视频娱乐子系统

音频/视频娱乐子系统主要安装在 VIP 车、一等座车、二等座车以及餐车上，为乘客在旅途中提供音乐或视频方面的娱乐和 WiFi 上网功能。

音频/视频娱乐系统由 4 个子系统组成。

（1）音频系统。包括 3 个 MP3 播放器、1 个 FM 收音机、视频伴音通道和音频播放的必要条件（座椅里的控制单元、耳机插座以及相关的线缆仅一等座车有），安装于一等座车。

（2）视频系统。包括 1 个中央视频娱乐单元（VER），每节车厢各 1 个 CCT，除 VIP 车的其他各车均有车顶电视。

（3）VIP 车 VIP 娱乐单元（VEU）系统。每节 VIP 座位上的 VEU 和其控制面板以及相关的电缆。

（4）WiFi 服务系统。包含安装在每节车的 1 个 WiFi 路由器和安装在 Bc04 车的 1 个 VER 中的服务器。

系统中的主要设备如图 7.14 所示。

图 7.14 车厢内的视频显示屏

音频/视频娱乐系统是旅客信息系统（PIS）的一个子系统。

音频/视频娱乐系统与 PIS 的接口如下。

（1）MP3 播放器通过 PIS 系统控制器来控制。

（2）FM 收音机通过系统控制器控制。

（3）装有电视的二等座车的音频信号（背景音乐）通过扬声器系统播放。

（4）音频系统和背景音乐音量能通过系统操作终端来控制。

（5）VIP 车乘客通过 VEU 面板来选择收看自己想要的节目。

（6）VIP 车可以通过 VEU WiFi 上网，其他车厢可以通过自备设备 WiFi 上网。

音频/视频娱乐系统的线路如图 7.15 所示。

图 7.15　音频/视频娱乐系统线路

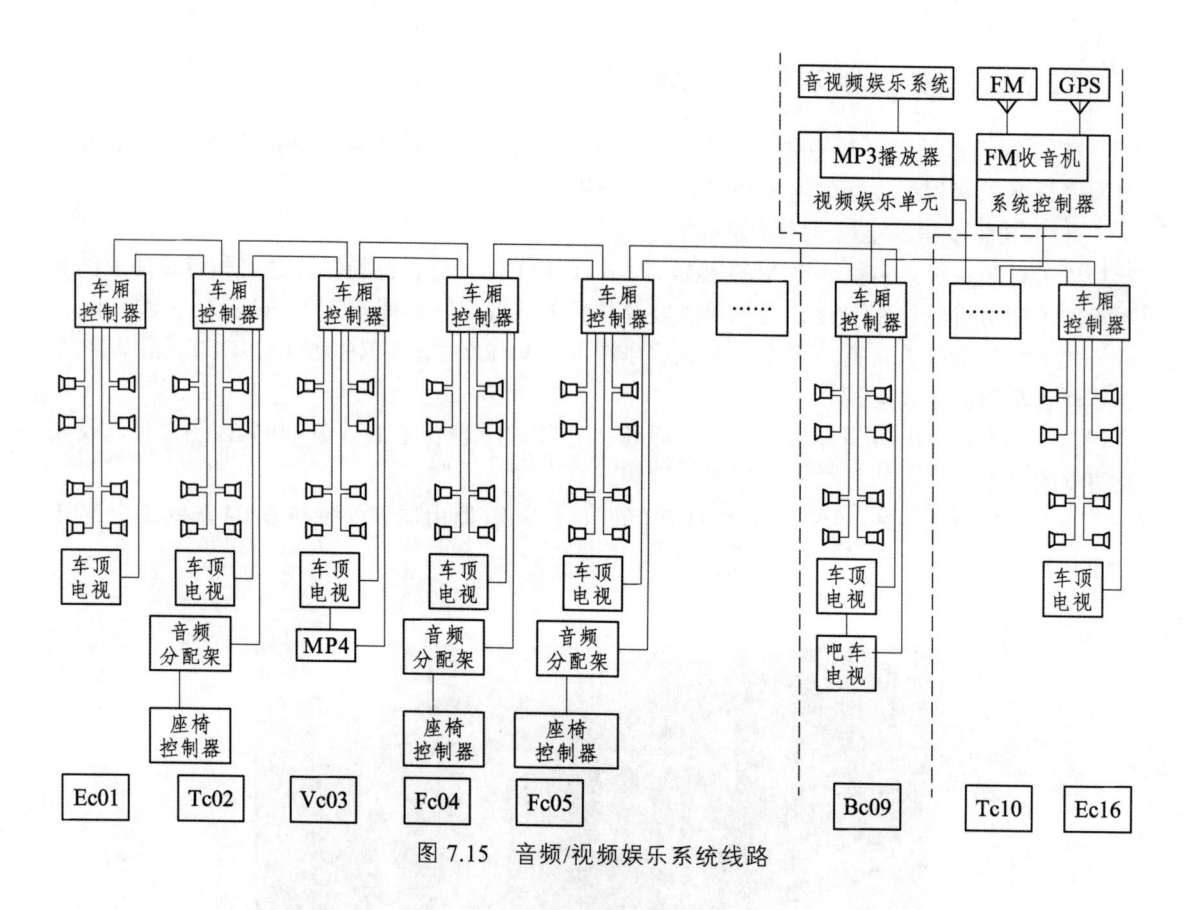

复习思考题

1. 简述旅客信息系统（PIS）的组成及作用。
2. 简述 PIS 的人机交互界面的连接方式及工作原理。
3. PIS 的车辆控制器的主要功能有哪些？
4. 旅客信息显示系统包括哪些？每一部分有哪些组成？

Part 8 动车组控制和诊断系统

动车组是一个复杂的高速运动系统，必须对它进行全面、统一、综合、准确的控制，才能保障系统的正常工作。控制与诊断系统保障动车组各车辆以及每一车辆中的各受控设备按照行车指挥命令与司乘人员操纵协调的工作；及时发现列车运行中的故障、确定故障的位置，并提出应急处理方案或通知地面维护部门准备采取措施；迅速准确地检测出控制与诊断系统所需的全部信号，必要时给予显示。高速列车控制与诊断系统是保证运行安全、快捷、舒适、节能所必需的系统，是高速行车的重要技术之一。

全列车控制、监测与诊断系统是一个包括超速防护、牵引控制、制动控制、车辆控制在内的测控系统。它既要执行整列车的控制，又要传输大量信息，包括和地面的无线电网络联络，与列车维修中心间的远程故障显示信息和列车内部的服务信息的传输等。

高速铁路的列车控制与诊断系统是集微机控制与数据传输于一体的综合控制与管理系统，是铁路适应安全高速运营、控制与管理而采用的最新综合性技术，一般统称为列车自动控制系统（Automatic Train Control Systems，ATCS）。

为保证高速安全地行驶，列车必须与前方行驶的列车保持一定的距离以避免发生追尾事故。为此，基本方法是把线路以电气的方式分割成一定距离的区段，每个区段内只允许一列列车进入。既有线路是在各区段的始端设置地面信号机，司机对发出的信号予以确认，并进行必要的操作，以相应的速度进入该区段。动车组列车控制系统采用由ATC（Automatic Train Control）装置对列车运行速度控制的方式。如果列车的速度比信号显示的速度快时，将会自动进行制动，当列车的速度降至信号要求的速度时，制动就会自动缓解，这是该系统最基本的功能。

8.1 概　述

8.1.1 列车控制与诊断系统的发展

高速铁路的列车控制与诊断系统是列车安全、高速、高效运行的基本保证。世界各国发展高速铁路，都十分重视行车安全及其相关技术支持系统的研究与开发。例如，北美的先进列车控制系统（ATCS）和先进铁路电子系统（ARES），欧洲列车控制系统（ETCS），法国的实时追踪自动化系统（ASTREE），日本的计算机和无线列车控制系统（CARAT）等等。

列车控制系统是铁路在技术上的一次突破，它使铁路和整个国民经济取得巨大的经济效益。从20世纪80年代初开始研究的列车控制系统，现仍处于研究、试验与完善之中。近年来，许多国家为列车控制系统研制了多种基础技术设备，如列车自动防护系统、卫星定位系统、车载智能控制系统、列车调度决策支持系统、分散式微机联锁安全系统、列车微机自动监测与诊断系统等。世界上许多国家如美国、加拿大、日本和西欧各国都在 20 世纪末到 21 世纪初，逐步推广应用了这些新技术。

ARES 系统是为了提高铁路运输的安全和效率而研制的两种基本控制系统之一。它采用全球定位卫星接收器和车载计算机，通过无线网络与地面控制中心连接起来，实现对列车的智能控制。中心计算机根据线路状态信息和列车计算机报告的本身位置和其他列车状态信息等，随时计算出应采取的措施，使列车有秩序地行驶，并能控制列车实现最佳的制动效果。全球定位卫星系统定位精确，误差不超过 1 m。ARES 利用全球定位卫星来绘制实时地图，使司机能在驾驶室的监视器上清楚地了解列车前方的具体情况，从而解决了夜间和雨雾天气时瞭望困难的问题。ATCS 则采用设在地面上的查询应答器（Transponder）来建立列车与地面的数据传输通道。

除美国研制的 ATCS 与 ARES 系统外，其他发展高速铁路的各国也都十分重视行车安全与控制系统的开发研究。作为世界高速铁路发展较快的日本、法国和德国，在地面信号设备中，区间设备都采用了符合本国国情的可靠性高、信息量大、抗干扰能力强的微电子化或微机化的不同形式的自动闭塞制式；车站联锁正向微机集中控制方向发展；为了实现高速铁路道岔转换的安全，转辙装置也向大功率多牵引点方向发展，同时开发研究了道岔装置的安全监测系统。在车上，世界各国的高速铁路都安装了列车超速防护和列车自动控制系统。

日本在东海道新干线采用了 ATC 系统，法国 TGV 高速线采用了 TVM300 和 TVM430 系统，德国在 ICE 高速线上采用了 LZB 系统。这些系统的共同点是新系统完全改变了传统的信号控制方式，可以连续、实时监督高速列车的运行速度，自动控制列车的制动系统，实现列车超速防护；另外，通过集中运行控制，系统还可以实现列车群体的速度自动调整，使列车均保持在最优运行状态，在确保列车安全的条件下，最大限度地提高运输效率，进而系统还可以发展为以设备控制全面代替人工操作，实现列车控制全盘自动化。这些系统的不同点主要体现在控制方式、制动模式及信息传输的结构等方面。

德国的 LZB 连续式列车运行控制系统，其运营速度可达 270 km/h。它是目前世界上唯一采用以轨道电缆为连续式信息传输媒体的列车控制系统，可实现地面与移动列车之间的双向信息传输，同时还可利用轨道电缆交叉环实现列车定位功能，控制方式以人工控制为主。LZB 系统首先将连续式速度模式曲线应用于高速列车的制动控制，打破了过去分段速度控制的传统模式，可以进一步缩短列车运行的间隔时分，因此能更好地发挥硬件设备在提高线路运输效率方面的潜在能力。

法国的 TVM300 系统是早期产品，TVM430 是在它的基础上进行数字化改造后的列车控制系统，在 TGV 北方线上采用，列车运行速度可达 320 km/h。TVM430 系统的地面信息传输设备采用 UM2000 型无绝缘数字式轨道电路，由地面向移动列车之间实现地对车信息的单向传输。信号编码总长度为 27 个信息位，其中有效信息为 21 位。列车的定位功能也是由轨道电路完成的。TVM430 系统制动模式采用的是分段连续式速度监督曲线，控制方式以人工控制为主。只有当司机没有按要求操作时，控制设备才自动完成其应执行的任务。

日本是世界上最早实现高速铁路运营的国家，目前列车速度可达 270 km/h。当列车速度进一步提高到 300 km/h 以上时，由于模拟式轨道电路由地面向列车传输的信息量不够，而增设了地面与列车之间的应答器设备作为辅助信息传输装置。

目前，世界高速铁路列车自动控制系统的控制方式主要分为两类。一类是以设备为主、人控为辅的控制方式，以日本为代表。ATC 的限制速度 220 km/h 为 3 km（即两个闭塞分区的长度），减速到 170 km/h 也是 3 km，最后减速至 30 km/h 直至前方一定距离处停车。另一类是人机共用、人控为主的方式，以法国为代表。法国北部线的列车速度和运行密度更高，需要更先进的列车控制技术。这种控制技术可将速度最高从 300 km/h 沿一条限制速度曲线模拟司机制动曲线由 ATC 设备自动控制到给定地点停车。每一闭塞分区长 1 500 m，限制速度分 300 km/h、270 km/h、230 km/h 及 170 km/h 等档次，因而制动曲线缓和，列车控制系统的精确程度较高。

8.1.2 列车控制与诊断系统的基本组成、功能及主要特点

列车控制与诊断系统的工作目标为"安全正点、控制平稳、高效节能"。

1. 系统的基本组成

列车运行控制系统（Automatic Train Control，ATC）包括列车超速防护系统（Automatic Train Protection，ATP）、列车自动驾驶系统（Automatic Train Operation，ATO）及列车自动指挥系统（Automatic Train Supervision，ATS），简称 3A 系统。

ATP 系统主要用于对列车驾驶进行防护，对与安全有关的设备或系统实行监控，实现列车间隔防护、超速防护等功能。其主要工作原理是，不断地将一些信息（地形信息、前方目标点的距离和允许速度信息等）从地面传至车上，从而得出此刻所允许的安全速度，依此来对列车实现速度监督及管理。使用 ATP 的优点是缩短了列车间隔，提高了线路的使用率和行车的安全可靠性。

ATP 系统承担着确保安全的重要职责，是 ATC 系统中最关键的一环，是列车运行时必不可少的安全保障。在评价 ATP 系统时，总将可靠性和安全性放在首位。根据地面-车上信息传输方式的不同，ATP 系统可以分为点式和连续式两类。

点式 ATP 系统是一种点式传递信息模式，用车载计算机实现信息处理，最后达到列车超速防护目的。系统在结构上分为地面设备和车载设备。点式 ATP 系统主要特点如下：

（1）可以有效地实现超速防护功能。

（2）能给司机充分、确切的显示，包括最大允许速度、目标点距离等，有利于司机最优地驾驶列车。

（3）地面应答器为无源型，安装方便，不必加敷电缆。

（4）在地面上增设环线，列车上加设相应的接口后，可实现从列车向地面传送信息，即可实现全线运行指挥自动化。

（5）车载计算机采用符合"故障-安全"准则的计算机系统，安全性较高。

（6）主要缺点是信息传递是间断的。

连续式 ATP 系统是基于连续的信息传递模式，列车不间断地从信息传输通道获得信息，车载计算机不间断地计算出速度曲线，从而使行车间隔可缩至最短。连续式 ATP 系统具有以

下特点：

（1）需敷设轨间电缆。

（2）利用轨道电路，即用钢轨作为信息通道。

ATO 系统主要用于实现"地对车控制"，即用地面信息实现的列车牵引、制动的控制。使用 ATO 系统后，可以使列车经常处于最佳运行状态，避免了不必要的、过于剧烈的加速和减速，因此明显提高了旅客的舒适度，提高列车准点率及减少轮轨磨损，与列车的再生制动相配合，可以节省电能的消耗。ATO 系统是提高列车运行水平（准点、平稳、节能等）的技术措施。

ATS 系统主要是实现对列车运行的监督和控制，辅助列车调度人员对全线列车运行进行管理。它给调度人员显示出全线列车的运行状态，监督和记录运行图的执行情况，在列车因故偏离运行图时及时做出反应（提出调整建议或自动修改运行图），通过 ATO 的接口，向旅客提供运行信息通报（如列车到达、出发时间，运行方向，中途停靠车站）。

2．系统功能

为了达到系统目标，系统应能完成以下功能。

1）列车超速防护

列车控制系统的地面控制中心应能根据联锁数据、环境检测器的状态和列车运行状态、线路数据、限速条件等生成列车安全运行信息，并通过连续式信息传输媒体发送给移动列车。数据由车载设备实时处理后生成速度控制曲线，当列车超过速度限制范围时，列车制动系统即自动实施制动，实现列车的超速防护。

列车超速防护是列车安全运行的基本保障，防护内容包括：

（1）防止列车冒进停车信号。

（2）防止列车运行速度超过线路允许速度，包括弯道限速、道岔侧向通过限速等。

（3）防止列车运行速度超过临时限制速度。

（4）防止列车运行速度超过列车自身允许速度。

2）列车运行自动控制

列车运行控制系统的地面控制中心应能根据调度计划、列车的实际位置、实时速度信息等条件，自动生成列车运行速度调整指令，并即时发送给列车。车载系统向司机提供指令显示，指挥司机驾驶列车，保证列车正点运行。

考虑到功能扩展的需要，车载接收装置应能直接与控制设备相连接，达到系统升级为列车自动驾驶的功能。

列车运行自动控制提供的运行指令主要有加速指令、减速指令及常速运行指令。

3）连续式双向信息传输

列车运行控制系统可以利用轨道电路实现连续式双向信息传输。

地对车传输内容包括超速防护的安全信息，列车运行控制信息及辅助信息等。

车对地传输内容包括用于超速防护计算的列车基本数据，列车实际运行状态信息等。

4）列车的定位和测速

列车走行距离的测量结果直接影响实际目标距离的确定，实际运行速度的测量结果又与列车的制动相关，因此列车定位和测速系统应保证足够的测量精度。

5) 列车的占用与出清检查

区间线路应利用轨道电路或计轴设备实现列车的占用与出清检查，为信号联锁和列车控制提供安全输入信息。

6) 列车运行信息显示

车载设备应提供实时的列车运行显示，包括目标速度、目标距离、允许速度、实际速度等速度信息。

速度控制命令显示包括加速、减速、常速运行等命令信息。

辅助显示包括与电气牵引相关的信息、轴温检测信息、超速信息、制动信息、缓解信息、设备故障信息等。

7) 环境状况监测

系统应能对沿线环境状况实施监测，管理好各类环境状况检测器，生成车站控制中心和维护系统报警显示所需要的信息，报警时由列车控制系统自动生成限速命令。

8) 列车状态检测

列车状态检测包括轴温检测等，它产生车站控制中心和维护系统报警所需信号，并由列车控制中心产生相应的控制命令。

9) 人员和设备的防护

当线路施工或有事故发生时，列车控制系统应允许车站值班员通过人机交互平台下达局部限速控制命令，对人员或设备进行防护。

10) 与相邻列车控制中心的信息交换

相邻列车控制中心应通过信息通道相互连接，交换必要的信息。所交换的信息分为以下两类：

（1）信号安全信息，即与行车安全有关的联锁信息和列车控制信息，以保证速度控制的连续性。

（2）非信号安全信息，即车站行车管理信息等，以保证调度指挥的一致性。

由于以上两类信息的安全级别不同，所以应采用不同的信息传输通道。

11) 系统诊断

无论是车载系统还是地面控制系统，都应具有硬件和软件的诊断功能，可以实现冗余设备的故障转换，并可提供维护信息，实现及时维护，提高系统的可用性。

12) 系统维护

维护中心负责系统地面设备维护和管理，记录设备故障信息。各车站维护中心互相连接，形成维护网络，维护信息资源共享，可以实现异地诊断与维护。

3. 系统主要特点

列车控制与诊断系统具有以下特点：

（1）能够适应高速度、高密度的运行。

（2）在进一步提速和提高密度时，地面设备不需要做变动。

（3）能够适应加减速性能各异的列车在同一线路区段很好地运行。
（4）提高维修性以及系统良好的过渡性。
（5）能够方便地引入运行导向系统等。

8.2 列车控制技术基础知识

8.2.1 列控系统车-地信息传输

列控系统车-地信息传输媒介有以下几种，有些列控系统采用一种方式，有些以一种为主，以其他方式为辅。

1. 信息传输媒介

1）轨道电路

列控信息传输是基于轨道电路传输的方式，法国 U/T 系统、日本 ATC 系统均采用轨道电路传输信息。

2）轨道电缆

列控信息传输是基于轨道电缆传输的方式，德国 LZB 系统采用这种方式实现列控系统的双向信息传输。

3）点式设备

点式设备提供列控系统信息传输通道的方式已经得到了广泛的应用。点式设备主要包括点式应答器和点式环线两种。在欧洲 ETCS2 级标准中点式设备主要提供列控系统的辅助信息，如里程标、线路数据等，在 ETCS1 级标准中利用点式设备提供全部的控车信息。

4）无线传输

利用无线传输通道作为列控系统信息传输通道，已经有多年的研究，中国列控系统 CTCS 的技术发展也有向无线传输发展的趋势，无线传输具有信息量大、双向传输、实用及兼容性强等特点。

2. 信息传输方式

我国的高速铁路线路根据自身的特点，结合国内轨道电路、计轴设备、轨道电缆、点式设备、GSM-R 无线通信技术、漏泄同轴电缆等基础设备的研究和运用情况，选择合适的列控系统车-地信息传输方式，具体有以下几种方案。

（1）基于 ZPW2000A 或 UM 系列模拟轨道电路和欧洲应答器的一次速度控制模式的列控系统，只留基于 GYM-R 的无线通信。

ZPW2000A 或 UM 系列模拟轨道电路提供列车运行前方闭塞分区空闲个数及列车过绝缘节的信息，用欧洲应答器提供线路参数、进路信息、临时限速信息及其他特殊信息。

该方案的优点是符合 CTCS 的技术规范，轨道电路信息使用方式可以与既有线一致，易于 200 km/h 以上动车组客运专线运行；缺点是轨道电路信息量少，系统结构复杂，不利于功能扩展和系统升级，在考虑 200 km/h 动车组方案时就应当考虑连续式信息的兼容性。ZPW

2000A 或 UM 系列轨道电路与无砟轨道电路的适应性差，在无砟轨道区段使用时，闭塞分区轨道电路需要分割，并且要改进轨道电路传输特性。

（2）基于数字编码式轨道电路和欧洲应答器的一次连续速度控制模式的列控系统，预留基于 GSM-R 无线通信的列控系统。

采用数字编码式轨道电路提供列车移动许可、临时限速信息，采用欧洲应答器提供线路参数、进路信息及其他特殊值。

ATC 编码轨道电路经过了多年应用，客运专线根据选用的数字编码式轨道电路的信息量大小，对轨道电路与应答器提供的列控信息进行合理分配以满足一次连续速度控制模式列控系统的需求。

该方案的优点是符合 CTCS 技术规范的要求，数字编码式轨道电路较模拟轨道电路信息传输量大，可采用轨道电路连续信息完成区间临时限速功能，即列控系统配置简单；缺点是与既有线轨道电路制式不完全一致，既有线 200 km/h 动车组上客运专线运行时，需要考虑列控车载设备的兼容性。

（3）基于 GSM-R 无线通信的一次连续速度控制模式的列控系统。

由无线闭塞中心（RBC）根据列车占用情况及进路状态形成行车许可和列车控制信息，通过 GSM-R 无线通信向所管辖的列车传送运行控制命令，并且可以进行车-地信息双向通信。

该方案的优点是无线通信传输信息量大、能双向传输、适用及兼容性强，可以满足一次连续速度控制模式的列控系统车-地通信的需求；缺点是基于 GSM-R 的列控系统，当列车通过山区隧道时，不能传输连续实时信息，不能确保行车安全。

（4）基于计轴+轨道电缆+欧洲应答器的一次连续速度模式控制曲线。

客运专线基本上都采用无砟轨道，由于轨道电路与无砟轨道的适应性差，用计轴设备实现列车占用检查，轨道电缆实现车-地连续信息传输，当列控系统连续信息量不足时，辅助点式信息，轨道电缆中传输的信息与方案（1）或方案（2）中轨道电路信息相同，欧洲应答器的使用也同方案（1）或方案（2）。

该方案的优点是传输通道不受气候影响，对开放的钢轨道床和电气特性无特殊要求，与无砟轨道的适应性强，轨道电路传输信息稳定，提高了车载信息传输的可靠性；缺点是在列车通过山区隧道或地铁应用中不能确保行车安全，并且维护压力比较大。

（5）基于漏泄波导的连续速度控制模式的列控系统。

该列控系统中漏泄波导是通过漏泄同轴电缆来传输的，通过同轴电缆外导体上所开的槽孔，电缆内传输的一部分电磁能量发送到外界环境，同样外界能量也能传入电缆内部。即通过敷设的漏泄同轴电缆来传送运行控制命令，并且可以进行车-地双向通信。

该方案的优点是漏泄同轴电缆能保证场强覆盖的不间断，无论有无电磁干扰，都可以实现车-地双向传输，基本不受牵引、道床泄漏的影响，传输频带宽、速率高、信息量大，容易实现和改变通信线路，传输损耗小，可以实现列车精确定位，很少污染环境。与 GPS 相比，它具有实时性、连续性、适应性强且不受使用环境条件制约等特点。

8.2.2 轨道电路

轨道电路是利用铁路的两条钢轨作为导线所构成的电气回路。它可以反映线路和道岔区段是否有车占用以及钢轨是否完整。

轨道电路是铁路信号基础设备（如自动闭塞、电气集中等）的基础，借助它可以监控列车在线路上的运行情况，也可传递与行车有关的各种信息。常用的轨道电路由送电端、钢轨线路和受电端三部分组成，其结构如图 8.1 所示。

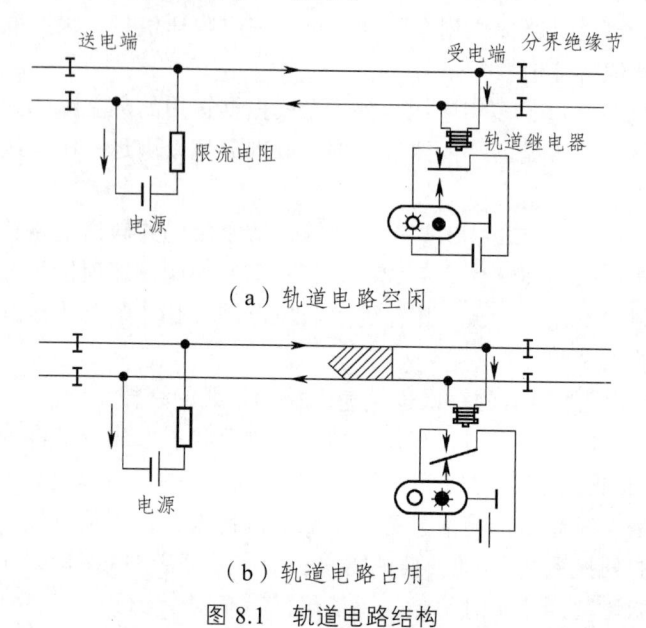

图 8.1 轨道电路结构

两个分界绝缘节之间的钢轨线路（即从送电端到受电端之间），称为轨道电路的控制区段，也就是轨道电路的长度。轨道电路的长度要受轨道电路工作状态的制约，不同类型的轨道电路长度不同。

当列车未进入轨道电路，即线路控制区段空闲时，电流从轨道电路电源正极经过钢轨进入轨道继电器，再经另一股钢轨回到电源负极。这时因轨道继电器衔铁吸起，使其后接点断开前接点闭合，接通信号机的绿灯电路，允许列车进入轨道，电路如图 8.1（a）所示。

当列车进入轨道电路，即线路控制区段被占用时，电流同时流过机车车辆轮对和轨道继电器线圈，由于轮对电阻比轨道继电器线圈电阻小得多，可以认为轨道电路从列车轮对处被短路，轨道继电器衔铁被释放，用它的后接点闭合信号机的红灯电路，表示轨道有车占用，向续行列车发出停车信号，以保证列车在该轨道电路区段内运行的安全，如图 8.1（b）所示。

可以看出采用这种轨道电路，当轨道电路的任一部分发生故障时，均能导致轨道继电器失磁落下，使信号机点亮红灯，从而保证了安全。

8.2.3 列车闭塞

为保证行车安全和铁路线路必要的通过能力，把铁路线路分成若干长度不等的段落，每一段线路叫作一个区间。相邻两个区间的分界为分界点，分界点是车站、线路所及自动闭塞区间通过信号机的通称。区间根据分界点的不同分为站间区间、所间区间和闭塞分区。

"闭塞"是指列车进入区间后，使之与外界隔离起来，区间两端车站都不再向这一区间发车，以防止列车相撞和追尾。

在单线铁路上，为防一个区间内同时进入两列对向运行的列车而发生正面冲突，或为避免两列同向运行的列车（包括复线区间）发生追尾事故，铁路上规定区间两端车站值班员在向区间发车前必须办理的行车联络手续，叫作行车闭塞（简称闭塞）手续。用于办理行车闭塞的设备叫闭塞设备。闭塞设备必须保证一个区间内，在同一时间内只允许一列列车占用的这一基本原则的实现。

1. 闭塞类型

铁路应用的区间闭塞类型有人工闭塞、半自动闭塞和自动闭塞三类。

（1）人工闭塞是以人工记录列车的运行位置和控制色灯信号机的闭塞方法。在发车前，接发车双方的车站或线路所共同确认闭塞区间是处于空闲状态，然后发车的车站或线路所使用路签机、路牌、路票等记录本段区间已经被占用，并把占用信息通过电话、电报等手段通知接车的车站或线路所。接车的车站或线路所有责任在列车到达后检查车辆到达编组是否完整，是否有部分车厢滞留在区间未到达。在列车到达前，发车车站应阻止后续运行的列车进入这一区段，接车车站应阻止反向运行的列车进入这一区段。

（2）半自动闭塞是以人工确认区间空闲，发车后由轨道电路判断列车进入区间后，自动把区间列为占用状态的闭塞方法。此种闭塞需人工办理闭塞手续，列车凭出站信号机进行显示发车，但列车出发后，出站信号机能自动关闭，所以叫半自动闭塞。车辆进入区间后，轨道电路会联锁控制色灯信号机，把占用信息通知到双方车站。车辆到达后，仍需要人工检查车辆到达编组是否完整，由人工把区间状态复原为空闲状态。

（3）自动闭塞是列车进出站和在区间都设有轨道电路。利用通过信号机把大区间划分为若干个装设轨道电路的小区间，叫作闭塞分区，每个闭塞分区的起点设置一个通过信号机进行防护。根据每个闭塞分区轨道电路的占用和空闲状态，通过信号机可以自动地变换显示，列车凭信号机的显示行车，这种闭塞方式完全是自动进行的，故叫自动闭塞。

在每个闭塞分区始端都设置一架防护该分区的通过色灯信号机。这些信号机平时显示绿灯，称为"定位开放式"，只有当列车占用该闭塞分区或发生断轨故障时，才自动显示红灯，要求后续列车停车。自动闭塞的优点是，由于划分成闭塞分区，可用最小运行间隔时间开行追踪列车，从而大大提高区间通过能力；整个区间装设了连续的轨道电路，可以自动检查轨道的完整性，提高了行车安全的程度。

自动闭塞按信号机显示制式可分为三显示自动闭塞和四显示自动闭塞。三显示自动闭塞指通过信号机具有三种显示（红、黄、绿），能预告列车前方两个闭塞分区的状态；四显示自动闭塞是指通过信号机四种显示（红、黄、黄绿、绿），能预告列车前方三个闭塞分区的状态。

自动闭塞按闭塞设备分布分为分散式自动闭塞和集中式自动闭塞。分散式自动闭塞是指闭塞设备放置在区间每架通过信号机处；集中式自动闭塞是指闭塞设备集中在相近车站继电器室内。

2. 闭塞制式

列控系统采取不同的控制模式会应用不同的闭塞制式，从闭塞制式上自动闭塞又有固定闭塞、准移动闭塞、虚拟闭塞和移动闭塞。

1）固定闭塞（Fixed Block）

线路被划分为固定位置、某一长度的闭塞分区，一个分区只能被一列车占用，闭塞分区的长度按最长列车、满负载、最高速、最不利制动率等最不利条件设计，列车间隔为若干闭塞分区，而与列车在分区内的实际位置无关，列车位置的分辨率为一个闭塞分区（一般为几百米），制动的起点和终点总是某一分区的边界，该系统要求运行间隔越短，闭塞分区（设备）数也越多。

列控系统采取分级速度控制模式时，采用固定闭塞方式，闭塞分区数依照划分的速度级别而定。一般情况下，闭塞分区是用轨道电路或计轴装置来划分的，它具有列车定位和占用轨道的检查功能。固定闭塞的追踪目标点为前行列车所占用闭塞分区的始端，后行列车从最高速开始制动的计算点为要求开始减速的闭塞分区的始端，这两个点都是固定的，空间间隔的长度也是固定的，所以称为固定闭塞。

2）准移动闭塞（Distance-To-Go）

准移动闭塞与固定闭塞的不同在于，列车位置的分辨率为一个闭塞分区（一般为几十米至几百米）。

准移动闭塞方式的列控系统采取目标距离控制模式（连续式一次速度控制），目标距离控制模式根据目标距离、目标速度及列车本身的性能确定列车制动曲线，不必设定每个闭塞分区速度等级，可采用一次制动方式。准移动闭塞的追踪目标点是前行列车所占用闭塞分区的始端，当然会留有一定的安全距离，而后行列车从最高速度开始制动的起点是根据目标距离、目标速度及列车本身的性能等参数计算决定的。目标点相对固定，在同一闭塞分区内不依前行列车的走行而变化，而制动的起点是随线路参数和列车本身性能不同而变化的，即制动的起点可以延伸，但终点总是某一分区的边界。采用这种闭塞方式，列车的空间间隔是不固定的，称为准移动闭塞。

3）虚拟闭塞（Virtual Block）

虚拟闭塞是准移动闭塞的一种特殊方式，它不设轨道占用检查设备和轨旁信号机，采取无线定位方式来实现列车定位和占用轨道的检查功能，闭塞分区和轨旁信号机是以计算机技术虚拟设定的，仅在系统逻辑上存在闭塞分区和信号机的概念。虚拟闭塞除闭塞分区和轨旁信号机是虚拟的以外，从操作到运输管理等，都等效于准移动闭塞方式。虚拟闭塞方式可以将闭塞分区划分得很短，当短到一定程度时，其效率就很接近于移动闭塞。

4）移动闭塞（Moving Block）

线路没有被固定划分的闭塞分区，列车间的间隔是动态的、并随前一列车的移动而移动，列车位置的分辨率一般在 10 m 以内，该间隔是按后续列车在当前速度下所需的制动距离加上安全余量计算和控制的，确保不追尾，制动的起始和终点是动态的，对列车的控制一般采用一次抛物线制动曲线的方式，轨旁设备的数量与列车运行间隔关系不大。

移动闭塞方式的列控系统采取目标距离控制模式。目标距离控制模式根据目标距离、目标速度及列车本身的性能确定列车制动曲线，采用一次制动方式。移动闭塞的追踪目标点是前行列车的尾部，当然会留有一定的安全距离，后行列车从最高速开始制动的计算点是根据目标距离、目标速度及列车本身的性能计算决定的。目标点是前行列车的尾部，与前行列车的走行和速度有关，是随时变化的，而制动的起始点是随线路参数和列车本身性能不同而变化的。空间间隔的长度是不固定的，所以称为移动闭塞。其追踪运行间隔比准移动闭塞更小一些，移动闭塞一般采用无线通信和无线定位技术来实现。

8.2.4 过分相

接触网供电电压为单相 AC 25 kV/50 Hz 电压，供电取自国家三相电网。为使电力系统的三相供电负荷平衡和提高电网的利用率，电气化铁路的供电接触网采用分相段供电，各分相段采用长度不等的绝缘间隔（即分相区间），动车组通过分相区间必须断电惰行。

分相区的排列在标准 EN 50367 中定义。分相区间的距离为 23~58 km，分相区的无电区的长度约为 100 m，分相区总长度约为 190 m。

为了保证电动车组安全通过分相区间，在分相区前后 30 m 线路左侧设置断、合标志牌，以提示司机操纵动车组安全通过分相区。长期以来断电运行均由司机操作完成，提前断电和滞后合闸的操纵现象屡见不鲜。由于列车无电运行时间较长，列车速度损失较大。同时，随着列车运行速度的提高，特别是在准高速、高速线路上，每小时通过多个分相区，手动操纵过于频繁，对运行安全极为不利，司机稍有疏忽就会产生拉电弧、烧分相绝缘器等现象，由此引起变电所跳闸，中断供电，造成行车事故。

目前，动车组的过分相控制有手动过分相、自动过分相和 ATP 过分相三种。手动过分相方式主要用于信号系统故障时的过分相区操作。ATP 过分相是指 CRH$_3$ 型动车组在 300 km/h 线路上（如新建的京沪高铁）运行时，采用 ETCS（欧洲列车控制系统）信号控制通过分相区外，其他都采用 GFX-3A 信号控制。

1. 过分相系统组成

CRH$_3$ 型动车组装备了 GFX-3A 自动过分相装置，此分相系统适用于最大速度达 250 km/h 的操作。GFX-3A 自动过分相装置设备见表 8.1。

表 8.1　GFX-3A 自动过分相装置设备

序　号	设备单元组成	性　能	数　量
1	GFX-3A 自动过分相控制装置（含对外插头）	接口电路、控制电源、智能控制单元、核心控制软件	2
2	感应接收器（含对外插头）	接收地面感应信号	8
3	转换插座	感应信号转接	8

GFX-3A 自动过分相装置将过分相信息（分相区开始和结束信号）通过 SIBAS®-Klip 和 MVB 传送至动车组控制系统。该装置与 ATP 系统之间不存在直接接口。GFX-3A 自动过分相控制装置如图 8.2 所示，感应接收器如图 8.3 所示。

图 8.2 GFX-3A 自动过分相控制装置　　　　图 8.3 感应接收器

2. 过分相系统功能

在线路上利用地面感应器标志出分相区的位置。分相区前方放置 2 个地面感应器，一个在轨道右边（G1），一个在轨道左边（G2），分相区后面也放置了两个地面感应器（G3、G4），如图 8.4 所示。

在 CRH$_3$ 型动车组两端车上装 4 个感应接收器（T1、T2、T3 和 T4）来感应线路上的定位地面感应器，如图 8.5 所示。两个（图中 Y 节车上的 T2、T4）装在右边来感应 G1 和 G3，另两个（图中 Y 节车上的 T1、T3）装在左边来感应 G2 和 G4。感应接收器前后相互备份。同时，车上还装有一个信号处理器来处理 T1、T2、T3 和 T4 接收到的信号，并向动车组控制系统送出 4 路信号。

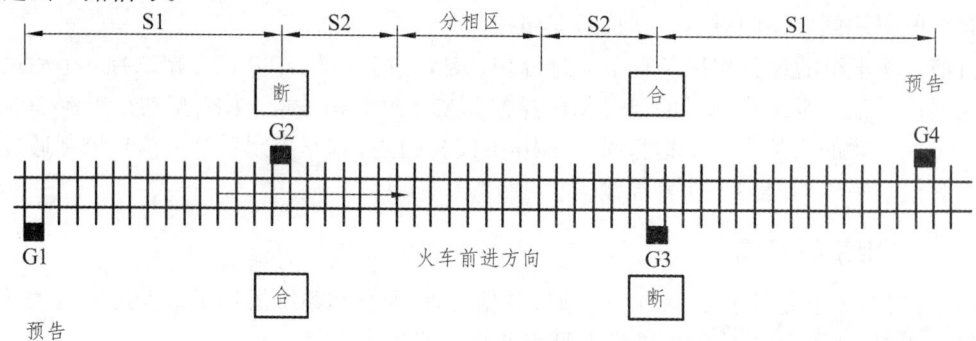

图 8.4 地面感应器位置示意

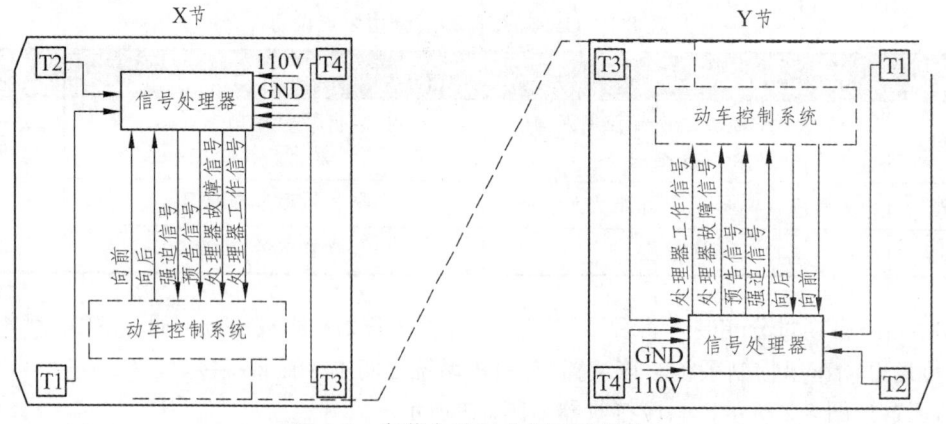

图 8.5 车载自动过分相系统结构

当列车沿图 8.4 所示方向从左向右运行时，Y 节车上的信号处理器工作，根据动车组的向前信号，Y 节车上的感应接收器 T2 首先感应到 G1 并输出信号给信号处理器，信号处理器送出一个预告信号给动车组控制系统。动车组随即卸载并分主断。

当动车组运行到 G2 点时，Y 节车的感应接收器 T1 感应到 G2 并输出信号传送到信号处理器。信号处理器输出一个强迫信号给动车组控制系统，此时要求动车组立即分断主断。

当动车组运行到 G3 点时，Y 节车的感应接收器 T2 感应到 G3 并输出信号给信号处理器。信号处理器通过预告信号通道输出恢复信号给动车组控制系统，此时动车组要合上主断并恢复到过 G1 点前的工况。此时信号处理器要忽略 G4 的信号，通过 G4 点后信号处理器自动复位准备下一次过分相过程。如果感应接收器没收到 G3 信号的话，则继续等待接收 G4 的信号作为恢复信号。

当自动过分相装置故障（包括 T1、T2、T3 和 T4 故障）时，信号处理器将输出一个故障信号给动车组控制系统，微机显示屏将给出提示信息。此时要求司机通过手动操纵过分相区。

信号处理器发送给动车组控制系统的信号如下：

预告信号：110 V 脉冲信号（初定 1 s）。

强迫信号：110 V 脉冲信号（初定 1 s）。

恢复信号：110 V 脉冲信号（初定 1 s）。

工作信号：装置工作正常时，输出 110 V 信号，需要司机人工操纵过分相时，输出 0 V。

故障信号：装置有故障，但可以维持运行回基地时，输出 110 V 信号。

动车组控制系统发送给信号处理器的信号如下：

向前：110 V，当动车组向前运行时给出 110 V 高电平信号；

向后：110 V，当动车组向后运行时给出 110 V 高电平信号。

信号处理器的面板如图 8.6 所示，背面如图 8.7 所示。

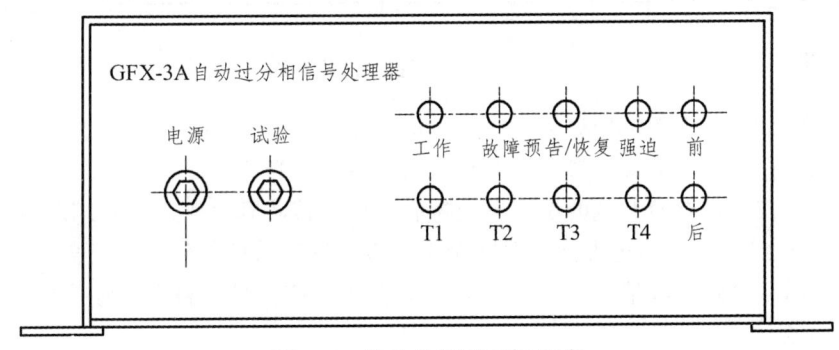

图 8.6 信号处理器面板示意

其中：

"T1"指示灯：T1 感应接收器信号指示，接收到感应信号时闪亮。当自检时，T1 感应接收器回路发生故障，指示灯长亮。

"T2"指示灯：T2 感应接收器信号指示，接收到感应信号时闪亮。当自检时，T2 感应接收器回路发生故障，指示灯长亮。

"T3"指示灯：T3 感应接收器信号指示，接收到感应信号时闪亮。当自检时，T3 感应接收器回路发生故障，指示灯长亮。

"T4"指示灯：T4 感应接收器信号指示，接收到感应信号时闪亮。当自检时，T4 感应接收器回路发生故障，指示灯长亮。

"前"指示灯：动车组"Ⅰ端向前"信号输入到信号处理器时，指示灯亮。

"后"指示灯：动车组"Ⅱ端向前"信号输入到信号处理器时，指示灯亮。

"预告/恢复"指示灯：信号处理器输出预告信号或恢复信号时，指示灯闪亮。

"强迫"指示灯：信号处理器输出强迫信号时，指示灯闪亮。

"工作"指示灯：系统能正常工作时，指示灯亮。系统由于故障而不能正常工作时，指示灯灭。

"故障"指示灯：系统有故障时，指示灯亮。

"电源"开关：信号处理器的电源开关，系统故障时可以关闭电源。

"试验"按钮：用于测试自动过分相系统工作是否正常。向信号处理器输入"Ⅱ端向前"信号，按动试验按钮，可模拟自动过分相强迫断。2 min 后或断合一次信号处理器的电源开关。向信号处理器输入"Ⅰ端向前"信号，按动试验按钮，可模拟自动过分相预告断。

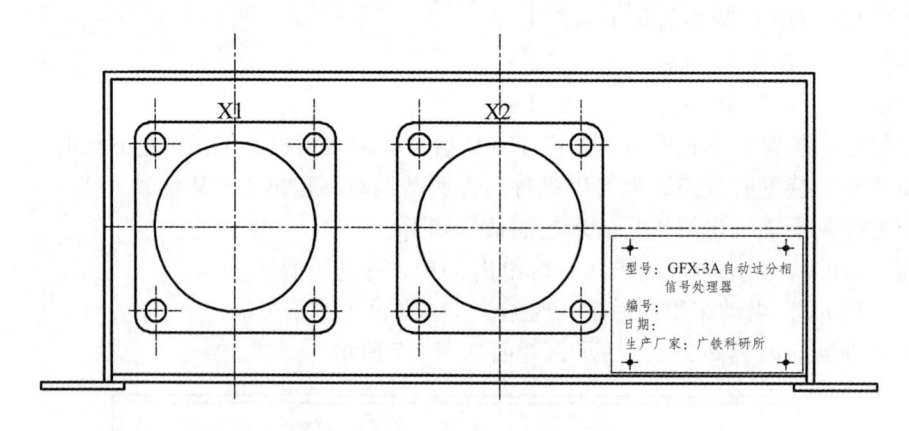

图 8.7　信号处理器背面示意

X1、X2 为信号处理器与感应接收器、动车组控制系统和 110 V 电源的连接插头。

信号处理器在开机启动或通过一个分相区后进行一次自检。

信号处理器在前进方向右侧的两个感应接收器先后接收到分别来自 G1 和 G3 地面感应器的信号（如图 8.4 所示），前进方向左侧两个感应接收器先后接收到分别来自 G2 和 G4 地面感应器的信号后，屏蔽接收信号 32 s 后重新开始接收感应信号；否则屏蔽接收信号 196 s 后再开始接收信号。

如果动车组在通过"禁止双弓"标牌时，信号处理器没有接收到预告信号，司机应采用手动过分相。

3. 过分相系统技术性能

GFX-3A 自动过分相装置的技术性能如下：

工作电压：DC 77 ~ 137.5 V；

功耗：12 W；

绝缘电阻：≥500 MΩ；

工作温度：-25~70 ℃；
适用速度范围 10~250 km/h；
输入信号：110 V，10 mA；
输出信号：110 V，50 mA；
接收响应时间：≤0.05×(1±10%)s。
GFX-3A 自动过分相装置的使用环境如下：
海拔高度不超过 4 500 m；
最高周围空气温度为 40 ℃，允许在 40 ℃ 存放；
最低周围空气温度为 -40 ℃，允许在 -40 ℃ 存放；
周围空气湿度：最湿月份平均最大相对湿度不大于 95%（该月月平均最低温度为 25 ℃）；
当动车组的垂向、横向、纵向振动频率为 1~50 Hz 时，振动加速度不大于 1g；
当动车组连挂产生冲击时，纵向加速度不大于 3g；
信号处理器安装在能防止风、沙、雨、雪直接侵袭和远离强烈振源的车体内。

8.3 动车组控制与诊断系统

8.3.1 动车组控制系统

1. 动车组控制系统结构

高速动车组有诸多控制子系统，包括中央控制单元（Central Control Unit，CCU）、人机界面（Human Machine Interface，HMI）、牵引控制单元（Train Control Unit，TCU）、制动控制单元（Brake Control Unit，BCU）、安全回路控制系统（Safety Loops，SL）、车门控制系统（Doors）等。

高速动车组各控制子系统通过 MVB 与 CCU 相连，其结构如图 8.8 所示。在进行诊断时，各个子系统将诊断的异常信息发送到 CCU，经 CCU 处理后以特定的形式展示到 HMI 中供相关人员分析和使用。

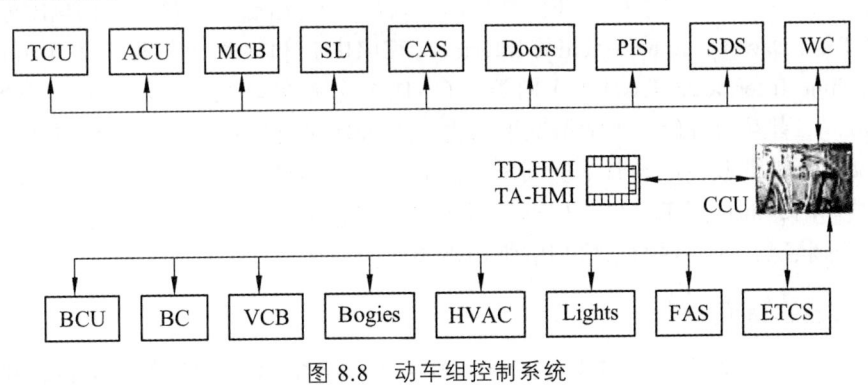

图 8.8 动车组控制系统

不同的车辆，由于其分工不同，可能包含上述的部分或全部的控制子系统，端车控制子系统的组成结构如图 8.9 所示。

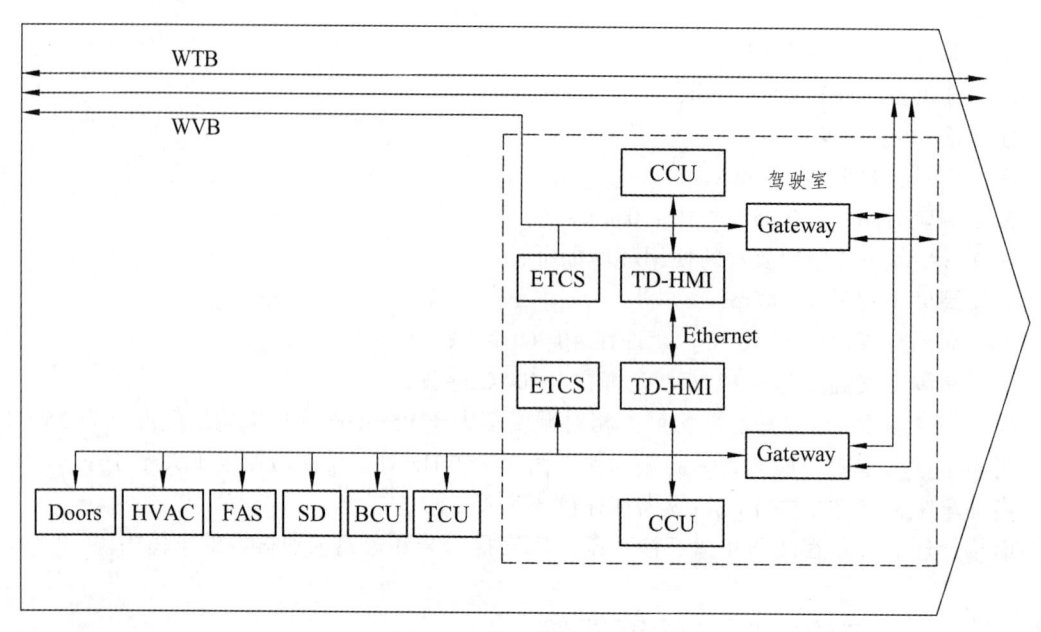

图 8.9　端车控制子系统

2. 中央控制单元

从图 8.9 可以看出，CCU 在列车的整个控制系统和列车诊断系统中起到决定作用，高速动车组的中央诊断系统是部署在 CCU 上的。CCU 位于端车的驾驶室，在每个牵引单有主控 CCU 和从控 CCU 两个 CCU，二者互为备份。CCU 是由 TCN 网关、MVB 网关、处理器单元、电源适配器和电源模块等组成的独立计算机系统。列车编组时，位于驱动端车内的主控 CCU 称为列车的主导主控 CCU，其余端车内的主控 CCU 称为被引导主控 CCU。主导主控 CCU 除了发挥作为主控 CCU 的作用，还要承担整个长车组的控制任务。

3. 人机界面

人机界面（Human Machine Interface，HMI）是列车驾驶、诊断系统和用户之间进行交互和信息交换的媒介，它实现系统内部信息与司乘人员之间交流。动车组上的 HMI 分为驾驶员人机界面（Train Driver Human Machine Interface，TD-HMI）和乘务员人机界面（Train Attendant Human Machine Interface，TA-HMI）两类。TD-HMI 分布在动车组的端车内，每个端车有两个 TD-HMI，二者互为备份。正常情况下，主 TD-HMI 进行工作，用于输出与列车诊断相关的信息及文本，使驾驶员能及时掌握列车的实时状况，必要时采取维护措施；TA-HMI 位于动车组的餐车内，同样用于输出与列车诊断相关的信息及文本，提供给乘务员，以便乘务员及时掌握列车状况，在必要时采取相应维护措施。

4. 牵引控制单元

在每一个牵引单元中有两台动车。每一台动车有一个牵引变流器和一个牵引控制单元（TCU），四台牵引电动机并联提供牵引。每个牵引变流器采用交-直-交的变频形式，主要由两个四象限脉冲整流器（4QC），一个带有串联谐振电路的直流环节电压电路，一个制动斩波器（BC）和一个脉宽调制的电机逆变器（PWMI）构成。直流环节电压给列车供电模块提供电源，列车供电模块位于牵引变流器箱外部，它给列车辅助供电系统和车载设备包括牵引系统的辅助设备如泵、风扇等供电。甚至当受电弓降弓后，当列车的运行速度高于牵引电机能量再生所需的某一最低转速时，列车供电模块也能给上述系统供电。牵引系统如图 8.10 所示。

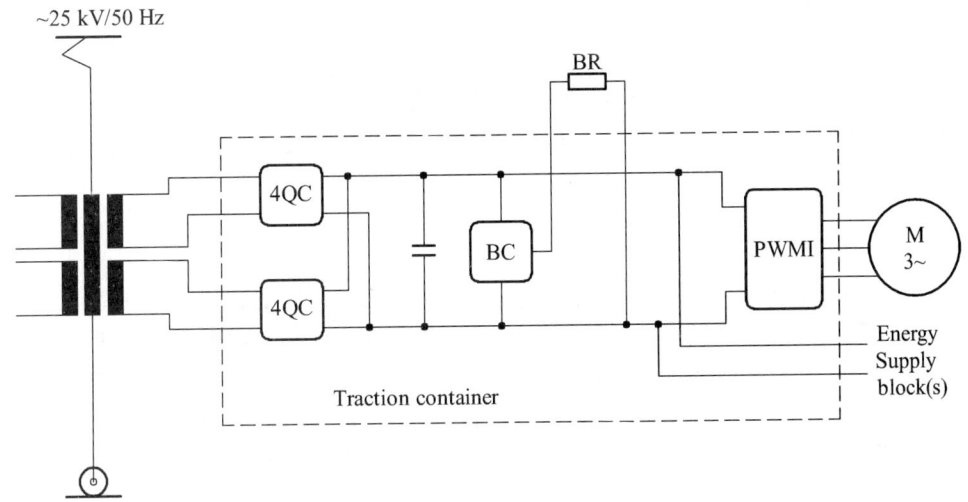

4QC—四象限脉冲整流器；BC—制动斩波器；BR—制动电阻；PWMI—脉冲宽度调制的电机逆变器；Traction container—牵引变流器箱；Energy supply block—供电模块。

图 8.10　牵引系统的基本示意图

1）牵引控制单元结构

牵引控制单元由许多单层和双层符合欧洲标准的模块组成。它的冷却通风由内置式轴流风扇完成。

牵引控制单元主要由一个带有 32 位 Intel 80486 微处理器的中央处理单元和两个附属的信号处理器（SIP）组成。信号处理器可实现所有实时牵引控制功能和变流器控制功能，减轻了中央处理单元的大部分数据处理负担。

中央处理器单元完成牵引系统的更高级别的控制功能，外部命令，如牵引/制动指令，在这里处理，并且为变流器设置预置控制指令。在预置控制指令中，考虑了列车运行中的动态限制参数，如过热、欠压或过压。

信号处理器（SIP）经过内部总线从中央处理单元接收变流器的预置控制指令。在完成电压/频率（U/f）转换后，实际值作为频率信号直接读入信号处理器。

信号处理器利用数字控制算法确定必需的设置并产生控制脉冲。

TCU 的实时控制功能，如变流器保护或处理器监控由特殊的监控模块（硬件）完成。负责监控和保护变流器的模块（UWS）连接到信号处理器模块上的触发脉冲发生器和变流器内的功率开关管之间。

操作系统存储在 SIBA®32 控制单元的主存储器中，负责系统的启动、事件级别的管理、处理器意外操作的故障处理和硬件中断。操作系统通过串口与用户维护用的 PC（Service PC）设备进行通信并执行它的命令。中央处理器单元的应用软件完成高级的牵引控制功能。子处理器（信号处理器，SIP）的应用软件完成变流器的实时控制功能，它具体根据其控制的变频器类型进行设计（如四象限脉冲整流器、脉宽调制逆变器）。

2）列车通信和控制接口

牵引控制单元作为 MVB 的一部分，通过 MVB 与 CCU、BCU、HMI 等控制设备和辅助变流器进行数据交换。它的主要通信对象和它们在牵引控制单元中的主要功能如下：

（1）CCU：协调动车组的牵引力，实现动车组的基本控制功能。

（2）BCU：协调制动功能，为再生制动预置制动力。

（3）车载电源：通过牵引变流器协调供电模块的电源。

一些外围输入和输出模块，也叫作 KLIP 站，与司机 HMI 通信以显示运行参数和诊断信息，在与牵引控制单元进行数据交换方面也是很重要的。

5．制动控制单元

动车组的制动系统由电制动系统（动车）、空气制动系统（包括电控直通空气制动和备用的自动空气制动系统）、防滑装置和制动控制装置等组成。动车组制动系统具有与车载列车运行速度控制系统的接口，采用电空联合制动模式，电制动优先。正常情况下制动系统的控制是通过每个司机台上制动控制器的手柄或 ATC 装置进行，系统能够基于预先设定（由制动控制器手柄的位置或者由信号系统进行定义）的制动模式曲线控制列车的减速或者停车。

动车组制动管理的整体功能需要列车电子系统的控制，重要部件需要冗余，如 WTB/MVB、CCU、TBM、SBM。在列车控制系统故障的情况下，可以通过紧急制动（直通和自动制动）停车。

动车组可提供下列功能的制动管理：将制动命令发布到不同的制动系统中；直通空气制动；电制动；来自制动手柄、ATP 等不同命令输入的处理，并产生实际制动请求；列车制动系统可用性的在线监督；通过重新发布制动命令来补偿失效的或隔离的制动系统的制动力；三种常用制动子模式之间的转换；正常制动；比例制动；踏面清扫。

1）制动管理的基本原理

前导头车的 BCU 起到"制动管理器"的作用。例如，它要确保列车上不同制动方式的所有可用制动（电制动和空气制动）的减速设置点的分配（紧急制动和弹簧储能制动除外）。

信号必须通过车辆总线（MVB 和 WTB）在 CCU、BCU 和 TCU 之间交换，来控制各种制动方式，并且在制动机发生故障时调整制动力。此外，还能通过列车线传递一些与安全相关的功能的数字信号。

2）制动管理的特点

（1）确保在最优化的磨损和能量功效条件下使用。

（2）自动制动力的分配遵照制动力控制器的制动请求或者通过自动速度控制（ASC）的制动请求。

（3）在单机和双机重联时，设定值和实际值在制动元件和动车组中的各车厢之间的综合通信。

（4）具有自动制动试验的综合诊断功能。

与安全相关的程序和信号通过常规的数据传输途径（电线、电缆）传送，使这些安全相关的程序和信号独立于经由总线的数据传输。

3）制动管理的分层

列车通信系统的分层结构导致列车制动控制的分层结构。此结构主要由制动控制部件、分段制动管理（SBM）和列车制动管理（TBM）三个级别构成（如图 8.11 所示）。

（1）制动控制部件。

控制制动系统的每个控制单元命名为"制动控制部件"，可以是制动控制单元（气动制动控制）或牵引控制单元（电动制动的控制）。每个制动控制部件监控相关装置和子部件并向牵引单元的诊断系统报告故障。

（2）分段制动管理器 SBM。

由每个牵引单元内头车的 BCU 实现 SBM 的工作。BCU 设置在制动控制模块（BCM）处。SBM 的功能集成在头车的两个 BCU 内，作为冗余。两个头车的 BCU 中只有一个执行 SBM 的功能。如果 SBM 故障，另一 BCU 将自动执行 SBM 功能。SBM 向单个制动控制部件发送 TBM 的设定值。此外，SBM 将其牵引单元可利用的实际最大制动力叠加（也考虑负荷相关性）并将此数据传送至 TBM。SBM 监控牵引单元的 BCU 并向牵引单元的诊断系统报告故障。

（3）列车制动管理系统 TBM。

TBM 的功能集成到头车的两个冗余的 BCU 内。在本列车头车内两个 BCU 中仅有一个执行 TBM 的功能。如果 TBM 故障，在本列车中的另一 BCU 将自动执行 TBM 的功能。BCU 位于制动控制模块 BCM 内。"列车制动管理"功能在电池接通并且司机室第一次激活后在列车内被激活。TBM 位于与"列车主 CCU"相同的牵引单元内。TBM 控制并协调列车的所有常用制动系统。TBM 考虑要求的列车制动力和实际制动模式并从可用的制动力计算单个制动系统的制动设定值并将它们传送至 SBM。此外，TBM 控制 ABT、MBT 和 SBT 并对列车内的单个进行管理。

（4）列车制动管理的激活。

常用制动时，如在牵引单元中司机室被激活，那么 TBM 的功能被激活。此牵引单元头车内的 BCU 通过 CCU 和头车硬线信号获得"主牵引单元"信号。

在紧急运行和备用制动时，除非在施加紧急制动的情况下，在由 ASC 制动分布的自动运行和手动操作中，制动管处于定压。

必须提供可由司机激活的按比例操作的制动控制方式。在该方式下，制动力能平均地分配到所有的车轴上，以便在不利的黏着条件中，达到尽可能最大且平均的黏着系数利用率。

动车组中的每个牵引变流器中都有一个牵引控制单元。主控 CCU 通过车辆总线（MVB）针对牵引系统向 TCU 发出设定值，并通过 TCU 从牵引系统接收状态信息。牵引装置重要的控制信号由 TCU 直接通过输入/输出通道读入和发出。

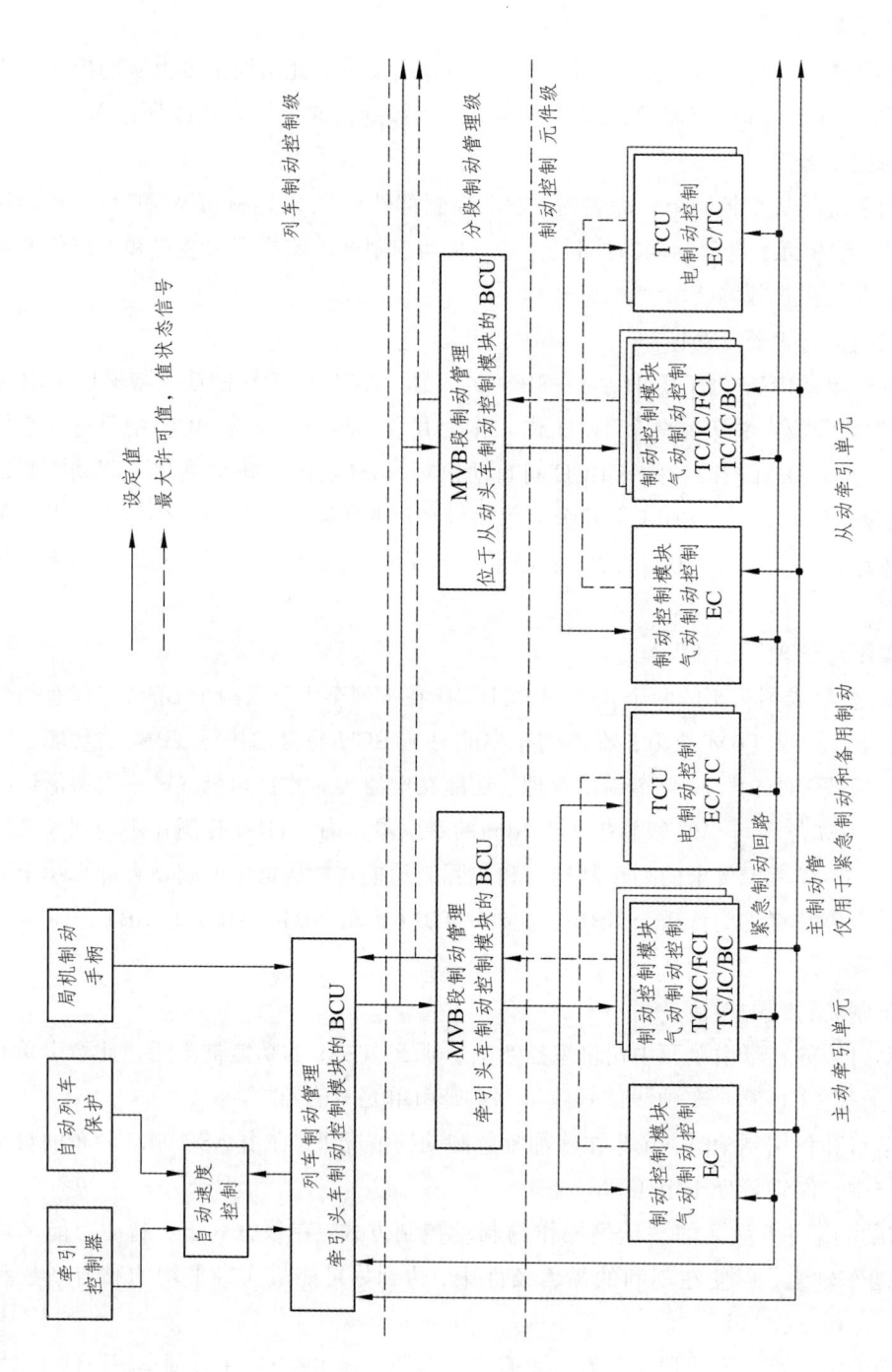

图 8.11 制动控制的分层结构示意

8.3.2 动车组诊断系统

高速动车组诊断是指对现实情况与理想情况偏差的判定。例如，列车在运行时的理想状态应该是前灯亮，但是如果系统在进行检查时发现前灯不亮，则现实情况与理想状态不同，故障诊断系统判定出有偏差，此时将给出"前灯出现故障"的诊断信息。

高速动车组诊断过程如图 8.12 所示。先检查列车现在的情况与其理想状态是否相符，再对发现的偏差信息进行合并，将获得的信息有逻辑地联系起来，列车的故障诊断系统做出诊断并对矫正措施给出建议，关于故障和维护的资料都要形成文档并保存下来用于日后的反馈。

图 8.12 高速动车组故障诊断过程

1. 总体架构

高速动车组诊断系统是一个层次化的诊断系统，如图 8.13 所示，其层次化体现在，高速动车组是由一系列控制子系统组成的，每个控制子系统具备检测自身故障的能力。

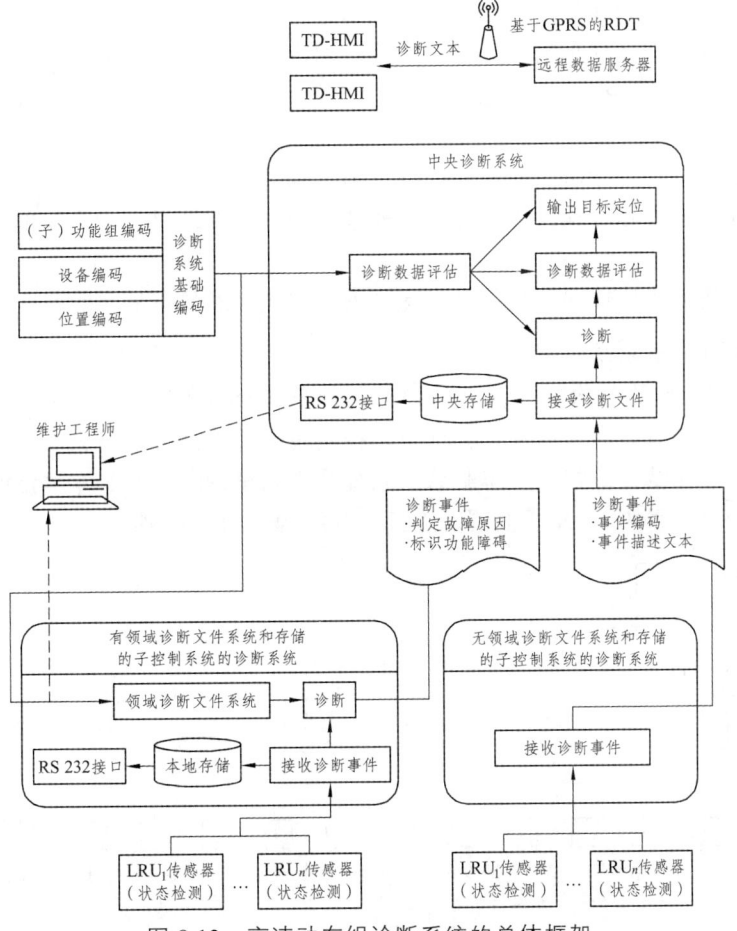

图 8.13 高速动车组诊断系统的总体框架

当控制子系统带有领域诊断文件系统和存储时，能分析故障代码，并判定故障原因和标志自身功能障碍，此时控制子系统本身是一个面向自身功能领域的子诊断系统。

当控制子系统不带有领域诊断文件系统和存储时，能把故障代码通过 MVB 传送到中央诊断系统（EMU），由中央诊断系统判定故障原因并标志该控制子系统的功能障碍。

中央诊断系统除具备判定故障原因和标志该控制子系统的功能障碍能力外，还能根据故障数据进行动车组的可靠性评估，确定诊断数据的输出目标。需要说明的是，高速动车组诊断系统仅关心与行车安全密切相关的故障信息，大量与行车安全不相关的数据保存在控制子系统的本地存储中，这些数据可以通过服务接口（RS 232）传到计算机上，相关领域工程师可以通过这些数据分析控制子系统的详细运行情况，以便优化和扩充诊断文件系统或改进控制子系统的设计。从高速动车组诊断系统的总体架构可以看出，诊断系统包含如下几方面的内容：诊断系统基础编码规则、诊断事件、诊断文件系统、诊断数据评估、输出目标定位、诊断文本、远程数据传输和远程数据服务器。

1）地面故障诊断系统

首先因为列车空间有限，所以在车上配置大型计算机设备不可能实现；其次由于有些数据的实时性要求高，车载计算机不能完成大量的逻辑推理和运算，需要地面故障诊断系统协助车载诊断系统完成诊断任务。其主要功能包括：

（1）分析和处理来自列车的信息，对故障数据进行实时诊断，向司机发出操作指令。

（2）记录列车运行数据，进行地面分析和处理，为 EMU 设计、制造和维修维护提供决策依据。

（3）对列车进行外部诊断，如轮对故障诊断、轴温红外线监测等。

（4）将到地面的检测数据，进行分析和处理，得到诊断结果，为列车的段内维修维护提供依据。

（5）接收来自无线传输的故障信息，达到列车在线诊断的目的。

2）车载故障诊断系统

EMU 的控制、监测与诊断系统（TCMS）是车载分布式的计算机网络系统，该系统实时运行以便对故障进行检测与诊断，其优点是控制精准、数据传输量大、车载设备能够进行状态监测与自诊断相结合等特点。车载诊断系统分为列车诊断中心、车辆诊断装置和设备诊断单元，这 3 级之间采用 TCN 通信网络连接，其结构如图 8.14 所示。

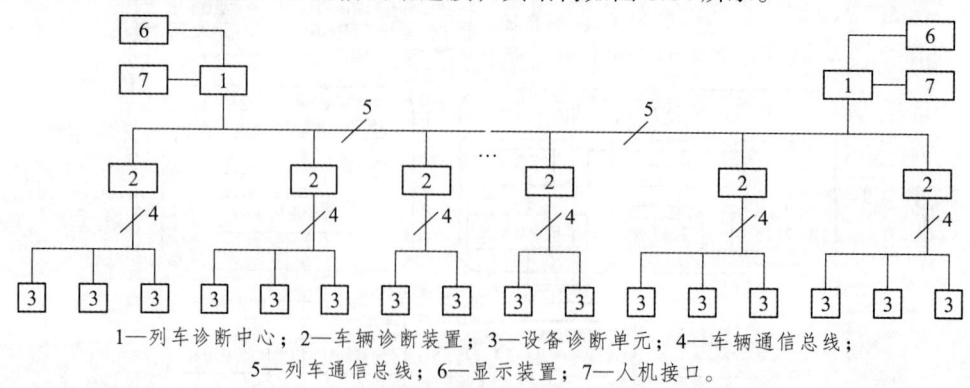

1—列车诊断中心；2—车辆诊断装置；3—设备诊断单元；4—车辆通信总线；
5—列车通信总线；6—显示装置；7—人机接口。

图 8.14 TCN 通信网络连接

（1）列车诊断中心。

列车诊断中心是整个列车的主诊断装置，用于整列车的状态监测和诊断。高速动车组的列车诊断中心部署在司机室内的中央控制单元（Central Control Unit，CCU）上。各节车辆的工作状态和故障事件通过列车总线（WTB）传输到列车诊断中心，列车诊断中心对获得的信息进行分析处理，如果发现需要立即处理的故障，向列车人员提示相关的处理对策，同时记录故障信息。

（2）车辆诊断装置。

车辆诊断是车载诊断系统的一个子站。车辆诊断装置将一列编组列车内的每辆车的各个设备、子系统或者部件的监测状态通过车辆总线（MVB）汇集，并且经由本节车的诊断装置将这些数据进行分析，从而得出本节车的当前故障检测结果。如果确认为故障，进行故障判别和记录，通过 TCN 通信网络传输至列车诊断中心。

（3）设备诊断单元。

设备诊断具有自诊断功能，该单元的监测对象可以是一个部件、一个功能模块或者一个子系统。设备诊断单元监视与列车控制系统的各个子系统相关的元件和功能，识别故障和故障原因，可根据外部基础条件尽可能地防止连续故障的发生。将故障原因进行自身存储并将故障代码和处理建议由 MVB 传输到车辆诊断装置，如需要进一步分析，可以进行转储。

2. 故障诊断原则及任务

1）**车载故障诊断的原则**

（1）进行单一故障考虑，考虑和描述诊断事件时应假设若没有此事件列车应该是无故障的。

（2）车载诊断连续监视在所有操作模式下的动车组功能，一旦有故障马上报告列车诊断中心。

（3）从控制系统到所有设备诊断单元的信息流动是单向的，诊断事件不会回送到控制系统，即诊断与控制是互相独立工作的。

2）**故障诊断系统的主要任务**

（1）故障检测。通过在列车上装传感器等手段，来检测列车重要部件和系统工作是否正常。

（2）故障识别。根据故障检测信息，判断出被检测部件是否存在故障，以及故障类型和严重程度等。

（3）故障隔离。故障隔离是判断故障发生部位，由于高速动车组的元器件数量大，所以一般将故障隔离到可更换单元或者相应模块上。

（4）故障显示。故障被诊断之后，需要将故障代码在 HMI 上显示，给司乘人员和维修人员提供故障的相关信息。

（5）故障记录、存储与传输。将故障数据进行存储，以便为故障维修决策提供依据，为优化设计提供素材。

（6）整备作业和定期维修中的检验。动车组开车前或者在车库内，所需必要的功能检查（制动、紧急制动环、乘客紧急制动、指示器）。这些测试可手动和自动操作。

8.4 列车自动控制/防护（ATC/P）

由于各线路地面信号存在不同，我国动车组上同时安装了引进的 ATP 和国内自主设计的 LKJ2000 两种列车超速防护设备，以实现不同 CTCS（Chinese Train Control System）等级线路上列车运行安全的控制和记录。

CTCS 是中国列车运行控制系统，是以分级形式满足不同线路运输需求，在不干扰列车司机正常驾驶的前提下能够有效保证列车运行安全的系统。其中，在 CTCS-0/1 级线路由 LKJ2000 监控列车运行并实现制动控制；在 CTCS-2 级线路由 ATP200 监控列车运行并实现制动控制。在整个列车的运行过程中，LKJ2000 实现所有列车运行数据的记录功能。我国动车组上安装的 ATP 系统是按照 CTCS 要求进行设计的。

8.4.1 CTCS2-200H 型列控车载设备的功能

CTCS2-200H 型列控车载设备由车载安全计算机（VC）、轨道电路信息接收模块（STM）、应答器信息接收模块（BTM）、继电器逻辑单元（RLU）、数据记录单元（DRU）、人机界面（HMI）、速度传感器、轨道电路信息接收天线、应答器信息接收天线等组成。

CTCS2-200H 型列控车载设备的基本功能包括以下几个方面。

1. 应答器信息接收与处理

列控车载设备通过应答器信息接收天线和应答器信息接收模块（BTM）从地面应答器获取地面信息，包括前方线路信息、列车位置、列车的运行方向、进路参数、临时限速信息等。

2. 轨道电路信息接收与处理

列控车载设备通过轨道电路信息接收天线和轨道电路信息接收模块（SM）获取轨道电路信息，根据《机车信号信息分配及定义》（TB/T 3060—2002）解析轨道电路信息。

3. 测速测距、轮径补偿、防滑防空转

列控车载设备采用 AG43 型速度传感器实时监测列车运行速度，通过主机的拨码开关进行轮径补偿系数的设定，根据速度传感器的脉冲和轮径补偿系数计算实际走行距离，并根据轨道电路载频变化和应答器信息进行距离校正。当检测到异常加速度时，判断为出现空转或滑行现象，进行校正处理。

4. 目标距离模式曲线的生成与超速防护

根据来自轨道电路信息接收模块（STM）的轨道电路信息，来自应答器信息接收模块（BTM）的线路数据及列车的特性参数，列控车载设备生成一次制动的连续控制模式曲线——目标距离模式曲线。

列控车载设备根据目标距离模式曲线实时给出列车当前的允许速度，如果列车速度同允许速度之间的差距超过报警门限，设备提供相应报警信息；如果列车速度同允许速度之间的差距超过常用制动门限（分三级），设备会产生常用制动；如果列车速度同允许速度之间的差距超过紧急制动门限，设备会产生紧急制动，直到列车停车。

5. 人机交互

人机界面（HMI）设备通过声音、图像等方式向乘务员提供以下信息：列车实际速度、目标速度、限制速度、目标距离、机车信号等。乘务员可以通过 HMI 上的按键来切换 ATP 装置的运行模式或是输入必要的信息。

6. 数据记录

数据记录分为详细数据记录和一般设备状态记录两种。

（1）详数据记录。

详细数录记录用于对设备工作状态、过程进行详细分析，系统采用连续记录的方式对信息进行记录，最少可以连续记录 24 h。详细数据记录的周期为 300 ms。对于点式应答器的信息，则只有在通过地面应答器时才进行记录。所有数据域记录满后，用新数据覆盖旧数据。

（2）一般设备状态记录。

一般设备状态记录列控车载设备的故障状态，只有在检测出故障时，才进行一般设备状态记录。记录的内容采用与详细数据记录相同的方式，记录容量可达 30 日。所有数据域记录满后，用新数据覆盖旧数据。

7. 防溜逸功能

在列车停车的状态下，车载设备会对列车的不恰当移动进行防护。如果列车在停车状态下发生了非预期的前后移动，车载设备会触发制动。

8. 机控优先与人控优先

列控车载设备具有机控优先与人控优先两种控制模式。根据设计要求，允许通过列控车载设备内部设置（机柜内跳线）选择其中一种模式。人控优先是司机按照模式曲线控制列车速度，设备不干涉司机正常驾驶，只有当列车超速时设备采取有效的减速措施确保列车运行安全，设备制动的缓解需设备允许和司机操作确认。人控优先有助于加强司机的责任感，发挥其驾驶技巧。机控优先是设备能够按照模式曲线自动控制列车减速并保证列车运行安全，设备常用制动后一旦满足缓解条件将及时自动缓解。其优点是能最大限度减轻司机负担，有利于缩短列车追踪间隔。这种控制方式对设备本身的自动化程度及列车的制动缓解性能要求较高。

9. 载频锁定

轨道电路信息接收模块（STM）具有接收多个载频的能力。锁定载频的目的是防止车载设备错误接收邻线路轨道线路中的信息，在车站需要防止接收相邻轨道的电码化信息，也需要防止接收并行的另一条线路中的轨道电路信息。

载频锁定可采用以下 3 种方法：

（1）利用应答器信息中的 CTCS-1 信息包锁定轨道电路载频。

（2）根据 HMI 上下行载频按键选择锁定载频。

（3）利用轨道电路信息锁定载频。

在 CTCS-1/0 级区段，按 HMI 选择和轨道电路信息锁定载频的方法中最新接收的指令锁定载频。在 CTCS-2 级区段，优先采用应答器信息锁定载频。如果未收到应答器信息，也可通过 HMI 选择或轨道电路信息锁定载频。

10. CTCS 级间切换与机车信号功能

动车组同时装备列控车载设备和列车运行监控记录装置（LKJ）。在速度 160 km/h 以上区段，由列控车载设备控车；在速度 160 km/h 及以下区段，由列车运行监控记录装置（LKJ）控车。CTCS 级间切换主要指列控车载设备与 LKJ 之间控制权的切换。列车在线路上运行时，列控车载设备在地面应答器的配合下，可以自动完成与 LKJ 的切换，不需要列车停车。在级间切换时，应保证控车权可靠平稳交接。控车权的交接以列控车载设备为主。级间切换时若已触发制动，则应保持制动作用完成，停车或发出缓解指令后，由手动转换。

地面配置不具备级条件时，列控车载设备具备机车信号功能，向 LKJ 提供机车信号信息。

8.4.2　CTCS2-200H 型列控车载设备的结构

CTCS2-200H 型列控车载设备根据开放式计算机体系结构进行设计，符合 CTCS-2 级列控系统技术规范。总体结构采用硬件冗余结构，关键设备均采用双套，核心设备采用 3 取 2 或者 2×2 取 2 结构，安全等级达到 SIL4 级。

CTCS2-200H 型列控车载设备由以下单元构成：车载安全计算机 VC（Vital Computer）、轨道电路信息接收模块 STM（Specific Transimision Model）、应答器信息接收模块 BTM（Balise Transimision Model）、人机界面 HMI（Human Machine IInterface）、继电器逻辑单元 RLU（Relay Logic Unit）、数据记录单元 DRU（Data Record Unit）、速度传感器、轨道电路信息接收天线、应答器信息接收天线。

车载安全计算机（VC）、轨道电路信息接收模块（STM）、应答器信息接收模块（BTM）、继电器逻辑单元（RLU）、数据记录单元（DRU）等关键部件组合成一体，放在机柜内，称为主机，如图 8.15 所示。

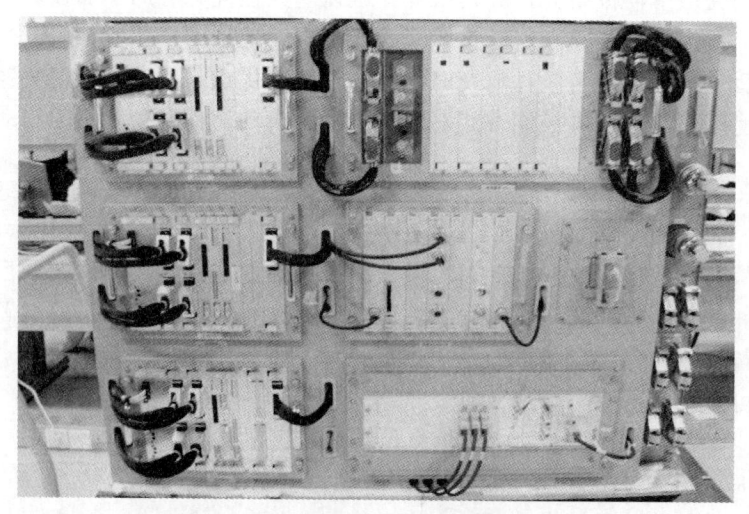

图 8.15　CTCS2-200H 列控车载设备主机

1. 车载安全计算机 VC

车载安全计算机是列控车载设备的核心，采用 2×2 取 2 结构，由功能完全相同的两个系统（第 1 系统 VC1、第 2 系统 VC2）构成，每个系统包含功能相同的两个 CPU（A 系、B 系）。安全计算机的核心安全逻辑由 FS-LSI（故障安全 LSI）实现。FS-LSI 对 A 系、B 系两个 CPU 的运算结果进行校核，如果校核不一致则会作为故障处理，以保证列车控制的安全性。

安全计算机是列控车载设备的运算单元，负责从各个模块获取信息，依据轨道电路信息、应答器信息、列车运行速度等信息，按照列车牵引计算模型的要求，生成制动模式曲线，同时连续监控列车速度，把列车运行速度与模式曲线相比较，必要时通过故障安全电路向列车输出紧急制动或常用制动，控制列车安全运行。

2. 轨道电路信息接收模块 STM

轨道电路信息接收模块 STM 通过轨道电路信息接收天线感应出轨道电路信号，通过软件解码出信号的载频和低频信息，将这些信息传递给安全计算机，为安全计算机生成制动模式曲线提供依据。STM 最多可以接收 16 种载频，包括国产移频及 ZPW-2000、UM71 系列轨道电路信息。STM 可根据应答器信息、轨道电路载频锁定信息、司机操作锁定可接收的载频，以防止邻线干扰。STM 采用 2×2 取 2 结构，STM 的板卡从左到右依次为电源、记录板、解码板、模拟量输入板、解码板、测试板、电源板。每套主机中有两块电源板和解极，它们完全相同，可以自由互换。解码板内部分为主系和从系，以提高系统的可靠性和安全性。

3. 应答器信息接收模块 BTM

应答器信息接收模块 BTM 是一个采用 2 取 2 技术的故障—安全模块。BTM 由 7 块电路板组成，主要包括电源板、发送器、接收器、解码板和 3 块通信板。

BTM 通过应答器信息接收天线接收来自地面应答器的数据，进行解码后将信息传输至安全计算机，为安全计算机生成制动模式曲线提供数据。来自应答器的数据包括线路参信息、进路信息、临时限速信息及级间切换等信息。BTM 同时还提供通过应答器中点时的确切时间，这一时间足够精确，能够让列控车载设备在几厘米的准确范围内进行列车定位校准。

4. 人机界面 HMI

人机界面 HMI 是周围配置了扬声器和各种按键的 10 英寸 LCD 液晶显示器，主要由显示屏、键盘、扬声器、航空插座、电源板、主板、嵌入式 CPU 板组成。它安装在驾驶台上，作用是通过按键、声音、文字和图像实现司机与 ATP 车载设备的信息交互。HMI 的安全等级为 SLI2 级。

5. 继电器逻辑单元 RLU

继电器逻辑单元 RLU 是主要由继电器组成的单元，又称制动接口单元。RLU 核对车载安全计算机各系统输出的制动指令，对两套车载安全计算机输出的制动指令进行"或"操作后，作为系统的最终输出。当各系统制动指令输出不相同时，选择输出大制动力的进行输出。两系统中单系统故障时，故障系统的常用、紧急输出产生短路，RLU 不再核对双系统的输出。此时，正常系统的制动指令输出将作为系统的最终输出。两系统均故障时，则认为整个系统故障，RLU 最终输出紧急制动。

6. 数据记录单元 DRU

数据记录单元 DRU 主要记录列控车载设备的动作、状态、司机的操作等信息，采用 PCMCIA 卡作为存储介质，通过读卡器可将数据下载至地面分析管理微机，进行设备运行状况分析。

7. 速度传感器

ATP 车载设备的测速系统要求配置两套速度传感器。速度传感器属于磁电式感应器，安装在动车组两端车头的第 2 轴和第 3 轴上，将各轴的转速转变为电信号，输出与列车速度成正比例的交流频率。此信号输入至安全计算机，安全计算机通过对频率的计数来测量列车速度和计算列车走行距离。

8. 轨道电路信息接收天线

轨道电路信息接收天线利用电磁感应接收流经钢轨的信号电流，传输至轨道电路信息接收模块 STM 进行解码处理。轨道电路信息接收天线由感应线圈、固定支架和线缆组成。轨道电路信息接收天线安装于动车组车头第一转向架的前方底部，在左右轨道的正上方各设一台，感应线圈的底部距离钢轨面（135±5）mm。

9. 应答器信息接收天线

当列车高速通过应答器时，应答器信息接收天线向地面连续发送 27.095 MHz 的高频电磁能量，以激活地面应答器开始工作。应答器信息接收天线接收地面应答器的信号，传输至应答器信息接收模块 BTM 进行信息解调处理。应答器信息接收天线安装于动车组车头第一转向架的后方车体底部横向中心线上，地面应答器安装在轨道中心。

10. 列控车载设备与动车组的接口

列控车载设备与动车组的接口均为继电器接口，其功能如下：

（1）ATP 车载设备向动车组的输出：紧急制动、三种等级的常用制动和卸载。

（2）动车组向 ATP 车载设备的输入：牵引位、制动位、零位、向前位、向后位等。

（3）动车组负责向 ATP 车载设备提供直流 110 V 电源，电压波动范围为 DC 77~137.5 V。

11. 列控车载设备与列车运行监控记录装置（LKJ）的接口

通过开关量接口、通信接口、模拟量接口，列控车载设备向 LKJ 输出控车权，与 LKJ 交换和运行监督记录有关的信息，提供轨道电路感应信号、机车信号等；LKJ 经列控车载设备与列车的制动控制接口连接。LKJ 向列控车载设备输出 LKJ 制动状态及司机号、车次号、日期、时间等信息。

8.4.3 CTCS2-200H 系统工作模式

CCS2-200H 共有 10 种动作模式，在 HMI 上把反向运行模式归结到完全监控模式，应答器故障归结到部分监控模式。

1. 待机模式（Standby，SB）

如果预先选择了 CTCS2，投入电源后，系统就直接转入待机模式。在本模式下 ATP 车载装置的接收轨道电路信息、接收应答器信息等功能有效，但不进行速度比较等控制，同时，无条件地输出制动。

2. 完全监控模式（Full Supervision，FS）

本模式是 CTCS2 中最普通的模式，一般情况下，ATP 车载装置在本模式下，列车判断本身位置和应该停车位置后，产生目的制动速度模式，ATP 可以安全控制列车速度。当车载设备具备列控所需的基本数据（轨道电路信息、应答器信息、列车数据）时，ATP 车载设备生成目标距离模式曲线，并能通过 HMI 显示列车运行速度、允许速度、目标速度和目标距离等，控制列车安全运行。

3. ATP 部分监控模式（Partical Supervision，PS）

这是侧线出发得不到应答器线路数据、缺省线路数据时的模式。若 ATP 车载设备接收到轨道电路允许行车信息，但线路数据缺损时，ATP 车载设备产生固定限制速度，控制列车运行。

4. 反向运行模式（Reverse Operation，RO）

这是上行列车运行在下行线或下行列车运行在上行线时，ATP 的工作模式。

5. 引导模式（Calling-On Mode，CO）

在引导运行中 AP 从轨道电路接收 HB 码后形成 NBP 为 25 km/h 的模式曲线，越过进站信号机后，自动转入本模式。在该模式下，如果 60 s 之内或运行 200 m 以前不按警惕开关，ATP 就触动紧急制动停车。

6. 应答器故障模式（BTM Fault，BF）

在站间由于不能正常检测出应答器等原因，无前方线路数据的模式称应答器故障模式。当 ATP 在完全监控模式下正常运行时，一旦不能正确接收来自应答器的线路数据，从没有前方线路数据的点开始，ATP 车载装置使用的工作模式。

7. 目视行车模式（On-Sight，OS）

在 ATP 车载设备显示禁止信号时，列车停车后，根据行车管理办法（含调度命令），司机经特殊操作（如按压专用按钮），ATP 生成固定限制速度（20 km/h），列车在 ATP 监控下运行，司机对安全负责。

8. 调车监控模式（Shunting，SH）

车列进行调车作业时，司机经特殊操作（如按压专用按钮）后，转为调车模式，ATP 生成调车限制速度，控制车列运行。牵引运行时，限制速度 40 km/h；推进运行时，限制速度 30 km/h。

9. 隔离模式（On-Sight，OS）

ATP 车载设备故障，触发制动停车后，司机根据故障提示经特殊操作，ATP 车载设备控制功能停用，在该模式下司机按调度命令行车。若仅 BTM 失效，ATP 车载设备提供机车信号，可人工转换为 LKJ 控制列车。

10. 机车信号模式（Cab Signal，CS）

这是属于运行在 CTCS2 以外区段的模式。另外，虽然运行在 CTCS2 区段，但 ATP 车载故障时，用 LKJ 进行控制，在这种情况下采用本模式，ATP 车载装置不会输出制动。

8.5 列车运行监控记录装置

列车运行监控记录装置（简称监控装置）是确保列车运行安全的辅助装置。它具有速度监控功能，能协助司机防止"二冒一超"的事故发生，使机车更安全可靠地运行；还具有实时记录和运行数据分析处理能力，能准确记录列车运行状态、信号设备状态、装置自身状态、机车有关状态以及乘务人员操作状态等安全信息。

LKJ 2000 型列车运行监控记录装置是在 LKJ-93 型监控装置广泛应用的基础上，借鉴国内外 ATP 及 ATC 先进技术而研究开发的新一代列车超速防护设备。

8.5.1 LKJ 2000 的主要功能及应用范围

（1）监控功能：防止列车越过关闭的地面信号机；防止列车超过线路（或道岔）允许速度及机车、车辆允许的构造速度；防止机车以高于规定的限制速度进行调车作业；在列车停车情况下，防止列车溜逸；可按列车运行揭示要求控制列车不超过临时限速。

（2）记录功能：开/关机时相关参数记录；乘务员输入参数（或 IC 卡输入）记录；运行参数记录；事故状态记录；插件故障记录。

（3）显示功能（以数字或图形方式显示）：显示列车运行的实际速度及限制速度（或目标速度）；显示距前方信号机距离及前方信号机种类；显示运行线路状况；显示机车优化操纵曲线；其他运行参数的显示。

（4）地面分析功能：将车载记录的列车运行数据经过编译、整理，以直观的全程记录、运行曲线、各种报表等形式再现列车运行全过程，为机务的现代化管理及事故分析提供强有力的工具。

LKJ 2000 型监控记录装置适合各型电力机车和内燃机车，适应自动和半自动闭塞方式，并能适应各种信号制式，包括移频（含 18 信息移频）、交流计数、UM-71、极频等。装置既适合运行于不同速度等级的线路的各型旅客列车（包括动车组）及货物列车，也适合于调车机车。装置的软件具有通用性，不同的用户可通过面向用户的软件参数调整来满足不同的运行情况。

8.5.2 LKJ 2000 的主要特点

1. 车载存储线路参数

LKJ2000 型监控装置继承了各型监控装置获取线路参数的成熟技术，将列车运行全部线路设施资料预先存储于主机中，不用在地面增设附加设备，既节省设备投资，又节省维护管理费用。大量线路资料载于车上，不需要复杂的地面至车上的传输环节，稳定可靠。对于地点特征、特殊要求信息，LKJ2000型监控装置设计了接收地面传输信息的接口。

2. 采用连续平滑速度模式曲线控制

与各型监控装置相同，将线路设施固定限速、闭塞指令限速等各种控制要求的控制值沿运行里程形成连续平滑速度模式曲线，最大限度地适应司机正常操纵和运行效率的提高，提高了控制精度。连续平滑曲线控制模式符合当今国际ATP控制方式发展方向。

3. 实时计算取得速度控制值

LKJ2000型监控装置每一速度控制值均针对限速目标，按验证成熟的数学模型计算取得，并采用了先进的32位CPU作为系统主机，比前代装置具有更高的运行速度、控制精度和更强的数据处理能力。实时计算中，考虑了本列车设备类别和状况、本地线路参数、本地特殊控制要求等随机变化因素，最大限度地使控制符合运行实际。

4. 装置主要控制过程全部采用计算机实现

做到了全国铁路采用统一的硬件和统一的基本控制软件，对各运行区域的不同线路条件和不同行车要求，通过写入不同的线路资料和控制条件来适应，因此适应性强，便于规范管理。

5. 提高可靠性设计

LKJ2000型监控装置系统采用模块级主从机热备冗余。当工作机发生故障，便自动切换到热备机工作；当任何一个单元或通道出现故障，便自动启动备用单元和备用通道。采用控制器局域网（CAN）作系统内部通信方式进行数据交换，具有高强的检错与纠错能力，传输可靠性大为提高。系统设计除满足机车振动、温度等环境的国家标准要求外，其电磁兼容性满足IEC61000标准的三级要求。

6. 提高安全性设计

LKJ2000型监控装置的故障安全措施较前代有了很大加强。在双机数据处理速度信号故障、轨道绝缘节识别故障、通信故障等的检测、判断和处理等方面均进行了专门设计。

7. 采用了图形化屏幕显示器

LKJ2000型监控装置采用10英寸TFT高亮度彩色液晶显示器，以动态图形方式预示运行前方线路的弯道、坡道、桥梁、隧道、道岔及信号机布置情况，随列车运行滚动显示监控装置控制模式限速曲线。图形化屏幕显示器显示直观，认读性好，司机操作的交互性好。

8.5.3 LKJ 2000系统各部分介绍

LKJ2000型列车运行监控记录装置主要由主机箱（双机冗余）、显示器、事故状态记录器（可选）、速度传感器、压力传感器及双针速度表等组成，其中显示器分数码显示器与屏幕显示器两种。LKJ2000型监控装置系统结构如图8.16所示。

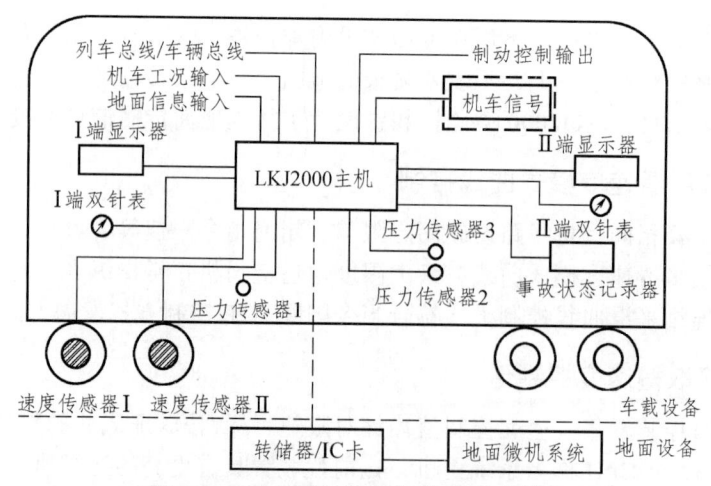

图 8.16　LKJ2000 型监控装置系统结构

速度信息来自安装在机车轮对上的 TQG15 型或 DF16 型光电式速度传感器，速度信号的基本配置为二通道（可扩充至三通道），如果二通道速度信号相位相差 90°，则可以满足装置相位防溜功能的需要。在无相位防溜功能的情况下，二通道速度信号可分别取自两个速度传感器。机车信号信息可取自 JT1-A（SJ93）、JT1-B（SJ94）型通用式机车信号装置的点灯条件，也可通过 RS 485/RS 422 串行通信方式获取。压力信息除了检测列车管压力外，还检测机车均衡风缸压力及制动缸压力。均衡风缸压力信号用于反馈控制以提高常用制动减压量控制精度；制动缸压力信号主要在机车单机运行时作为状态记录依据。指针式速度指示可采用 ZL 型或 EGZ3/8 型双针速度表，双针速度表实际速度与限制速度指针依靠装置主机驱动，驱动信号为 0~20 mA 的电流信号。在装置关机情况下，实际速度指针可由数/模转换盒驱动。罗马端双针速度表的里程计指示可由监控装置驱动，在安装了数/模转换盒的情况下，也可由数/模转换盒驱动。双针速度表照明电源采用机车照明电源。

1. LKJ 2000 主机

（1）主机箱内插件布置如图 8.17 所示。

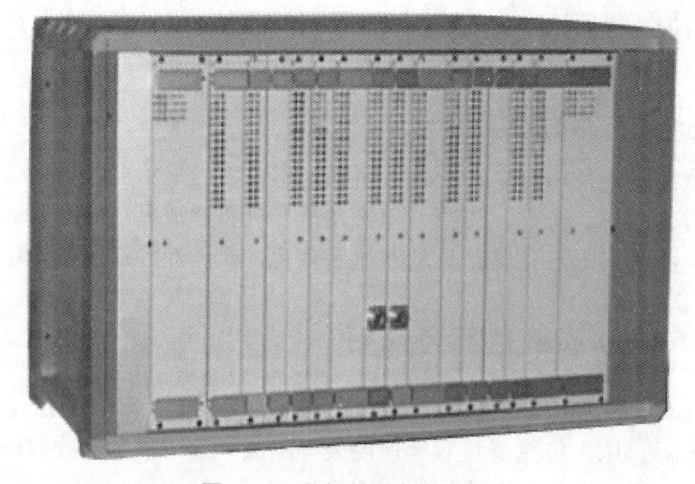

图 8.17　主机箱内插件布置

（2）监控记录插件。

监控记录插件作为 LKJ 2000 型监控装置的主机模块，是系统的核心部件，如图 8.18 所示。模块以 32 位微处理器 MC 68332 为 CPU，主要完成地面数据的存储与调用、运行状态数据的记录与同步、控制模式曲线的计算、实时时钟的产生，并通过双路 CAN 串行总线或 VME 并行总线对系统其他模块的控制与管理。其他模块中带 CPU 的模块通过 CAN 网络与主机模块交换数据，而不带 CPU 的模块通过 VME 并行总线与主机模块连接。主机与备机之间的数据交换是通过同步通信实现的。记录用数据存储器与实时时钟件采用非易失性存储器件，因而在无须外部电池情况下可实现数据的可靠保存。

图 8.18 插件

（3）地面信息处理插件。

轨道信号由轨道信号感应器拾取，经过电气隔离后进行调整放大，经 A/D 转换，由数字信号处理器（DSP）对各种制式的信号进行数字滤波及分析处理。插件产生的过绝缘信号供监控记录插件校正距离测量误差，绝缘节信息通过电平方式输出至监控记录插件，也可通过 CAN 通信网络传输。地面点式信息或轨道电路叠加信息的处理是根据需要以相对独立的专用处理模块来完成的，结构上此模块叠加在地面信息处理插件上。插件与其他插件通过内部 CAN 网络交换数据。

（4）通信插件。

通信插件提供装置的各种对外串行通信接口，通信接口包括 2 路 RS 485 接口及 1 路 RS 422/485 接口。其中 1 路 RS 484 通信接口用于与 TAX2 综合信息监测装置通信；1 路 RS 485 通信接口用于与列车总线/车辆总线连接，实现监控装置与列车/机车控制系统的信息交换；1 路 RS 422/RS 485 接口用于与机车信号装置或点式信息设备通信，从而提高传输信息量以及传输信息的可靠性。插件与其他插件通过内部 CAN 网络交换数据。

（5）模拟量输入/出插件。

完成模拟量信号和频率输入信号的调整、隔离、模/数转换及模拟输出信号的数/模转换、隔离及调整输出。模拟输入信号包括压力信号、电流信号、电压信号以及加速度信号；频率输入信号包括速度信号及柴油机转速信号；模拟输出信号主要是驱动双针速度表实际速度和限制速度的电流信号，以及驱动双针速度表里程计的电压脉冲信号。所有输入/输出信号全部经过隔离放大器或光电隔离。模拟量输入/出插件经 VME 并行总线与监控主机连接。

（6）数字量输入插件。

完成对机车信号点灯条件输入（50 V）的光电隔离与转换，经 VME 并行总线与监控记录插件连接，供监控记录插件读取。

（7）数字量输入/出插件。

一方面完成机车工况输入信号（110 V）的隔离与转换，另一方面完成制动指令的执行输出（继电器触点输出）。输出信号可直接驱动内燃机车常用制动装置控制阀或电力机车制动控制回路，但控制信号不能直接驱动电力机车主断路器。插件经 VME 并行总线与监控记录插件连接。

（8）电源插件。

采用模块电源方式将 110 V 输入电源转换成系统所需的各种电源。所有输出电源与输入电源隔离。输出电压包括供主机各插件工作的 5 V、+12 V、−12 V 及 24 V；供显示器的 15 V（屏幕显示器还要单独引入 110 V 电源）；供速度传感器的 15 V 以及供压力传感的 15 V。除 5 V、+12 V、−12 V 共地外，其他各路输出电压相互隔离。

（9）母板。

完成各插件的 VME 总线连接及输入/输出信号的连接。母板上的上半部分为 VME 总线，采用标准的 96 芯连接器；下半部分为信号的输入/输出，采用标准 48 芯连接器。母板的背面装有 4 个 48 芯插座（X17、X18、X19、X20）。插件的对外引线通过母板的印制线分别与这 4 个插座相连，然后通过内部连线送到后盖板的航空插座上。

（10）过压抑制板。

过压抑制板由瞬变干扰信号吸收电路、电源滤波电路和延时继电器 3 部分组成，安装在后盖板内侧。外部 110 V 电源及 110 V 电路输入信号经过过压抑制板输出至机车 110 V 回路。因而所有与机车 110 V 回路相连的信号均经过过压抑制板的滤波及瞬态过压抑制处理，消除机车 110 V 回路对装置的干扰。

2. 屏幕显示器

LKJ 2000 型监控装置配有两种显示器供用户选择，一种是数码显示器，一种是屏幕显示器，如图 8.19 所示。

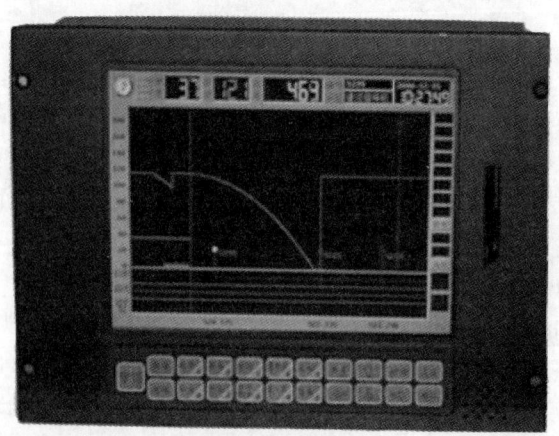

图 8.19　显示屏

屏幕显示器配备 10 英寸 TFT 高亮度彩色液晶显示屏，可以使装置与司机之间更好地交换信息。它以屏幕滚动的方式显示实际运行速度轨迹曲线及模式限制速度（或线路允许速度）曲线，以图形、符号、汉字来显示地面信号机的位置、种类以及运行线路的曲线、坡道、桥梁、隧道及道口等信息，同时可显示指导性优化操纵运行速度曲线和手柄级位曲线，以便提示或指导乘务员操作，便于司机认真执行规章制度，改善司机操纵水平，保证列车安全、正点。

数字显示界面：其基本界面与 LKJ-93 型显示器兼容，可维持原 LKJ-93 型显示器操作方式基本不变，同时将大容量 IC 卡的读卡器直接设计在显示器内，不需另再配置 IC 读卡器，操作方法也基本同 LKJ-93 型列车运行监控记录装置。

3. 事故状态记录器

LKJ 2000 型列车运行监控记录装置可装备列车事故状态记录器（黑匣子），如图 8.20 所示。它可以记录 30 min 内列车运行状态数据，且记录密度将大大高于监控主机数据记录密度（列车走行距离超过 5 m 时，将产生一次相关参数记录）。事故状态记录器还留有语音记录功能，可记录 30 min 内的最新机车联控通话记录，并具有抗冲击、防水及耐高温等性能。

图 8.20　事故状态记录器

4. 数据转储器

LKJ 2000 数据转储器用于将车载记录数据转录到地面微机系统分析处理。其内部数据存储器采用大容量非易失性存储器（可不带电池长期保存数据）。存储容量为 8 M 字节。转储器与车载主机的数据传输以及与地面微机的数据转录均采用 RS 232 标准通信方式，通信具备数据校验功能。LKJ 2000 型数据转储器既可转储 LKJ 2000 型监控装置数据，也可转储 LKJ-93 型监控装置数据，并能自动识别不同设备类型及记录数据格式，其外形结构、按键及操作方法基本保持原 ZJK-S 型转储器风格。

5. 大容量 IC 卡

LKJ 2000 型监控装置记录数据的容量为 2 MB，为 LKJ-93 监控装置（256 KB）的 8 倍，作为转储 LKJ 2000 型记录数据的中间设备，其 IC 卡的容量也增大为 2 MB。

6. LJK 2000 通用测试仪

LJK 2000 通用测试仪是在 CJK 98 测试仪的基础上，采用真彩液晶屏、586 主控板、电子盘、频率合成、声卡合成、局域网等先进技术，基于 PC 结构，在 DOS 操作系统下仿 Windows 图形界面，是一个操作方便、界面友好、集成度高、功能强大、技术先进的监控装置通用测试设备。

7. 传感器

系统除上述主要部件外，还有两个必备的配件即速度传感器和压力传感器。

（1）速度传感器。

速度传感器提供列车运行速度信息，它安装于机车轮轴上。装置适配于光电式速度传感器或其他脉冲式速度传感器。

（2）压力传感器。

压力传感器给装置提供列车管压力、均衡风缸压力及机车制动缸压力信号，可以记录和检查机车小闸下闸的情况。

8.5.4 LKJ 2000 的工作原理

LKJ 2000 监控装置的主要作用，一是防止列车运行越过关闭的地面信号机；二是防止列车在任何区段运行中超过机车车辆的构造速度、线路允许的最高运行速度和对应不同规格的道岔的限制速度。要实现这样的目标，监控装置需获得 3 个方面的信息，即行车指令要求、运行线路状况和列车自身状况。

行车指令要求主要指是否允许列车运行及允许运行的速度。目前，监控装置是通过机车信号获得行车指令要求的。

运行线路状况指线路的坡道、曲线、隧道情况，以及各种运输设施（车站、道岔、信号机）布置等情况。目前，监控装置是通过将机车担当的运行区段的线路和设施等有关参数预先存储于监控装置的主机中获得的。

列车自身状况指编组辆数、实际运行速度、列车所处线路的位置等。目前，列车编组辆数参数是通过司机用键盘输入的；运行速度由机车轴端速度传感器获得；列车位置信息根据列车运行速度计算走行里程得到，并通过轨道电路校准。

监控装置以获得的上述各种信息作为依据，按照运行规章的要求进行一系列的计算、判断和控制，完成速度监控功能。

1. 速度监控基本原理

监控装置工作的主要过程包括采集列车和线路状态参数，获取运行指令并确定指令目标处的速度控制值，对照指令目标处的速度值计算出列车运行当前必须限定的速度值（限速值），将采集的实际运行速度与限速值进行比较判断，对实际运行速度达到限速值的情况发出报警、切除牵或制动等控制指令进行速度控制。监控装置工作过程的核心环节是计算取得当前限速值，计算的数学模型必须符合列车牵引计算规程，且要考虑系统状态参数采集可能存在的误差和列车控制系统结构性能的离散性而包含安全余量。

沿列车运行线路里程坐标将在各处运行时计算的所得限速值连接，可以形成连续曲线。通常，把控装置计算所得的限速值称为监控装置控制模式限速值（简称模式速值、计算限速值）；把沿线路里程标连成的监控装置计算所得的限速值曲线称为监控装置控制模式限速曲线（简称模式曲线）。模式曲线分为两类，一类是依据线路设施条件和机车车辆构造条件信号显示 L 的区域，称为固定模式曲线；另一类是根据前方指令目标处的速度控制的要求，模式限速值沿线路里程坐标形成渐变下降的曲线，如图 8.21 中机车所处的机车信号显示 U 或 H/U 的区域，称为降速模式曲线。

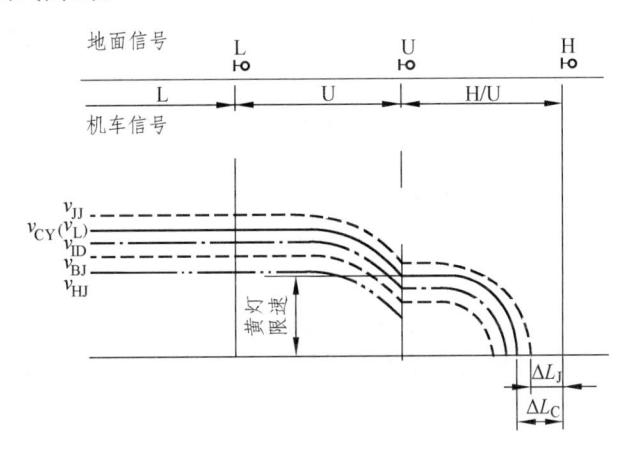

图 8.21　降速（监控）模式曲线

2. 速度监控模式设计

模式限速值和模式曲线是监控装置各控制指令速度值成的基础。

对于固定模式曲线，监控装置依据线路的曲线和坡道、桥梁、隧道、道岔等的固定限速要求及机车车辆的构造限速要求，直接形成模式曲线。

对于降速模式曲线，监控装置每个瞬间总是根据前方指令标处的速度控制的要求，分别按照用制动作用方式数学模型和紧急制动作用方式数学模型计算取得两个限速值。一般把按照用制动作用方式数学模型计算取得的限速值形成的限速曲线作为模式曲线，而对于机车没有电控常用制动机构的，则把按照紧急制动作用方式数学模型计算取得的限速值形成的限速曲线作为模式曲线。不论哪种作为模式曲线，监控装置的常用制动控制指令速度值和紧急制动控制指令速度值均分别直接取自按常用制动数学模型计算的限速值和按紧急制动数学模型计算的限速值。

除了常用制动和紧急制动两种监控功能的执行手段外，监控装置还设置了报警和切除牵引（俗称卸载）控制指令输出信号，以便在常用制动或紧急制动执行前，提醒乘务员操纵减速或通过切除机车动力实施惰性运行减速，减少制动排风。此外，在监控装置实施常用制动并达到了减速要求后，设有允许缓解的提示功能。

监控模式设计包括两个方面，一是基本控制功能的设置和相关的制动计算方；二是为适应不同运行区段的不同控制要求设置控制参数的赋值方法。

1）各种信号状态基本控制功能设计

（1）当机车信号为绿灯条件时，允许列车按线路最高允许速度或机车、车辆的最大构造速度运行，监控装置的报警、切除牵引、常用制动（及其允许缓解速度值）、紧急制动速度均以线路最高允许速度或机车、车辆的最大构造速度基准进行设置。

（2）当机车信号为黄灯（或绿/黄灯、黄2灯）条件时，监控装置将按保证列车在通过显示黄灯（或绿/黄灯、黄2灯）的信号机时降为其规定的限制速度的要求，根据《列车牵引计算规程》（简称《牵规》）规定的常用制动及紧急制动计算公式进行实时计算取得控制指令速度值。

（3）列车将要进车站的侧线，机车信号显示双黄灯时，装置根据已存入装置内的进站信号机到相应道岔岔尖的距离及道岔的限制速度，以道岔岔尖为指令目标地点，实时计算出列车在各点允许运行的速度，将其设置为限制速度值。并且，将在岔尖处的限制速度一直保持，直至列车尾部通过出站道岔。

（4）对局部线路限速的控制与对进车站侧线的控制道理相似，只是将指令目标地点、道岔的限速要求改为局部线路限速要求的起始地点而已，并且，同样地将限制速度值一直保持至列车尾部通过终止限速地点。

（5）当机车信号显示红/黄灯，即地面信号机关闭时，监控装置将根据《牵规》实时进行制动计算，按保证在关闭信号机前可靠停车设置各点的限制速度。在此信号机前，模式限制速度将变为零。

2）安全余量设计

考虑到各种参数采集可能存在的误差和制动机构性能离散会引起实际制动距离与计算距离发生误差，为了确保安全，不管常用制动还是紧急制动，监控装置均设有一个制动距离安全余量（ΔL），该值按式（8.1）计算。

$$\Delta L = S_0 + Kv_0(m) \tag{8.1}$$

式中　S_0，K ——常数，其限值参见有关内容；

　　　v_0 ——制动初速度。

3）监控模式计算

（1）各指令值的形成。

监控装置首先按照一定的控制要求根据规定的数学模型计算确定限速模式值，再通过与限速模式值的差值关系形成常用制动、紧急制动、报警、切除牵引等实施输出指令值。而仅在降速模式区域，监控装置的常用制动控制指令速度值和紧急制动控制指令速度值均分别直接取自按常用制动数学模型计算的限速值和按紧急制动数学模型计算的限速值。各差值可通过控制参数赋值法进行设置。

（2）各种限速要求取值。

一般线路限速：由固定的线路允许速度或列车构造速度决定，在地面数据中客货车可以分别取值，一般取线路限速或列车构造限速的最小值。

局部线路限速：由于长期施工慢行或桥梁、隧道等形成的对某区段的特殊限制速度，在地面数据中按始末公里标决定限速地段并按要求取值。

进/出站道岔限速：按各股道的进/出站道岔限制速度要求取值。

站内黄灯限速：按进站信号机处的黄灯限制速度值决定取值。

区间黄灯限速：由各路局根据需要规定。

调车限速：按各路局对调车限速的规定设置，一般取 40 m/h。

引导进站限速值：按《铁路技术管理规程》（简称《技规》）规定取 20 m/h。

《技规》213 条限速值：按《技规》规定取 20 m/h。

（3）解锁速度、距离。

对监控装置解除模式控制（俗称解锁）时的运行速度限制及距前方信号机距离限制，由使用部门根据各种解锁要求、线路条件、乘务员操作方法等情况规定。

8.5.5 LKJ 2000 的技术特点

1. 系统主处理器

系统 CPU 采用 MOTOROLA 公司生产的 32 位微处理器 MC 68332，其特点如下：

（1）其内部数据处理能力达 32 位（外部数据总线宽度为 16 位），具有 16 M 字节的寻址空间，无须扩充地址总线即可满足寻址要求。

（2）最高可达 25 MHz 的工作频率，加上其流水线工作方式，使得其处理速度远远高于普通的微处理器，复杂的制动计算因而变得快速而准确。

（3）其内置异步和同步通信接口、内部 RAM 以及内部片选逻辑功能大大简化了外围电路的设计，特别是它的内部定时处理器单元（TPU）可以脱离 CPU 独立工作，以相当高的分辨率专门处理 16 路输入/输出通道，一方面大大减轻了 CPU 负担，另一面也提高了速度、距离及转速等参数的测量精度。

（4）MC 68332 的高速通道的分辨率为 0.2 μs（是 8097 的 10 倍）。

（5）MC 68332 微处理器内部故障检测功能及故障处理功能也提高了装置工作的可靠性及安全性。

2. 系统冗余方式

为了提高工作可靠性，系统采用双机主从热备冗余方式，系统主机由 A、B 两组完全独立的控制单元组成。

（1）双机中两个单元互为热备，两个单元同时工作，一个处于主机工作状态，另一个处于备机工作状态，一旦主机单元任何一块插件或插件上的某一通道发生故障时，备机单元的相应插件或相应通道将马上投入工作（电源插件和监控记录插件除外）。当主机单元的监控记录插件或电源插件发生故障时，备机单元将马上转为主机工作状态，故障单元将自动退出主机工作状态。监控记录插件的 1B 灯点亮，表示其正处于主机工作状态。

（2）双机中每组单元都有完整的信号输入及控制输出接口模块。每组单元中 110 V 等级数字量输入/输出模块、50 V 等级数字量输入模块及模拟量输入/输出模块均是不带 CPU 的插件，这些插件与主机 CPU 通过 VME 总线方式连接，而地面信息处理、通信、显示器等单元部件，本身都有独立的 CPU 来处理本单元的信息，这些单元与主机 CPU 之间通过 CAN 串行总线来交换信息。

（3）系统内部 CAN 串行通信网络也采用 A、B 组冗余方式工作。A、B 两组总线同时进行发送和接收，复位时系统以 CAN A 为主，当 CAN A 出现故障时自动切换至以 CAN B 为主。

（4）为了保证记录的数据的完整性和唯一性，备机不进行主动记录，备机记录的数据来源于主机。

3. 系统通信网络

采用控制器局域网（CAN）作为系统内部通信网络，所有带 CPU 的模块通过双路 CAN 总线进行数据交换（不带 CPU 的模块通过 VME 并行总线交换数据）。CAN 标准总线以其独特的物理层规范和数据链路层协议使通信可以在相当高的传输速率下进行（最高通信速率为 1 Mbit/s），并达到相当远的传输距离（最长传输距离可达 10 km）。特别是其多数据传输方式使得系统内数据交换更为有效。CAN 总线高强的检错及容错能力加上其短帧数据结构使数据传输可靠性进一步提高。因此，系统内各模块之间可以进行大量、快速的数据传输，从而提高了控制与显示的实时性以及数据记录的准确性。

4. 系统的控制模式

装置采用车载计算机预先存储地面线路数据的控制方式（即车载控制模式），在运行时根据列车所处位置按顺序调取的车载存储线路数据，按前方信号显示状态并根据列车速度计算列车走行距离来产生控制模式曲线。当列车速度超过控制模式曲线范围时，装置对列车实施卸载、常用制动及紧急制动控制，防止列车越过关闭的信号机。装置实施常用制动后，在列车速度低于规定的安全速度时，允许司机缓解；对于紧急制动控制，必须停车后才可缓解。特殊情况下的处理方式满足铁路《技规》要求。为确保列车在关闭信号机前可靠停车，限制速度的计算采用实时计算方法，以满足控制精度要求。模式曲线的计算可根据列车运行速度的要求采用跨闭塞分区计算方式，即以关闭的信号机作为目标点来计算常用制动及紧急制动连续模式曲线。

由于装置具有与地面进行信息传输的接口功能及传输信息的处理功能，因此在有地面信息传输的区段，也可采用车载数据与地面传输信息结合的控制方案。一方面可减少乘务员操作，提高自动化控制程序；另一方面也可以提高控制可靠性与安全性。信息传输方式可以采用点式应答器或轨道电路叠加等方式。传输信息包括进路信息、站内开通股道信息、限速信息以及距离信息等。

5. 运行数据的记录与分析处理

装置对列车运行状态的相关参数及乘务员输入参数（包括 IC 卡输入参数）进行记录，并根据列车运行情况形成相应的数据文件储存在非易失性数据存储器中，通过数据转储器送入地面微机分析处理。数据记录采用不定长数据格式并且记录数据事件代号与记录数据内容采用不同的数据代码，以提高记录数据的可靠性。数据记录采用条件触发记录方式，当设定的记录条件满足时则产生一项相应参数记录。地面分析处理软件将车载记录的列车运行数据经过翻译、整理，以直观的全程记录、运行曲线、各种报表等形式再现列车运行全过程，为机务的现代化管理及事故分析提供准确、有力的依据。

6. 结构设计特点

在结构设计方面，监控主机采用符合 IEC 国际标准的 6U×160 标准机箱/插件结构。6U 标准插件采用二个符合 IEC 标准的对外信号连接器、96 芯连接器完成 VME 标准总线信号连接，48 芯连接器完成输入/输出信号连接，因而在满足 VME 信号标准的同时也提高了板内的电磁兼容性。由于采用标准的模块化结构，因而容易实现功能的扩充与升级。主机箱的选型及设计除在强度、质量、安装及电磁兼容等方面进行综合考虑外，还重点考虑了机箱的外观设计。另外，在防止非法拨插电路板方面及记录数据人工防护方面采取了有效的措施（在机箱正面加装带锁的玻璃门）。

7. 制动控制输出说明

LKJ 2000 列车运行监控记录装置对机车控制手段主要分 5 个等级。

报警：当列车运行速度超过报警速度时，显示器发出语音报警（由监控装置完成）。

卸载：当列车运行速度超过允许值时，装置切除机车牵引电流（即将牵引力减为零，但电制动工况时不切除）。

常用制动：当卸载不能使列车减速，此时由监控装置发出指令使列车实施常用制动，迫使列车减速。常用制动后，当列车速度低于规定的安全速度时，允许司机缓解。

紧急制动：在使用常用制动时不能使列车减速至允许的限速值时，监控装置将发出指令实施紧急制动，迫使列车立即停车。紧急制动不允许司机缓解，当列车速度为 0 时，自动缓解。

系统故障：当系统中 A、B 机同时故障时，显示器发出故障报警。要求司机在 3 min 内关断主机电源，否则实施紧急制动。

其中卸载、常用制动、紧急制动是由监控装置发出指令，机车控制装置予以实施。

复习思考题

1. 简述列车控制与诊断系统的基本组成及其主要特点。
2. 列控系统中的车-地信息传输媒介有哪些？
3. 简述列车自动过分相系统的组成及工作原理。
4. 简述 CTCS2-200H 型车载设备的功能及组成。
5. 简述 LKJ2000 型监控装置的组成和基本功能。

参考文献

[1] 中国铁路总公司. 高速动车组技术（上）[M]. 北京：中国铁道出版社，2016.
[2] 商跃进，董雅宏. 动车组车辆构造与设计[M]. 2 版. 成都：西南交通大学出版社，2019.
[3] 王伯铭. 高速动车组总体及转向架[M]. 2 版. 成都：西南交通大学出版社，2014.
[4] 谢维达，钱存元. 列车通信与网络[M]. 北京：中国铁道出版社，2014.
[5] 丁莉芬. 动车组工程[M]. 北京：中国铁道出版社，2018.
[6] 李苇，安琪，王华. 高速动车组概论[M]. 成都：西南交通大学出版社，2008.
[7] 孙帮成. CRH_{380BL}型动车组[M]. 北京：中国铁道出版社，2004.